Στην Άννα και τον Ιάσωνα

2

Κλεάνθης Αρβανιτάκης   Φρόσω Αρβανιτάκη

επικοινωνήστε ελληνικά

Δελτος

Επικοινωνήστε Ελληνικά 2
Νέα Έκδοση - Ιούλιος 2003
7η Ανατύπωση - Ιούλιος 2008

© Copyright Ε. ΑΡΒΑΝΙΤΑΚΗ & ΣΙΑ Ο.Ε.

ISBN 978-960-7914-21-7

Επιμέλεια έκδοσης: *Φρόσω Αρβανιτάκη*
Διορθώσεις, παρατηρήσεις: *Λυδία Γαλίτη*
Σελιδοποίηση: *Κλεάνθης Αρβανιτάκης, Βασιλική Μπεκυρά*
Σκίτσα: *Πάνος Λαμπίρης, Πάνος Αρβανιτάκης*
Εξώφυλλο: *Άννα Νότη*

Εκδόσεις Δέλτος
Πλαστήρα 69, 17121 Νέα Σμύρνη, Ελλάς
tel: +30210-9322393   fax: +30210-9337082
www.deltos.gr   e-mail: info@deltos.gr
Deltos Publishing
69 Plastira St., 17121 Nea Smyrni, Athens, Greece

Ο εκδότης θέλει να ευχαριστήσει τη Λυδία Γαλίτη για τις ουσιαστικές παρατηρήσεις και επισημάνσεις της, που σαφώς συνέβαλαν στο τελικό αποτέλεσμα. Τις Mariangela Rapacciuolo, Μαρία Σταματοπούλου-Blümnlein, Ελένη Χαρατσή, και Σιμέλα Μαλινίδου για την απόδοση του λεξιλογίου στα γαλλικά, στα γερμανικά, στα ισπανικά, στα ιταλικά, και στα ρωσικά, αντίστοιχα, καθώς και τους Φώτη Καβουκόπουλο, Γιάννη Κατσαούνη, Στυλ Ροδαρέλλη, και Letizia Pascalino για την απόδοση του συμπληρωματικού λεξιλογίου της νέας έκδοσης στα γαλλικά, στα γερμανικά, στα ισπανικά, και στα ιταλικά.

Πρόλογος

Η σειρά *Επικοινωνήστε Ελληνικά* είναι μια σύγχρονη μέθοδος εκμάθησης της νέας ελληνικής για ξενόγλωσσους μαθητές, από το επίπεδο του αρχαρίου ώς το επίπεδο του προχωρημένου. Αποτελείται από τρεις τόμους που καλύπτουν 250-270 ώρες διδασκαλίας και είναι κατάλληλη, τόσο για μαθήματα σε ομάδες, όσο και για ιδιαίτερα μαθήματα.

Η προσέγγιση, σε ό,τι αφορά την εξάσκηση στον προφορικό λόγο, είναι κατά το πλείστον επικοινωνιακή ενώ, παράλληλα, υπάρχουν αρκετές γραπτές ασκήσεις γραμματικής για την πλήρη εξοικείωση του μαθητή με τα σημαντικότερα γραμματικά φαινόμενα της νέας ελληνικής. Κύριος στόχος της σειράς είναι να βοηθήσει τον μαθητή να καταλάβει, να πει, να διαβάσει και να γράψει αυτά που χρειάζεται για να επικοινωνήσει με τον σημερινό Έλληνα, όσο πιο σωστά γίνεται.

Οι πρώτοι δύο τόμοι καλύπτουν την βασικότερη ύλη της γραμματικής και του συντακτικού. Ο καθένας από αυτούς περιέχει 24 μαθήματα, τέσσερα από τα οποία είναι επαναληπτικά. Η γραμματική και οι γλωσσικές λειτουργίες παρουσιάζονται μέσα από διαλόγους καθημερινής χρήσης και κείμενα, τα οποία είτε αναφέρονται σε θέματα που έχουν άμεση σχέση με την Ελλάδα και τον πολιτισμό της είτε είναι γενικότερου ενδιαφέροντος.

Η εξάσκηση στον προφορικό λόγο γίνεται μέσα από ρεαλιστικές καταστάσεις. Περιέχονται επίσης πίνακες των γραμματικών φαινομένων με τις απαραίτητες εξηγήσεις, πολλές και ποικίλες γραπτές ασκήσεις γραμματικής, λεξιλογίου κτλ., καθώς και ασκήσεις ακουστικής κατανόησης.

Ο τρίτος τόμος αποτελείται από 12 μαθήματα, δύο από τα οποία είναι επαναληπτικά. Κύριοι στόχοι του τρίτου τόμου είναι η κάλυψη της υπόλοιπης ύλης της γραμματικής και του συντακτικού, η περαιτέρω εξάσκηση στον προφορικό λόγο καθώς και ο εμπλουτισμός του λεξιλογίου μέσα από διαλόγους, κείμενα και πολλές προφορικές, ακουστικές και γραπτές ασκήσεις.

Και οι τρεις τόμοι περιέχουν λεξιλόγιο σε έξι γλώσσες (αγγλικά, γαλλικά, γερμανικά, ισπανικά, ιταλικά και ρωσικά), πίνακες γραμματικής, τις λύσεις των γραπτών ασκήσεων, καθώς και τα κείμενα, τους διαλόγους και τις ερωτήσεις των ασκήσεων ακουστικής κατανόησης. Συνοδεύονται δε από κασέτα ή CD ήχου καθώς και βιβλία ασκήσεων - δύο για τον πρώτο τόμο, δύο για τον δεύτερο και ένα για τον τρίτο.

Δύο λόγια για τη Νέα Έκδοση

Όλοι ξέρουμε πως η γλώσσα είναι ζωντανός οργανισμός και μεταβάλλεται. Γι' αυτό, και τα βιβλία που την υπηρετούν θα πρέπει να ανανεώνονται.

Το *Επικοινωνήστε Ελληνικά 2* κυκλοφορεί στην αγορά σχεδόν δώδεκα χρόνια. Παρά τις παρεμβάσεις που έγιναν από την πρώτη του έκδοση έως σήμερα, θεωρήσαμε ότι ήταν πια καιρός να προχωρήσουμε σε αλλαγές εις βάθος. Έτσι, το βιβλίο του σπουδαστή και τα βιβλία ασκήσεων στην ουσία "ξαναγράφτηκαν".

Πιστεύουμε ότι οι νέοι διάλογοι και τα κείμενα, που γράφτηκαν σε σημερινή γλώσσα, καθώς και η νέα διάταξη του υλικού θα βοηθήσουν τον καθηγητή και τους σπουδαστές να έχουν καλύτερα αποτελέσματα από κάθε άποψη.

Οι συγγραφείς

Περιεχόμενα

Περιεχόμενα

Περιεχόμενα

Μάθημα 2

Για τον καθηγητή

Α. ΕΙΣΑΓΩΓΗ

Γενικές αντιλήψεις

Η σειρά *Επικοινωνήστε Ελληνικά* έχει σχεδιαστεί ειδικά για να διδάξει στους ξενόγλωσσους σπουδαστές των ελληνικών πώς να επικοινωνούν αποτελεσματικά και σωστά στα ελληνικά, τόσο προφορικά, όσο και γραπτά.

Γράφοντας αυτή τη σειρά, ήμασταν επηρεασμένοι από δύο χωριστές προσεγγίσεις στις οποίες βασίζεται η διδασκαλία διαφόρων ευρωπαϊκών γλωσσών ως ξένων γλωσσών τα τελευταία χρόνια. Η μία - πιο παραδοσιακή - υποστηρίζει ότι η γραμματική ακρίβεια είναι η βασικότερη προϋπόθεση για την εκμάθηση μιας γλώσσας και, επομένως, επιμένει στον αυστηρό λεξικό και γραμματικό έλεγχο ανά πάσαν στιγμήν, έστω και εις βάρος του ρεαλισμού (;). Η άλλη δίνει έμφαση στις ψυχολογικές συνιστώσες της ανθρώπινης επικοινωνίας και κατά συνέπεια απαιτεί ενεργό συνεχή συμμετοχή των μαθητών, έστω και εις βάρος της γραμματικής ακρίβειας. Πολλοί σήμερα, μεταξύ των οποίων και εμείς, πιστεύουν ότι οι δύο αυτές προσεγγίσεις δεν είναι ασυμβίβαστες. Στη σειρά αυτή, το "πάντρεμα" των δύο τάσεων υλοποιείται με τον ακόλουθο τρόπο: ενώ τα βιβλία που αποτελούν τη σειρά έχουν ως κορμό τη γραμματική (κι αυτό κυρίως γιατί τα περισσότερα μέρη του λόγου στην ελληνική είναι κλιτά), η αλληλουχία με την οποία παρουσιάζονται τα γραμματικά φαινόμενα καθορίζεται μάλλον από τις επικοινωνιακές ανάγκες του μαθητή (ιδιαίτερα στους πρώτους δύο τόμους), παρά από οποιεσδήποτε προκαταλήψεις σχετικά με το ποια είναι η πιο "λογική" ή συνηθισμένη σειρά παρουσίασής τους. Έτσι, η αιτιατική μετά από κάποιες προθέσεις εμφανίζεται πριν από την ονομαστική, ενώ το θα ήθελα εισάγεται προς χρήσιν πολύ πριν παρουσιαστεί ως γραμματικό θέμα (δυνητική).

Με δυο λόγια, εκείνο που επιχειρεί αυτή η σειρά, ιδιαίτερα στους δύο πρώτους τόμους, είναι να βοηθήσει τον καθηγητή που διδάσκει ελληνικά στην Ελλάδα ή στην αλλοδαπή, να δώσει τη δυνατότητα στους μαθητές του να καταλάβουν, να μιλήσουν, να διαβάσουν και να γράψουν αυτά που χρειάζονται στα ελληνικά, όσο πιο σωστά γίνεται. Κύριοι στόχοι του τρίτου τόμου είναι η κάλυψη πιο σύνθετων ή λιγότερο συχνών γραμματικών φαινομένων, ο εμπλουτισμός του λεξιλογίου και η παραπέρα εξάσκηση στον προφορικό λόγο.

Σε ό,τι αφορά την εργασία που γίνεται μέσα στην τάξη, εκείνο για το οποίο οι περισσότεροι έμπειροι συνάδελφοι φαίνεται να συμφωνούν σήμερα είναι η ανάγκη των μαθητών να επικοινωνήσουν προφορικά στη γλώσσα-στόχο για θέματα που τους ενδιαφέρουν, είτε αναφορικά με τη χώρα και τον πολιτισμό της χώρας όπου καταρχήν μιλιέται η γλώσσα-στόχος (για την ελληνική γλώσσα, θέματα που έχουν σχέση με την Ελλάδα), είτε γενικότερης φύσεως (π.χ. η ρύπανση του περιβάλλοντος, το κυκλοφοριακό πρόβλημα, το κάπνισμα). Γι' αυτό και η σειρά περιέχει πολλές ασκήσεις προφορικής επικοινωνίας, μέσα από ρεαλιστικές, κατά το δυνατόν, καταστάσεις: από τις πιο απλές και αυστηρά ελεγχόμενες ασκήσεις προφορικής επικοινωνίας, ώς εκείνες που παρέχουν στον μαθητή αρκετή ελευθερία για κάποιους αυτοσχεδιασμούς. Ακόμα, οι διάλογοι και τα κείμενα που έχουν γραφτεί καλύπτουν καθημερινές καταστάσεις, θέματα που αφορούν τον ελληνικό πολιτισμό, αλλά και θέματα που απασχολούν τον περισσότερο κόσμο σήμερα.

Μια άλλη ανάγκη φαίνεται να είναι η εναλλαγή και η ποικιλία, πράγμα που επιχειρείται τόσο με τη χρησιμοποίηση διαφόρων τύπων ασκήσεων, προφορικών και γραπτών, όσο και με τη χρησιμοποίηση πολλών γραμματοσειρών, σκίτσων κ.ά.

Οι τεχνικές αυτές όχι μόνο παρέχουν τη δυνατότητα για ενεργό εξάσκηση και συμμετοχή, αλλά συγχρόνως ετοιμάζουν τον μαθητή να επικοινωνήσει αποτελεσματικά με τους Έλληνες που θα συναντήσει στην πραγματική ζωή. Αυτός άλλωστε είναι ο απώτατος στόχος, το τελικό "τεστ" οποιουδήποτε παρόμοιου εγχειρήματος.

Βασικοί στόχοι

Με βάση τις πιο πάνω γενικές αντιλήψεις, μπορούμε να πούμε ότι οι βασικοί στόχοι αυτής της σειράς είναι τρεις:

(α) Να δείξει στον μαθητή πώς μπορεί να επικοινωνήσει στα ελληνικά μέσα σε ένα ευρύ φάσμα καταστάσεων.

(β) Να βοηθήσει τον μαθητή να μιλάει απλά και όσο γίνεται σωστά, και να αναπτύξει την ακουστική του αντίληψη, την αναγνωστική του αντίληψη, καθώς και την ικανότητά του να γράφει σωστά.

(γ) Να τονώσει τον ενθουσιασμό του μαθητή, δείχνοντάς του ότι μαθαίνει και λέει χρήσιμα πράγματα από την αρχή.

Διάρθρωση της ύλης

Καθένας από τους δύο πρώτους τόμους της σειράς *Επικοινωνήστε Ελληνικά* αποτελείται από ένα εισαγωγικό μάθημα, είκοσι τέσσερα κυρίως μαθήματα, ανακεφαλαιωτικούς πίνακες γραμματικής, πίνακα ρημάτων, λύσεις ασκήσεων, και γλωσσάρι.

Τα Μαθήματα 6, 12, 18 και 24 είναι ανακεφαλαιωτικά της ύλης των προηγούμενων πέντε μαθημάτων, κατά περίπτωση. Ο τρίτος τόμος περιέχει δώδεκα μαθήματα, από τα οποία τα Μαθήματα 6 και 12 είναι ανακεφαλαιωτικά. Επίσης, περιέχει, όπως και οι προηγούμενοι δύο τόμοι, ανακεφαλαιωτικούς πίνακες γραμματικής, πίνακα ρημάτων, λύσεις ασκήσεων, και γλωσσάρι.

Τα γραμματικά φαινόμενα, οι λειτουργίες της γλώσσας και οι επικοινωνιακές καταστάσεις παρουσιάζονται μέσα από διαλόγους ή μέσα από κείμενα. Τους διαλόγους και τα κείμενα ακολουθούν πάντα είτε ερωτήσεις κάτω από τον τίτλο *Ρωτήστε και Απαντήστε* είτε προτάσεις κάτω από τον τίτλο *Σωστό ή Λάθος*, που καταρχήν ελέγχουν πόσα κατάλαβαν οι μαθητές από αυτά που άκουσαν και διάβασαν. Εν συνεχεία, συνήθως ακολουθούν ένας ή περισσότεροι πίνακες γραμματικής, όπου αναλύονται τα γραμματικά φαινόμενα που καλύπτει ο διάλογος ή το κείμενο. Κάτω από τον τίτλο *Κοιτάξτε* ή δίπλα στο "θαυμαστικό" θα βρείτε κάποια επέκταση ή συμπλήρωση γραμματικού ή άλλου φαινομένου το οποίο έχει ήδη παρουσιαστεί. Η εκμάθηση του κάθε καινούργιου γλωσσικού σημείου που παρουσιάζεται, συνεχίζεται με ελεγχόμενες προφορικές ασκήσεις διαφόρων τύπων και με γραπτές ασκήσεις. Σε πολλά μαθήματα των πρώτων δύο τόμων θα βρείτε έναν τύπο άσκησης κάτω από τον τίτλο *Ακούστε την ερώτηση και βρείτε τη σωστή απάντηση*, που δοκιμάζει την ακουστική κατανόηση του μαθητή, Ο τρίτος τόμος, περιέχει πιο εκτενείς ασκήσεις ακουστικής κατανόησης, όπως συνεντεύξεις, αποσπάσματα από ομιλίες κ.ά. Η ύλη ακόμα περιέχει λιγότερο ελεγχόμενες προφορικές ασκήσεις (π.χ. παίγνια ρόλων), σταυρόλεξα, καθώς και ασκήσεις για πιο δημιουργικό γράψιμο. Στον τρίτο τόμο θα βρείτε επιπλέον και μια σειρά από φωτογραφίες που μπορούν να αξιοποιηθούν ποικιλοτρόπως.

Σ' αυτό ίσως το σημείο θα πρέπει να υπογραμμιστεί ότι το βιβλίο που έχετε στα χέρια σας, όπως και οποιοδήποτε παρόμοιο βιβλίο για την εκμάθηση της ελληνικής ή κάποιας άλλης γλώσσας ως ξένης, αποτελεί απλώς βοήθημα για τον καθηγητή. Δεν είναι πανάκεια. Εσείς θα πρέπει να προσαρμόσετε την ύλη καθως και τις ιδέες που παρατίθενται εδώ, στη συγκεκριμένη ομάδα που έχετε να διδάξετε, κάνοντας χρήση των γνώσεων που διαθέτετε όσον αφορά τις μαθησιακές ανάγκες των μαθητών σας, τα ενδιαφέροντά τους, τον επαγγελματικό και κοινωνικό τους περίγυρο, τα ήθη και τα έθιμά τους, έτσι ώστε να τους βοηθήσετε να εκφραστούν όσο πιο άνετα γίνεται.

Β. ΤΡΟΠΟΣ ΔΙΔΑΣΚΑΛΙΑΣ

Ο ρόλος του καθηγητή στην τάξη

Για να διδάξει αποτελεσματικά μέσα από την ύλη αυτής της σειράς, ο καθηγητής καλείται να παίξει τέσσερις διαφορετικούς ρόλους.

Ο πρώτος είναι ο γνωστός, παραδοσιακός ρόλος του *διδασκάλου ξένης γλώσσας*. Ο καθηγητής παρουσιάζει και εξηγεί την καινούργια ύλη, εποπτεύει την πρακτική εξάσκηση, αξιολογεί και διορθώνει την απόδοση των μαθητών. Ο ισχυρός αυτός ρόλος του δασκάλου που δεσπόζει με τις ενέργειές του μέσα στην τάξη είναι απαραίτητος σε ορισμένα στάδια του μαθήματος, όπως η εξήγηση κάποιου γραμματικού φαινομένου ή η διεξαγωγή κάποιας προφορικής άσκησης όπου παρέχεται αρκετή ελευθερία και οι μαθητές χρειάζονται καθοδήγηση.

Ο δεύτερος ρόλος είναι ο ρόλος του *"μάνατζερ"*, με τη σύγχρονη έννοια του όρου. Ο καθηγητής, σε σύμπραξη με το βιβλίο, επιλέγει και συντονίζει τις δραστηριότητες που χρειάζονται για τη διεξαγωγή ενός ολοκληρωμένου μαθήματος, το οποίο χαρακτηρίζεται από ειρμό και ΰυνοχή. Επιπλέον, οργανώνει και επιβλέπει την προφορική εξάσκηση ανά ζεύγη ή ομάδες, παρεμβαίνοντας και παρέχοντας βοήθεια όπου και όταν χρειάζεται.

Ο τρίτος ρόλος είναι αυτός του *σιωπηλού παρατηρητή*. Ο καθηγητής αφού οργανώσει κάποια εργασία που θα γίνει στην τάξη, επιτρέπει στους μαθητές να την διεξαγάγουν χωρίς καμιά παρέμβαση από την πλευρά του. Ο μη συμμετοχικός αυτός ρόλος του καθηγητή δίνει τη δυνατότητα στους μαθητές να λειτουργήσουν ελεύθερα, να αυτοσχεδιάσουν, να αναπτύξουν τις δικές τους μαθησιακές στρατηγικές. Παράλληλα, όμως, απαιτεί από τον καθηγητή να βρίσκεται σε συνεχή εγρήγορση και να ελέγχει τη διεξαγωγή της εργασίας, σημειώνοντας τυχόν αδυναμίες στις οποίες θα πρέπει να επανέλθει σε κάποιο μελλοντικό μάθημα.

Ο τέταρτος, εξίσου ουσιαστικός, ρόλος είναι ο ρόλος του *ισότιμου μέλους* της ομάδας. Εδώ ο καθηγητής συμμετέχει στη διεξαγωγή διαφόρων εργασιών επί ίσης βάσεως. Με τον τρόπο αυτό ο καθηγητής συμβάλλει στη δημιουργία κλίματος άνεσης και συνεργασίας, ενώ παράλληλα, με τη συμμετοχή του μπορεί να ανεβάσει το επίπεδο της συγκεκριμένης εργασίας.

Η αποδοχή και η υλοποίηση και των τεσσάρων αυτών ρόλων από τον καθηγητή θα συμβάλλουν, χωρίς αμφιβολία, στην καλύτερη δυνατή αξιοποίηση, τόσο των προσπαθειών που καταβάλλει, όσο και της ύλης που θα χρησιμοποιήσει από τη σειρά αυτή. Θυμίζουμε, πάντως, ότι οι τέσσερις αυτοί ρόλοι συνιστούν αυξομειούμενα και αλληλοεπικαλυπτόμενα μέρη της ίδιας ακέραιης προσωπικότητας του εκπαιδευτικού.

Γλώσσα 1

Ένα ζήτημα για το οποίο έχουν γραφτεί πολλά, και για το οποίο εξακολουθούν να υπάρχουν αντικρουόμενες ώς ένα βαθμό αντιλήψεις και θέσεις, είναι η χρησιμοποίηση (ή μη) κάποιας κοινής γλώσσας για την εξήγηση διαφόρων θεμάτων από τον καθηγητή. Στην περίπτωση που οι μαθητές μιας τάξης έχουν την ίδια εθνικότητα, η κοινή γλώσσα (ας την ονομάσουμε Γλώσσα 1) θα είναι βεβαίως η μητρική, ενώ στην περίπτωση που οι μαθητές δεν έχουν την ίδια μητρική γλώσσα, η Γλώσσα 1 θα είναι η γλώσσα στην οποία μπορούν να συνεννοηθούν οι περισσότεροι τουλάχιστον μαθητές.

Τα τελευταία χρόνια η τάση είναι υπέρ της χρησιμοποίησης της Γλώσσας 1 σε τάξεις αρχαρίων, όταν ο καθηγητής πρέπει να δώσει οδηγίες για τη διεξαγωγή κάποιας άσκησης, όταν αναλύει κάποιο γλωσσικό φαινόμενο ή όταν εξηγεί κάποια αφηρημένη έννοια ή ένα πολιτισμικό σημείο. Κι αυτό , για να εξοικονομηθεί χρόνος που μπορεί να αναλωθεί σε πιο χρήσιμες δραστηριότητες (π.χ. εντατική εξάσκηση στον προφορικό λόγο).

Από την άλλη πλευρά, το όφελος που αποκομίζει ο μαθητής ακούγοντας όσο περισσότερα ελληνικά γίνεται, σε σχέση με διάφορες καταστάσεις, είναι, χωρίς αμφιβολία, τεράστιο. Γι' αυτό θα πρέπει *(α) η οποία χρησιμοποίηση της Γλώσσας 1 να γίνεται με φειδώ και (β) ο καθηγητής να έχει ως στόχο τη σταδιακή εγκατάλειψή της ως μέσο επικοινωνίας με τους μαθητές το γρηγορότερο δυνατό, αντικαθιστώντας την με απλές και μικρές προτάσεις και χρησιμοποιώντας λεξιλόγιο και γραμματικές δομές που οι μαθητές έχουν ήδη μάθει.*

Τα κύρια στάδια ενός μαθήματος

Αν θέλετε να αξιοποιήσετε πιο σωστά την ύλη αυτής της σειράς, είναι σκόπιμο να τηρήσετε την παρακάτω δοκιμασμένη διαδικασία, στον βαθμό που αυτή ταιριάζει στο "ύφος σας" και στον βαθμό που η ύλη την οποία έχετε να καλύψετε κάθε φορά προσφέρεται για τη διεξαγωγή όλων των σταδίων της διαδικασίας.

(α) Παρουσιάζετε την καινούργια γλώσσα (γραμματικό φαινόμενο, λειτουργία της γλώσσας, λεξιλόγιο) με τη βοήθεια κάποιου διαλόγου ή κάποιου κειμένου.

(β) Οι μαθητές εξασκούνται σ' αυτό που έμαθαν, με τη βοήθεια των ασκήσεων ελεγχόμενης προφορικής επικοινωνίας.

(γ) Εξηγείτε αναλυτικότερα το γλωσσικό φαινόμενο.

(δ) Οι μαθητές κάνουν στην τάξη κάποια γραπτή άσκηση (ή έστω ένα μέρος της άσκησης) πάνω στο θέμα που εξηγήσατε, για παραπέρα εμπέδωση.

(ε) Οι μαθητές κάνουν τις άλλες ασκήσεις πιο ελεύθερης προφορικής επικοινωνίας.

(ζ) Κάνετε, εφόσον υπάρχει, την άσκηση ακουστικής κατανόησης.

(η) Οι μαθητές κάνουν τις υπόλοιπες γραπτές ασκήσεις στην τάξη ή στο σπίτι, κατά την κρίση σας.

Διάλογοι

Με τους διαλόγους εισάγονται, πρώτον, ένα ή περισσότερα γλωσσικά φαινόμενα, και, δεύτερον, νέο λεξιλόγιο. Η διαδικασία που προτείνεται πιο κάτω είναι μια από μερικές από τις παραλλαγές που μπορείτε να χρησιμοποιήσετε.

1. Αν έχετε την κασέτα ή το CD

(α) Βάζετε τους μαθητές στο κλίμα του διαλόγου, κάνοντάς τους δυο ή τρεις προκαταρκτικές ερωτήσεις.

(β) Παρουσιάζετε τις καινούργιες λέξεις ή εκφράσεις που θα μπορούσαν να δημιουργήσουν δυσκολίες στους μαθητές σας και τους εξηγείτε τα πολιτισμικά σημεία που μπορεί να υπάρχουν στον διάλογο.

(γ) Ζητάτε από τους μαθητές να κοιτάξουν τις ερωτήσεις κάτω από τον τίτλο *Ρωτήστε και απαντήστε* ή τις προτάσεις κάτω από τον τίτλο *Σωστό ή λάθος* που ακολουθούν τον διάλογο.

(δ) Παίζετε τον διάλογο στην κασέτα ή το CD μια φορά. Αν ο διάλογος είναι μάλλον μακρύς, σταματήστε την κασέτα ή το CD σε δύο ή τρία σημεία, καλύπτοντας κάθε φορά τη διαδικασία που περιγράφεται στο στάδιο (ε).

(ε) Οι μαθητές απαντούν στις ερωτήσεις *(Ρωτήστε και απαντήστε)* ή χαρακτηρίζουν τις προτάσεις *(Σωστό ή λάθος)*.
Η εργασία αυτή μπορεί είτε να γίνει ανάμεσα σε σάς και τους μαθητές είτε να την κάνουν οι μαθητές μεταξύ τους.
Εφόσον το θεωρήσετε σκόπιμο, μπορείτε να αναφερθείτε πάλι στον διάλογο, εξηγώντας δύσκολες λέξεις ή εκφράσεις που δεν έγιναν απόλυτα κατανοητές στο στάδιο (β).

(ζ) Ξαναπαίζετε ολόκληρο τον διάλογο στην κασέτα ή το CD .

(η) Παίζετε πάλι τον διάλογο σταματώντας στο τέλος κάθε πρότασης, ώστε οι μαθητές να ακούσουν και να επαναλάβουν "εν χορώ".

(θ) Οι μαθητές διαβάζουν τον διάλογο "εν χορώ".

(ι) Ζητάτε από δύο ή τρεις (ανάλογα με τον αριθμό των χαρακτήρων που εμφανίζονται στον διάλογο) "καλούς" μαθητές να πουν τον διάλογο, ενώ οι υπόλοιποι ακούνε.

(κ) Οι μαθητές λένε τον διάλογο μεταξύ τους, ενώ εσείς πηγαίνετε γύρω-γύρω επιβλέποντας και διορθώνοντας διακριτικά, όπου χρειάζεται.

2. Αν δεν έχετε την κασέτα ή το CD

(α) Όπως πιο πάνω.

(β) Όπως πιο πάνω.

(γ) Όπως πιο πάνω.

(δ) Διαβάζετε τον διάλογο όσο πιο εκφραστικά μπορείτε. (Μια καλή ιδέα εδώ είναι να σχεδιάσετε στον πίνακα απλές φιγούρες για τα πρόσωπα που εμφανίζονται στον διάλογο και να δείχνετε κάθε φορά με το χέρι ή με τον χάρακα τη φιγούρα που αντιστοιχεί στο πρόσωπο που μιλάει).

(ε) Όπως πιο πάνω.

(ζ) Ξαναδιαβάζετε τον διάλογο.

(η) Διαβάζετε τον διάλογο πρόταση πρόταση και οι μαθητές επαναλαμβάνουν "εν χορώ".

(θ) Όπως πιο πάνω.

(ι) Όπως πιο πάνω.

(κ) Όπως πιο πάνω.

Αν το θέμα του διαλόγου έχει καθημερινή χρησιμότητα, μπορείτε να ζητήσετε από τους μαθητές σας να τον αποστηθίσουν για το επόμενο μάθημα.

Κείμενα

Όπως έχει γίνει με τους διαλόγους, έτσι και τα κείμενα που θα βρείτε στη σειρά *Επικοινωνήστε Ελληνικά* έχουν γραφτεί για να εισάγουν κάθε φορά ένα ή περισσότερα γραμματικά φαινόμενα, κάποια ή κάποιες λειτουργίες της γλώσσας και καινούργιο λεξιλόγιο. Κι εδώ η προτεινόμενη διαδικασία αποτελεί μία από μερικές από τις παραλλαγές που μπορείτε να χρησιμοποιήσετε.

1. Αν έχετε την κασέτα ή το CD

(α) Βάζετε τους μαθητές στο κλίμα του κειμένου, κάνοντάς τους δυο ή τρεις προκαταρκτικές ερωτήσεις.

(β) Παρουσιάζετε τις καινούργιες λέξεις ή εκφράσεις που θα μπορούσαν να δημιουργήσουν δυσκολίες στους μαθητές σας και τους εξηγείτε τα πολιτισμικά σημεία που μπορεί να υπάρχουν στο κείμενο.

(γ) Ζητάτε από τους μαθητές να κοιτάξουν τις ερωτήσεις κάτω από τον τίτλο *Ρωτήστε και απαντήστε* ή τις προτάσεις κάτω από τον τίτλο *Σωστό ή λάθος* που ακολουθούν το κείμενο.

(δ) Παίζετε το κείμενο στην κασέτα ή το CD μια φορά. Αν το κείμενο είναι μάλλον μακρύ, σταματήστε την κασέτα ή το CD σε δύο ή τρία σημεία, καλύπτοντας κάθε φορά τη διαδικασία που περιγράφεται στο στάδιο (ε).

(ε) Οι μαθητές απαντούν στις ερωτήσεις *(Ρωτήστε και απαντήστε)* ή χαρακτηρίζουν τις προτάσεις *(Σωστό ή λάθος)*. Η εργασία αυτή μπορεί είτε να γίνει ανάμεσα σε σάς και τους μαθητές είτε να την κάνουν οι μαθητές μεταξύ τους. Εφόσον το θεωρήσετε σκόπιμο, μπορείτε να αναφερθείτε πάλι στο κείμενο εξηγώντας δύσκολες λέξεις ή εκφράσεις που δεν έγιναν απόλυτα κατανοητές στο στάδιο (β).

(ζ) Ξαναπαίζετε το κείμενο στην κασέτα ή το CD. (Αυτό το στάδιο είναι προαιρετικό).

(η) Οι μαθητές διαβάζουν το κείμενο σιωπηλά.

(θ) Ζητάτε από μερικούς μαθητές (αρχίζετε πάντα από κάποιο "καλό μαθητή") από δύο έως τρεις προτάσεις του κειμένου ο καθένας.

(ι) Εφόσον το επίπεδο της τάξης το επιτρέπει, κάντε μερικές πιο "απαιτητικές" ή γενικότερης φύσεως ερωτήσεις πάνω στο κείμενο.

2. Αν δεν έχετε την κασέτα ή το CD

(α) Όπως πιο πάνω.

(β) Όπως πιο πάνω.

γ) Όπως πιο πάνω.

(δ) Διαβάζετε το κείμενο μια φορά και οι μαθητές ακούνε.

(ε) Όπως πιο πάνω.

(ζ) Ξαναδιαβάζετε το κείμενο και οι μαθητές ακούνε (Αυτό το στάδιο είναι προαιρετικό).
(η) Όπως πιο πάνω.
(θ) Όπως πιο πάνω.
(ι) Όπως πιο πάνω.

Παρουσίαση νέου λεξιλογίου

Όπου το καινούργιο λεξιλόγιο δεν συνοδεύεται από σχετικές εικόνες, μπορείτε να επιλέξετε οποιονδήποτε από τους πιο κάτω τρόπους για να διδάξετε τις νέες λέξεις ή εκφράσεις.

(α) Δείχνετε πραγματικά αντικείμενα.
(β) Σχεδιάζετε στον πίνακα ή χρησιμοποιείτε εικόνες από εφημερίδες και περιοδικά.
(γ) Εκφράζετε αυτό που θέλετε με μιμική.
(δ) Δίνετε παραδείγματα.
(ε) Εξηγείτε με απλά ελληνικά.
(ζ) Εξηγείτε σύντομα στη Γλώσσα 1.
(η) Παραπέμπετε στο Γλωσσάρι του βιβλίου ή σε κάποιο λεξικό.
(θ) Χρησιμοποιείτε ανάλογες ασκήσεις λεξιλογίου (Γ! τόμος).

Η επιλογή της μεθόδου που θα χρησιμοποιήσετε θα εξαρτηθεί από το είδος της λέξης που θέλετε να παρουσιάσετε. Αντικείμενα καθημερινής χρήσης, όπως *καρέκλα, παράθυρο, κλειδί, ποτήρι* κ.ά. μπορείτε να τα δείξετε, εφόσον υπάρχουν στην τάξη ή να τα έχετε μαζί σας ή να τα σχεδιάσετε με απλές γραμμές στον πίνακα ή, ακόμα, να τα δείξετε σε εικόνες από κάποιο περιοδικό ή εφημερίδα. Για επαγγέλματα χρησιμοποιήστε εικόνες. Για την παρουσίαση επιθέτων, όπως *μεγάλο, βαρύ, κόκκινο* κ.ά., μπορείτε να χρησιμοποιήσετε μιμική ή παραδείγματα. Αφηρημένες έννοιες και λέξεις ή εκφράσεις που έχουν συγκεκριμένη πολιτισμική σημασία, μπορείτε να τις εξηγήσετε ή να τις μεταφράσετε χρησιμοποιώντας την Γλώσσα 1. Γενικά, αποφεύγετε να βασίζεστε αποκλειστικά και μόνο στο Γλωσσάρι ή στο λεξικό για την παρουσίαση νέου λεξιλογίου, ιδιαίτερα σε επίπεδο αρχαρίων. Με τη χρησιμοποίηση οποιουδήποτε συνδυασμού των πιο πάνω μεθόδων θα κάνετε το μάθημα πιο ζωντανό και πιο ευχάριστο.

Ασκήσεις προφορικής επικοινωνίας σε ζεύγη

Η σειρά *Επικοινωνήστε Ελληνικά* περιέχει πολλές τέτοιες ασκήσεις (η συνήθης χαρακτηριστική οδηγία που δίνεται είναι *Μιλήστε μεταξύ σας*). Εδώ όλοι οι μαθητές δουλεύουν σε ζεύγη, ταυτοχρόνως. Το βασικό πλεονέκτημα αυτού του τρόπου είναι η δυνατότητα που παρέχεται σε όλους τους μαθητές για εκτεταμένη εξάσκηση μέσα σε μικρό χρονικό διάστημα. Ακόμα, η προφορική εξάσκηση ανά δύο απαλλάσσει τους μαθητές από την ανία που αναπόφευκτα αισθάνονται όταν είναι υποχρεωμένοι να ακούνε τους συμμαθητές τους να κάνουν την άσκηση ο ένας μετά τον άλλο ή με τον καθηγητή, περιμένοντας πότε θα έρθει - αν έρθει - η σειρά τους.

Η πιο συνηθισμένη διαδικασία είναι η εξής:

(α) Διαιρείτε τους μαθητές σας σε ζεύγη.
(β) Τους εξηγείτε λεπτομερώς τι ακριβώς χρειάζεται να κάνουν.
(γ) Βεβαιώνεστε ότι ξέρουν όλο το λεξιλόγιο που εμφανίζεται στην άσκηση.
(δ) Ζητάτε από κάποιο ζεύγος να κάνει προφορικά το παράδειγμα, για να ακούσουν οι υπόλοιποι.
(ε) Ένα άλλο ζεύγος (εδώ προτιμάτε δύο "καλούς" μαθητές) κάνει το πρώτο ή το δεύτερο κομμάτι της άσκησης για μεγαλύτερη εξοικείωση όλων.
(ζ) Οι μαθητές δουλεύουν την άσκηση κομμάτι κομμάτι με τη σειρά Α-Β και μετά αλλάζοντας ρόλους με τη σειρά Β-Α. Όλα τα ζεύγη δουλεύουν ταυτοχρόνως.

Μόλις οι μαθητές αρχίζουν να δουλεύουν μόνοι τους, εσείς πηγαίνετε γύρω-γύρω βοηθώντας και επιβλέποντας όσα ζεύγη μπορείτε. Αποφεύγετε να διορθώνετε κάθε φορά που ακούτε κάποιο λάθος. Η διόρθωση θα πρέπει να γίνεται επιλεκτικά και διακριτικά, έτσι ώστε να μην εμποδίζει (πρακτικά και ψυχολογικά) τους μαθητές που προσπαθούν να επικοινωνήσουν μεταξύ τους, έστω και μέσα σε προκαθορισμένα γλωσσικά πλαίσια, χρησιμοποιώντας καινούργια γλώσσα για πρώτη φορά.

Άλλες προφορικές ασκήσεις

Στη σειρά *Επικοινωνήστε Ελληνικά* θα συναντήσετε αρκετούς άλλους τύπους προφορικών ασκήσεων πάνω σε γραμματικά φαινόμενα ή λειτουργίες της γλώσσας, οι οποίες γίνονται ανά ζεύγη ή ομάδες των τριών ή τεσσάρων μαθητών. Για τις ασκήσεις αυτές δεν χρειάζεται να πούμε περισσότερα εδώ, αφού οι οδηγίες είναι αρκετά κατατοπιστικές για το τι πρέπει να γίνει. Η διαδικασία που θα ακολουθήσετε είναι αυτή που περιγράφεται πιο πάνω για τις Ασκήσεις Προφορικής Επικοινωνίας σε Ζεύγη ή κάποια παρεμφερής διαδικασία που σας εξυπηρετεί καλύτερα.

Στο σημείο αυτό, θα πρέπει να επισημάνουμε δύο πράγματα σχετικά με τη διεξαγωγή προφορικών ασκήσεων, είτε σε ζεύγη είτε σε ομάδες περισσότερων ατόμων.

(α) Καλό είναι οι ομάδες ή τα ζεύγη να αποτελούνται, κατά το δυνατόν, τόσο από "δυνατούς", όσο και από "πιο αδύνα τους" μαθητές. Ωστόσο, θα πρέπει να αποφεύγει κανείς μεγάλες διακυμάνσεις ανά ομάδα ή ζεύγος σε ό,τι αφορά την ικανότητα ή την προηγούμενη γνώση της γλώσσας. Στους "καλούς" μαθητές συνήθως αρέσει να βοηθούν τους πιο αδύνατους, εφόσον δεν νοιώθουν ότι αυτό γίνεται εις βάρος της δικιάς τους προόδου. Οι πιο αδύνατοι, πάλι, δεν θα ωφεληθούν αν αισθανθούν πτοημένοι ή μειωμένοι από τις γνώσεις ή την ικανότητα των πιο δυνατών συνεργατών τους.

(β) Οι περισσότεροι άνθρωποι έχουν την περιέργεια να πληροφορηθούν διάφορα πράγματα για τους άλλους, κάτι που θα πρέπει να αξιοποιήσετε για να ενθαρρύνετε τους μαθητές σας να επικοινωνούν, να αισθάνονται άνετα, και να αποκτήσουν την αίσθηση ότι όλοι ανήκουν σε μια φιλική ομάδα. Χρειάζεται προσοχή, ωστόσο, να μην ξεπεραστούν τα όρια κάποιας στοιχειώδους ευγένειας.

Παίγνια ρόλων

Ειδικά για τον τύπο αυτό δημιουργικής προφορικής εξάσκησης, θα πρέπει να υπογραμμιστούν (α) η ανάγκη για σαφείς και λεπτομερείς οδηγίες από σάς σχετικά με το τι πρέπει να κάνουν οι μαθητές, και (β) η ανεξαρτησία που απαιτείται να έχουν για να μπορέσουν να αυτοσχεδιάσουν ώς ένα βαθμό, πράγμα που σημαίνει ότι η εποπτεία σας θα πρέπει να είναι όσο πιο διακριτική και σιωπηλή γίνεται.

Κείμενα ανακεφαλαιωτικών μαθημάτων (1ος και 2ος Τόμος)

Τα κείμενα που υπάρχουν στα ανακεφαλαιωτικά μαθήματα (6, 12, 18, 24) των πρώτων δύο τόμων γράφτηκαν με σκοπό (α) να εμφανίσουν μαζί γραμματικά φαινόμενα, λειτουργίες της γλώσσας και λεξιλόγιο από τα προηγούμενα πέντε μαθήματα, (β) να εισαγάγουν νέο λεξιλόγιο για ενεργητική ή παθητική χρήση, και (γ) να εξοικειώσουν τους μαθητές παραπέρα με τον γραπτό λόγο. Ακολουθήστε και γι ' αυτά τα κείμενα την ίδια διαδικασία που περιγράφεται πιο πάνω.

Όπως και τα άλλα κείμενα, έτσι και αυτά συνοδεύονται από ερωτήσεις ή άλλους τρόπους που ελέγχουν το πόσο οι μαθητές κατανόησαν αυτά που διάβασαν. Ακολουθούν προφορικές και γραπτές ασκήσεις που έχουν αντίστοιχα σκοπό (α) να δώσουν το έναυσμα για κάποια, απλή έστω, συνομιλία στην τάξη και (β) να εμπεδώσουν καλύτερα το νέο λεξιλόγιο. Πολλά από αυτά τα κείμενα μπορούν να χρησιμέψουν ως μοντέλα για γράψιμο.

Ασκήσεις ακουστικής κατανόησης

1ος και 2ος Τόμος

Σε ορισμένα από τα μαθήματα των πρώτων δύο τόμων της σειράς *Επικοινωνήστε Ελληνικά*, θα βρείτε έναν τύπο ασκήσεως ακουστικής κατανόησης με τίτλο *Ακούστε την ερώτηση και βρείτε τη σωστή απάντηση*. Οι μαθητές βλέπουν μόνο τις απαντήσεις. Αφού ακούσουν την πρώτη ερώτηση, έχουν λίγα δευτερόλεπτα στη διάθεσή τους για να διαλέξουν την πιο κατάλληλη από τις τρεις απαντήσεις που τους δίνονται, την οποία και σημειώνουν. Μετά προχωρείτε στη δεύτερη ερώτηση κ.ο.κ.

Εφόσον το κρίνετε απαραίτητο, επιτρέψτε στους μαθητές σας να διαβάσουν όλες τις απαντήσεις που υπάρχουν κάτω από τον τίτλο *Λύσεις των Ασκήσεων* στο τέλος του βιβλίου, πριν αρχίσουν να ακούνε τις ερωτήσεις.

Γ! Τόμος

Τα μαθήματα του τρίτου τόμου περιλαμβάνουν και πιο "απαιτητικές" ασκήσεις ακουστικής κατανόησης, οι οποίες βασίζονται σε κάποιο διάλογο, σε κάποια συνέντευξη, σε κάποιο απόσπασμα ομιλίας κ.ά. Οι ασκήσεις αυτές είναι αμιγώς ακουστικές, με την έννοια ότι ο μαθητής δεν μπορεί να ελέγξει αυτά που άκουσε παρά μόνο ξανακούγοντας την κασέτα ή το CD. Πριν παίξετε την κασέτα ή το CD, κάνετε τις εισαγωγικές ασκήσεις που προηγούνται για να εξοικειωθούν οι μαθητές σας ώς ένα βαθμό με το θέμα και το λεξιλόγιο που θα συναντήσουν. Μετά, ακολουθείτε οποιαδήποτε παρεμφερή διαδικασία με αυτή που περιγράφεται πιο πάνω για τα Κείμενα και τους Διαλόγους. Τα κείμενα και τους διαλόγους που ακούγονται σ' αυτές τις ασκήσεις ακουστικής κατανόησης θα βρείτε στο τέλος του τρίτου τόμου κάτω από τον τίτλο *Κείμενα και Διάλογοι Ακουστικής Κατανόησης*.

Φωτογραφίες για συζήτηση

Στο τέλος του τρίτου τόμου της σειράς θα βρείτε δέκα φωτογραφίες κάτω από τον τίτλο *Φωτογραφίες για συζήτηση*. Κάθε μία από αυτές τις φωτογραφίες παρουσιάζει ένα θέμα και συνοδεύεται από υποδειγματικές ερωτήσεις. Το υλικό αυτό μπορείτε να αξιοποιήσετε επιλεκτικά και με διάφορους τρόπους για την παραγωγή συνομιλίας μέσα στην τάξη.

Διόρθωση γραπτής εργασίας

Μερικές ιδέες:

(α) Μαζεύετε τη γραπτή εργασία που οι μαθητές σας ετοίμασαν στο σπίτι, την διορθώνετε και τους την επιστρέφετε στο επόμενο μάθημα. Ένας πιο δημιουργικός τρόπος για να κάνετε τις διορθώσεις σας είναι να υπογραμμίσετε το σημείο όπου υπάρχει το λάθος και, παράλληλα, να σημειώσετε στο περιθώριο της αντίστοιχης γραμμής κάποιο σύμβολο που αντιπροσωπεύει τον τύπο του λάθους, π.χ. ορθ = ορθογραφικό λάθος, λεξ = λάθος λέξη, χρ = λάθος χρόνος κ.ο.κ. Με αυτόν τον τρόπο, ο μαθητής υποχρεώνεται να βασανίσει λίγο το μυαλό του σχετικά με τα λάθη που έκανε, πράγμα που μάλλον δεν θα κάνει αν του γράψετε τη σωστή απόδοση πάνω από το λάθος του.

(β) Οι μαθητές ανταλλάσσουν τα γραπτά τους ανά δύο και διορθώνουν, όσο μπορούν, ο ένας την εργασία του άλλου, είτε γράφοντας τη σωστή απόδοση είτε χρησιμοποιώντας σύμβολα, όπως πιο πάνω. Τα διορθωμένα γραπτά επιστρέφονται κι εσείς πηγαίνετε γύρω-γύρω βοηθώντας, όπου υπάρχει ανάγκη.

(γ) Ζητάτε από μερικούς μαθητές - προτιμήστε τους "πιο καλούς" - να διαβάσουν την εργασία τους δυνατά για τους υπόλοιπους, οι οποίοι ακούνε και διορθώνουν τα λάθη τους. Κανονικά, δεν θα πρέπει να υπάρχουν πολλά λάθη, εφόσον η εργασία που ορίσατε για το σπίτι έχει ήδη μισοετοιμαστεί στην τάξη. Εσείς, βέβαια, θα πρέπει στο τέλος να βεβαιωθείτε ότι έγιναν όλες οι διορθώσεις από όλους.

(δ) Οι σωστές απαντήσεις ασκήσεων του τύπου *Βάλτε το ουσιαστικό στον σωστό τύπο κτλ.* μπορούν να ελεγχθούν προ-φορικά στην τάξη. Οι μαθητές διαβάζουν αλυσιδωτά από μία απάντηση ο καθένας και οι άλλοι διορθώνουν ή σχολιάζουν. Εσείς παρεμβαίνετε, εφόσον υπάρχει ανάγκη.

Υπαγόρευση προτάσεων για ορθογραφία

Κατά καιρούς, είναι σκόπιμο να υπαγορεύετε δύο έως τρεις προτάσεις από γνωστή ύλη στους μαθητές σας. Το όφελος είναι πολλαπλό: σας δίνει την ευκαιρία να ελέγξετε αδυναμίες στην ορθογραφία ώστε να προγραμματίσετε κάποια επανάληψη, ενεργεί σαν άσκηση ακουστικής κατανόησης, και προσφέρει μια αλλαγή στον ρυθμό και στο "κλίμα" του μαθήματος.

Επανάληψη ρημάτων

Οι χρόνοι των ρημάτων θα πρέπει να επαναλαμβάνονται συχνά. Μη διστάζετε κάθε τόσο να ζητάτε από τους μαθητές σας να κλίνουν, είτε "εν χορώ" είτε ένας ένας χωριστά, κάποια ρήματα στον αόριστο, στον μέλλοντα κτλ. και μετά να τα γράφουν. Ένας άλλος τρόπος, εφόσον έχετε καλύψει τουλάχιστον τρεις βασικούς χρόνους (π.χ. ενεστώτα, απλό μέλλοντα και αόριστο), είναι ο εξής. Γράφετε στον πίνακα μερικές προτάσεις στον ενεστώτα με ρήματα που θέλετε να επαναλάβετε. Φροντίστε τα ρήματα να είναι, τόσο στον ενικό, όσο και στον πληθυντικό, και σε περισσότερα από ένα πρόσωπα. Σε καρτέλες ή στον πίνακα έχετε γράψει με ευκρινή στοιχεία υποβοηθητικές φρασούλες, χαρακτηριστικές για τον καθένα από τους χρόνους που σας ενδιαφέρουν, όπως "κάθε πρωί", "αύριο το απόγευμα", "χθες το βράδυ", κ.λπ. Ζητάτε από κάποιο μαθητή να διαβάσει την πρώτη πρόταση από τον πίνακα. Μετά, δείχνοντας τη φράση-κλειδί στην καρτέλα ή στον πίνακα, ζητάτε από έναν άλλο μαθητή να ξαναπεί την πρόταση με τις απαραίτητες αλλαγές. Προχωρήστε με τον τρόπο αυτό και στους υπόλοιπους μαθητές της τάξης.

Γ. ΓΕΝΙΚΕΣ ΠΑΡΑΤΗΡΗΣΕΙΣ ΓΙΑ ΤΗΝ ΠΡΩΤΗ ΣΥΝΑΝΤΗΣΗ

Εξοικείωση με το βιβλίο

Αφήστε τους μαθητές σας να ξεφυλλίσουν το βιβλίο τους, για να πάρουν μια πρώτη γεύση. Ύστερα, αναφερθείτε στον πίνακα περιεχομένων, δίνοντάς τους μερικά παραδείγματα της γλώσσας που θα καλύψουν τις πρώτες δύο ή τρεις εβδομάδες.

Κάποιοι μαθητές θα θέλουν να ξέρουν πού θα βρουν τη γραμματική που θα πρέπει να μάθουν. Δείξτε τους τα κομμάτια της Γραμματικής, όπως εμφανίζονται σε κάθε μάθημα μέσα σε πλαίσιο, καθώς και τους Πίνακες Γραμματικής και τον Πίνακα Ρημάτων στο τέλος του βιβλίου.

Σε ό,τι αφορά τα Λεξιλόγια, εξηγήστε τους ότι η εννοιολογική απόδοση των λέξεων περιορίζεται, κατά κανόνα, στη σημασία που έχει η κάθε λέξη μέσα στη φράση ή στις φράσεις που υπάρχουν στο βιβλίο.

Όσο για τις λύσεις των ασκήσεων, συμβουλέψτε τους να αναφέρονται σ' αυτές μόνο εφόσον θέλουν να βεβαιωθούν για κάποιο σημείο, και αφού έχουν προσπαθήσει πρώτα να κάνουν όλη την άσκηση.

Πώς θα καθίσουν οι μαθητές σας στην τάξη

Ένα από τα πρώτα και πιο βασικά μελήματα του καθηγητή κατά την πρώτη συνάντηση, είναι το πώς θα καθίσουν σωστά οι μαθητές στην τάξη. Για μικρές τάξεις (6-15 μαθητές), ο καλύτερος τρόπος είναι να καθίσουν σε ομάδες 3-6 ατόμων, γύρω από χωριστά τραπέζια. Αν δεν υπάρχουν τραπέζια, ένας αρκετά αποτελεσματικός τρόπος είναι να τοποθετήσετε τις καρέκλες σε σχήμα πετάλου, σε κάποια απόσταση από τον τοίχο. Έτσι, έχετε την άνεση να κινείστε μπροστά στους μαθητές σας (και πίσω τους, αν χρειάζεται), ενώ εκείνοι μπορούν να βλέπουν ο ένας τον άλλο καθώς και τον πίνακα. Αν πρέπει να διδάξετε σε μεγάλες τάξεις (πάνω από 15 μαθητές), βεβαιωθείτε ότι οι μαθητές σας κάθονται σε ζεύγη, και ότι όλοι μπορούν να βλέπουν χωρίς δυσκολία εσάς και τον πίνακα και να ακούνε το κασετόφωνο ή το CD player, εφόσον θα χρησιμοποιήσετε κασέτα ή CD.

Δύο παρατηρήσεις

(α) Αν δεν τους έχετε υποδείξει εσείς τις θέσεις τους, είναι πολύ πιθανόν οι μαθητές σας να επιλέξουν να καθίσουν δίπλα σε άτομα της προτίμησής τους. Αυτό είναι κάτι που συμβάλλει στην καλύτερη επικοινωνία, και θα πρέπει να το αξιοποιήσετε ανάλογα, μόλις γίνει φανερό.

(β) Μαθητές που διαφέρουν φανερά μεταξύ τους, π.χ. ως προς την ηλικία, την ενδυμασία, την κοινωνική τάξη, καλό είναι να τους βάλετε να καθίσουν χωριστά, εκτός αν αποφασίσουν οι ίδιοι ότι θέλουν να καθίσουν μαζί.

Η Άννα είναι θεία του Μηνά και της Λήδας

Με λένε Ελένη Παπαδάκη κι είμαι κόρη του Κώστα και της Βάσως Παπαδάκη. Είμαι παντρεμένη με τον Διονύση. Το επώνυμο του Διονύση είναι Σαμαράς, αλλά εγώ προτιμώ να έχω το πατρικό μου. Ο Γιώργος είναι αδελφός μου κι είναι άντρας της Άννας.

Ο Διονύσης κι εγώ έχουμε δύο παιδιά, τη Λήδα και τον Μηνά. Ο αδελφός μου κι η γυναίκα του έχουν ένα κοριτσάκι, τη Μάρω.

Ο πατέρας μου, λοιπόν, είναι ο παππούς της Μάρως, του Μηνά και της Λήδας, κι η μητέρα μου είναι η γιαγιά τους. Η Μάρω, ο Μηνάς και η Λήδα είναι εγγόνια του πατέρα μου και της μητέρας μου. Η Μάρω κι η Λήδα, δηλαδή, είναι εγγονές τους κι ο Μηνάς εγγονός τους.

Όπως σας είπα, ο αδελφός μου είναι παντρεμένος με την Άννα. Έτσι, η Άννα είναι θεία του Μηνά και της Λήδας, κι ο Διονύσης, ο άντρας μου, είναι θείος της Μάρως. Η Άννα, επίσης, είναι νύφη μου κι ο Διονύσης είναι γαμπρός του αδελφού μου του Γιώργου.

Η Μάρω είναι ανιψιά μου κι ο Μηνάς, ο γιος μου, είναι ανιψιός του αδελφού μου και της γυναίκας του, της Άννας. Τα παιδιά μου είναι ανίψια της Άννας και του Γιώργου. Ο Μηνάς είναι ξάδελφος της Μάρως και η Μάρω είναι ξαδέλφη της Λήδας και του Μηνά. Τα παιδιά μου και η Μάρω είναι ξαδέλφια.

Οι γονείς μου είναι τα πεθερικά του άντρα μου και της γυναίκας του αδελφού μου. Η μάνα μου είναι η πεθερά τους κι ο πατέρας μου ο πεθερός τους. Άρα, ο Διονύσης είναι ο γαμπρός τους και η Άννα είναι η νύφη τους.

1 Ρωτήστε και απαντήστε.

1. Ποιανού κόρη είναι η Ελένη;
2. Ποιανού γυναίκα είναι η Άννα;
3. Ποιανού γιος είναι ο Μηνάς;
4. Ποιανής θείος είναι ο Γιώργος;
5. Ποιανού παππούς είναι ο κύριος Παπαδάκης;
6. Ποιανού ανιψιά είναι η Λήδα;
7. Ποιανού εγγονή είναι η Μάρω;
8. Ποιανής θεία είναι η Ελένη;
9. Ποιανού αδελφή είναι η Λήδα;
10. Ποιανής κόρη είναι η Ελένη;
11. Ποιανής νύφη είναι η Άννα;
12. Ποιανού γαμπρός είναι ο Διονύσης;

Κώστας Παπαδάκης   Βάσω Παπαδάκη

Άννα   Γιώργος   Ελένη   Διονύσης

Μάρω   Λήδα Μηνάς

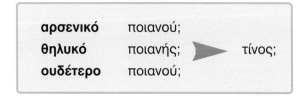

αρσενικό	ποιανού;	
θηλυκό	ποιανής;	τίνος;
ουδέτερο	ποιανού;	

Γενική Ουσιαστικών - Ενικός

Αρσενικά και Θηλυκά

		Ονομαστική		Γενική
-ης	ο	Διονύσ**ης** / υπολογιστ**ής**	**του**	Διονύσ**η** / υπολογιστ**ή**
-ας		Μην**άς** / πίνακ**ας**		Μην**ά** / πίνακ**α**
-ος		Γιώργ**ος** / κήπ**ος**		Γιώργ**ου** / κήπ**ου**
		άνθρωπ**ος**		**!** ανθρώπ**ου** ▲
-η	η	Ελέν**η** / ζών**η**	**της**	Ελέν**ης** / ζών**ης**
-α		Άνν**α** / ταβέρν**α**		Άνν**ας** / ταβέρν**ας**
-ω		Μάρ**ω**		Μάρ**ως**

Επώνυμα

	Ονομαστική		Γενική
ο κύρι**ος**	Παπαδάκ**ης**	του κυρί**ου**	Παπαδάκ**η**
	Φωκ**άς**		Φωκ**ά**
	Σαραντάκ**ος**		Σαραντάκ**ου**
	Ζαχαρί**ου**		Ζαχαρί**ου**
η κυρί**α**	Παπαδάκ**η**	της κυρί**ας**	Παπαδάκ**η**
	Φωκ**ά**		Φωκ**ά**
	Σαραντάκ**ου**		Σαραντάκ**ου**
	Ζαχαρί**ου**		Ζαχαρί**ου**

Κοιτάξτε! ☉ ☉

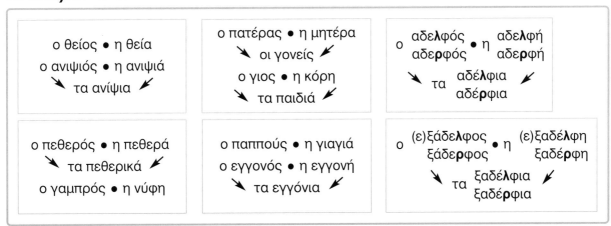

ο θείος • η θεία
ο ανιψιός • η ανιψιά
↘ τα ανίψια ↙

ο πατέρας • η μητέρα
↘ οι γονείς ↙
ο γιος • η κόρη
↘ τα παιδιά ↙

ο αδελφός • η αδελφή
αδε**ρ**φός   αδε**ρ**φή
↘ τα αδέλφια ↙
αδέ**ρ**φια

ο πεθερός • η πεθερά
↘ τα πεθερικά ↙
ο γαμπρός • η νύφη

ο παππούς • η γιαγιά
ο εγγονός • η εγγονή
↘ τα εγγόνια ↙

ο (ε)ξάδελφος • η (ε)ξαδέλφη
ξάδε**ρ**φος   ξαδέ**ρ**φη
↘ τα ξαδέλφια ↙
ξαδέ**ρ**φια

2 Κοιτάξτε τις εικόνες και μιλήστε μεταξύ σας.

π.χ.   Α : Ποιανού είναι οι φτηνές μπότες;
        Β : Πρέπει να είναι του... / της...

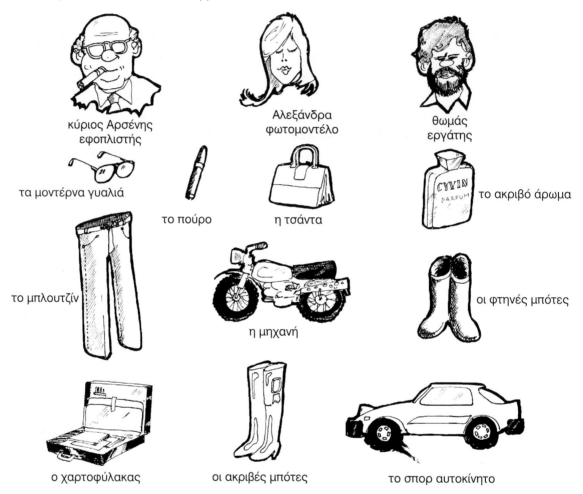

κύριος Αρσένης
εφοπλιστής

Αλεξάνδρα
φωτομοντέλο

θωμάς
εργάτης

τα μοντέρνα γυαλιά

το πούρο

η τσάντα

το ακριβό άρωμα

το μπλουτζίν

η μηχανή

οι φτηνές μπότες

ο χαρτοφύλακας

οι ακριβές μπότες

το σπορ αυτοκίνητο

3 Βάλτε τα ουσιαστικά στη γενική.

1. Αυτή η μηχανή είναι _____ . (η Μαρία)
2. Ο αναπτήρας είναι _____ μου. (ο φίλος)
3. Η φούστα πρέπει να είναι _____ . (η Ελένη)
4. Τα λουλούδια νομίζω είναι _____ . (ο κύριος Κανάκης)
5. Η τσάντα εκείνη είναι _____ . (η Μάρω)
6. Το βιβλίο της Φυσικής είναι _____ . (ο φοιτητής)
7. Αυτές οι βαλίτσες είναι _____ . (η κυρία Μανούσου)

Τα δικά σου είναι στο δωμάτιο του παιδιού

Βασίλης	Ελένη, μήπως είδες τα κλειδιά μου;
Ελένη	Ποια κλειδιά; Του σπιτιού ή του αυτοκινήτου;
Βασίλης	Του αυτοκινήτου.
Ελένη	Νομίζω ότι είναι στο δωμάτιο του παιδιού.
Βασίλης	Είσαι σίγουρη;
Ελένη	Ναι... Πάντως, αν δεν είν' εκεί, τότε... είναι στο συρτάρι του γραφείου.
Βασίλης	Του δικού σου ή του δικού μου;
Ελένη	Του δικού σου, βρε Βασίλη.
Βασίλης	Καλά. Πάω να δω... Ελένη! Αυτά είναι τα δικά σου.
Ελένη	Μα τα δικά μου είναι στην τσάντα μου.
Βασίλης	Μήπως, βρε παιδί μου, αυτά που έχεις στην τσάντα σου είναι τελικά τα δικά μου;
Ελένη	Λες; Ε.. μπορεί.

4   Ρωτήστε και απαντήστε.

1. Ποια κλειδιά ψάχνει ο Βασίλης; Του σπιτιού
   ή του αυτοκινήτου;
2. Πού νομίζει η Ελένη ότι είναι τα κλειδιά του;
3. Αν δεν είναι εκεί, τότε πού είναι;
4. Είναι στο γραφείο της Ελένης ή του Βασίλη;
5. Τελικά, ποιανού είναι τα κλειδιά στο γραφείο του Βασίλη;
6. Και τα κλειδιά στην τσάντα της Ελένης είναι δικά της;

Γενική Ουσιαστικών - Ενικός
Ουδέτερα

		Ονομαστική		Γενική
-ο	**το**	πρωιν**ό**	**του**	πρωιν**ού**
		βιβλί**ο**		βιβλί**ου**
		δωμάτι**ο**	**!**	δωματί**ου** ▲
-ι	**το**	παιδ**ί**	**του**	παιδι**ού**
		σπίτ**ι**		σπιτι**ού**
-μα	**το**	γράμ**μα**	**του**	γράμ**ματος**
		μάθη**μα**	**!**	μαθή**ματος** ▲

21

5 Βάλτε τα ουσιαστικά στη γενική.

1. Η διεύθυνση _____ «Στοά» είναι Μπισκίνη 53-55, Ζωγράφου. (το θέατρο)

2. Το όνομα _____ που ψάχνεις είναι Λευκάδα. (το νησί)

3. Η αυλή _____ απέναντί μας είναι αρκετά μεγάλη. (το σχολείο)

4. Τα παράθυρα _____ που είδαμε χθες είναι μικρά. (το διαμέρισμα)

5. Μ' αρέσουν πολύ τα γλυκά _____ από τη Χίο. (το κουτάλι)

6. Στην εκκλησία _____ υπάρχουν δύο πολύ παλιές εικόνες. (το χωριό)

7. Πολλές φορές στον αόριστο βάζουμε ένα "ε" στην αρχή _____ . (το ρήμα)

Εδώ είναι η διεύθυνση του σχολείου.

6 Βάλτε τα ουσιαστικά στη γενική.

1. Το μπλε αυτοκίνητο απέναντι είναι _____ . (ο φίλος μου)

2. Χθες η Δέσποινα έμεινε στο σπίτι _____ . (η Τατιάνα)

3. Ο αριθμός _____ μου είναι Τ 002227. (το διαβατήριο)

4. Ο άντρας _____ μου δεν μιλάει ελληνικά. Είναι Τσέχος. (η ξαδέλφη)

5. Τα αδέρφια _____ μου θα έρθουν για τα Χριστούγεννα

   στη Θεσσαλονίκη. (ο πατέρας)

6. Το χρώμα αυτού _____ μ' αρέσει πολύ. (το φόρεμα)

7. Το σπίτι _____ είναι στη γωνία _____ .

   (ο κύριος Πετρίδης) (ο δρόμος)

8. Το μικρό όνομα _____ είναι Σοφία. (η κυρία Τσαλίκογλου)

9. Το γάλα _____ είναι έτοιμο. (το παιδί)

Κτητική αντωνυμία "δικός μου / δική μου / δικό μου"

Ενικός

Αρσενικό	Ονομ.	δικός
	Αιτιατ.	δικό

Θηλυκό	Ονομ.	δική (δικιά)
	Αιτιατ.	δική (δικιά)

Ουδέτερο	Ονομ.	δικό
	Αιτιατ.	δικό

 μου / σου / του / της / του / μας / σας / τους

Πληθυντικός

Αρσενικό	Ονομ.	δικοί
	Αιτιατ.	δικούς

Θηλυκό	Ονομ.	δικές
	Αιτιατ.	δικές

Ουδέτερο	Ονομ.	δικά
	Αιτιατ.	δικά

μου / σου / του / της / του / μας / σας / τους

Αυτό το καπέλο είναι *δικό μου*. / *Δική σου* είναι αυτή η τσάντα;
Ο δικός μου αδελφός μένει στην Καστοριά. / Θέλω τις *δικές σου* εικόνες.

7 Ρωτήστε και απαντήστε.

π.χ. εφημερίδα; / ναι

A: Δική σου είναι αυτή η εφημερίδα;
B: Ναι, δική μου είναι.

1. εφημερίδα; / ναι
2. μολύβι; / όχι
3. αναπτήρας; / όχι
4. γυαλιά; / ναι
5. μπανάνες; / όχι
6. ομπρέλα; / ναι
7. (τα) CD; / ναι
8. τσιγάρα; / όχι
9. τηλεόραση; / όχι
10. μπότες; / ναι

Δεν είναι δική μου αυτή η εφημερίδα!

8 Φέρτε στο άλλο μάθημα μια φωτογραφία της οικογένειάς σας και μιλήστε μεταξύ σας.

9 Κοιτάξτε τις εικόνες και μιλήστε μεταξύ σας.

π.χ. Α: Αυτή η ζώνη είναι δικιά σου;
Β: Όχι, δεν είναι δικιά μου. Είναι της Άννας.

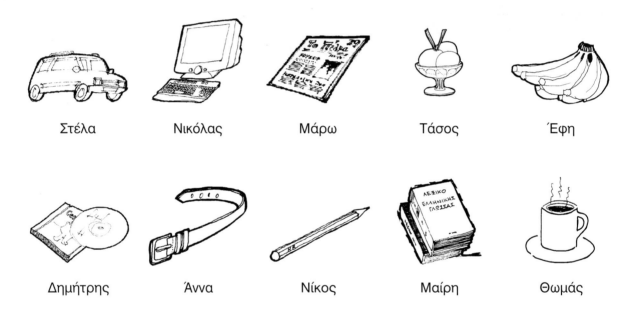

Στέλα	Νικόλας	Μάρω	Τάσος	Έφη
Δημήτρης	Άννα	Νίκος	Μαίρη	Θωμάς

10 Γράψτε τρεις διαλόγους σαν αυτούς που είπατε στην άσκηση 9.

11 Ανταλλάξτε μολύβια, βιβλία, τσάντες κτλ. και μιλήστε μεταξύ σας. Δουλέψτε με άλλους δύο ή τρεις συμμαθητές σας.

π.χ. Α: Δικά σου είναι αυτά τα τσιγάρα;
Β: Όχι, δεν είναι δικά μου. Είναι του Γιώργου.

12 Ακούστε την ερώτηση και βρείτε τη σωστή απάντηση.

1.	(α) Είναι του Θανάση. (β) Είναι καινούργιο. (γ) Είναι Φίατ.
2.	(α) Όχι, είναι δικά μου. (β) Όχι, είναι του αδελφού μου. (γ) Ναι, είναι δικά σου.
3.	(α) Δεν ξέρω. (β) Όχι, είναι νύφη μου. (γ) Ναι. Γιατί ρωτάς;
4.	(α) Ναι, είναι δική μου. (β) Ναι, είναι δικιά της. (γ) Ναι, είναι δικιά του.
5.	(α) Η θεία μου δεν είναι παντρεμένη. (β) Η θεία μου είναι παντρεμένη. (γ) Την λένε Μαίρη.

13 Κοιτάξτε την εικόνα και γράψτε τι νομίζετε πως είναι ο ένας για τον άλλο.

Πώς περάσατε χθες;

Η Νίκη είναι είκοσι δύο χρονών και μένει ακόμα με τους γονείς της. Σπουδάζει σε μια δραματική σχολή γιατί θέλει να γίνει ηθοποιός. Κυριακή πρωί στην κουζίνα...

Πατέρας	Καλημέρα. Καλώς την. Ξύπνησες κιόλας;
Νίκη	Γιατί κιόλας; Είναι έντεκα η ώρα.
Πατέρας	Ε... να... συνήθως εσύ την Κυριακή ξυπνάς πιο αργά.
Νίκη	Έχω να διαβάσω σήμερα. Μαμά, μήπως έχεις καφέ έτοιμο;
Μητέρα	Ναι, παιδί μου. Τελικά τι έγινε χθες; Με ποιους βγήκες;
Νίκη	Με κάτι παιδιά απ' τη σχολή.
Μητέρα	Και πώς περάσατε;
Νίκη	Ωραία.
Πατέρας	Πού πήγατε;
Νίκη	Πήγαμε για φαγητό στου Ψυρρή και μετά σ' ένα τζαζ μπαρ στο Μετς.
Μητέρα	Καλά, τι ώρα γύρισες; Δε σ' άκουσα.
Νίκη	Κατά τις τρεις. Μπήκα σιγά. Δεν ήθελα να σας ξυπνήσω. Βρε μαμά, μήπως τηλεφώνησε ο Νότης; Πήρα δυο τρεις φορές στο κινητό του, αλλά το είχε κλειστό. Άφησα μήνυμα...
Μητέρα	Όχι, παιδί μου. Δεν πήρε κανένας.
Πατέρας	Νικούλα, εκείνο το φαξ στην τράπεζα ξέχασα να το στείλω. Θα το στείλω αύριο.
Νίκη	Δεν πειράζει, βρε μπαμπά. Θα στείλω εγώ ένα e-mail.

1 Σωστό ή λάθος;

1. Η Νίκη είναι ηθοποιός.
2. Την Κυριακή συνήθως ξυπνάει στις έντεκα.
3. Χθες βγήκε με κάτι παιδιά από τη σχολή της.
4. Πέρασε καλά.
5. Πήγανε για φαγητό στο Μετς και σ' ένα τζαζ μπαρ στου Ψυρρή.
6. Γύρισε κατά τις τρεις.
7. Ο Νότης τηλεφώνησε το πρωί.
8. Η Νίκη θα στείλει ένα φαξ στην τράπεζα.

Νυστάζω ακόμα.

Αόριστος
Ρήματα Α και ρήμα "κάθομαι"

πληρώνω	πλήρωσ**α**		διαβάζω	διάβασα
	πλήρωσ**ες**		αρχίζω	άρχισα
	πλήρωσ**ε**		καπνίζω	κάπνισα
	πληρώσ**αμε**		τελειώνω	τελείωσα (τέλειωσα)
	πληρώσ**ατε**		δουλεύω	δούλεψα
	πλήρωσ**αν**		καταλαβαίνω	κατάλαβα
	(πληρώσ**ανε**)			

στέλνω	έστειλ**α**		δίνω	έδωσα
	έστειλ**ες**		γράφω	έγραψα
	έστειλ**ε**		παίζω	έπαιξα
	στείλ**αμε**		ρίχνω	έριξα
	στείλ**ατε**		κλείνω	έκλεισα
	έστειλ**αν**			
	(στείλ**ανε**)			

παίρνω	πήρ**α**	μπαίνω	μπήκα	έχω	είχ**α**
	πήρ**ες**	βγαίνω	βγήκα		είχ**ες**
	πήρ**ε**	βρίσκω	βρήκα		είχ**ε**
	πήρ**αμε**				είχ**αμε**
	πήρ**ατε**				είχ**ατε**
	πήρ**αν(ε)**				είχ**αν(ε)**

ξέρω	ή**ξερ**α	θέλω	ήθελα	κάθομαι	κάθισ**α**
	ή**ξερ**ες				κάθισ**ες**
	ή**ξερ**ε				κάθισ**ε**
	ξέρ**αμε**				καθίσ**αμε**
	ξέρ**ατε**				καθίσ**ατε**
	ή**ξερ**αν				κάθισ**αν**
	(ξέρ**ανε**)				(καθίσ**ανε**)

Αόριστος
Ρήματα Β1 και Β2

μιλάω	μίλ**ησα**		απαντάω	απάντησα
	μίλ**ησες**		ξυπνάω	ξύπνησα
	μίλ**ησε**		τηλεφωνώ	τηλεφώνησα
	μιλ**ήσαμε**		αργώ	άργησα
	μιλ**ήσατε**		οδηγώ	οδήγησα
	μίλ**ησαν**			
	(μιλ**ήσανε**)			

πεινάω	πείν**ασα**		διψάω	δίψασα
	πείν**ασες**		ξεχνάω	ξέχασα
	πείν**ασε**		περνάω	πέρασα
	πειν**άσαμε**		γελάω	γέλασα
	πειν**άσατε**			
	πείν**ασαν**			
	(πειν**άσανε**)			

πονάω	πόν**εσα**		μπορώ	μπόρεσα
	πόν**εσες**		παρακαλώ	παρακάλεσα
	πόν**εσε**			
	πον**έσαμε**			
	πον**έσατε**			
	πόν**εσαν**			
	(πον**έσανε**)			

2 Ταιριάξτε τον ενεστώτα με τον αόριστο.

1. αρχίζουμε   2. ξέρεις   3. αργεί   4. παίρνετε   5. καταλαβαίνω   6. κλείνουν   7. περνάτε

α. πήρατε   β. έκλεισαν   γ. αρχίσαμε   δ. περάσατε   ε. άργησε   ζ. ήξερες   η. κατάλαβα

3 Βάλτε τα ρήματα στον αόριστο.

1. Εμείς τη Δευτέρα το βράδυ _____ κατά τις δωδεκάμισι. (τελειώνω)

2. Χθες το βράδυ στο κλαμπ _____ πολύ ωραία. (περνάω)

3. Εγώ _____ πολύ με την ταινία του Βέγγου. (γελάω)

4. Τα παιδιά _____ στον καναπέ για να δούνε τηλεόραση. (κάθομαι)

5. Ο πατέρας μου _____ και το Σάββατο ώς τις πέντε το απόγευμα. (δουλεύω)

6. Καλά, εσύ γιατί δεν _____ τηλέφωνο τους γονείς σου; (παίρνω)

7. Αυτοί που _____ πρώτοι _____ το πιο καλό τραπέζι. (μπαίνω) (έχω)

8. Δεν πήγαμε στη συναυλία γιατί κανένας δεν _____ πού ήταν. (ξέρω)

9. Με ποιους _____ μπάσκετ ο Νότης την Πέμπτη; (παίζω)

10. Δεν ξέρω για σας, αλλά εγώ _____ . Υπάρχει φαγητό στο σπίτι; (πεινάω)

11. Τελικά, εμείς φέτος _____ τις κάρτες για τα Χριστούγεννα νωρίς. (στέλνω)

12. Οι αδερφές μου δεν _____ στη θεία, γιατί δεν _____ . (τηλεφωνώ) (θέλω)

4 Κοιτάξτε την ατζέντα της Νίκης και μιλήστε μεταξύ σας. Χρησιμοποιήστε αυτά τα ρήματα στον αόριστο.

τρώω - παίρνω - στέλνω - δουλεύω - αγοράζω - παίζω - βγαίνω		

π.χ. Α: Τι έκανε την Τρίτη το βράδυ η Νίκη;
     Β: Βγήκε έξω με τον Πέτρο.

ΔΕΚΕΜΒΡΙΟΣ	
2 Δευτέρα	ώς τις 7:30 μ.μ. στη βιβλιοθήκη
3 Τρίτη	με τον Πέτρο
4 Τετάρτη	βραδινό στο εστιατόριο "ΚΟΥΤΙ" με την Άννα
5 Πέμπτη	ένα CD latin για τον Πέτρο
6 Παρασκευή	7 μ.μ. μπάσκετ στη σχολή
7 Σάββατο	κάρτες για τις γιορτές
8 Κυριακή	μητέρα / τηλέφωνο

29

5 Διαλέξτε το σωστό ρήμα.

> ξέρατε - πέρασαν - πήρε - μπήκαν - περίμενα - είχαμε - τηλεφώνησες - μπήκα - είδες
> ήρθε - έδωσε - άργησαν - καθίσαμε - ήρθατε - είδα - ξέραμε - τηλεφώνησα - βγήκατε

1. Ο Κώστας _____ το βιβλίο της και το _____ στην Ελένη.

2. _____ την Άννα μισή ώρα αλλά τελικά αυτή δεν _____ .

3. Εμείς δεν _____ ότι ο κύριος Ιωάννου είναι εδώ. Εσείς το _____ ;

4. Η Στέλα κι η Μάρω _____ καταπληκτικά στη Ρόδο το καλοκαίρι.

5. Μήπως _____ το πουλόβερ μου; Όχι, δεν το _____ .

6. Εγώ _____ πρώτος. Οι άλλοι _____ μετά.

7. _____ στον Πέτρο; Όχι, _____ όμως στους άλλους.

8. Γιατί _____ τόσο αργά; Γιατί _____ δουλειά.

9. Τα παιδιά _____ στο μάθημα, γιατί δεν είχε λεωφορεία σήμερα.

10. Τελικά _____ έξω χθες το βράδυ; Όχι, _____ στο σπίτι.

6 Γράψτε πώς περάσατε το σαββατοκύριακο.

7 Λύστε το σταυρόλεξο και βρείτε το όνομα ενός φίλου.
Τα ρήματα είναι στον αόριστο.

1. Αλέξανδρε, εσύ _____ το κρασί μου;

2. Σας _____ χθες το βράδυ στο σπίτι μας.
   Γιατί δεν ήρθατε;

3. Βρε σεις, πόσα τσιγάρα _____ χθες;
   Τα τασάκια είναι γεμάτα.

4. Τα παιδιά _____ σπίτι με ταξί
   από το σινεμά, γιατί ήταν αργά.

5. Δε νομίζω ότι η Άννα _____ αυτό το CD. Αυτή δεν ακούει ποτέ κλασική μουσική.

6. Εγώ σήμερα _____ πολύ νωρίς. Ήπια έναν καφέ και στις εφτάμισι ήμουνα στο μετρό.

Θα συμπληρώσετε αυτή την αίτηση

Ο Μάριος είναι στον ΟΤΕ, γιατί θέλει να βάλει τηλέφωνο στο καινούργιο του διαμέρισμα.

Μάριος	Καλημέρα. Για μια νέα σύνδεση παρακαλώ.
Υπάλληλος	Καθίστε. Πού μένετε;
Μάριος	Στην Κυψέλη, ε... Μυτιλήνης 27.
Υπάλληλος	Μπορώ να έχω την ταυτότητά σας;
Μάριος	Ορίστε.
Υπάλληλος	Για κατοικία ή για επαγγελματικό χώρο;
Μάριος	Για κατοικία.
Υπάλληλος	Ωραία. Θα συμπληρώσετε αυτή την αίτηση με το όνομά σας, τον αριθμό της ταυτότητάς σας, ΑΦΜ και όλα τα άλλα στοιχεία που σας ζητάμε για νέα σύνδεση.
Μάριος	Και μετά θα τη δώσω κάπου αλλού;
Υπάλληλος	Όχι, όχι, εδώ.

8 Σωστό ή λάθος;

1. Ο Μάριος θέλει να βάλει καινούργιο τηλέφωνο.
2. Μένει στην Καλλιθέα.
3. Δεν έχει ταυτότητα.
4. Το τηλέφωνο είναι για το σπίτι του.
5. Στην αίτηση πρέπει να γράψει μόνο το όνομά του.
6. Την αίτηση θα τη δώσει στον υπάλληλο.

Θέλεις το τηλέφωνό μου;

Κοιτάξτε! ☉ ☉

Μερικά χρήσιμα τηλέφωνα του ΟΤΕ		
Πληροφορίες καταλόγου	:	131
Ώρα	:	141
Ο καιρός στην Αττική	:	148
Ο καιρός σε όλη την Ελλάδα	:	149
Βλάβες	:	121

Αν θέλουμε να βρούμε το τηλέφωνο κάποιου που ξέρουμε το όνομά του, χρησιμοποιούμε τον **τηλεφωνικό κατάλογο**.
Αν θέλουμε να βρούμε το τηλέφωνο ενός γιατρού, ενός συνεργείου κτλ. χρησιμοποιούμε τον **Χρυσό Οδηγό**.
Η **υπηρεσία προσωπικού τηλεφωνητή** του ΟΤΕ παίρνει μηνύματα για μας, όταν εμείς δεν είμαστε στο σπίτι.

| **ΟΤΕ** | ΟΡΓΑΝΙΣΜΟΣ ΤΗΛΕΠΙΚΟΙΝΩΝΙΩΝ ΤΗΣ ΕΛΛΑΔΟΣ Α.Ε. | **ΑΙΤΗΣΗ - ΠΑΡΑΓΓΕΛΙΑ ΠΕΛΑΤΗ** |

ΚΑΤΟΙΚΙΑ ☐   ΕΠΑΓΓΕΛΜΑΤΙΑΣ ☐   ΑΡΙΘΜΟΣ ΣΥΝΔΕΣΗΣ ☐

ΕΠΩΝΥΜΟ ή ΕΠΩΝΥΜΙΑ ☐   ΟΝΟΜΑ ☐

ΟΝΟΜΑ ΠΑΤΕΡΑ ή ΣΥΖΥΓΟΥ   Α.Δ.Τ.   Α.Φ.Μ.   ΤΗΛΕΦΩΝΟ ΣΥΝΕΝΝΟΗΣΗΣ
☐   ☐   ☐   ☐

ΔΙΕΥΘΥΝΣΗ ΛΕΙΤΟΥΡΓΙΑΣ   Τ.Κ.

ΠΛΗΡΕΞΟΥΣΙΟΣ ΓΙΑ ΤΗΝ ΠΑΡΑΛΑΒΗ   Α.Δ.Τ.

ΚΑΤΑΧΩΡΗΣΗ ΣΤΟΝ ΚΑΤΑΛΟΓΟ   ΝΑΙ ☐   ΟΧΙ ☐

ΔΙΕΥΘΥΝΣΗ ΓΙΑ ΕΓΓΡΑΦΑ ΚΑΙ ΛΟΓΑΡΙΑΣΜΟΥΣ

ΜΕΤΑΦΟΡΑ ΣΥΝΔΕΣΗΣ ☐

ΠΟΛΗ	ΟΔΟΣ	ΑΡΙΘ	Τ.Κ.	ΧΩΡΟΣ	ΟΡΟΦΟΣ	ΗΜΕΡ. ΔΙΑΚΟΠΗΣ

ΠΡΟΣΩΡΙΝΗ ΔΙΑΚΟΠΗ   ΑΠΟ ☐   ΕΩΣ ☐

---

9   Αυτό είναι ένα κομμάτι από την αίτηση που δίνει ο ΟΤΕ για νέα σύνδεση, για μεταφορά κτλ. Κοιτάξτε στο λεξικό ή ρωτήστε τον καθηγητή σας για τις λέξεις που δεν ξέρετε και μετά συμπληρώστε τα κενά με τις σωστές πληροφορίες για μια νέα σύνδεση που θέλετε να κάνετε.

10   Είστε στον ΟΤΕ. Παίξτε ένα ρόλο.

1.   Θέλετε να κάνετε μεταφορά της γραμμής σας στην καινούργια σας διεύθυνση
2.   Θέλετε να κάνετε διακοπή της γραμμής σας για τρείς μήνες

> **ο ΟΤΕ** (για το τηλέφωνο)
> **η ΔΕΗ** (για το ρεύμα)
> **η ΕΥΔΑΠ** (για το νερό στην Αθήνα και τον Πειραιά)
> **ο ΟΥΘ** (για το νερό στη Θεσσαλονίκη)

Αόριστο άρθρο "ένας, μία, ένα"
Γενική

	Αρσενικό	Θηλυκό	Ουδέτερο
Ονομαστική	ένας	μία	ένα
Γενική	ενός	μιας	ενός
Αιτιατική	ένα(ν)	μία	ένα

11 Βάλτε το άρθρο στον σωστό τύπο.

1. Χθες έμεινα στο σπίτι _____ φίλης μου.
2. Ακριβώς απέναντι είναι η αυλή _____ σχολείου.
3. Τα λεφτά στο τραπέζι είναι _____ κυρίου που δουλεύει μαζί μας.
4. Το αυτοκίνητο είναι _____ κυρίας από την Ιταλία.
5. Η διεύθυνση ήταν στο φάκελο _____ γράμματος.
6. Συνήθως τα προγράμματα _____ υπολογιστή είναι ακριβά.
7. Αυτή η τσάντα είναι _____ παιδιού που μένει στην πολυκατοικία μας.
8. Βρήκαν το μωρό στην αυλή _____ εκκλησίας.

12 Ακούστε τι λέει η Νατάσα στη φίλη της στο τηλέφωνο και σημειώστε σωστό (Σ) ή λάθος (Λ).

1. Η Νατάσα πήγε στο θέατρο.
2. Πήγε στο θέατρο του Νέου Κόσμου.
3. Η παράσταση δεν ήταν καλή.
4. Μετά πήγαν στο σπίτι του Αντώνη για καφέ.
5. Η Νατάσα έφυγε από το σπίτι του Αντώνη κατά τη μιάμιση.
6. Γύρισε στο σπίτι της με τα πόδια.
7. Τα κλειδιά της δεν ήταν στην τσάντα της.

Ναι, μόνο για καφέ.

 ## Βάλε φυτά ανάμεσα στο πιάνο και τον καναπέ

Η Ιλεάνα και ο Θάνος μετακόμισαν σ' ένα καινούργιο διαμέρισμα.Τώρα βρίσκονται στο διαμέρισμα με τη φίλη τους τη Φωτεινή, που είναι διακοσμήτρια, για να δούνε πού ακριβώς θα βάλουν τα έπιπλά τους.

Ιλεάνα   ...Λοιπόν. Λέω να βάλουμε τον καναπέ κάτω απ' το παράθυρο.

Φωτεινή   Ναι, καλή ιδέα. Αλλά εσύ ήθελες να βάλεις τους πίνακες του πατέρα σου πάνω απ' τον καναπέ.

Ιλεάνα   Ε... θα τους βάλουμε πάνω απ' το πιάνο, σ' εκείνο εκεί τον τοίχο.

Φωτεινή   Ωραία. Τότε να βάλετε τις πολυθρόνες ακριβώς απέναντι απ' το πιάνο και βάλε μερικά φυτά ανάμεσα στο πιάνο και τον καναπέ. Έτσι, θα κάνετε μια υπέροχη γωνία. Βρε Θανούλη, άνοιξε λίγο την μπαλκονόπορτα. Κάνει ζέστη εδώ μέσα.

Ιλεάνα   Μην ανοίξεις την μπαλκονόπορτα! Θα μπεί ο σκύλος. Άνοιξε το παράθυρο.

Θάνος   Έγινε. Φωτεινή, για πες! Το τραπέζι πού θα το βάλουμε;

Φωτεινή   Το τραπέζι; Μπροστά στον παλιό μπουφέ. Θάνο, εσύ φέρε τις καρέκλες από μέσα. Ιλεάνα, πιάσε το τραπέζι απ' την άλλη πλευρά να το πάμε στη θέση του.

Ιλεάνα   Περίμενε. Μην το σηκώνεις ακόμα. Έλα, τώρα πάμε. Βρε Φωτεινή, δεν έχω αρκετές καρέκλες.

Φωτεινή   Πόσες έχεις δηλαδή;

Ιλεάνα   Τέσσερις. Είναι λίγες.

Φωτεινή   Ε, αγόρασε κι άλλες. Αν δεν βρεις ίδιες, να πάρεις διαφορετικές, αλλά στο ίδιο στιλ.

Θάνος   Κορίτσια, ήρθαν οι καρέκλες. Και τώρα διάλειμμα για καφέ.

1   Ρωτήστε και απαντήστε.

1. Πού είναι τώρα η Ιλεάνα με τον Θάνο;
2. Τι δουλειά κάνει η Φωτεινή;
3. Πού θα βάλουν τον καναπέ;
4. Τι θα βάλουν ανάμεσα στο πιάνο και τον καναπέ;
5. Γιατί η Ιλεάνα δεν θέλει να ανοίξουν την μπαλκονόπορτα;
6. Πού είναι ο σκύλος;
7. Πού θα βάλουν το τραπέζι;
8. Ποιος θα φέρει τις καρέκλες από μέσα;
9. Πόσες καρέκλες έχει η Φωτεινή;
10. Ο Θάνος είναι κουρασμένος;
11. Τι θέλει;

Πολύ ωραίο το σαλονάκι σας.

Απλή Προστακτική

	Θέμα Μέλλοντα	Ενικός	Πληθυντικός
παίζω	παιξ-	παίξ **ε**	παίξ **τε**
δίνω	δωσ-	δώσ **ε**	δώσ **τε**
πληρώνω	πληρωσ-	πλήρωσ **ε**	πληρώσ **τε**
ανοίγω	ανοιξ-	άνοιξ **ε**	ανοίξ **τε**
μιλάω	μιλησ-	μίλησ **ε**	μιλήσ **τε**
τηλεφωνώ	τηλεφωνησ-	τηλεφώνησ **ε**	τηλεφωνήσ **τε**
αφήνω	αφησ-	άφησ **ε** / άσ **ε**	αφήσ **τε** / άσ **τε**
περιμένω	περιμεν-	περίμεν **ε**	περιμέν **ετε**
μένω	μειν-	μείν **ε**	μείν **ετε**
φεύγω	φυγ-	φύγ **ε**	φύγ **ετε**
κάθομαι	καθισ-	κάθισ **ε** / κάτσ **ε**	καθίσ **τε**

	Ενικός	Πληθυντικός
βλέπω	δες	δείτε / δέστε
λέω	πες	πείτε / πέστε
τρώω	φάε	φάτε
πίνω	πιες	πιείτε / πιέστε
βρίσκω	βρες	βρείτε / βρέστε
μπαίνω	μπες / έμπα	μπείτε / μπέστε
βγαίνω	βγες / έβγα	βγείτε / βγέστε
πηγαίνω	πήγαινε	πηγαίνετε
έρχομαι	έλα	ελάτε

Λέμε : **Τηλεφώνησε** τώρα!   **Να τηλεφωνήσεις** τώρα!
Δώστε τα λεφτά στην Ελένη.   ή   **Να δώσετε** τα λεφτά στην Ελένη.
Πάρε τηλέφωνο τη μάνα σου!   **Να πάρεις** τηλέφωνο τη μάνα σου!
Πληρώστε τον λογαριασμό αύριο.   **Να πληρώσετε** τον λογαριασμό αύριο.

Προστακτική - Αρνητικός τύπος (απαγόρευση)

μη(ν)

ανοίξεις το παράθυρο!
φύγεις ακόμα!
βγείτε έξω!
τον **αφήσετε** να μπει!

Με αρκετά ρήματα πολλές φορές λέμε και:

Μην **ανοίγεις** το παράθυρο! / Μη **φεύγεις** ακόμα! / Μη **βγαίνετε** έξω! / Μην τον **αφήνετε** να μπει!

2 Διαλέξτε το σωστό ρήμα.

ακούστε - πάρε - ελάτε - απαντήστε - δείτε - περιμένετε - βγες - κάτσε - πείτε - πήγαινε

1. _____ , σας παρακαλώ, τον διάλογο και _____ στις ερωτήσεις.
2. Αν θέλετε, _____ στο γραφείο μου στις 6. Θα είμαι ελεύθερος.
3. _____ στο μαγαζί του τώρα, γιατί σε λίγο θα φύγει.
4. "Πού να καθίσω;" " _____ όπου θέλεις."
5. Θέλετε τον κύριο Βενιέρη; _____ ένα λεπτό, παρακαλώ.
6. _____ τι γράφει το γράμμα και μετά _____ στον Πέτρο τι να κάνει.
7. Πρέπει να μιλήσω με την αδερφή σου. _____ από το δωμάτιο, σε παρακαλώ.
8. Μάνο, _____ τα παπούτσια σου από το σαλόνι αμέσως. Κατάλαβες;

3 Βάλτε τα ρήματα στην προστακτική.

1. _____ μια μπιρίτσα, αν θέλετε. (πίνω)
2. _____ ένα Fiat, Κώστα. Είναι το πιο φτηνό απ' όλα. (αγοράζω)
3. Μην _____ στην Τασία να έρθει, σας παρακαλώ. (λέω)
4. _____ το φαγητό σου τώρα. Άκουσες; (τρώω)
5. Μην _____ αυτό το CD. Δε νομίζω ότι θα σου αρέσει. (ακούω)
6. _____ την τσάντα σας, σας παρακαλώ. (ανοίγω)
7. Μην _____ αύριο στις οχτώ, Γιώργο. Δε θα είμαι σπίτι. (έρχομαι)
8. _____ στο σπίτι αμέσως, σας παρακαλώ. Υπάρχει κάποιο πρόβλημα. (πάω)
9. Μην _____ αυτά τα λεφτά, Γιάννη. Είναι για τον κομπιούτερ. (παίρνω)

Τοπικά επιρρήματα

Το τασάκι είναι **πάνω σ**το τραπέζι.
Τα ψάρια είναι **μέσα σ**τη γυάλα.
Ο καναπές είναι **ανάμεσα σ**τα δύο φωτιστικά.

Το χαμηλό τραπέζι είναι **μπροστά από** τον καναπέ.
Ο καναπές είναι **πίσω από** το χαμηλό τραπέζι.
Ο πίνακας με τα τρία πρόσωπα είναι **πάνω από** το ψηλό τραπέζι.
Η γυάλα με τα ψάρια είναι **κάτω από** τον πίνακα με τα τρία πρόσωπα.

*Λέμε: Το μπουκάλι είναι ανάμεσα σ*το ποτήρι και *(σ)το βάζο.*

4 **Κοιτάξτε την εικόνα και μιλήστε μεταξύ σας.**

π.χ. Α : Πού είναι η καρέκλα;
B : Η καρέκλα είναι μπροστά από...

Ρωτήστε για τα παρακάτω:

η καρέκλα / η γυάλα με τα ψάρια / το βιβλίο / οι δύο μικροί πίνακες / η γλάστρα με το φυτό /
το βάζο με τα λουλούδια / ο καναπές / ο πίνακας με τα τρία πρόσωπα / ο καθρέφτης

5 Κοιτάξτε την εικόνα και ταιριάξτε τις λέξεις με τα αντικείμενα και τους χώρους που βρίσκονται σ' αυτό το υπνοδωμάτιο.

κρεβάτι
μαξιλάρι
κουρτίνα
κομοδίνο
κουβέρτα
πόρτα
κάδρο
γραφείο
καρέκλα
μολυβοθήκη
παράθυρο
συρτάρι
πορτατίφ

6 Κοιτάξτε την εικόνα και ταιριάξτε τις λέξεις με τα αντικείμενα που βρίσκονται σ' αυτό το σαλόνι.

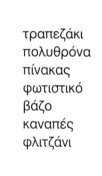

τραπεζάκι
πολυθρόνα
πίνακας
φωτιστικό
βάζο
καναπές
φλιτζάνι

7 Περιγράψτε το καθιστικό στο σπίτι σας ή το δωμάτιό σας.
Πείτε πού βρίσκονται τα έπιπλα και τα αντικείμενα.

Αντωνυμίες και επίθετα που δηλώνουν ποσότητα

πόσοι, -ες, -α

πολλοί, -ές, -ά • αρκετοί, -ές, -ά • μερικοί, -ές, -ά • λίγοι, -ες, -α

Ονομαστική

αρσενικό	Πόσοι	πίνακες υπάρχουν;	Υπάρχουν	πολλ**οί** / αρκετ**οί** / μερικ**οί** / λίγ**οι**.
θηλυκό	Πόσες	καρέκλες υπάρχουν;	Υπάρχουν	πολλ**ές** / αρκετ**ές** / μερικ**ές** / λίγ**ες**.
ουδέτερο	Πόσα	συρτάρια υπάρχουν;	Υπάρχουν	πολλ**ά** / αρκετ**ά** / μερικ**ά** / λίγ**α**.

Αιτιατική

αρσενικό	Πόσ**ους**	φίλους έχεις;	Έχω	πολλ**ούς** / αρκετ**ούς** / μερικ**ούς** / λίγ**ους**.
θηλυκό	Πόσες	φίλες έχεις;	Έχω	πολλ**ές** / αρκετ**ές** / μερικ**ές** / λίγ**ες**.
ουδέτερο	Πόσα	βιβλία έχεις;	Έχω	πολλ**ά** / αρκετ**ά** / μερικ**ά** / λίγ**α**.

8 Μιλήστε μεταξύ σας.

π.χ. A : Πόσα παντελόνια έχεις;
 B : Έχω πέντε, νομίζω. Εσύ;
 A : Εγώ έχω έξι.

Ρωτήστε για:

υπολογιστές / αναπτήρες / έλληνες φίλους
ομπρέλες / τσάντες / γραβάτες / φούστες / ζώνες
παντελόνια / πουλόβερ / πουκάμισα / ζευγάρια παπούτσια

Αν δεν έχετε κάτι από αυτά, χρησιμοποιήστε:

Δεν έχω κανένα(ν)... / καμιά... / κανένα...

Πόσα;
Ένα που φοράω, κι αυτό.

9 Κοιτάξτε τις τέσσερις στήλες και μιλήστε μεταξύ σας.

π.χ. Α: Πόσες γυναίκες υπάρχουν στην πρώτη στήλη;
      Β: Υπάρχουν πολλές.

10 Τώρα ρωτήστε   π.χ.   Α: Πόσες γυναίκες βλέπεις στην πρώτη στήλη;
και απαντήστε.   Β: Βλέπω πολλές γυναίκες.

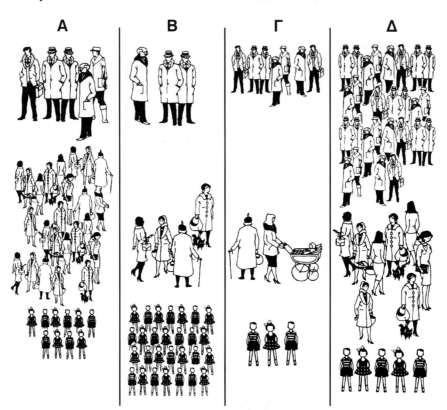

A   B   Γ   Δ

11 Βάλτε "πόσοι" ή "πόσους", "πόσες", "πόσα".

1. _____ πολυθρόνες υπάρχουν στο σαλόνι;

2. _____ αυτοκίνητα έχετε, κύριε Ιωάννου;

3. _____ καθρέφτες υπάρχουν στο μπάνιο;

4. _____ τράπεζες είναι ανοιχτές σήμερα;

5. _____ υπάλληλοι δουλεύουν εδώ;

6. _____ μπλούζες έχει η Μαρία;

7. _____ υπολογιστές χρειάζεστε;

8. _____ μαθήματα έχουμε για το τεστ;

9. _____ πίνακες είναι όλοι μαζί;

10. _____ πουκάμισα έχει στην ντουλάπα;

11. _____ καθηγητές ξέρεις στο σχολείο;

12. _____ φακέλους αγόρασες;

12 Κοιτάξτε την εικόνα και μιλήστε μεταξύ σας.

π.χ.   Α: Πόσα τραπέζια βλέπεις στην τραπεζαρία του ξενοδοχείου;
        Β: Βλέπω... τραπέζια.

> τραπέζια - καρέκλες - φλιτζάνια - μπουκάλια - σερβιτόροι - πόρτες - πίνακες - κουρτίνες - άτομα

13 Ακούστε την ερώτηση και βρείτε τη σωστή απάντηση.

1.	(α) Ναι. Φύγε αμέσως! (β) Ναι; Φεύγεις αμέσως. (γ) Ναι. Έφυγε αμέσως.
2.	(α) Υπάρχουν πολλές. (β) Υπάρχουν πολλά. (γ) Υπάρχουν πολλοί.
3.	(α) Όχι, θέλω λίγες. (β) Ναι, θέλω λίγες. (γ) Όχι, θέλω αρκετές.
4.	(α) Θα φτιάξεις σπανακόπιτα. (β) Να φτιάξεις σπανακόπιτα. (γ) Φτιάχνεις σπανακόπιτα.
5.	(α) Πάνω στο πιάνο. (β) Κάτω από την καρέκλα. (γ) Ανάμεσα στις δύο πολυθρόνες.

Πάμε για φαγητό;

Ο Χάρης κι η Ιόλη δουλεύουν στο ίδιο γραφείο. Η ώρα είναι οχτώ και μόλις τέλειωσαν τη δουλειά τους...

Χάρης	Λοιπόν, έχω μια καλή ιδέα. Πάμε για φαγητό;
Ιόλη	Δυστυχώς δεν μπορώ.
Χάρης	Γιατί;
Ιόλη	Έχω να πάω στον οδοντίατρο στις οχτώμισι.
Χάρης	Καλά. Θες να πάμε αύριο;
Ιόλη	Ναι, αύριο το βράδυ είμαι ελεύθερη.
Χάρης	Τι λες για κανένα ιταλικό εστιατόριο;
Ιόλη	Πάρα πολύ καλή ιδέα. Πού λες να πάμε;
Χάρης	Εσύ πού θα είσαι αύριο το βράδυ;
Ιόλη	Θα είμαι στην Καλλιθέα, στη Χαροκόπου. Έχω ραντεβού μ' έναν πελάτη.
Χάρης	Ωραία. Τότε πάμε στην Pasteria, στη Νέα Σμύρνη. Να πούμε στις εννιά μπροστά στο εστιατόριο;
Ιόλη	Εντάξει. Πώς θα έρθω;
Χάρης	Λοιπόν! Θα πάρεις τη Δοϊράνης και στα φανάρια της Δαβάκη θα στρίψεις αριστερά. Θα περάσεις την υπόγεια διάβαση, θα περάσεις και τα φανάρια, και θα συνεχίσεις ευθεία πάνω. Μετά την Εστία της Νέας Σμύρνης, θα πας ευθεία κάτω προς το γήπεδο του Πανιωνίου. Ο δρόμος αυτός λέγεται Κωνσταντίνου Παλαιολόγου. Το εστιατόριο είναι γωνία Παλαιολόγου και Αδραμυτίου.
Ιόλη	Καλά, είσαι φοβερός στις οδηγίες.
Χάρης	Ε, καλά τώρα... Έχω πολλά ταλέντα εγώ...

1 Σωστό ή λάθος;

LA PASTERIA

1. Ο Χάρης κι η Ιόλη δουλεύουν μαζί.
2. Θα πάνε για φαγητό απόψε.
3. Η Ιόλη θα πάει στον οδοντίατρο στις οχτώμισι.
4. Αύριο θα πάνε σ' ένα ταβερνάκι.
5. Αύριο η Ιόλη έχει ραντεβού μ' έναν πελάτη στη Νέα Σμύρνη.
6. Ο Χάρης θα είναι μπροστά στο εστιατόριο στις εννιά.
7. Στα φανάρια της Δαβάκη η Ιόλη πρέπει να στρίψει δεξιά.
8. Η Εστία της Νέας Σμύρνης είναι πριν από το εστιατόριο.

Κοιτάξτε! ☺ ☺

Έτσι προτείνουμε σε κάποιον να κάνουμε κάτι

Τι λες, πάμε
Θέλεις (θες) να πάμε

για φαγητό; / (έναν) καφέ; / ένα ποτό;
μια μπιρίτσα; / ένα ουζάκι;

μια βόλτα; / σινεμά; / (στο) θέατρο;
να χορέψουμε; / να φάμε έξω;

Θέλεις να έρθεις σπίτι μου για καφέ;
Θέλεις να φύγουμε;

Έτσι δεχόμαστε / λέμε "ναι" σε μια πρόσκληση

Και δεν πάμε; / Γιατί όχι; / (Πολύ) καλή ιδέα. / Καταπληκτική ιδέα.

Έτσι αρνούμαστε / λέμε "όχι" σε μια πρόσκληση

Δυστυχώς δεν μπορώ. / Καλή ιδέα, αλλά... / Ευχαριστώ, αλλά δεν μπορώ. /
Δε γίνεται, γιατί...

Γιατί λέμε "όχι"

Γιατί
είμαι κουρασμένος/η.
έχω δουλειά.
έχω ένα ραντεβού.
πρέπει να πάω / να μείνω στο γραφείο.
περιμένω κάτι φίλους.

---

2 Μιλήστε μεταξύ σας.
Ο ένας προτείνει να κάνετε κάτι μαζί. Ο άλλος λέει " ναι" ή "όχι".

3 Γράψτε δύο από τους διαλόγους που είπατε.

Κοιτάξτε! ☉ ☉

Πώς ζητάμε οδηγίες για να πάμε κάπου:

- Συγνώμη / Με συγχωρείτε, πώς [μπορώ να / θα] πάω από 'δώ στο...
- Πώς θα έρθω στο σπίτι σας;

Όταν δίνουμε οδηγίες σε κάποιον πώς να πάει ή να έρθει κάπου, λέμε:

- θα προχωρήσεις / προχώρησε ευθεία
- θα πάρεις / πάρε την οδό...
- θα περάσεις τα πρώτα/δεύτερα... φανάρια / το μουσείο / την οδό...
- θα στρίψεις / στρίψε αριστερά/δεξιά στην οδό... / στην πιτσαρία / στα φανάρια
- θα συνεχίσεις ευθεία πάνω/κάτω
- στο αριστερό/δεξί σου χέρι / στη γωνία
- αμέσως πριν/μετά από το σουπερμάρκετ / το πάρκο

4 Κοιτάξτε το σχεδιάγραμμα και μιλήστε μεταξύ σας. Ρωτήστε πώς θα πάτε:

> στην Εθνική Τράπεζα - στο εστιατόριο "Το Στέκι" - στο Δημοτικό Μουσείο - στο σινεμά "REX" - στο νοσοκομείο "Αγία Άννα" - στο μπαράκι "STAR"

5 Γράψτε ένα σημείωμα για μια φίλη σας που θέλει να πάει από το ζαχαροπλαστείο "ΕΛΙΤ" στο εστιατόριο "Το Στέκι".

Δεν το περίμενα από σένα

«Η κόρη σας άφησε το κλειδί της και βγήκε», είπε ο υπάλληλος στη ρεσεψιόν. «Α, ναι. Υπάρχει κι ένα σημείωμα για σας, κυρία Πάπας, αλλά νομίζω ότι είναι από χτες. Ορίστε!» Η Φράνσις το διάβασε:

Μαμά, δεν το περίμενα από σένα. Μπράβο σου!
Πάω βόλτα με το σκάφος των φίλων μου.
Δεν ξέρω πότε θα γυρίσω.
Εύα

«Τι λέει;» ρώτησε ο Τζον.
«Πάει μια βόλτα με το σκάφος των φίλων της.»
«Των φίλων της; Και ποιοι είναι αυτοί οι φίλοι της; Είσαι σίγουρη ότι δεν ξέρεις κανέναν απ᾽ αυτούς;»
«Δε νομίζω. Πέρσι μόνο ήρθε μια φορά στο ξενοδοχείο μ᾽ έναν νέο.»
«Ποιος ήταν;»
«Δε θυμάμαι τ᾽ όνομά του.»
«Αχ, Φράνσις. Τι θα κάνω με σένα;»

(Από το βιβλίο "Έναν Αύγουστο στις Σπέτσες" του Κλεάνθη Αρβανιτάκη)

6 Ρωτήστε και απαντήστε.

1. Τίνος κόρη είναι η Εύα;
2. Τι άφησε στη ρεσεψιόν;
3. Πότε άφησε το σημείωμα;
4. Ποιος το διάβασε;
5. Τι γράφει η Εύα στο σημείωμα;
6. Γιατί λέει στη μητέρα της "μπράβο σου";
7. Με ποιανού σκάφος θα πάει βόλτα;
8. Πότε πήγε στο ξενοδοχείο μ᾽ έναν νέο;
9. Ποιο ήταν το όνομά του;

Δεν το περίμενα από σένα.

Δηλαδή, τι περίμενες ακριβώς;

αρσενικό	
θηλυκό	ποιανών; / τίνων;
ουδέτερο	

Ουσιαστικά - Γενική πληθυντικού

		Ονομαστική		Γενική
αρσενικά	-ος	γιατροί φίλοι άνθρωποι		γιατρ **ών** φίλ **ων** ανθρώπ **ων**
	-ας	οι αναπτήρες άντρες	**των**	αναπτήρ **ων** αντρ **ών**
	-ης	υπολογιστές πελάτες		υπολογιστ **ών** πελατ **ών**
θηλυκά	-α	εφημερίδες χώρες		εφημερίδ **ων** χωρ **ών**
	-η	οι μηχανές τέχνες	**των**	μηχαν **ών** τεχν **ών**
ουδέτερα	-ο	φαγητά ταμεία θέατρα		φαγητ **ών** ταμεί **ων** θεάτρ **ων**
	-ι	τα παιδιά σπίτια	**των**	παιδι **ών** σπιτι **ών**
	-μα	μαθήματα		μαθημάτ **ων**

7 Βάλτε τα ουσιαστικά στη γενική του πληθυντικού.

1. Τα δωμάτια _____ έχουν μοντέρνα έπιπλα. (το παιδί)

2. Οι ώρες _____ είναι εννέα και μισή με δώδεκα κάθε μέρα. (το μάθημα)

3. Οι φωτογραφίες _____ μας είναι παλιές. (το διαβατήριο)

4. Το σαββατοκύριακο κοίταξα τις εργασίες _____ μου. (ο μαθητής)

5. Ο αριθμός _____ στην Ελλάδα είναι μικρός. (η βιβλιοθήκη)

6. Το νόμισμα _____ της Ευρωπαϊκής Ένωσης είναι το ευρώ. (η χώρα)

7. Οι γυναίκες _____ μου είναι και οι δύο Αγγλίδες. (ο αδελφός)

Προσωπικές αντωνυμίες
Αιτιατική (Άμεσο αντικείμενο)

(αδύνατος τύπος)	**δυνατός τύπος**
με	εμένα
σε	εσένα
τον/την/το	αυτόν/αυτήν/αυτό
μας	εμάς
σας	εσάς
τους/τις/τα	αυτούς/αυτές/αυτά

"Ποιον πήρε τηλέφωνο η Ελένη;" "**Εμένα**, βέβαια!"
"Ποιους θέλει να δει ο κύριος Ιωάννου;" "**Εσάς**."

"**Εσένα** δε **σε** ξέρω καθόλου. Ποιος είσαι;"
"**Εμάς** δε **μας** άκουσαν καθόλου. Άκουσαν μόνο τους άλλους."

"Με ποιον θα βγεις απόψε;" "Με **σένα**, κούκλα μου!"
"Για ποιους είναι αυτές οι μπίρες;" "Για **σας**."

από   ͼμένα
σε   ͼσένα
για   ͼμάς
με   ͼσάς

8 Μιλήστε μεταξύ σας.
Ανταλλάξτε "δώρα" με τους συμμαθητές σας. Χρησιμοποιήστε διάφορα προσωπικά σας αντικείμενα ή αντικείμενα που υπάρχουν στην τάξη.

π.χ. Α: Χρόνια πολλά, Σιμόν. Αυτό είναι ένα μικρό δώρο για σένα.
B: Για μένα;
A: Ναι, για σένα. Από μένα κι από τον/την...

9 Βάλτε τη σωστή αντωνυμία στην αιτιατική.

1. "Εσένα θέλουν για καθηγήτρια τα παιδιά. " _____ ;" "Ναι. Νομίζω ότι σ' αγαπάνε πολύ."

2. "Μίλησε για μένα και την Κατερίνα;" "Όχι, τελικά δε μίλησε καθόλου για _____ ."

3. "Με ποιους ηθοποιούς θα δουλέψεις;" "Μ' _____ που δούλεψα και πέρσι."

4. "Μπορείς να δώσεις διακόσια ευρώ στην Ελένη;" " Σ' _____ ; Ποτέ!"

5. "_____ , πάντως, σας αγαπάει πάρα πολύ ο εγγονός σας." "Ναι, μ' αγαπάει πολύ."

6. "Όχι, _____ δε με ξέρει. _____ σε ξέρει;" " Δε νομίζω."

7. "Αλήθεια, ποιους είδατε πρώτους; Αυτούς ή εμάς;" "Σίγουρα _____ . _____ τους είδαμε πολύ μετά."

8. "Ο διευθυντής σάς θέλει τώρα στο γραφείο του." "Ποιους, _____ ;"

Κοιτάξτε! ☉ ☉

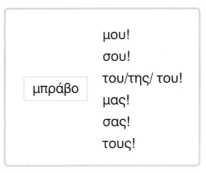

| μπράβο | μου!
σου!
του/της/ του!
μας!
σας!
τους! |

10 Βάλτε τη σωστή αντωνυμία.

1. Μιλάτε πολύ καλά ελληνικά. Μπράβο _____ !

2. Η Άσπα θα γράψει όλα τα γράμματα; Μπράβο _____ !

3. Ήπιες όλο σου το γάλα, Μαράκι; Μπράβο _____ !

4. Τα παιδιά τέλειωσαν τα μαθήματά τους. Μπράβο _____ !

5. Φτάσαμε πρώτοι. Μπράβο _____ !

6. Δεν τρώτε γλυκά καθόλου; Μπράβο _____ !

7. Η Ελένη έγραψε πολύ καλά στις εξετάσεις. Μπράβο _____ !

8. Τελικά, το αγοράσαμε σε πολύ καλή τιμή. Μπράβο _____ !

Δεν καπνίζεις καθόλου; Μπράβο σου!

11 Ακούστε τον διάλογο και απαντήστε στις ερωτήσεις.

1. Ποιος τηλεφωνεί στον Αλέξη;
2. Πού θέλει η Νίνα να πάνε απόψε;
3. Τι παίζει στον "Δαναό";
4. Τι ώρα αρχίζει η ταινία;
5. Ο Αλέξης θέλει να πάει στο σινεμά;
6. Τι ώρα έχουν ραντεβού ο Αλέξης με τη Νίνα;
7. Πού θα περιμένει η Νίνα τον Αλέξη;

12 Λύστε το σταυρόλεξο.

Οριζόντια

1. Είναι αμέσως μετά το Μουσείο, στο _____ σου χέρι.
2. Ο αδελφός μου έχει _____ στο πιάνο.
3. Οι ηθοποιοί και των δύο _____ είναι όλοι Έλληνες;
4. Τα παιδιά δεν μπορούν να έρθουν. Είναι πολύ _____ .

Κάθετα

1. Όχι, δεν θέλει εμάς. _____ θέλει.
2. _____ στον πρώτο δρόμο δεξιά.
3. Δεν καπνίζεις καθόλου; _____ σου!
4. Είναι ακριβώς πριν τα δεύτερα _____ .

Μου έστειλε ένα μήνυμα στο κινητό

Μια σελίδα από το ημερολόγιο της Ζωής.

Σάββατο 21 Σεπτεμβρίου

Το πρωί πήγα στον γιατρό. Τον είπα ότι έχω ακόμα πρόβλημα και μου έδωσε μια νέα θεραπεία για την αλλεργία μου.

Στις έντεκα συνάντησα τη Ρία και πήγαμε για καφέ στο Θησείο. Ο καιρός ήταν θαυμάσιος και η θέα της Ακρόπολης μαγευτική.

Ο Μιχάλης μου έστειλε μήνυμα στο κινητό και μου ζήτησε συγνώμη. Επιτέλους! Δεν τον απάντησα ακόμα.

Γύρισα σπίτι κατά τις δύο. Έφαγα μια σαλατούλα. Διάβασα το Βήμα. Τον πήρα μισή ωρίτσα στο μπαλκόνι. Ξύπνησα με το τηλέφωνο. Ήταν η μαμά μου. Μου είπε ότι είναι στην Αθήνα ο θείος μου ο Μπάμπης κι η θεία Ηρώ. Θέλουν να με δουν. Της είπα ότι θα τους τηλεφωνήσω. Δε μου κάνει και πολύ κέφι να τους δω, αλλά τι να κάνω; Τους φίλους τους διαλέγεις, τους συγγενείς όμως...

Το βράδυ είδα τις "Συμμορίες της Νέας Υόρκης". Καλό.

Εγώ θα σου πω τι να παίξεις στο ΠΡΟ-ΠΟ του Σαββάτου.

1   **Σωστό ή λάθος;**

1. Η Ζωή σήμερα το πρωί πήγε στον γιατρό.
2. Του είπε ότι δεν έχει πια κανένα πρόβλημα με την αλλεργία της.
3. Πήγε με τη Ρία για καφέ στο Μουσείο.
4. Ο καιρός ήταν υπέροχος.
5. Η θέα της Ακρόπολης ήταν καταπληκτική.
6. Ο Μιχάλης δεν της έστειλε μήνυμα ακόμα.
7. Διάβασε το Βήμα και κοιμήθηκε στο μπαλκόνι.
8. Της τηλεφώνησε η αδελφή της.
9. Είναι στην Αθήνα ο θείος Μπάμπης και η θεία Ηρώ.
10. Δεν έχει πολλή όρεξη να τους δει.
11. Δεν μπορούμε να διαλέξουμε τους φίλους μας.
12. Το βράδυ είδε το μιούζικαλ "Σικάγο".

Προσωπικές Αντωνυμίες
Γενική (Έμμεσο αντικείμενο)

μου	**Μου** έδωσες τα εισιτήρια;
σου	**Σου** τηλεφώνησα χθες, αλλά δεν ήσουν στο σπίτι.
του	**Του** λέω πάντα να έρθει μαζί μας.
της	**Της** αγόρασα έναν καινούργιο υπολογιστή.
του	**Του** παίρνω πολλά βιβλία.
μας	**Μας** απαντούν συχνά με e-mail.
σας	**Σας** μίλησαν στο τηλέφωνο;
τους	**Τους** ζήτησε να γράψουν ένα γράμμα.

Τι θα πεις **στη Σοφία** για την Πόπη; Θα **της** πω την αλήθεια.
Τι θέλεις να αγοράσεις **για τον Κώστα**; Θέλω να **του** αγοράσω ένα ρολόι.
Τι ζήτησες **από τους μαθητές**; **Τους** ζήτησα να μου γράψουν ένα γράμμα.

σε/για/από	μένα		σε/για/από	μάς		μας
σε/για/από	σένα	➤ σου	σε/για/από	σάς	➤	σας
σε/για/από	αυτόν/αυτήν/αυτό	του/της/του	σε/για/από	αυτούς/αυτές/αυτά		τους

---

2 Μιλήστε μεταξύ σας.

π.χ.   Θα γράψει ένα μήνυμα <u>στην κόρη του</u>; / ναι

> Α: Θα γράψει ένα μήνυμα στην κόρη του;
> Β: Ναι, θα της γράψει ένα μήνυμα.

1. Θα γράψει ένα μήνυμα <u>στην κόρη του</u>; / ναι
2. Πόσα κιλά πορτοκάλια δώσαμε <u>στον Κώστα</u>; / δύο
3. Διαβάσανε το παραμύθι <u>στα παιδιά</u>; / όχι
4. Τι ζήτησες <u>από τις μαθήτριες</u>; / να φέρουν από μία φωτογραφία
5. Ποιος θα μιλήσει <u>στο Γιώργο</u> για το πρόβλημα; / εγώ
6. Πόσες πάστες αγοράσατε <u>για τους φίλους σας</u>; / δώδεκα
7. Θα στείλεις κάτι <u>στον παππού σου</u>; / όχι
8. Είπες <u>στη γυναίκα σου</u> να πάει; / ναι

3 Αντικαταστήστε τις υπογραμμισμένες λέξεις με τη σωστή αντωνυμία στη γενική.

1. Θα πάρει λουλούδια <u>στη γυναίκα του</u>.

_____

2. Δε θέλω να δώσω τη μηχανή μου <u>σε σένα</u>.

_____

3. Μπορείτε ν' ανοίξετε την πόρτα <u>στην Άννα</u>;

_____

4. Είπατε <u>στα παιδιά</u> πού είναι τα γλυκά;

_____

5. Ποιος έγραψε αυτό το γράμμα <u>σε σάς</u>;

_____

6. Εσείς πήρατε τα λεφτά <u>από τον Πέτρο</u>;

_____

7. Θα αγοράσεις αυτό το CD <u>για μένα</u>;

_____

8. Εσύ τηλεφώνησες <u>στις αδελφές μου</u>;

_____

4 Μιλήστε μεταξύ σας. Δουλέψτε σε ομάδες των τριών.

π.χ. Α : Κάνει κρύο σήμερα.
      Β : Όχι, δεν κάνει κρύο σήμερα.
      Γ : Τι σου είπε ο/η...;
      Β : Μου είπε "κάνει κρύο σήμερα".
      Γ : Κι εσύ τι του/της είπες;
      Β : Εγώ του/της είπα ότι δεν κάνει κρύο σήμερα.

Κοιτάξτε**!** ☺ ☺

> A: Πόσες του μήνα/μηνός έχουμε σήμερα;
>
> B: Σήμερα έχουμε
> | **πρώτη** |
> | δύο |
> | τρεις/τέσσερις |
> | δεκατρείς/ δεκατέσσερις | του μήνα/μηνός.
> | είκοσι μία |
> | είκοσι τρεις/τέσσερις |
>
> **Στις** δύο/τρεις κ.λπ. του μήνα/μηνός αλλά ~~στην~~ **πρώτη**
> του μήνα/μηνός
>
> ---
>
> Το 1821 : το χίλια οχτακόσια είκοσι ένα
> Το 1945 : το χίλια εννιακόσια σαράντα πέντε
>
> Ήρθαμε στην Ελλάδα **το** 1998.

5 Μιλήστε μεταξύ σας.

π.χ. ήρθε / Τερέζα / σε / Ελλάδα; // 22.6.97

   A : Πότε ήρθε η Τερέζα στην Ελλάδα;
   B : Ήρθε στις είκοσι δύο Ιουνίου
      του ενενήντα εφτά.

1. ήρθε / Τερέζα / σε / Ελλάδα; // 22.6.97
2. έφυγε / Παύλος / για / Καναδά; // 14.9.01
3. έφυγε / κ. Καραμάνος / για / Ιταλία; // 13.1.03
4. ήρθε / κ. Μπρελ / από / Βέλγιο; // 21.5.98
5. έφυγε / Όλαφ / από / Νορβηγία; // 8.1.02
6. έφυγε / Πήτερ / για / Ισραήλ; // 31.7.00
7. ήρθε / κ. Πετρίδη / σε / Ελλάδα; // 19.8.90

6 Ρωτήστε ένα συμμαθητή σας ή μια συμμαθήτρια σας:

Σήμερα έχω τα γενέθλιά μου.

- πότε είναι τα γενέθλιά   του/της
- πότε είναι τα γενέθλια

  της γυναίκας του / του άντρα της
  της αδελφής του / της
  του αδελφού του / της
  κτλ.

- πόσες του μήνα   έχουμε σήμερα
  είχαμε χθες

- πότε είχαμε/έχουμε Πάσχα εφέτος
- πότε είναι τα Χριστούγεννα / η Πρωτοχρονιά
- πότε ήρθε/πήγε στην Ελλάδα πρώτη φορά

Μου πήρε όλα τα ψιλά

Ηλίας	Καλημέρα, Μήτσο. Καλή βδομάδα. Πώς πάμε;
Περιπτεράς	Πώς να πάμε, ρε Ηλία; Δύσκολα τα πράγματα.
Ηλίας	Τι έγινε; Δεν πάνε καλά οι δουλειές;
Περιπτεράς	Δεν το βλέπεις κι εσύ; Δε φτουράει το ευρώ.
Ηλίας	Έλα. Μη γκρινιάζεις. Μια χαρά είμαστε. Εε... για δώσε ένα Malboro Lights, την Καθημερινή, το Αθηνόραμα και τους Τέσσερις Τροχούς.
Περιπτεράς	Μάλιστα, κύριε. Τα τσιγάρα, τα περιοδικά κι η εφημερίδα σου. Φρέσκια, φρέσκια. Τώρα τις φέρανε. Εννιά και... ενενήντα τρία.
Ηλίας	Μμμ... Δεν έχω. Είχα δυο δεκάρικα, αλλά μου τα πήρε ο γιος μου. Μου πήρε κι όλα τα ψιλά.
Περιπτεράς	Πονηρός ο νέος, ε, αλλά γλυκός.
Ηλίας	Καλός είναι. Λοιπόν, έχεις να μου χαλάσεις κατοστάρικο;
Περιπτεράς	Πρωί πρωί; Καλά, η Τράπεζα της Ελλάδος είμαι;
Ηλίας	Δεν έχω καθόλου ψιλά, ρε Μήτσο, σου λέω.
Περιπτεράς	Άντε. Κάτι θα βρούμε. Μπορώ να σου χαλάσω χατίρι;

7 Ρωτήστε και απαντήστε.

1. Πού είναι ο Ηλίας;
2. Τι πρόβλημα έχει ο περιπτεράς;
3. Τι θέλει να αγοράσει ο Ηλίας;
4. Γιατί είναι φρέσκια η εφημερίδα;
5. Πόσο κάνουν όλα μαζί;
6. Τι λέει ο περιπτεράς για τον γιο του Ηλία;
7. Γιατί δεν μπορεί ο περιπτεράς να του χαλάσει εκατό ευρώ;
8. Τι του λέει;
9. Τελικά θα του χαλάσει το κατοστάρικο;

ένα περίπτερο

Επίθετα σε -ος, -ια/-η, -ο

Ενικός	κακός	κακ**ιά** / κακ**ή**	κακό
Πληθυντικός	κακοί	κακ**ές**	κακά
-κος	κακός	κακ**ιά** / κακ**ή**	κακό
	μαλακός	μαλακ**ιά** / μαλακ**ή**	μαλακό
	θηλυκός	θηλυκ**ιά** / θηλυκ**ή**	θηλυκό
-θος	ξανθός	ξανθ**ιά** / ξανθ**ή**	ξανθό
-χος	φτωχός	φτωχ**ιά** / φτωχ**ή**	φτωχό
!	γλυκός	γλυκ**ιά**	γλυκό
	φρέσκος	φρέσκ**ια**	φρέσκο

	ξανθιά κοπέλα		ξανθή σταφίδα
Λέμε:	κακιά αδελφή	**αλλά**	κακή ταινία
	φτωχιά/φτωχή γυναίκα		φτωχή χώρα

Κοιτάξτε! ☉ ☉

ένα ευρώ έχει εκατό λεπτά

πέντε ευρώ = ένα τάλιρο
δέκα ευρώ = ένα δεκάρικο
είκοσι ευρώ = ένα εικοσάρικο
πενήντα ευρώ = ένα πενηντάρικο
εκατό ευρώ = ένα (ε)κατοστάρικο
πεντακόσια ευρώ = ένα πεντακοσάρικο

Μάθημα 5

8   Βάλτε τα επίθετα στον σωστό τύπο.

1. Μου δίνετε ένα κιλό _____ φέτα σας παρακαλώ; (μαλακός)
2. Οι πιο πολλές χώρες του Τρίτου Κόσμου είναι _____ . (φτωχός)
3. Δε μου άρεσε η μαρμελάδα σου. Ήταν πολύ _____ . (γλυκός)
4. Να σου δώσω λίγη _____ πίτα; Μόλις την έφτιαξα. (φρέσκος)
5. Η Τερέζα και η Λίλιαν είναι φυσικές _____ . (ξανθός)
6. Η ταινία που είδαμε χθες ήταν πολύ _____ . (κακός)
7. Μαμά! Η αδελφή μου είναι _____ . Δεν παίζει μαζί μου. (κακός)
8. Και οι δύο γάτες μας είναι _____ .(θηλυκός)

Όλος, -η, -ο

Όλος ο ...	Όλη η ...	Όλο το ...
Όλο τον ...	Όλη τη(ν) ...	Όλο το ...
Όλοι οι ...	Όλες οι ...	Όλα τα ...
Όλους τους ...	Όλες τις ...	Όλα τα ...

Όλος ο κόσμος το ξέρει.
Ήπιες **όλο τον** καφέ σου; Ναι, τον ήπια **όλο**.
Φάγαμε **όλη τη** μελιτζανοσαλάτα.
Όλες οι καθηγήτριες είναι από τη Θεσσαλονίκη; Όχι **όλες**, μερικές.
Όλα τα ρολόγια ήταν χαλασμένα.

---

9   Βάλτε "όλος, -η, -ο" στον σωστό τύπο.

1. _____ παιδιά τους έχουν ξανθά μαλλιά.
2. _____ φίλες της είναι Ελληνίδες.
3. Αύριο _____ μέρα θα είμαστε στην παραλία.
4. Ο πιο καλός από _____ ηθοποιούς ήταν ο Διονύσης Μανίκας.
5. Εφέτος _____ τις διακοπές μας θα τις περάσουμε στη Χαλκιδική.
6. Ήμασταν στην Αίγινα _____ σαββατοκύριακο.
7. Δεν ήταν φρέσκα _____ φρούτα.
8. _____ καθηγητές του σχολείου μας είναι Έλληνες.

10 Είστε στο περίπτερο. Παίξτε ένα ρόλο:

Θέλετε να αγοράσετε το Βήμα, ένα φιλμ Kodak, δύο παγωτά Δέλτα και το περιοδικό Σινεμά. Όλα μαζί κάνουν 13,20 ευρώ. Δεν έχετε ψιλά. Έχετε μόνο 100 ευρώ.

11 Γράψτε έναν διάλογο στο περίπτερο.

12 Ακούστε την ερώτηση και βρείτε τη σωστή απάντηση.

1.	(α) Σου τηλεφώνησε χτες το βράδυ.
	(β) Μου τηλεφώνησε σήμερα το πρωί.
	(γ) Δεν σας τηλεφώνησε ακόμα.
2.	(α) Δεν έχω γενέθλια.
	(β) Το 1982.
	(γ) Στις 6 Ιανουαρίου.
3.	(α) Δυστυχώς, δεν έχω ψιλά τώρα.
	(β) Είναι πολλά λεφτά.
	(γ) Εσείς δεν μπορείτε;
4.	(α) Πολλές.
	(β) Δεκαεφτά.
	(γ) Τριάντα τέσσερις ακριβώς.
5.	(α) Του έστειλα δύο.
	(β) Ναι, σου έστειλα.
	(γ) Όχι, δε μου έστειλε.

Μάθημα 6

Επανάληψη Μαθημάτων 1-5

1 Αντικαταστήστε τον δυνατό με τον αδύνατο τύπο.

1. Ο Παύλος θα δει εμένα την Τρίτη.

2. Τι θα πεις στους μαθητές;

3. Ο διευθυντής θέλει την Κική και την Έλλη αμέσως.

4. Πότε θέλετε να πιείτε την πορτοκαλάδα σας;

5. Για ποιο πράγμα μίλησε σε σάς;

6. Διάβασες την ιστορία στο παιδί;

7. Δεν βλέπω εσένα συχνά στο σχολείο.

8. Έστειλε τα δώρα στις αδελφές του.

9. Δεν είδε εμένα κι εσένα στο σινεμά χθες το βράδυ.

10. Μπορεί να φάει τώρα το φαγητό του.

11. Γιατί δεν πήρες την Άννα τηλέφωνο σήμερα;

12. Θα αγοράσει τα CD για μάς .

13. Θα δώσουν σε σάς τα βιβλία;

14. Προτιμάει αυτόν από τον άλλο.

15. Είπε στα παιδιά να πάρουν τον πατέρα τους από το γραφείο.

2 Τώρα γράψτε μερικές από τις παραπάνω προτάσεις.
Αλλάξτε την αντωνυμία από ενικό σε πληθυντικό και το αντίθετο.

3 Κοιτάξτε την εικόνα και λύστε το σταυρόλεξο.

Οριζόντια

1. Τα ____ είναι κάτω από το κρεβάτι.
2. Οι ____ είναι δίπλα στην μπλούζα.
3. Τα τρία ____ είναι στην ντουλάπα.

Κάθετα

1. Τα ____ είναι μέσα στο συρτάρι.
2. Οι τρεις ____ είναι στην ντουλάπα.
3. Οι ____ κάτω από τα συρτάρια.

4 Κοιτάξτε τις εικόνες και μιλήστε μεταξύ σας

Πόσοι σκύλοι υπάρχουν...
Πόσες γάτες υπάρχουν...
Πόσα ποντίκια υπάρχουν...

Πόσους σκύλους βλέπεις...
Πόσες γάτες βλέπεις...
Πόσα ποντίκια βλέπεις...

Χρησιμοποιήστε

"πολλοί", "πολλούς", "πολλές", "πολλά"

"αρκετοί", "αρκετούς", "αρκετές", "αρκετά"

"μερικοί", "μερικούς", "μερικές", "μερικά"

"λίγοι", "λίγους", "λίγες", "λίγα"

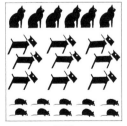

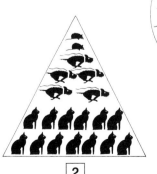

5 Βάλτε το ρήμα στην προστακτική και στον μέλλοντα.

1. (γράφω)   Α: Μη _____ το γράμμα τώρα, σας παρακαλώ!

                Β: Καλά, δε θα το _____ .

2. (αγοράζω)   Α: _____ και τους δέκα φακέλους, Πέτρο!

                Β: Σύμφωνοι. Θα τους _____ .

3. (ακούω)   Α: Να _____ τη μητέρα σας. Ξέρει τι λέει.

                Β: Καλά. Θα την _____ .

4. (ανοίγω)   Α: _____ το παράθυρο, σε παρακαλώ! Κάνει πολλή ζέστη.

                Β: Εντάξει. Θα το _____ αμέσως.

5. (πάω)   Α: _____ να δείτε ποιος είναι στην πόρτα, κύριε Δημητρίου.

                Β: Καλά. Θα _____ .

6. (πίνω)   Α: Μην _____ το γάλα σας ακόμα, παιδιά! Είναι πολύ ζεστό.

                Β: Εντάξει. Θα το _____ σε λίγο.

7. (διαβάζω)   Α: _____ αυτές τις εφημερίδες, Δήμητρα, σε παρακαλώ.

                Β: Δεν μπορώ τώρα. Θα τις _____ το βράδυ.

8. (κλείνω)   Α: Να _____ όλες τις πόρτες. Θα γυρίσω σε δέκα λεπτά.

                Β: Έγινε. Θα τις _____ όλες.

9. (περιμένω)   Α: _____ εδώ, παιδί μου! Έρχομαι αμέσως.

                Β: Εντάξει, γιαγιά. Θα σε _____ .

10. (μιλάω)   Α: Μη _____ αγγλικά, κύριοι, οι άλλοι δεν θα καταλάβουν.

                Β: Καλά. Θα _____ ελληνικά.

Άσε το γράμμα πάνω στο γραφείο του, και φέρε τα γλυκά πίσω.

6 Βάλτε τα ρήματα στον σωστό τύπο.

1. Την περασμένη Κυριακή εμείς _____ στο θέατρο. (πάω)

2. Χθες το μεσημέρι τα παιδιά _____ μακαρόνια με κιμά. (τρώω)

3. Πέρσι εγώ _____ δύο μήνες στη Θεσσαλονίκη. (δουλεύω)

4. Τι ώρα _____ ο Γιάννης χθες το πρωί στο γραφείο; (έρχομαι)

5. Μην _____ στις εφτά αύριο το πρωί. Δεν έχετε σχολείο. (ξυπνάω)

6. _____ τα βιβλία μου στο αυτοκίνητο. Πάω να τα πάρω. (ξεχνάω)

7. Γιατί η Ειρήνη δεν _____ το αυτοκίνητό της χθες το πρωί; (παίρνω)

8. Να _____ τα λεφτά στον Ιάσωνα, γιατί τα θέλει αύριο. (στέλνω)

9. Εμείς σήμερα το πρωί _____ μία ωρίτσα τένις. (παίζω)

10. _____ αυτό το CD. Θα σας αρέσει πολύ. (ακούω)

11. Άννα, μην _____ τον καφέ μου! (πίνω)

12. Αλέκο, _____ το φαγητό στο τραπέζι. (βάζω)

7 Βάλτε την αντωνυμία "δικός μου, δική μου, δικό μου" στον σωστό τύπο.

1. Αυτό το μολύβι είναι _____ μου.

2. Η εφημερίδα δεν είναι _____ του.

3. Μήπως είναι _____ σας ο κόκκινος αναπτήρας;

4. _____ σου είναι αυτές οι κάλτσες;

5. Αυτοί οι ωραίοι πίνακες είναι σίγουρα _____ σου.

6. Ο _____ τους υπολογιστής είναι καινούργιος;

7. Δεν είναι _____ μου αυτά τα παπούτσια.

8. Εκείνη η τσάντα μήπως είναι _____ της;

9. Το διαμέρισμα δεν είναι _____ μας, ξέρετε.

10. Δεν είχε τα γυαλιά του και του έδωσα τα _____ μου.

Μάθημα 6

8   Βρείτε τα λάθη και ξαναγράψτε τις προτάσεις.

1. Το βάζο είναι πάνω το τραπέζι.

_____

2. Χθες τα παιδιά μου πήγε στο σινεμά.

_____

3. Το πορτοφόλι αυτό είναι του Κώστας.

_____

4. Αυτές οι φράουλες είναι δικά μου.

_____

5. Αυτό το κρασί είναι από εμείς για σάς.

_____

6. Αυτή η τσάντα είναι της κυρίας Σταματάκης.

_____

7. Θα τηλεφωνήσω της αύριο το πρωί.

_____

8. Θα δεν της πω τίποτα για τον Κώστα.

_____

9   Βάλτε τα ουσιαστικά στη γενική.

1. Οι τιμές _____ στα ξενοδοχεία της Πλατείας _____ είναι υψηλές. (τα δωμάτια, Σύνταγμα)

2. Τα κλειδιά είναι _____ . (η Μαρία)

3. Τα δωμάτια _____ είναι στους δύο πάνω ορόφους. (οι φοιτητές)

4. Μπορείς να μου δώσεις τον αριθμό _____ _____ ; (το τηλέφωνο, ο κύριος Ιωαννίδης)

5. Δυστυχώς δεν ξέρω τα ονόματα αυτών _____ . (οι υπάλληλοι)

6. Οι παραλίες _____ μας είναι καταπληκτικές, ξέρετε. (το νησί)

7. Το σπιτάκι απέναντι είναι _____ και _____ . (η Έλλη, ο Αντρέας)

Γενέθλια ή ονομαστική γιορτή;

Για τους Έλληνες - στην Ελλάδα τουλάχιστον - η ονομαστική γιορτή είναι πιο σημαντική από τα γενέθλια.

Αν σε λένε Μαρία ή Δέσποινα, τότε η γιορτή σου είναι της Παναγίας, στις 15 Αυγούστου. Αν σε λένε Γιάννη, τότε γιορτάζεις του Αγίου Ιωάννη, στις 7 Ιανουαρίου. Αν όμως σε λένε Σοφοκλή ή Αγαμέμνονα, δηλαδή αν έχεις αρχαίο ελληνικό όνομα, τότε μάλλον δεν έχεις ονομαστική γιορτή. Έτσι, γιορτάζεις μόνο τα γενέθλιά σου.

Όταν έχεις τη γιορτή σου, οι φίλοι σου σε παίρνουν τηλέφωνο και σου λένε "χρόνια πολλά". Εσύ τους προσκαλείς, αν θέλεις, στο σπίτι σου για ένα ποτό, ένα γλυκό ή και για φαγητό ακόμα. Αυτοί που έρχονται σου φέρνουν συνήθως γλυκά, ένα ποτό ή κάποιο προσωπικό δώρο. Στις γνωστές γιορτές, όταν γιορτάζουν πολλοί άνθρωποι με το ίδιο όνομα, τα ζαχαροπλαστεία, οι κάβες, τα ανθοπωλεία, και τα ταξί κάνουν χρυσές δουλειές!

10   Ρωτήστε και απαντήστε.

1. Πότε γιορτάζεις αν σε λένε Γιάννη;
2. Αν το όνομά σου είναι Δέσποινα, γιορτάζεις στις 15 Αυγούστου;
3. Ο Νίκος και η Νίκη γιορτάζουν την ίδια μέρα;
4. Αν έχεις αρχαίο ελληνικό όνομα, είναι σίγουρο ότι δεν έχεις ονομαστική γιορτή;
5. Στην Ελλάδα ποια μέρα είναι πιο σημαντική; Τα γενέθλια ή η ονομαστική γιορτή;
6. Τι σου λένε οι φίλοι σου, όταν έχεις τη γιορτή σου;
7. Ποιοι κάνουν χρυσές δουλειές τις γιορτές που γιορτάζουν πολλοί άνθρωποι;

11   Τι καταλάβατε;

Ξέχασα, γιορτή έχεις σήμερα ή γενέθλια;

1. Σύμφωνα με το κείμενο

   (α) δεν υπάρχει Άγιος Σοφοκλής
   (β) υπάρχει Άγιος Σοφοκλής

2. "πιο σημαντική" σημαίνει

   (α) πιο μικρή
   (β) πιο μεγάλη

3. Αν σε λένε Γιάννη ή Ιωάννα, τότε

   (α) γιορτάζεις μόνο τα γενέθλιά σου
   (β) γιορτάζεις στις 7 Ιανουαρίου

4. "τους προσκαλείς" σημαίνει

   (α) τους λες να έρθουν
   (β) τους λες ότι δεν πρέπει να έρθουν

5. Όταν έχεις τη γιορτή σου, οι φίλοι σου και οι γνωστοί σου

   (α) έρχονται πάντα χωρίς να τους πεις να έρθουν
   (β) συνήθως έρχονται μόνο αν τους πεις να έρθουν

6. "κάνουν χρυσές δουλειές" σημαίνει

   (α) έχουν πολλή δουλειά
   (β) έχουν λίγη δουλειά

12   Γράψτε προτάσεις με τις πιο κάτω λέξεις και εκφράσεις.

προσκαλώ - γιορτάζω - τουλάχιστον - κάνω χρυσές δουλειές - δηλαδή - σημαντικό

---

13 Γράψτε πώς γιορτάζετε την ονομαστική γιορτή (αν υπάρχει) και τα γενέθλια στη χώρα σας.

14 Εδώ υπάρχουν αρκετά ρήματα στον αόριστο. Πόσα μπορείτε να βρείτε;

	1	2	3	4	5	6	7	8	9	10
1	Π	Δ	Κ	Α	Π	Ν	Ι	Σ	Α	Α
2	Ε	Κ	Α	Ν	Ε	Σ	Λ	Ξ	Χ	Γ
3	Ρ	Η	Θ	Ε	Λ	Α	Ν	Π	Γ	Ο
4	Α	Π	Ι	Ε	Φ	Α	Γ	Α	Υ	Ρ
5	Σ	Ι	Σ	Ι	Π	Α	Μ	Ε	Ρ	Α
6	Ε	Α	Ε	Ζ	Η	Σ	Α	Ν	Ι	Σ
7	Η	Ρ	Θ	Α	Ν	Α	Ψ	Τ	Σ	Ε
8	Ι	Λ	Δ	Ε	Μ	Ε	Ι	Ν	Α	Σ
9	Σ	Τ	Α	Κ	Ο	Υ	Σ	Α	Ν	Σ

Καλά, εσείς πόσα βρήκατε;

Τι ώρα σηκώνεσαι το πρωί;

Ο Κώστας Ρεσπέρης, ένας μεγάλος έλληνας αθλητής στίβου, δύο φορές χρυσός ολυμπιονίκης στον δρόμο διακοσίων μέτρων, ήταν καλεσμένος στην εκπομπή της Μίνας Χαροκόπου "Οι Αθλητές Σήμερα" στον ραδιοφωνικό σταθμό Sport FM, πριν από λίγες μέρες. Ν' ακούσουμε μερικά απ' αυτά που της είπε.

Μίνα ...Κώστα, πόσον καιρό είσαι στην Αθήνα τώρα;

Κώστας Έφυγα από την Καβάλα όταν ήμουν δεκαοχτώ χρονών. Τώρα είμαι είκοσι έξι.

Μίνα Οχτώ χρόνια, δηλαδή... Αλήθεια, πώς περνάει τη μέρα του ένας ολυμπιονίκης;

Κώστας Ολυμπιονίκης, ξέρεις, γίνεσαι μία ή δύο φορές. Ίσως είναι καλύτερα να πούμε για τη ζωή ενός αθλητή στίβου.

Μίνα Όπως θέλεις. Λοιπόν, τι ώρα σηκώνεσαι το πρωί;

Κώστας Στις εξίμισι.

Μίνα Τόσο νωρίς;

Κώστας Βέβαια. Γιατί πριν πάω για προπόνηση, πρέπει να κάνω και κάποια πράγματα στο σπίτι.

Μίνα Πόση ώρα κάνεις προπόνηση κάθε μέρα;

Κώστας Έξι ώρες. Από τις οχτώ μέχρι τις δύο. Το απόγευμα ξεκουράζομαι όμως λίγο.

Μίνα Ξέρω ότι μένεις με την κοπέλα σου. Τις δουλειές του σπιτιού ποιος τις κάνει;

Κώστας Τα πιάτα τα πλένει το πλυντήριο. Το πρωί ένας απ' τους δυο μας στρώνει το κρεβάτι. Και δυο φορές τη βδομάδα έρχεται μια γυναίκα και καθαρίζει το σπίτι, σιδερώνει...

Μίνα Και τον ελεύθερο χρόνο σου πώς τον περνάς;

Κώστας Πηγαίνω σινεμά, βλέπω φίλους, διαβάζω...

Μίνα Και βραδινή ζωή;

Κώστας Όπως ξέρεις, στη ζωή των μεγάλων, ε... των σωστών αθλητών δεν υπάρχουν ούτε μπαρ ούτε νυχτερινά κέντρα. Δυστυχώς ή ευτυχώς. Εγώ κοιμάμαι το αργότερο στις δώδεκα.

Μίνα Διάβασα κάπου ότι θα πάρεις...

Πάλι αργυρό, να πάρει...

1 Σωστό ή λάθος;

1. Ο Κώστας Ρεσπέρης ήταν καλεσμένος στην τηλεόραση.
2. Η Μίνα Χαροκόπου δουλεύει στο ραδιόφωνο.
3. Ο Κώστας είναι ολυμπιονίκης.
4. Το πρωί ξυπνάει κατά τις οχτώ.
5. Κάνει έξι ώρες προπόνηση κάθε μέρα.
6. Το απόγευμα ξεκουράζεται.
7. Είναι παντρεμένος.

Μερικά Αθλήματα			Μετάλλια		
ο δρόμος 100 μέτρων	το ποδόσφαιρο	το τένις	1ος	►	χρυσό
το άλμα σε μήκος	το μπάσκετ	η κολύμβηση	2ος	►	αργυρό
ο δίσκος	το βόλεϊ	η άρση βαρών	3ος	►	χάλκινο

Μέσα και αποθετικά ρήματα Γ1 και Γ2

Ενεστώτας

σηκών**ομαι**	κοιμ**άμαι**
σηκών**εσαι**	κοιμ**άσαι**
σηκών**εται**	κοιμ**άται**
σηκων**όμαστε**	κοιμ**όμαστε**
σηκών**εστε** (-**όσαστε**)	κοιμ**άστε** (-**όσαστε**)
σηκών**ονται**	κοιμ**ούνται**

Έτσι κλίνουμε και τα ρήματα *πλένομαι, ξυρίζομαι, χτενίζομαι, ντύνομαι, ξεκουράζομαι* κ.ά. καθώς και τα *θυμάμαι, λυπάμαι, φοβάμαι.*

Αποθετικά λέμε τα ρήματα που τελειώνουν σε -ομαι, -άμαι, -ιέμαι και -ούμαι, αλλά η σημασία τους μπορεί να είναι ενεργητική, π.χ. έρχομαι, σκέφτομαι, θυμάμαι, λυπάμαι, βαριέμαι, ασχολούμαι.

σηκώνομαι

πλένομαι

ξυρίζομαι

χτενίζομαι

ντύνομαι

ξεκουράζομαι

Δουλειές του σπιτιού

σκουπίζω το πάτωμα

πλένω τα πιάτα

ξεσκονίζω

στρώνω το κρεβάτι

βάφω

67

Μάθημα 7

2 Μιλήστε μεταξύ σας. Ρωτήστε για τον Μάρκο, τον Χάρη και τον Άρη "τι ώρα;" ή "κάθε πότε;".

	Ο Μάρκος	Ο Χάρης και ο Άρης
	07.00	09.30
	κάθε πρωί	μέρα παρά μέρα
	κάθε βράδυ	3 φορές την εβδομάδα
	07.30	10.00
	ποτέ	2 φορές την ημέρα

3 Βάλτε τα ρήματα στο σωστό πρόσωπο και πείτε την ιστορία.

Ο Κώστας Ρεσπέρης είναι ο ολυμπιονίκης που _____ (γνωρίζω) στην αρχή του μαθήματος. Το πρωί _____ (σηκώνομαι) στις 6.30. _____ (πάω) στο μπάνιο, _____ (πλένομαι) και _____ (ξυρίζομαι).

Ύστερα _____ (ντύνομαι) και _____ (ετοιμάζω) το πρωινό της φίλης του και το δικό του. Η φίλη του _____ (σηκώνομαι) στις 7.00. _____ (πάω) στο μπάνιο, _____ (πλένομαι) και μετά _____ (ντύνομαι). Οι δυο τους _____ (τρώω) ένα καλό πρωινό με φρυγανιές, βούτυρο, μέλι, φρούτα και _____ (πίνω) γάλα. Στις 7.30 ο Κώστας _____ (φεύγω) για προπόνηση.

Η Ίλια, η φίλη του, _____ (φεύγω) για τη δουλειά της στις 8.00.

Το βράδυ ο Κώστας και η Ίλια συνήθως _____ (κοιμάμαι) κατά τις 12.00.

Την Κυριακή _____ (σηκώνομαι) μετά τις 9.00.

Επίθετα - Γενική ενικού και πληθυντικού

-ος, -η, -ο	καλ**ός**, καλ**ή**, καλ**ό** καλ**οί**, καλ**ές**, καλ**ά**	καλ**ού**, καλ**ής**, καλ**ού** καλ**ών**
-ος, -α, -ο	ωραί**ος**, ωραί**α**, ωραί**ο** ωραί**οι**, ωραί**ες**, ωραί**α**	ωραί**ου**, ωραί**ας**, ωραί**ου** ωραί**ων**
-ός, -ιά (ή), -ό	φτωχ**ός**, φτωχ**ιά (ή)**, φτωχ**ό** φτωχ**οί**, φτωχ**ές**, φτωχ**ά**	φτωχ**ού**, φτωχ**ιάς (ής)**, φτωχ**ού** φτωχ**ών**
-ής, -ιά, -ί	βυσιν**ής**, βυσιν**ιά**, βυσιν**ί** βυσιν**ιοί**, βυσιν**ιές**, βυσιν**ιά**	βυσιν**ή**, βυσιν**ιάς**, βυσιν**ιού** βυσιν**ιών**

Γενική αριθμητικών

Αρσενικό	Θηλυκό	Ουδέτερο
δύο	δύο	δύο
τριών	**τριών**	**τριών**
τεσσάρων	**τεσσάρων**	**τεσσάρων**
πέντε	πέντε	πέντε

4 **Βάλτε τα ουσιαστικά και τα επίθετα στη γενική ενικού ή πληθυντικού.**

1. Η Έλλη μαθαίνει ισπανικά σ' ένα φροντιστήριο _____ . (ξένες γλώσσες)

2. Η γραμματική _____ είναι δύκολη. (αυτό το βιβλίο)

3. Τα προβλήματα _____ είναι πολλά. (οι ξενόγλωσσοι μαθητές)

4. Πολλές από τις παραλίες _____ είναι μαγευτικές.
   (τα ελληνικά νησιά)

5. Έγραψα τον αριθμό _____ σου στην ατζέντα μου.
   (το καινούργιο τηλέφωνο)

6. Το χρώμα _____ είναι το ίδιο. (εκείνες οι πολυκατοικίες)

7. Τα κοινόχρηστα _____ είναι πολλά. (τα μεγάλα διαμερίσματα)

8. Οι κάτοικοι _____ ζουν μια πολύ δύσκολη ζωή.
   (αυτή η φτωχή αφρικανική χώρα)

Κοιτάξτε! ☺ ☺

> A : **Πόσον καιρό** έχεις / είσαι στην Ελλάδα;
> δουλεύεις σ' αυτό το γραφείο;
> περιμένεις γράμμα από τη φίλη σου;
>
> B : Δύο χρόνια. / Πέντε μήνες. / Τέσσερις εβδομάδες.
> Από τον περασμένο μήνα. / Από το 2001.

Λέμε: *δύο / τρία... χρόνια*, αλλά *ένα χρόνο* (ονομαστική: *ένας χρόνος*)

> A : **Πόση ώρα** έχεις / είσαι εδώ;
> κοιμάσαι;
> περιμένεις την Ελένη;
>
> B : Δύο ώρες. / Ένα τέταρτο. / Από τις εννιά.

5 Μιλήστε μεταξύ σας.

π.χ.   έχεις / Θεσσαλονίκη; // 3 χρόνια

A: Πόσον καιρό έχεις στη Θεσσαλονίκη;
B: Έχω τρία χρόνια.

1. έχεις / Θεσσαλονίκη; // 3 χρόνια
2. δουλεύεις / κουζίνα; // 1 ώρα
3. διαβάζεις / αυτό το βιβλίο; // 3 μέρες
4. ετοιμάζετε / ομιλία; // 2 εβδομάδες
5. φτιάχνουν / αυτοκίνητο; // 2 ώρες
6. παίζει μπάσκετ / Μιχάλης; // 1 τέταρτο
7. μαθαίνει ελληνικά / Σάλι; // 6 μήνες
8. μιλάνε / τηλέφωνο; // 3 ώρες

6 Ρωτήστε έναν συμμαθητή σας:

• πόσον καιρό   έχει / είναι στην Ελλάδα
μαθαίνει ελληνικά
είναι παντρεμένος/η κτλ.

• πόση ώρα   είναι στην τάξη
κάνει για να έρθει στο μάθημα από το σπίτι του
μιλάει στο τηλέφωνο κάθε μέρα κτλ.

7 Γράψτε έναν από τους διαλόγους που είπατε στην άσκηση 6.

8 Ακούστε τι λέει ο Τάκης στον φίλο του τον Αλέκο και απαντήστε στις ερωτήσεις.

1. Τι ώρα είχε ο Τάκης ραντεβού με τη Μονίκ;
2. Πού ήταν το ραντεβού;
3. Γιατί δεν απάντησε η Μονίκ στο κινητό της;
4. Πώς είναι η Μονίκ;
5. Τι λάθος έκανε η Μονίκ;
6. Σε πόση ώρα της είπε ότι θα είναι εκεί;
7. Ποιαν είδε στα φανάρια;

9 Κοιτάξτε τις εικόνες και λύστε το σταυρόλεξο.
Αν το λύσετε σωστά, θα βρείτε το όνομα του φίλου που κάνει αυτά τα πράγματα.

1. _____ το σαλόνι του κάθε Σάββατο.
2. _____ κάθε πρωί στο γραφείο του.
3. _____ πάντα μοντέρνα.
4. _____ κάθε βράδυ.
5. _____ το πρωινό του ο ίδιος.
6. _____ πάντα στις 7 το πρωί.

Την Παρασκευή το πρωί θα σηκωθούν νωρίς

Το τριήμερο της Καθαράς Δευτέρας η κόρη μας, η Άννα, κι η παρέα της θα πάνε στο Πήλιο, ένα βουνό πολύ κοντά στον Βόλο με πολλά χωριά. Συνήθως τον χειμώνα στο Πήλιο έχει χιόνια κι οι άνθρωποι πάνε στα Χάνια για σκι ή πάνε στα άλλα χωριά για ξεκούραση, καθαρό αέρα και πεζοπορία. Το καλοκαίρι, πάλι, πηγαίνουν διακοπές στα κάτω χωριά του, που έχουν υπέροχες παραλίες πάνω στο Αιγαίο.

Η Άννα κι οι φίλοι της λοιπόν την Παρασκευή το πρωί πρέπει να σηκωθούν πολύ νωρίς για να φύγουν γύρω στις εφτά, πριν αρχίσει η μεγάλη κίνηση. Αν όλα πάνε καλά, κατά τις έντεκα και μισή θα είναι στη Μακρινίτσα, με τα καταπληκτικά παλιά αρχοντικά και τη μαγευτική θέα, για καφέ. Θα μείνουν στην Τσαγκαράδα, σ' έναν μικρό παραδοσιακό ξενώνα που λέγεται "Αμάλθεια".

Την επομένη λένε να ξεκουραστούν και το βράδυ σκέφτονται να μασκαρευτούν και να γλεντήσουν το τελευταίο Σάββατο της Αποκριάς. Ποιος ξέρει τι ώρα θα κοιμηθούν!

Την Κυριακή, όπως μας είπαν, θα πάνε με το αυτοκίνητο στα Χάνια κι από 'κεί λένε να περπατήσουν μέχρι την Πορταριά. Αν έχει χιόνια, βέβαια, θα πρέπει να ντυθούν καλά. Σίγουρα θα φάνε και κανένα σπετζοφάι, τη σπεσιαλιτέ της περιοχής.

Την Καθαρά Δευτέρα φαντάζομαι θα πάνε σε καμιά ψαροταβέρνα στον Βόλο να φάνε νηστήσιμα, θαλασσινά και λαγάνα. Μετά το φαγητό, θα πρέπει να ετοιμαστούν για τον δρόμο της επιστροφής, που δυστυχώς θα είναι μια... μικρή ταλαιπωρία!

1 Ρωτήστε και απαντήστε.

1. Πού θα πάνε η Άννα και η παρέα της το τριήμερο της Καθαράς Δευτέρας;
2. Γιατί πάνε οι άνθρωποι στο Πήλιο τον χειμώνα;
3. Πώς είναι τα κάτω χωριά του Πηλίου;
4. Γιατί η Άννα κι η παρέα της θα σηκωθούν νωρίς την Παρασκευή;
5. Σε πόση ώρα περίπου θα είναι στη Μακρινίτσα;
6. Πού θα μείνουν στην Τσαγκαράδα;
7. Το Σάββατο τι θα κάνουν;
8. Τι ώρα θα κοιμηθούν;
9. Την Κυριακή τι θα κάνουν;
10. Τι θα φάνε την Καθαρά Δευτέρα;
11. Γιατί ο γυρισμός θα είναι μια "μικρή ταλαιπωρία";

Μέσα και Αποθετικά Ρήματα Γ1 και Γ2
Απλός Μέλλοντας και Απλή Υποτακτική

σηκώνομαι θα/να σηκω**θ**ώ / σηκω**θ**είς / σηκω**θ**εί / σηκω**θ**ούμε / σηκω**θ**είτε / σηκω**θ**ούν(ε)

λυπάμαι θα/να λυπη**θ**ώ / λυπη**θ**είς / λυπη**θ**εί / λυπη**θ**ούμε / λυπη**θ**είτε / λυπη**θ**ούν(ε)

1. Ρήματα σε -ομαι με θέμα μέλλοντα σε **-θώ** : σηκώνομαι, ντύνομαι, πλένομαι (πλυθ-) κ.ά.
2. Ρήματα σε -ομαι με θέμα μέλλοντα σε **-στώ** : χτενίζομαι, ξυρίζομαι, ετοιμάζομαι κ.ά.
3. Ρήματα σε -ομαι με θέμα μέλλοντα σε **-φτώ** : σκέφτομαι, κρύβομαι κ.ά.
4. Ρήματα σε -ομαι με θέμα μέλλοντα σε **-χτώ** : μπλέκομαι, στηρίζομαι κ.ά.
5. Ρήματα σε -εύομαι με θέμα μέλλοντα σε **-ευτώ** : παντρεύομαι κ.ά.
6. Ρήματα σε -άμαι με θέμα μέλλοντα σε **-ηθώ** : λυπάμαι, θυμάμαι, κοιμάμαι, φοβάμαι

2 Βάλτε τα ρήματα στον μέλλοντα ή στην υποτακτική.

1. Το πρωί θα _____ στις 5.30 γιατί η πτήση μας φεύγει στις 9.00. (σηκώνομαι)
2. Τα παιδιά θα _____ πριν πάνε στο σχολείο. (πλένομαι)
3. Πρέπει να _____ καλά τι θα σπουδάσεις. (σκέφτομαι)
4. Θέλουν να _____ αμέσως μετά το Πάσχα. (παντρεύομαι)
5. Θα _____ πολύ αν δεν έρθεις στο πάρτι των γενεθλίων μου. (λυπάμαι)
6. Κορίτσια, πρέπει να _____ αμέσως. Οι φίλοι σας περιμένουν κάτω. (ετοιμάζομαι)
7. Γιώργο, θα _____ να φέρεις ψωμί στην επιστροφή; (θυμάμαι)
8. Εσύ δεν χρειάζεται να _____ καθόλου. Θα του μιλήσω εγώ. (μπλέκομαι)
9. Πρώτα θα _____ και μετά θα κάνω μπάνιο. Έτσι κάνω πάντα. (ξυρίζομαι)

Μάθημα 8

3 Η Πηνελόπη κι ο Οδυσσέας είναι καθηγητές σε μια σχολή του Ναυτικού. Κοιτάξτε το πρόγραμμά τους και μιλήστε μεταξύ σας. Χρησιμοποιήστε τις λέξεις "πρώτα", "μετά", "ύστερα" και "τέλος".

π.χ.   Αύριο το πρωί ο Οδυσσέας θα σηκωθεί στις 6.00. Πρώτα θα... , μετά θα... κτλ.

Καθηγητές	
06:00	σηκώνονται
06:10 - 07:10	γυμνάζονται
07:10 - 07:20	ξυρίζονται
07:20 - 07:40	πλένονται
07:40 - 08:00	ντύνονται
08:00 - 08:30	τρώνε πρωινό
08:30 - 09:00	ετοιμάζονται για το μάθημα

Καθηγήτριες	
07:00	σηκώνονται
07:10 - 07:30	πλένονται
07:30 - 07:40	χτενίζονται
07:40 - 08:00	ντύνονται
08:00 - 08:30	τρώνε πρωινό
08:30 - 09:00	ετοιμάζονται για το μάθημα

Τώρα ρωτήστε:

- Η Πηνελόπη θα σηκωθεί / θα ντυθεί / κτλ. πριν ή μετά από τον Οδυσσέα;
- Ο Οδυσσέας θα φάει πρωινό κτλ. πριν ή μετά από την Πηνελόπη;

Προσέξτε: Αν κάτι δεν γίνεται ούτε πριν ούτε μετά από κάτι άλλο, τότε γίνεται **την ίδια ώρα.**

4 Ρωτήστε έναν συμμαθητή σας:

- τι ώρα θα σηκωθεί αύριο το πρωί
- τι ώρα θα κοιμηθεί απόψε
- αν θα πλυθεί το πρωί ή το βράδυ
- αν θα ξεκουραστεί το μεσημέρι

ο Στρατός

η Αεροπορία

το Ναυτικό

5 Κοιτάξτε πάλι τα προγράμματα και γράψτε τρεις προτάσεις όπως αυτή:

Οι καθηγητές θα σηκωθούν στις έξι ενώ οι καθηγήτριες θα σηκωθούν στις εφτά.

Επιρρήματα σε -α και -ως

Επίθετο	Πληθυντικός ουδετέρου	
γρήγορος, -η, -ο	γρήγορα	γρήγορ**α**
ωραίος, -α, -ο	ωραία	ωραί**α**

Άνοιξε **γρήγορα** την πόρτα κι έφυγε. / Μιλάει **αργά** και **καθαρά**. / Περάσαμε **ωραία** χθες.

ακριβής, -ής, -ές	ακριβ**ώς**
διαρκής, -ής, -ές	διαρκ**ώς**
ευτυχής, -ής, -ές	ευτυχ**ώς**
δυστυχής, -ής,-ές	δυστυχ**ώς**
συνήθης, -ης, -ες	συνήθ**ως**

Θα μας περιμένει στις δέκα **ακριβώς**. / **Δυστυχώς** τα λεφτά που έχουμε δεν είναι αρκετά.

Λέμε : *βέβαια και βεβαίως - σπάνια και σπανίως*

6 Βάλτε το σωστό επίρρημα.

1. Αυτό που έκανες θα το πληρώσεις _____ . (ακριβός)
2. Περάσατε _____ στο πάρτι το Σάββατο; (ωραίος)
3. Οδηγείς πολύ _____ , δε νομίζεις; (γρήγορος)
4. Καπνίζουνε _____ στο γραφείο. Είναι πολύ ενοχλητικό. (διαρκής)
5. Θα της μιλήσω. Αν θέλεις, _____ . (βέβαιος)
6. Διαβάστε αυτό το κείμενο _____ , σας παρακαλώ. (προσεκτικός)
7. Έφυγε στις εφτά _____ . (ακριβής)
8. Η γυναίκα του του μιλάει πολύ _____ . Και είναι τόσο καλός άνθρωπος, ο καημένος. (άσχημος)
9. Θα στρίψουμε _____ ή _____ ; (δεξιός) (αριστερός)

Κοιτάξτε! ☺ ☺

> **Για να** είσαι στο αεροδρόμιο στις 8.15, **πρέπει να** φύγεις από εδώ στις 7.30.

7 Ρωτήστε και απαντήστε.

π.χ.　Α: φύγεις / σπίτι σου / 8.00;
　　　Α: Γιατί πρέπει να φύγεις από το σπίτι σου στις 8;
　　　Β: (Για να είμαι στο κέντρο στις εννιά.)

Για να μάθει κανείς ελληνικά...

1. Α : φύγεις / σπίτι σου / 8.00;
　 Β :

2. Α : πάρετε τηλέφωνο / καθηγήτρια;
　 Β :

3. Α : καθίσουν πιο κοντά / ραδιόφωνο;
　 Β :

4. Α : πας / σπίτι / αδελφής σου / απόψε;
　 Β :

5. Α : πουλήσει / παλιό κομπιούτερ;
　 Β :

6. Α : πάρεις ταξί;
　 Β :

7. Α : έρθουμε / σπίτι σας / αύριο / βράδυ;
　 Β :

8 Μιλήστε για σας. Ανταλλάξτε πληροφορίες με τους συμμαθητές σας.

π.χ.　Για να είμαι (στο σχολείο) στις... φεύγω από (το σπίτι μου) στις...

Μιλήστε και για άλλα πράγματα:

π.χ.　για να μάθει κανείς ελληνικά...
　　　για να πας στο κέντρο της πόλης...
　　　για να αγοράσεις καινούργιο αυτοκίνητο...

9 Γράψτε πέντε προτάσεις χρησιμοποιώντας "για να".

10 Εδώ υπάρχουν αρκετά ρήματα. Βρείτε τα μέσα και τα αποθετικά που είναι στον μέλλοντα (χωρίς το "θα").

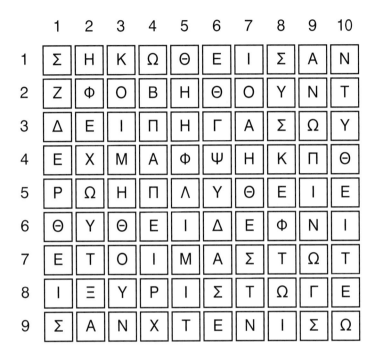

	1	2	3	4	5	6	7	8	9	10
1	Σ	Η	Κ	Ω	Θ	Ε	Ι	Σ	Α	Ν
2	Ζ	Φ	Ο	Β	Η	Θ	Ο	Υ	Ν	Τ
3	Δ	Ε	Ι	Π	Η	Γ	Α	Σ	Ω	Υ
4	Ε	Χ	Μ	Α	Φ	Ψ	Η	Κ	Π	Θ
5	Ρ	Ω	Η	Π	Λ	Υ	Θ	Ε	Ι	Ε
6	Θ	Υ	Θ	Ε	Ι	Δ	Ε	Φ	Ν	Ι
7	Ε	Τ	Ο	Ι	Μ	Α	Σ	Τ	Ω	Τ
8	Ι	Ξ	Υ	Ρ	Ι	Σ	Τ	Ω	Γ	Ε
9	Σ	Α	Ν	Χ	Τ	Ε	Ν	Ι	Σ	Ω

11 Ακούστε την ερώτηση και βρείτε τη σωστή απάντηση.

1. (α) Πάντα σηκώνεται νωρίς.
   (β) Πολύ νωρίς.
   (γ) Θα σηκωθείς στις οχτώ.

2. (α) Ναι, γρήγορα.
   (β) Όχι, θα έρθω σε δέκα λεπτά.
   (γ) Ναι, θα είμαι εδώ σε πέντε λεπτά.

3. (α) Ναι, αν δεν έχεις πρόβλημα.
   (β) Όχι, θα ξυριστεί στο δωμάτιό του.
   (γ) Όχι, δεν έχω πρόβλημα.

4. (α) Ναι, είναι πάρα πολύ ακριβά.
   (β) Ναι, είναι ακριβός.
   (γ) Ακριβώς.

Μάθημα 9

 Πλύθηκε όπως-όπως

Χθες το βράδυ στην τηλεόραση είχε μια ωραία σουηδική ταινία του Μπέργκμαν που η Άννα ήθελε να τη δει οπωσδήποτε. Τελικά κοιμήθηκε αρκετά αργά, γιατί η ταινία τελείωσε στη μία και τέταρτο. Αποτέλεσμα: δεν άκουσε το ξυπνητήρι σήμερα το πρωί και ξύπνησε στις 7.45 αντί στις 7.15. Ήθελε να σηκωθεί στις 7.15, γιατί έπρεπε να είναι στο αεροδρόμιο στις 8.30, για να πάρει έναν πελάτη του τουριστικού γραφείου όπου εργάζεται. Μένει στην Αγία Παρασκευή και το αεροδρόμιο Ελευθέριος Βενιζέλος δεν είναι μακριά από το σπίτι της.

Σηκώθηκε σαν τρελή, πλύθηκε όπως-όπως, ντύθηκε πιο γρήγορα κι από έναν πυροσβέστη και κατάφερε να είναι έξω από το σπίτι της στις 8.10. Βρήκε αμέσως ταξί και στις 8.42 λεπτά ακριβώς ήταν στο αεροδρόμιο. Περιττό να σας πω ότι βάφτηκε μέσα στο ταξί. Μόλις έφτασε στο αεροδρόμιο, ανακάλυψε δύο πράγματα: ένα καλό κι ένα κακό. Το καλό ήταν ότι η πτήση του πελάτη από τη Μασαλία είχε μισή ώρα καθυστέρηση. Το κακό ήταν ότι το καλσόν της είχε μια τεράστια τρύπα κάτω από το γόνατο.

1 Σωστό ή λάθος;

1. Η Άννα κοιμήθηκε αργά χθες γιατί είδε τηλεόραση.
2. Το πρωί σηκώθηκε μισή ώρα πιο νωρίς.
3. Για να είναι στο αεροδρόμιο στην ώρα της, έπρεπε να ξυπνήσει τουλάχιστον μισή ώρα πιο νωρίς.
4. Η Άννα δουλεύει σ' ένα δικηγορικό γραφείο.
5. Η Άννα είναι λίγο τρελή.
6. Βάφτηκε στο αεροδρόμιο.
7. Τελικά κατάφερε να φτάσει στο αεροδρόμιο λίγο μετά τις 8.40.
8. Το αεροπλάνο του πελάτη ήρθε πιο αργά.

Μέσα και Αποθετικά Ρήματα Γ1 και Γ2
Αόριστος

σηκώνομαι	σηκώ**θηκα**	λυπάμαι	λυπ**ήθηκα**
	σηκώ**θηκες**		λυπ**ήθηκες**
	σηκώ**θηκε**		λυπ**ήθηκε**
	σηκω**θήκαμε**		λυπ**ηθήκαμε**
	σηκω**θήκατε**		λυπ**ηθήκατε**
	σηκώ**θηκαν** (σηκω**θήκανε**)		λυπ**ήθηκαν** (λυπ**ηθήκανε**)

1. Ρήματα σε -ομαι με αόριστο σε   **-θηκα**   : *σηκώνομαι, ντύνομαι, πλένομαι (πλυθ-) κ.ά.*
2. Ρήματα σε -ομαι με αόριστο σε   **-στηκα** : *χτενίζομαι, ξυρίζομαι, ετοιμάζομαι κ.ά.*
3. Ρήματα σε -ομαι με αόριστο σε   **-φτηκα** : *σκέφτομαι, κρύβομαι κ.ά.*
4. Ρήματα σε -ομαι με αόριστο σε   **-χτηκα** : *μπλέκομαι, στηρίζομαι κ.ά.*
5. Ρήματα σε -εύομαι με αόριστο σε **-εύτηκα** : *παντρεύομαι κ.ά.*
6. Ρήματα σε -άμαι με αόριστο σε   **-ήθηκα** : *λυπάμαι, θυμάμαι, κοιμάμαι, φοβάμαι*

2   Βάλτε τα ρήματα στον αόριστο.

Χθες το βράδυ ο άντρας μου κι εγώ _____ (κοιμάμαι) αρκετά αργά, γιατί η ταινία που _____ (βλέπω) στην τηλεόραση _____ (τελειώνω) στις δύο. Έτσι, δεν _____ (ακούω) το ξυπνητήρι που _____ (χτυπάω) στις 7, και _____ (σηκώνομαι) στις 7.45. _____ (θέλω) να σηκωθούμε νωρίς, γιατί _____ (πρέπει) να είμαστε στο γραφείο στις 8.30 για να συναντήσουμε έναν πελάτη. Μένουμε στην Καλλιθέα και το γραφείο μας είναι στον Πειραιά. _____ (πλένομαι) σαν τρελοί, _____ (ετοιμάζομαι) γρήγορα-γρήγορα, _____ (πίνω) έναν καφέ, και _____ (είμαι) έξω από το σπίτι μας στις 8.15. Ευτυχώς _____ (βρίσκω) αμέσως ταξί και στις 8.36 ακριβώς _____ (είμαι) στο γραφείο. Περιττό να σας πω, ότι εγώ _____ (βάφομαι) και _____ (χτενίζομαι) μέσα στο ταξί! Ο άντρας μου, πάλι, _____ (ξυρίζομαι), όταν _____ (φτάνω) στο γραφείο.

Μάθημα 9

3 Κοιτάξτε τις εικόνες και ρωτήστε.

π.χ. Τι ώρα ξυρίστηκε ο Μάκης;
Ποιος πλύθηκε πρώτος; Η Δανάη ή ο Μιχάλης;
Τι έκανε η Δανάη στις 7.30;

Μάκης	Δανάη	Μιχάλης	Δήμητρα
08.00	07.00	07.30	08.30
08.15	07.10	07.40	09.40
20.00	19.30	07.55	09.50
23.30	21.00	08.05	22.00

4 Ρωτήστε έναν συμμαθητή σας:

- τι ώρα κοιμήθηκε χθες το βράδυ
- τι ώρα σηκώθηκε σήμερα το πρωί
- αν χτενίστηκε σήμερα το πρωί
- αν ξυρίστηκε χθες ή σήμερα (μόνο αν είναι άντρας βέβαια!)
- αν θυμήθηκε να φέρει μαζί του/της το βιβλίο του/της

5 Γράψτε πέντε προτάσεις όπως αυτή:

Η γυναίκα μου σήμερα σηκώθηκε στις εννιά ενώ εγώ σηκώθηκα στις εφτά.

Θα πάρετε το 106

Η Μονίκ θέλει να πάει σε μια φίλη της που μένει στη Νέα Σμύρνη κοντά στο γήπεδο του Πανιωνίου, αλλά δεν ξέρει ποιο λεωφορείο να πάρει. Πλησιάζει μια κυρία που περιμένει στη στάση και τη ρωτάει...

Μονίκ	Συγνώμη, μήπως ξέρετε ποιο λεωφορείο πάει στο γήπεδο του Πανιωνίου στη Νέα Σμύρνη;
Μια κυρία	Θα πάρετε το 106.
Μονίκ	Κάνει στάση εδώ;
Μια κυρία	Ναι, εδώ κάνει στάση. Κι εγώ αυτό θα πάρω.
Μονίκ	Α, ευχαριστώ.

Η Μονίκ είναι τώρα στο λεωφορείο. Ανοίγει την τσάντα της και βλέπει ότι δεν έχει εισιτήρια. Ζητάει ένα εισιτήριο από την κυρία που ήταν στη στάση...

Μονίκ	Μήπως έχετε ένα εισιτήριο;
Μια κυρία	Δυστυχώς δεν έχω. Έχω κάρτα.
Ένας κύριος	Έχω εγώ. Ορίστε.
Μονίκ	Α, ευχαριστώ. Να σας πω, μήπως ξέρετε και σε ποια στάση πρέπει να κατέβω για το γήπεδο του Πανιωνίου;
Ένας κύριος	Θα κατέβετε... ένα λεπτό... θα σας πω... θα κατέβετε στη Στροφή Πανιωνίου.
Μονίκ	Ευχαριστώ.

6 Ρωτήστε και απαντήστε.

1. Πού πάει η Μονίκ;
2. Ποιον ρωτάει ποιο λεωφορείο θα πάρει;
3. Ποιο λεωφορείο πρέπει να πάρει;
4. Τι ζητάει από την κυρία στο λεωφορείο;
5. Σε ποια στάση πρέπει να κατέβει;

ρωτάω κάποιον κάτι.

π.χ.　*Τον ρώτησε πού μένει.*
　　　Την ρώτησε πώς τη λένε.

ζητάω κάτι από κάποιον.

π.χ.　*Του ζήτησε ένα εισιτήριο.*
　　　Της ζήτησε μια μπίρα.

ανεβαίνω	θα/να	ανέβω ανεβ**ώ**	ανέβ**ηκα**
κατεβαίνω	θα/να	κατέβω κατεβ**ώ**	κατέβ**ηκα**

7 Μιλήστε μεταξύ σας.

π.χ.   γήπεδο Καραϊσκάκη; / 040 / στάση; / λίγο πιο πάνω

   Α: Συγνώμη, μήπως ξέρετε ποιο λεωφορείο πάει στο γήπεδο Καραϊσκάκη ;
   Β: Θα πάρετε το 040.
   Α: Και μήπως ξέρετε που είναι η στάση;
   Β: Λίγο πιο πάνω.

1. γήπεδο Καραϊσκάκη; / 040 / στάση; / λίγο πιο πάνω
2. Μέγαρο Μουσικής; / Α5 / στάση; / μπροστά / Εθνικό Κήπο
3. Κηφισιά; / 550 / στάση; / μπροστά / Εθνική Πινακοθήκη
4. Πανεπιστημιούπολη; / Ε90 / στάση; / απέναντι / Νοσοκομείο Αλεξάνδρα
5. Βάρκιζα; / 115 / στάση; / δίπλα / εκκλησία
6. Στο Νοσοκομείο Αγία Σοφία; / 230 / στάση; / Σύνταγμα
7. Αεροδρόμιο; / Ε95 / στάση; / Πλατεία Μαβίλη
8. Ουμπιακό Στάδιο; / Α7 / στάση; / απέναντι / Γηροκομείο

8 Βρείτε την πορεία που ακολουθούν τα δύο λεωφορεία και μιλήστε μεταξύ σας.

π.χ.

(α)

Α : Το 224 περνάει από το Πανεπιστήμιο;
Β : Ναι, περνάει.
Α : Πού κάνει στάση;
Β : Κάνει στάση ακριβώς μπροστά

(β)

Α : Το 132 περνάει από την Εθνική Πινακοθήκη;
Β : Όχι, δεν περνάει.
Α : Το 224 περνάει;
Β : Ναι, το 224 περνάει.

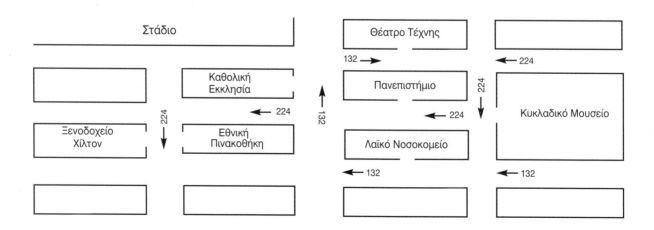

9 Ρωτήστε έναν συμμαθητή σας ποιο λεωφορείο/τρόλεϊ/τραμ πάει σε διάφορα γνωστά μέρη της πόλης σας.

10 Γράψτε δύο από τους διαλόγους που είπατε.

11 Ακούστε τον διάλογο στο μετρό και σημειώστε σωστό (Σ) ή λάθος (Λ).

1. Η κυρία πηγαίνει στον φίλο της Γιώργο Γεννηματά.
2. Πρέπει να κατεβεί στη στάση Εθνική Άμυνα.
3. Αυτή ἡ γραμμή δεν πηγαίνει προς Εθνική Άμυνα.
4. Πρέπει να πάρει τη γραμμή που πάει προς Κηφισιά.
5. Πρέπει να αγοράσει καινούργιο εισιτήριο.
6. Η κυρία δε μένει στην Αθήνα.
7. Η φωνή λέει ότι η επόμενη στάση είναι Συγγρού - Φιξ .

12 Βρείτε τις σωστές λέξεις και λύστε το σταυρόλεξο.

Οριζόντια

1. Η κυρία θέλει να _____ στην άλλη στάση.
2. Είναι μακριά η _____ του τραμ;
3. Μήπως ξέρετε _____ κάνει στάση το Α2;
4. Ακόμα δεν _____ , ρε Γιώργο; Εγώ είμαι έτοιμη εδώ και μισή ώρα.
5. Ξέρετε αν το 106 _____ από την πλατεία της Νέας Σμύρνης;

Κάθετα

1. Παιδιά, τι ώρα _____ σήμερα το πρωί;
2. Ο σταθμός του _____ είναι κοντά στο σπίτι μου.
3. Το _____ είναι πιο γρήγορο από το λεωφορείο.
4. _____ στο γραφείο, γιατί δεν είχα χρόνο να ξυριστώ στο σπίτι.

Να η τοιχογραφία του ταύρου!

Η Κνωσός ήταν το κέντρο ενός αρχαίου πολιτισμού της Κρήτης από το 2.600 έως το 1.100 π.Χ. Ο Άγγλος αρχαιολόγος Έβανς, που έκανε τις πρώτες ανασκαφές εκεί, τον ονόμασε μινωικό από το όνομα ή τον τίτλο του βασιλιά, που ήταν Μίνως. Οι πρώτοι κάτοικοι φαίνεται ότι ήρθαν από τη Μικρά Ασία και ίσως και από τη Λιβύη. Το ανάκτορο του βασιλιά ήταν πολύ μεγάλο, με 1.500 περίπου δωμάτια και πολλούς διαδρόμους. Δεν ήταν μόνο η κατοικία του, ήταν επίσης θρησκευτικό και οικονομικό κέντρο. Οι κάτοικοι είχαν τα σπίτια τους γύρω από το ανάκτορο. Οι τοίχοι του είχαν υπέροχες τοιχογραφίες. Κάποιες μπορούμε να τις δούμε ακόμα και σήμερα, όπως ο πρίγκηπας με τα κρίνα, οι νέοι με τα δώρα, οι γαλάζιες κυρίες ή τα δελφίνια.

Ο Τιμ και η Σάρα είναι φοιτητές στο πρώτο εξάμηνο της αρχαιολογίας. Τώρα βρίσκονται στην Κνωσό γιατί πρέπει να ετοιμάσουν μια εργασία με θέμα Κίνηση στις Τοιχογραφίες του Ανακτόρου του Μίνωα.

Τιμ	Κοίτα, Σάρα! Να η τοιχογραφία του κόκκινου ταύρου!
Σάρα	Πού είναι; Δεν τη βλέπω.
Τιμ	Νάτη! Πίσω από τους κόκκινους κίονες. Εκεί ψηλά. Τη βλέπεις;
Σάρα	Α... ναι, την είδα. Εντυπωσιακή. Για δώσ' μου λίγο το βιβλίο να δω τι λέει.
Τιμ	Έλα. Πάρ' το. Πες μου όμως και μένα τι διαβάζεις.
Σάρα	Λέει ότι ο ταύρος ήταν ιερό ζώο για τους Μινωίτες.
Τιμ	Καλά, αυτό το ξέρουμε. Διάβασέ μου τι λέει για τον Μινώταυρο.
Σάρα	Μινώταυρος... Για να δούμε. Λοιπόν, αυτός ήταν ένα τέρας με κεφάλι ταύρου και σώμα ανθρώπου, που έτρωγε ανθρώπινο κρέας.
Τιμ	Δε φαντάζομαι να είναι ακόμα κάπου εδώ;
Σάρα	Λες;

1   Ρωτήστε και απαντήστε.

1. Τι ήταν η Κνωσός;
2. Ποιος ήταν ο Έβανς;
3. Από πού ήρθαν οι πρώτοι κάτοικοι;
4. Πώς ήταν το ανάκτορο του Μίνωα;
5. Ήταν μόνο κατοικία του βασιλιά;
6. Τι είχε πάνω στους τοίχους του;
7. Ποιοι είναι ο Τιμ και η Σάρα;
8. Γιατί είναι στην Κρήτη;
9. Τι ήταν ο ταύρος για τους Μινωίτες;
10. Τι ήταν ο Μινώταυρος;

Προστακτική
με προσωπικές αντωνυμίες

Άμεσο αντικείμενο

Ξυπνήστε (εμένα) νωρίς.	→	Ξυπνήστε	με	νωρίς.
Κόψε τον μαϊντανό σε λίγο.	→	Κόψε	τον	σε λίγο.
Βάλε την μπλούζα σου αμέσως!	→	Βάλε	την	αμέσως!
Γράψτε το γράμμα το βράδυ.	→	Γράψτε	το	το βράδυ.
Πάρε (εμάς) τηλέφωνο το πρωί.	→	Πάρε	μας	τηλέφωνο το πρωί.
Ανοίξτε τους υπολογιστές μαζί!	→	Ανοίξτε	τους	μαζί!
Διάβασε τις προτάσεις γρήγορα!	→	Διάβασέ	τες (τις)	γρήγορα!
Αγοράστε τα φυτά την Κυριακή.	→	Αγοράστε	τα	την Κυριακή.

Έμμεσο αντικείμενο

Βάλε (σ' εμένα) λίγα μακαρόνια.	→	Βάλε	μου	λίγα μακαρόνια.
Πληρώστε στον Νίκο το ενοίκιο.	→	Πληρώστε	του	το ενοίκιο.
Δώσε στην Ελένη τα λεφτά.	→	Δώσε	της	τα λεφτά.
Μιλήστε στο παιδί για τη γιαγιά του.	→	Μιλήστε	του	για τη γιαγιά του.
Διάβασε (σ' εμάς) την ιστορία.	→	Διάβασέ	μας	την ιστορία.
Βάλτε στους φίλους σας αυτό το CD.	→	Παίξτε	τους	αυτό το CD.
Πρόσφερε στις μαθήτριες λουλούδια.	→	Πρόσφερέ	τους	λουλούδια.
Αγοράστε στα παιδιά παγωτό.	→	Αγοράστε	τους	παγωτό.

> Όταν το ρήμα στην προστακτική **ενικού** έχει δύο συλλαβές, τότε το τελικό "ε"
> του ρήματος συνήθως χάνεται πριν από τα *τον, την, το, της* και *του*.
> Έτσι, λέμε:
> *βάλε τον* και *βάλ' τον* — *πάρε το* και *πάρ' το* — *δώσε της* και *δώσ' της*

Μάθημα 10

2 Βάλτε τα ρήματα στην προστακτική και μιλήστε μεταξύ σας.

π.χ. (Γιάννης) / (βάζω) τη βαλίτσα στο κρεβάτι

> Α: Γιάννη, βάλε τη βαλίτσα στο κρεβάτι, σε παρακαλώ.
> Β: Δεν μπορώ τώρα. Σε λίγο.
> Α: Όχι σε λίγο. Βάλ' την τώρα!

1. (Γιάννης) / (βάζω) τη βαλίτσα στο κρεβάτι
2. (κυρία Γεωργίου) (λέω) στον Πέτρο να έρθει
3. (Έλλη) (παίρνω) την Άννα τηλέφωνο
4. (Κώστας) (αγοράζω) μία εφημερίδα για τον παππού σου
5. (Μίμης) (βρίσκω) τους φακέλους
6. (κύριος Κωτσάκης) (μιλάω) στον γιο σας για το πρόβλημα
7. (Τατιάνα) (ανοίγω) το παράθυρο
8. (Δημητράκης) (τρώω) το φαγητό σου
9. (κυρία Ελένη) (δίνω) κάτι στο παιδί
10. (μπαμπάς) (ξυπνάω) τη μαμά
11. (κύριος Μεθενίτης) (παίζω) αυτό το κομμάτι στο πιάνο
12. (Ρένα) (φτιάχνω) μια ομελέτα στον Αντώνη

3 Γράψτε πέντε διαλόγους όπως αυτοί που είπατε στην άσκηση 2. Χρησιμοποιήστε άλλα ρήματα και άλλα ουσιαστικά.

Κοιτάξτε! ☉☉

Πού είναι ο Γιάννης;	Να ο Γιάννης.	→	Νάτος.
Πού είναι η Ελένη;	Να η Ελένη.	→	Νάτη.
Πού είναι το παιδί;	Να το παιδί.	→	Νάτο.
Πού είναι οι μαθητές;	Να οι μαθητές.	→	Νάτοι.
Πού είναι οι βαλίτσες;	Να οι βαλίτσες.	→	Νάτες.
Πού είναι τα μήλα;	Να τα μήλα.	→	Νάτα.

Να το βιβλίο σου!

4   Ρωτήστε και απαντήστε.

π.χ.   φούστα μου; // να / δίπλα / κάλτσες

     A: Μήπως είδες τη φούστα μου;
     B: Να η φούστα σου. Είναι δίπλα στις κάλτσες.

1. φούστα μου; // να / δίπλα / κάλτσες
2. πορτοφόλι μου; // να / πάνω / τραπέζι
3. παιδιά; // να / πάνω / δέντρο
4. κάλτσες μου; // να / κάτω / πολυθρόνα
5. Αντρέα; // να / έξω / κήπο
6. φακέλους; // να / δίπλα / τηλεόραση
7. Στέλα; // να / πίσω / κουρτίνα
8. αναπτήρα μου; // να / μέσα / συρτάρι

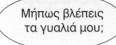

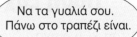

5   Τώρα μιλήστε για τους συμμαθητές σας, την καθηγήτριά σας και διάφορα αντικείμενα που βρίσκονται στην τάξη.

π.χ.   A: Πού είναι ο Μαρτσέλο;
     B: Να ο Μαρτσέλο. Είναι δίπλα στην Άννα-Μαρία.

6   Βάλτε "νάτος", "νάτη" κτλ., ανάλογα.

1. A: Πού είναι ο αναπτήρας μου;
    B: _____ .

2. A: Μήπως είδες την ομπρέλα μου;
    B: Ναι. _____ .

3. A: Ο Ντίνος κι ο Παύλος είναι εδώ;
    B: Ναι. _____ .

4. A: Πού είναι τα παιδιά;
    B: _____ .

5. A: Μήπως βρήκες εκείνες τις λάμπες;
    B: Ναι. _____ .

6. A: Το αυτοκίνητό μας είναι στον δρόμο;
    B: Ναι. _____ .

Πόση ζάχαρη χρειαζόμαστε;

Η Λίτσα κι η Ντίνα μένουν στο ίδιο διαμέρισμα. Σήμερα είναι η σειρά της Λίτσας να πάει στο σουπερμάρκετ. Η Ντίνα κοιτάζει τι υπάρχει στα ντουλάπια της κουζίνας κι η Λίτσα σημειώνει.

Λίτσα Ντινάκι, έχουμε καθόλου τσάι;
Ντίνα Έχουμε λίγο μόνο.
Λίτσα Πόσο τσάι λες να πάρω;
Ντίνα Ε... Πάρε δύο πακετάκια.
Λίτσα Τι άλλο;
Ντίνα Χρειαζόμαστε και ζάχαρη.
Λίτσα Πόση;
Ντίνα Αγόρασε δύο κιλά.
Λίτσα Εντάξει, το έγραψα. Καφές υπάρχει;
Ντίνα Ναι. Καφές υπάρχει αρκετός. Να σου πω,
          πρέπει να αγοράσουμε και ρύζι.
Λίτσα Τι λες! Δεν έχουμε καθόλου ρύζι;
Ντίνα Καθόλου. Πάρε δύο πακέτα του κιλού.
Λίτσα Τίποτ' άλλο;
Ντίνα Περίμενε. Είναι και το άλλο ντουλάπι και το ψυγείο.

Έχουμε αρκετό καφέ;

7 Σωστό ή λάθος;

1. Η Λίτσα κάνει πάντα τα ψώνια.
2. Στο ντουλάπι υπάρχει πολύ τσάι.
3. Τα κορίτσια δεν έχουν πολλή ζάχαρη στο σπίτι.
4. Χρειάζονται μισό κιλό καφέ.
5. Δεν υπάρχει καθόλου ρύζι στο ντουλάπι.
6. Δεν έχουν ψυγείο.

Αντωνυμίες και επίθετα που δηλώνουν ποσότητα

Ονομαστική

Πόσος	καφές			πολύς / αρκετός / λίγος.
Πόση	ζάχαρη	υπάρχει;	Υπάρχει	πολλή / αρκετή / λίγη.
Πόσο	ρύζι			πολύ / αρκετό / λίγο.

Υπάρχει καθόλου καφές;/ζάχαρη;/ρύζι;   Ναι, υπάρχει. / Όχι, δεν υπάρχει (καθόλου).

Αιτιατική

Πόσον	καφέ			πολύ / αρκετό / λίγο.
Πόση	ζάχαρη	θέλουμε;	Θέλουμε	πολλή / αρκετή / λίγη.
Πόσο	ρύζι			πολύ / αρκετό / λίγο.

Θέλουμε καθόλου καφέ;/ζάχαρη;/ρύζι;   Ναι, θέλουμε. / Όχι, δε θέλουμε (καθόλου).

8   Κοιτάξτε τι υπάρχει στο ντουλάπι της κουζίνας και μιλήστε μεταξύ σας.

π.χ.   Α: Πόση ζάχαρη υπάρχει;
       Β: Υπάρχει πολλή ζάχαρη.

9   Κοιτάξτε τη λίστα με τα πράγματα που πρέπει να ψωνίσετε και μιλήστε μεταξύ σας.

π.χ.   Α: Πόσο γάλα χρειαζόμαστε;
       Β: Πολύ. Τέσσερα κουτιά.

10   Διαλέξτε τη σωστή λέξη.

1. Α: _____ ζάχαρη υπάρχει; (πόσος/πόση/πόσο)
   Β: Υπάρχει _____ . (αρκετός/αρκετή/αρκετό)

2. Α: _____ τσάι θέλουμε; (πόσος/πόση/πόσο)
   Β: Θέλουμε _____ . (λίγος/λίγη/λίγο)

3. Α: _____ καφές υπάρχει; (πόσος/πόση/πόσο)
   Β: Υπάρχει _____ . (πολύς/πολλή/πολύ)

4. Α: _____ φέτα έχουμε; (πόσος/πόση/πόσο)
   Β: Έχουμε _____ . (πολύς/πολλή/πολύ)

5. Α: _____ ψωμί υπάρχει; (πόσος/πόση/πόσο)
   Β: Υπάρχει _____ . (αρκετός/αρκετή/αρκετό)

6. Α: _____ τυρί χρειαζόμαστε; (πόσος/πόση/πόσο)
   Β: _____ . (λίγος/λίγη/λίγο)

7. Α: _____ καφέ θα πάρουμε; (πόσος/πόση/πόσον)
   Β: Θα πάρουμε _____ . (λίγος/λίγη/λίγο)

Μελιτζανοσαλάτα

Ελληνικές
Συνταγές

Υλικά

1 κιλό στρογγυλές μελιτζάνες

1 μικρό κρεμμύδι ψιλοκομμένο

1 σκελίδα ψιλοκομμένο σκόρδο

1 μεγάλο λεμόνι

½ φλιτζάνι του τσαγιού λάδι

½ φλιτζάνι του τσαγιού ψιλοκομμένος μαϊντανός

1 ντομάτα

λίγο αλάτι

λίγο πιπέρι

1-2 κουταλιές της σούπας μαγιονέζα (αν θέλετε)

μερικές μαύρες ελιές

Οδηγίες

Πλένετε τις μελιτζάνες και τις ψήνετε στον φούρνο μέχρι να μαλακώσουν (μία ώρα περίπου).

Βγάζετε το φλούδι τους και τις χτυπάτε στο μπλέντερ με τον χυμό του λεμονιού και το λάδι. (Αν δεν έχετε μπλέντερ, χρησιμοποιείτε ένα πιρούνι.)

Προσθέτετε το κρεμμύδι, το σκόρδο, το αλάτι, το πιπέρι και τη μαγιονέζα.

Ανακατεύετε καλά. Κόβετε την ντομάτα σε μικρές φέτες.

Γαρνίρετε με την ντομάτα, τον μαϊντανό, τις ελιές και ...

καλή σας όρεξη!

11 Κοιτάξτε τα υλικά που χρειαζόμαστε για τη μελιτζανοσαλάτα και μιλήστε μεταξύ σας. Χρησιμοποιήστε "πόσος", "πόση" κτλ., ανάλογα.

12 Πείτε σ' έναν συμμαθητή σας πώς θα φτιάξετε μελιτζανοσαλάτα. Χρησιμοποιήστε τις λέξεις "πρώτα", "μετά", "ύστερα" και "τέλος".

13 Γράψτε τη συνταγή της μελιτζανοσαλάτας στην προστακτική.

14 Γράψτε τη συνταγή του αγαπημένου σας φαγητού. Χρησιμοποιήστε α' πρόσωπο πληθυντικού ή προστακτική.

15 Ακούστε την ερώτηση και βρείτε τη σωστή απάντηση.

1.	(α) Ναι, πάρ' την από 'δώ.
	(β) Ναι, πάρε τον αδελφό σου.
	(γ) Ναι, πάρ' τον από το κινητό μου.
2.	(α) Νάτες, εδώ είναι.
	(β) Νάτη, μπροστά από το κρεβάτι.
	(γ) Νάτα, εδώ είναι.
3.	(α) Ναι, βάλ' του αλάτι.
	(β) Πολύ λίγο.
	(γ) Λίγη και λίγο πιπέρι.
4.	(α) Όχι, έχουμε.
	(β) Υπάρχει λίγο, ναι.
	(γ) Ναι, δεν έχουμε καθόλου.

Μαγείρευε υπέροχα

Άννα   Τι διαβάζεις με τόσο ενδιαφέρον, μαμά; Χτες το βράδυ διάβαζες μέχρι πολύ αργά.

Φρόσω   Ναι, διάβαζα μέχρι τις τρεις. Διαβάζω ένα μυθιστόρημα της Μαρίας Ιορδανίδου, τη "Λωξάντρα".

Άννα   Καλό;

Φρόσω   Μέχρι στιγμής πολύ καλό.

Άννα   Και τι λέει;

Φρόσω   Είναι η ζωή μιας γυναίκας και της οικογένειάς της στην Πόλη, στο τέλος του δέκατου ένατου και στις αρχές του εικοστού αιώνα.

Άννα   Ήταν Ελληνίδα;

Φρόσω   Ναι, Ρωμιά. Τότε στην Πόλη ζούσαν τουλάχιστον εκατό χιλιάδες Ρωμιοί. Έτσι έλεγαν τους Έλληνες που ζούσαν και δούλευαν εκεί.

Άννα   Και τώρα;

Φρόσω   Τώρα δε νομίζω ότι ζουν πάνω από δύο χιλιάδες άνθρωποι.

Άννα   Κι η Λωξάντρα;

Φρόσω   Ε, αυτή ήταν μια κλασική Ρωμιά της εποχής εκείνης. Καταπληκτική φυσιογνωμία. Περνούσε τον πιο πολύ καιρό στο σπίτι. Μαγείρευε υπέροχα, ετοίμαζε δύσκολα φαγητά και γλυκά, μεγάλωνε τα παιδιά της και τα παιδιά του άντρα της από τον πρώτο του γάμο, είχε φοβερό χιούμορ και πολλή σοφία.

Άννα   Τρώγανε καλά οι άνθρωποι στην Πόλη τότε, έ μαμά;

Φρόσω   Αυτό είναι σίγουρο.

Άννα   Μπορείς να μας φτιάξεις σήμερα πολίτικα γεμιστά; Ξέρεις, όπως τα έφτιαχνε η γιαγιά.

Φρόσω   Και βέβαια μπορώ, γιατί όχι;

1   Σωστό ή λάθος;

1. Η Φρόσω διαβάζει τη "Λωξάντρα" της Ιορδανίδου.
2. Χθες διάβαζε ως τις πέντε.
3. Το μυθιστόρημα δεν είναι καλό.
4. Είναι για τη ζωή μιας γυναίκας που ζούσε στην Πόλη.
5. Η Λωξάντρα ήταν Τουρκάλα.
6. Στην Πόλη τότε ζούσαν πάνω από εκατό χιλιάδες Ρωμιοί.
7. Η Λωξάντρα δε μαγείρευε και δεν έκανε τίποτα στο σπίτι.
8. Οι άνθρωποι έτρωγαν καλά στην Πόλη.
9. Η γιαγιά της Άννας έφτιαχνε πολίτικα φαγητά.
10. Φρόσω δε θα φτιάξει γεμιστά σήμερα.

Παρατατικός (1)
Ενεργητική Φωνή

Τύπος Α

μαγειρεύω	μαγείρευ**α**		φτιάχνω	έφτιαχν**α**
	μαγείρευ**ες**			έφτιαχν**ες**
	μαγείρευ**ε**			έφτιαχν**ε**
	μαγειρεύ**αμε**			φτιάχν**αμε**
	μαγειρεύ**ατε**			φτιάχν**ατε**
	μαγείρευ**αν** (μαγειρεύ**ανε**)			έφτιαχν**αν** (φτιάχν**ανε**)

Τύπος Β1		Τύπος Β2		Ανώμαλα ρήματα	
περνάω	περν**ούσα**	ζω	ζ**ούσα**	τρώω	έτρω**γα**
	περν**ούσες**		ζ**ούσες**	λέω	έλε**γα**
	περν**ούσε**		ζ**ούσε**	ακούω	άκου**γα**
	περν**ούσαμε**		ζ**ούσαμε**		
	περν**ούσατε**		ζ**ούσατε**		
	περν**ούσαν(ε)**		ζ**ούσαν(ε)**		

Τον παρατατικό χρησιμοποιούμε για να δείξουμε **διάρκεια** ή **επανάληψη** στο παρελθόν.

Εκφράσεις που χρησιμοποιούμε με τον παρατατικό

1. Διάρκεια

– Χθες/προχθές, όλη τη μέρα / τη νύχτα κτλ.
– Χωρίς διακοπή, συνέχεια

2. Επανάληψη

– τότε / την εποχή εκείνη
– όταν ήμουν μικρός / μωρό / στη Ρωσία κτλ.
– όταν πήγαινα στο σχολείο/πανεπιστήμιο κτλ.
– κάθε καλοκαίρι / συνήθως / συχνά κτλ.
– κάθε πότε; / πόσο συχνά;

Μάθημα 11

2 Βάλτε τα ρήματα στον παρατατικό.

1. Πέρσι το καλοκαίρι στην Ύδρα ο Μιχάλης κι εγώ _____ ουζάκια κάθε βράδυ. (πίνω)

2. Η καθηγήτρια μας μας _____ μιάμιση ώρα για τα προβλήματα του πανεπιστημίου. (μιλάω)

3. Όταν τα παιδιά μας _____ στο σχολείο, _____ περίπου έξι ώρες τη μέρα. (πηγαίνω, διαβάζω)

4. Χθες τα παιδιά _____ μπάλα όλο το απόγευμα.   (παίζω)

5. Τον περασμένο μήνα η γυναίκα μου _____ κάθε πρωί στις έξι. (ξυπνάω)

6. Το Σάββατο ο Τόλης _____ όλο το πρωί για τους φίλους του. (μαγειρεύω)

7. Η γυναίκα σου μου είπε ότι όταν ήσουνα στη Γερμανία _____ σε μια εταιρεία που φτιάχνει υπολογιστές. (δουλεύω)

8. Όταν ήσασταν μικροί δεν _____ ποτέ ψέματα; (λέω)

3 Χρησιμοποιήστε τη φαντασία σας και μιλήστε μεταξύ σας.

π.χ.   Α: Ξέρεις τι έκανα όλο το απόγευμα χθες;
       Β: Όχι. Τι έκανες;
       Α: Διάβαζα ελληνικά. Εσύ;
       Β: Εγώ έπαιζα μπάσκετ.

4 Κοιτάξτε τον πίνακα. Δείτε τι έκανε ο Χρήστος πριν από δέκα χρόνια και τι κάνει τώρα και μιλήστε μεταξύ σας.

Πριν από 10 χρόνια

μπάσκετ και βόλεϊ
πολλά βιβλία
φοιτητής
σινεμά συχνά
μόνο σαλάτες, φρούτα και τυρί
μόνο νερό και γάλα
τσιγάρα
λεπτός

Τώρα

κανένα σπορ
μόνο εφημερίδα
σε μια τράπεζα
μόνο τηλεόραση και βίντεο
πολλά μακαρόνια και κρέας
κρασί και μπίρα
ένα πακέτο τσιγάρα τη μέρα
αρκετά χοντρός

Για να σπουδάσεις, πρέπει να δώσεις εξετάσεις!

Στην Ελλάδα η υποχρεωτική εκπαίδευση διαρκεί εννέα χρόνια. Έξι τάξεις στο δημοτικό και τρεις τάξεις στο γυμνάσιο. Στο λύκειο, που είναι άλλα τρία χρόνια μετά το γυμνάσιο, πάει όποιος θέλει. Όταν τελειώσουν το λύκειο, αρκετοί νέοι πάνε σε διάφορες ιδιωτικές σχολές για να σπουδάσουν πληροφορική, θέατρο, διοίκηση επιχειρήσεων και άλλα. Αυτοί που θέλουν να συνεχίσουνε με ανώτατες σπουδές, πάνε σε κάποιο πανεπιστήμιο ή Τ.Ε.Ι. (Τεχνικό Εκπαιδευτικό Ίδρυμα). Όμως, για να μπει κανείς σ' ένα ελληνικό πανεπιστήμιο ή Τ.Ε.Ι. πρέπει πρώτα να δώσει εξετάσεις. Το σύστημα αυτών των εξετάσεων αλλάζει συχνά. Κατά κανόνα, κάθε νέα κυβέρνηση έχει να προτείνει έναν νέο - κάπως διαφορετικό απ' τον προηγούμενο - τρόπο εισαγωγής στα πανεπιστήμια της χώρας.

Αν και ο αριθμός των πανεπιστημίων και Τ.Ε.Ι. είναι αρκετά μεγάλος πια, οι εξετάσεις είναι δύσκολες και πολλοί νέοι συχνά δεν καταφέρνουν να μπουν σε κάποιο πανεπιστήμιο ή Τ.Ε.Ι. στην Ελλάδα. Έτσι, αρκετοί απ' αυτούς πηγαίνουν να σπουδάσουν σε άλλα ευρωπαϊκά ή αμερικανικά πανεπιστήμια, ανάλογα με την οικονομική τους δυνατότητα. Βέβαια, υπάρχουν και αυτοί που προτιμάνε να πάνε για σπουδές κατευθείαν στο εξωτερικό.

5 Σωστό ή λάθος;

1. Η υποχρεωτική εκπαίδευση στην Ελλάδα διαρκεί εννέα χρόνια.
2. Το δημοτικό έχει τρεις τάξεις.
3. Δεν είναι υποχρεωτικό να πάνε τα παιδιά στο γυμνάσιο.
4. Πρέπει να πάνε όμως στο λύκειο.
5. Το σύστημα των εξετάσεων δεν είναι πάντα το ίδιο.
6. Στην Ελλάδα σήμερα υπάρχουν αρκετά πανεπιστήμια.
7. Οι εξετάσεις για τα ελληνικά πανεπιστήμια είναι εύκολες.
8. Αρκετοί νέοι σπουδάζουν σε άλλα ευρωπαϊκά πανεπιστήμια.

Κοιτάξτε! ☺ ☺

Μπορεί κανείς να σπουδάσει μαθηματικά... = **Μπορείς να σπουδάσεις** μαθηματικά...

Αν **θέλει κανείς να πάει** στο εξωτερικό... = Αν **θέλεις να πας** στο εξωτερικό...

Θηλυκά ουσιαστικά σε -η με πληθυντικό σε -εις

Ενικός

Ονομαστική	η θέσ**η**	η ερώτησ**η**
Γενική	της θέσ**ης**	της ερώτησ**ης**
Αιτιατική	τη(ν) θέσ**η**	την ερώτησ**η**

Πληθυντικός

Ονομαστική	οι θέσ**εις**	οι ερωτήσ**εις**
Γενική	των θέσ**εων**	των ερωτήσ**εων**
Αιτιατική	τις θέσ**εις**	τις ερωτήσ**εις**

Τα ουσιαστικά αυτά στον ενικό τελειώνουν σε **-ση**, **-ξη** ή **-ψη**.

Μερικά από αυτά είναι:

η στάση, η λύση, η δόση, η άσκηση, η διεύθυνση, η πρόταση, η έκπτωση, η απάντηση, η εξέταση, η κυβέρνηση, η διαφήμιση, η τηλεόραση
η λέξη, η τάξη, η συνέντευξη
η σκέψη, η άποψη
και η πόλη, η δύναμη, η πίστη

6 Βάλτε τα ουσιαστικά στον σωστό τύπο.

1. Αυτές οι δύο _____ σημαίνουν το ίδιο πράγμα. (λέξη)
2. Πόσες _____ έχει το θέατρο; (θέση)
3. Έγραψε την _____ στον φάκελο. (διεύθυνση)
4. Η Ελλάδα δεν έχει πολλές μεγάλες _____ . (πόλη)
5. Ο καθηγητής Ζερβός έδωσε μια _____ στην τηλεόραση. (συνέντευξη)
6. Τα αποτελέσματα των _____ δεν ήταν πολύ καλά. (εξέταση)
7. Το ρήμα της _____ είναι στον αόριστο. (πρόταση)
8. Κοντά στο σπίτι μας υπάρχουν δύο _____ του τρόλεϊ. (στάση)
9. Η καθηγήτρια τους έκανε πολλές _____ . (ερώτηση)
10. Οι _____ που έδωσε ο Γιάννης ήταν σωστές. (απάντηση)
11. Το τραπεζάκι της _____ είναι λίγο μικρό. (τηλεόραση)
12. Οι _____ των _____ είναι στο τέλος του βιβλίου. (λύση) (άσκηση)

7 Χρησιμοποιήστε παρατατικό και ρωτήστε έναν συμμαθητή σας τι έκανε:

- όταν ήταν μικρός
- όταν πήγαινε στο σχολείο ή στο πανεπιστήμιο
- πριν δέκα χρόνια
- και τι κάνει τώρα

Κοιτάξτε! ☉ ☉ | Αν και είμαι κουρασμένη, θα βγω το βράδυ με τις φίλες μου.

8 Βάλτε τα ρήματα στον χρόνο που νομίζετε, χρησιμοποιήστε "αν και" και κάντε σωστές προτάσεις.

π.χ. ο καιρός (είναι) καλός / (εμείς) (μένω) στο σπίτι
Αν και ο καιρός ήταν καλός, μείναμε στο σπίτι.

1. ο καιρός (είναι) καλός / (εμείς) (μένω) στο σπίτι
2. (εμείς) δεν (έχω) πολλά λεφτά / (αγοράζω) καινούργιο αυτοκίνητο
3. (αυτή) (μιλάω) πάντα αγγλικά / (ξέρω) ελληνικά
4. (αυτός) (είμαι) παντρεμένος / (πηγαίνω) και με άλλες γυναίκες
5. δεν (πάω) ποτέ στο πανεπιστήμιο / (θέλω) πάντα να (σπουδάζω)
6. του (αρέσει) να διαβάζει / δεν (έχει) ποτέ καιρό να το κάνει
7. πολλοί μαθητές (μπαίνω) στα πανεπιστήμια / οι εξετάσεις (είναι) δύσκολες
8. (αυτοί) (έχω) τρία μικρά παιδιά / (βγαίνω) συχνά

9 Γράψτε για την εκπαίδευση στη χώρα σας (100 λέξεις περίπου). ✏

10 Ακούστε τη διαφήμιση στο ραδιόφωνο και σημειώστε σωστό (Σ) ή λάθος (Λ).

1. Ο Γιώργος δεν αντέχει τη ζέστη.
2. Μπορεί να δουλέψει.
3. Δεν μπορεί να σκεφτεί.
4. Όλα τα παράθυρα είναι ανοιχτά.
5. Ο Γιώργος θα μπει στο ψυγείο.
6. Η λύση στο πρόβλημά τους είναι ένα κλιματιστικό.
7. Με το Φουμίτσου φτιάχνουμε το κλίμα που θέλουμε στο σπίτι μας.
8. Οι δόσεις θα είναι λίγες.

Επανάληψη Μαθημάτων 7-11

1   Γράψτε ερωτήσεις με την αντωνυμία "πόσος", "πόση", "πόσο" στον σωστό τύπο.

1. φοιτητές / ήταν / πάρτι; _____

2. ζάχαρη / θέλεις; _____

3. μολύβια / χρειάζονται / μαθήτριες; _____

4. καφές / υπάρχει / βάζο; _____

5. δολάρια / αγοράσανε / τράπεζα; _____

6. Ιταλούς / ξέρει / κ. Ανδρεάδης; _____

7. μπλούζες / έχει / Σοφία; _____

8. αλάτι / βάζετε / σαλάτα; _____

9. γλώσσες / μιλάει / Γιώργος; _____

10. λάδι / είχε / μπουκάλι; _____

2   Κοιτάξτε τις πιο πάνω πληροφορίες και μιλήστε μεταξύ σας.
Χρησιμοποιήστε την αντωνυμία "πολύς", "πολλή", "πολύ" στον σωστό τύπο.

π.χ.   Α: Πόσοι φοιτητές ήταν στο πάρτι;
       Β: Ήταν πολλοί.

3 Βάλτε τη σωστή λέξη.

> πόση - τι - ποιο - πόσον - πού - γιατί - πόσοι - πώς - πόσα

1. _____ καιρό έχετε στην Ελλάδα, κυρία Μαρτίνεθ;

2. _____ δεν πας να μιλήσεις στην Ελένη;

3. _____ ζάχαρη βάζεις στον καφέ σου;

4. _____ είναι το αυτοκίνητό σου;

5. _____ θα κάνεις αύριο, αν ο καιρός είναι καλός;

6. _____ φτιάχνεις μελιτζανοσαλάτα;

7. _____ μαθητές είστε όλοι μαζί;

8. _____ χιλιόμετρα απέχει η Πάτρα απ' τη Θεσσαλονίκη;

9. _____ ζεις; Στην Ελλάδα ή στην Αμερική;

> Μήπως ένα κιλό φιστίκια είναι πολύ;

4 Χρησιμοποιήστε προσωπικές αντωνυμίες και γράψτε τις προτάσεις στην προστακτική.

1. Πείτε στον κύριο Μίλερ να αγοράσει το βιβλίο του από την "Πολιτεία".

_____

2. Πείτε σ' έναν φίλο σας να διαβάσει στα παιδιά μια ιστορία.

_____

3. Πείτε στην αδελφή σας να βάλει τη βιβλιοθήκη απέναντι από τον καναπέ.

_____

4. Πείτε στο γκαρσόνι στο εστιατόριο να σας δώσει έναν κατάλογο.

_____

5. Πείτε στον γιο σας να βγάλει τις καρέκλες στο μπαλκόνι.

_____

6. Πείτε στον καθηγητή να δώσει στα παιδιά ασκήσεις για το σπίτι.

_____

7. Πείτε στην αδελφή σας να φτιάξει την ομελέτα τώρα.

_____

8. Πείτε στην κυρία Μαρίνα να γράψει στον αδελφό της ένα γράμμα.

_____

Μάθημα **12**

5 Βάλτε τα ρήματα στο σωστό πρόσωπο και χρόνο.

1. Θα _____ ο διευθυντής σου στο σπίτι σας για φαγητό; (έρχομαι)
2. Εσείς πότε θα _____ τα λεφτά; (χρειάζομαι)
3. Το καλοκαίρι εμείς _____ την Αλίκη στην παραλία σχεδόν κάθε μέρα. (βλέπω)
4. Εγώ σήμερα το πρωί _____ στις εφτάμισι. (σηκώνομαι)
5. Πριν είκοσι χρόνια _____ στην Πάρο. Τώρα ζούμε στην Αθήνα. (ζω)
6. Εσύ χθες _____ το σαλόνι και την κρεβατοκάμαρα. Ο άντρας σου σήμερα θα
   _____ τα πιάτα. (σκουπίζω) (πλένω)
7. Όταν ήμασταν μικρές _____ μαζί στον κήπο κάθε μέρα. (παίζω)
8. Εντάξει. Θα _____ γρήγορα-γρήγορα, θα _____ και θα φύγω αμέσως
   για το σχολείο. (πλένομαι) (ντύνομαι)
9. Πο..πο.. Άργησα. Δεν πειράζει, θα _____ στο γραφείο. (ξυρίζομαι)
10. Όταν _____ στην Κίνα _____ κινέζικα.Τώρα δε θυμάμαι τίποτα.
    (μένω) (μιλάω)
11. Κώστα, _____ να του πεις ότι τον πήρε τηλέφωνο η μαμά του; (θυμάμαι)
12. Τελικά ο γιος μας _____ βασιλιάς στο πάρτι που θα γίνει το Σάββατο. (ντύνομαι)
13. Αλήθεια, εσείς πέρσι στις διακοπές _____ κάθε βράδυ στο εστιατόριο; (τρώω)

6 Βάλτε τα ουσιαστικά και τα επίθετα στη γενική.

1. Στον κήπο του _____ _____ υπάρχουν δύο μεγάλα δέντρα. (παλιό) (σπίτι)
2. Το όνομα του _____ _____ της _____ είναι "Ελευθέριος
   Βενιζέλος". (καινούργιο) (αεροδρόμιο) (Αθήνα).
3. Η δουλειά _____ των _____ είναι πολύ δύσκολη. (αυτός) (υπάλληλος)
4. Δεν ξέρω το όνομα της _____ _____ των _____ .
   (νέα) (καθηγήτρια) (ελληνικά)
5. Οι ώρες λειτουργίας των _____ _____ είναι διαφορετικές από των
   _____ . (μεγάλο) (κατάστημα) (μικρό)
6. Οι λύσεις των _____ του _____ βιβλίου είναι στο τέλος. (άσκηση) (δεύτερο)
7. Το κλίμα _____ _____ της _____ αλλάζει. (πολλή) (χώρα) (Ευρώπη)
8. Οι οθόνες και των _____ _____ είναι 17 ιντσών. (τρία) (υπολογιστής)

100

7 Διαλέξτε το σωστό.

1. Περάσαμε πολύ *ωραία/ωραίο*.
2. Η μηχανή της είναι πολύ *γρήγορη/γρήγορα*.
3. "Θα πας στον Πόρο με τη Μάρθα;" "*Βέβαιος./Βεβαίως.*"
4. Μιλάει *αργά/αργός* και *καθαρός/καθαρά*.
5. "Ακούς κλασική μουσική;" "*Σπάνιος./Σπάνια.*"
6. Η Ολλανδέζα απάντησε πολύ *εύκολα/εύκολες* στις ερωτήσεις.
7. Θέλω να είσαι εκεί στις οχτώ και μισή *ακριβός/ακριβώς*.

Μπορώ να σας πάρω μια συνέντευξη τώρα;

8 Βάλτε τα ουσιαστικά στον σωστό τύπο.

1. Τις μεγάλες _____ δε βρίσκεις εύκολα ταξί. (γιορτή)

2. Δύο κανάλια της _____ παίζουν την ίδια ταινία απόψε. (τηλεόραση)

3. Τις _____ πολύς κόσμος τρώει έξω το μεσημέρι. (Κυριακή)

4. Αυτές οι δύο _____ έχουν το ίδιο κλίμα. (πόλη)

5. Η αίθουσα _____ είναι στον πρώτο όροφο. (συνέντευξη)

6. Οι _____ της σπουδάζουν στην Ιταλία. (κόρη)

7. Το νέο πρόγραμμα της _____ είναι... μάλλον παλιό. (κυβέρνηση)

8. Το διαμέρισμα των _____ του βρίσκεται στην Άνω Τούμπα. (αδελφή)

9. Και οι τρεις _____ της μάνας μου είναι ξένες. (νύφη)

10. Βάλτε τα ρήματα αυτών των _____ στον αόριστο. (πρόταση)

Οι θεοί των αρχαίων Ελλήνων

Οι αρχαίοι Έλληνες πίστευαν πως ο κόσμος ήταν γεμάτος από θεούς, καλούς και κακούς. Σ' όλους αυτούς τους θεούς οι Έλληνες έδωσαν μορφή ανθρώπου. Πίστευαν ότι είναι ψηλοί, δυνατοί, ωραίοι και αθάνατοι. Οι θεοί έτρωγαν ένα διαφορετικό φαγητό, την αμβροσία, και έπιναν ένα υπέροχο ποτό που το έλεγαν νέκταρ. Και όπως και οι άνθρωποι, αγαπούσαν, μισούσαν, ζήλευαν, μάλωναν, πολεμούσαν.

Πιο ψηλά απ' όλους ήταν μια ομάδα από δώδεκα θεούς που κατοικούσαν στο βουνό Όλυμπος. Πρώτος στη σειρά ήταν ο Δίας. Ο Δίας (που είναι γνωστός και ως Ζευς) ήταν ο θεός του ουρανού και της γης, αυτός που έστελνε τη βροχή και τους κεραυνούς. Γυναίκα του ήταν η Ήρα, η θεά του γάμου, που τον ζήλευε πολύ. Κοντά τους ζούσαν οι τρεις κόρες του και οι τρεις γιοι του. Οι κόρες του ήταν: η Αθηνά, θεά της σοφίας, η Αφροδίτη, θεά της ομορφιάς, και η Άρτεμις, θεά του κυνηγιού. Οι γιοι του ήταν: ο Απόλλωνας, θεός του ήλιου και της μουσικής, ο πιο ωραίος απ' όλους τους θεούς, ο Άρης, θεός του πολέμου, και ο γρήγορος Ερμής, θεός του εμπορίου, των τεχνών και των γραμμάτων.

Υπήρχαν και άλλοι σημαντικοί θεοί. Ήταν οι δύο αδελφοί του Δία: ο Ποσειδώνας, θεός της θάλασσας, και ο Πλούτωνας, βασιλιάς του κάτω κόσμου, του Άδη. Επίσης η Δήμητρα, αδελφή του Δία και θεά της γεωργίας, και η Εστία που προστάτευε την οικογενειακή ζωή. Και τέλος ο Ήφαιστος, άσχημος και κουτσός, που έφτιαχνε τα σπίτια των θεών και τους κεραυνούς του Δία. Υπήρχε όμως και μια ομάδα θεών που δεν ήταν τόσο σημαντικοί. Ο πιο αγαπητός από αυτούς ήταν ο Διόνυσος, ο θεός του κρασιού.

9 Ρωτήστε και απαντήστε.

1. Τι πίστευαν οι αρχαίοι Έλληνες;
2. Πώς έβλεπαν τους θεούς τους;
3. Τι έτρωγαν και τι έπιναν οι θεοί;
4. Πού κατοικούσαν;
5. Ποια ήταν η Ήρα;
6. Ποια ήταν τα παιδιά του Δία;
7. Τι ξέρουμε για τον Απόλλωνα;
8. Ποιοι ήταν οι αδελφοί του Δία;
9. Πού ζούσε ο Ποσειδώνας;
10. Τι έφτιαχνε ο Ήφαιστος;
11. Γιατί ο Διόνυσος ήταν αγαπητός;

10 Ταιριάξτε τις λέξεις/φράσεις από το κείμενο με αυτά που μπορεί να σημαίνουν.

1. αρχαίος
2. πιστεύω
3. είναι γεμάτος
4. η μορφή
5. είμαι αθάνατος
6. μισώ
7. πολεμάω
8. κατοικώ
9. ο ουρανός
10. η ομορφιά
11. το εμπόριο
12. υπέροχος

α. εκεί που πάνε τα πουλιά και τα αεροπλάνα
β. κάνω πόλεμο
γ. το να είσαι όμορφος
δ. το πρόσωπο και το σώμα
ε. πολύ παλιός
ζ. έχει πάρα πολλούς
η. είμαι σχεδόν βέβαιος
θ. αγοράζω και πουλάω πράγματα
ι. θελω το κακό του άλλου
κ. καταπληκτικός
λ. μένω
μ. δεν πεθαίνω ποτέ

11 Βάλτε τη λέξη στον σωστό τύπο.

> κυνήγι - οικογενειακός - υπέροχος - αρχαίος - ουρανός - γάμος - πιστεύω - ζηλεύω

1. Η γλώσσα των Ελλήνων σήμερα δεν είναι πολύ διαφορετική από εκείνη που μιλούσαν
   οι _____ Έλληνες. Τη γλώσσα εκείνη ονομάζουμε αρχαία ελληνικά.
2. Αρκετοί _____ ότι τα λεφτά είναι το πιο σημαντικό πράγμα στη ζωή.
3. Πριν από τον _____ όλα πήγαιναν καλά. Μετά,..
4. Γνωρίζω έναν τύπο που _____ πολύ τη γυναίκα του. Τη νύχτα ξυπνάει κάθε δύο
   ώρες για να δει μήπως η γυναίκα του μιλάει με κανένα στο τηλέφωνο.
5. Αυτή είναι μια _____ μας φωτογραφία. Εδώ αριστερά είναι ο μικρός μου αδελφός.
6. Σ' αυτή την περιοχή απαγορεύεται το _____ .
7. Ο μουσακάς που έφτιαξε προχτές η μητέρα σου ήταν _____ .
8. Από το παράθυρο του γραφείου μας δεν βλέπουμε καθόλου τον _____ .

12 Γράψτε μια παράγραφο για τη μυθολογία της χώρας σας ή μιας άλλης χώρας.

Εκείνη την ώρα έβλεπα τηλεόραση

Χθες το βράδυ έγινε μια διάρρηξη στην πολυκατοικία όπου μένει η φίλη μας, η Γιάννα Σταματάκη. Η διάρρηξη έγινε σ' ένα διαμέρισμα του τρίτου ορόφου. Οι διαρρήκτες κάποια στιγμή γύρω στις έντεκα έσπασαν την πόρτα του διαμερίσματος, μπήκαν μέσα, πήραν κοσμήματα, χρήματα, ασημικά, μια βιντεοκάμερα κι ένα DVD, κι έφυγαν χωρίς να τους πάρει είδηση κανένας. Φεύγοντας μάλιστα έσπασαν ένα ακριβό κινέζικο βάζο. Οι ένοικοι του διαμερίσματος υπολογίζουν ότι οι διαρρήκτες έκλεψαν πράγματα αξίας δεκαπέντε χιλιάδων ευρώ.

Ο αστυνόμος Γαλάνης μιλάει τώρα με διάφορους ενοίκους της πολυκατοικίας, για να μάθει αν είδαν ή άκουσαν τίποτε εκείνη την ώρα...

Αστυνόμος	Για πέστε μου, κυρία Αναστασίου. Ακούσατε κάποιο θόρυβο στο διπλανό διαμέρισμα χθες το βράδυ γύρω στις έντεκα;
κ. Αναστασίου	Όχι, γιατί εκείνη την ώρα έβλεπα τηλεόραση.
Αστυνόμος	Μάλιστα. Εσείς, κύριε Αναστασίου, ακούσατε τίποτε;
κ. Αναστασίου	Ο άντρας μου κοιμότανε εκείνη την ώρα. Δεν άκουσε απολύτως τίποτε.
Αστυνόμος	Καλά. Εσείς, κυρία Σταματάκη, ακούσατε τίποτε το ύποπτο από το πάνω διαμέρισμα;
Γιάννα	Εγώ όχι. Ξέρετε είχαμε ένα μικρό πάρτι και περάσαμε το βράδυ ακούγοντας δυνατή μουσική, χορεύοντας... Η αδελφή μου όμως, που ερχόταν εκείνη την ώρα, μας είπε ότι είδε δύο τύπους που έβγαιναν βιαστικά από την πολυκατοικία. Είναι αλήθεια ότι νομίσαμε πως μας έκανε πλάκα.
Αστυνόμος	Μμ... Ε... Πού μπορούμε να βρούμε την αδελφή σας;

1 Ρωτήστε και απαντήστε.

1. Τι έγινε χθες το βράδυ στην πολυκατοικία όπου μένει η Γιάννα Σταματάκη;
2. Σε ποιον όροφο ήταν το διαμέρισμα όπου έγινε η διάρρηξη;
3. Τι ώρα έγινε η διάρρηξη;
4. Τι έκλεψαν οι διαρρήκτες;
5. Πότε έσπασαν το κινέζικο βάζο;
6. Πόσο κάνουν τα πράγματα που έκλεψαν;
7. Τι έκανε η κ. Αναστασίου, όταν έγινε η διάρρηξη;
8. Τι έκανε ο κ. Αναστασίου εκείνη την ώρα;
9. Κι η Γιάννα; Τι είχε το βράδυ που έγινε η διάρρηξη;
10. Πώς πέρασε το βράδυ με τους φίλους της;
11. Τι είδε η αδελφή της την ώρα που ερχόταν;

Για να δούμε τώρα πού κρύβουν τα χρήματά τους.

Παρατατικός (2)
Μέσα και αποθετικά ρήματα - Τύποι Γ1 και Γ2

πλένομαι	πλεν**όμουν(α)**	κοιμάμαι	κοιμ**όμουν(α)**
	πλεν**όσουν(α)**		κοιμ**όσουν(α)**
	πλεν**όταν(ε)**		κοιμ**όταν(ε)**
	πλεν**όμασταν**		κοιμ**όμασταν**
	πλεν**όσασταν**		κοιμ**όσασταν**
	πλεν**όντουσαν** / πλέν**ονταν**		κοιμ**όντουσαν** / κοιμ**όνταν**

Χρήση παρατατικού με αόριστο

                                      παρατατικός   αόριστος

Ενώ / **Την ώρα που** η κ. Αναστασιάδη *έβλεπε* τηλεόραση, *έγινε* μια διάρρηξη.

Ο διαρρήκτης *μπήκε* **ενώ** / **την ώρα που** ο κ. Αναστασιάδης *κοιμόταν*.

                αόριστος   παρατατικός

Με ρήματα όπως *πάω, έρχομαι, μπαίνω, βγαίνω, φεύγω* χρησιμοποιούμε και το **καθώς**.

Καθώς *έβγαιναν* οι διαρρήκτες, τους *είδε* η αδελφή της Γιάννας.

          παρατατικός   αόριστος

> Χρησιμοποιούμε αόριστο και παρατατικό μαζί, όταν μια πράξη τελείωσε στο παρελθόν ενώ μια άλλη εξακολουθούσε.

Χρήση δύο παρατατικών για παράλληλες πράξεις

          παρατατικός   παρατατικός

Ενώ εγώ *μαγείρευα*, η Ελένη *ετοίμαζε* τη σαλάτα.

             παρατατικός   παρατατικός

Κάθε φορά που *άκουγα* δυνατή μουσική, ο Γιάννης *έκλεινε* τα αυτιά του.

             παρατατικός   παρατατικός

Όλο το πρωί εμείς *δουλεύαμε*, ενώ ο υπάλληλός μας *έπαιζε* στον υπολογιστή.

> Χρησιμοποιούμε δύο παρατατικούς, όταν δύο πράξεις γίνονταν παράλληλα στο παρελθόν (συνέχεια ή με επανάληψη).

2 Ταιριάξτε τα κομμάτια και φτιάξτε προτάσεις.

1. Ο φίλος της μπήκε στο σπίτι
2. Το τρένο έφυγε
3. Την συνάντησε
4. Όση ώρα αυτός διάβαζε την εφημερίδα του
5. Ο διαρρήκτης μπήκε στο σπίτι τους
6. Την ώρα που η Έλλη σιδέρωνε
7. Την είδε στο ταξί με έναν άλλο
8. Όση ώρα εγώ ετοίμαζα το φαγητό

α. την ώρα που πήγαινε στη δουλειά της.
β. ο άντρας της μαγείρευε.
γ. η γυναίκα του βαφόταν.
δ. την ώρα που αυτοί αγόραζαν τα εισιτήρια.
ε. ενώ αυτοί κοιμόντουσαν.
ζ. την ώρα που αυτή ντυνόταν.
η. ο άντρας μου έπλενε τα παιδιά στο μπάνιο.
θ. ενώ την περίμενε έξω απ' το σινεμά.

3 Βάλτε τα ρήματα στον παρατατικό.

1. Οι αδελφές μου _____ χθες σχεδόν όλη τη μέρα. (κοιμάμαι)

2. Η Σοφία _____ σχεδόν δύο ώρες πριν πάει στον χορό. (χτενίζομαι)

3. Η καθηγήτρια της Φιλοσοφίας _____ μιάμιση ώρα στους φοιτητές. (μιλάω)

4. Για να βγάλει τις μπογιές από τα χέρια του _____ μια ώρα. (πλένομαι)

5. Τα παιδιά _____ μπάλα όλο το απόγευμα. (παίζω)

6. Δε φταίω εγώ! _____ μισή ώρα να σε πάρω, αλλά εσύ _____ .
   (προσπαθώ) (μιλάω)

7. Εμείς ξέρετε πόσον καιρό _____ για να βρούμε διαμέρισμα; (περιμένω)

8. Ποιος _____ τόση ώρα στο μπάνιο; (ξυρίζομαι)

9. Το Σάββατο ο Τόλης _____ όλο το πρωί για τους καλεσμένους του.
   (μαγειρεύω)

Χθες όλο το πρωί έπλενα τις βεράντες. Όλο το απόγευμα σιδέρωνα ρούχα. Κάτι δεν πάει καλά.

4 Χρησιμοποιήστε τις λέξεις-κλειδιά και μιλήστε μεταξύ σας.

π.χ. Άρης / (διαβάζω) / εφημερίδα του; // γιος του / (φωνάζω) / "βοήθεια!"

А: Τι έγινε την ώρα που ο Άρης διάβαζε την εφημερίδα του;
Β: Ο γιος του φώναξε "βοήθεια!"

1. Άρης / (διαβάζω) / εφημερίδα του; // γιος του / (φωνάζω) / "βοήθεια!"
2. παιδιά / (τραγουδάω); // (ανοίγω) / πόρτα / ξαφνικά
3. (εσύ) κοιμάσαι; // (φεύγω) / Ελένη
4. (εσείς) (ακούω) / μουσική; // (έρχομαι) / η κυρία από τον κάτω όροφο
5. Περικλής / (χορεύω) με / Άννα; // (σταματάω) / μουσική
6. γονείς της / (βρίσκομαι) / μαγαζιά; // ένας κλέφτης / (μπαίνω) / σπίτι τους
7. αδέλφια σου / (παίζω) / μπάσκετ; // (χαλάω) / ο καιρός
8. (εσείς) / (έρχομαι) από / δουλειά; // (συναντώ) έναν φίλο μας

5 Πείτε τι κάνατε "την ώρα που" ή "ενώ" έγιναν τα παρακάτω.

π.χ. Ξαφνικά πέσατε κάτω.
Την ώρα που περπατούσα στον δρόμο, ξαφνικά έπεσα κάτω.

1. Ξαφνικά πέσατε κάτω.
2. Άρχισε η βροχή.
3. Ο σερβιτόρος είπε: "να σας φέρω τον λογαριασμό γιατί φεύγω σε λίγο;"
4. Χτύπησε το τηλέφωνο.
5. Γύρισαν τα παιδιά από το σχολείο.
6. Μπήκε η Ελένη και φώναξε: "τι γίνεται εδώ;"
7. Έφυγε το αεροπλάνο.

Μετά, πείτε τι έγινε ή τι κάνατε "όταν" συνέβηκαν αυτά που είπατε πιο πάνω.
Αν δεν ξέρετε κάποιο ρήμα, ρωτήστε την καθηγήτριά σας

π.χ. Όταν έπεσα κάτω στο δρόμο, σπάσανε τα γυαλιά μου.

6 Γράψτε πέντε προτάσεις στον παρατατικό.
Χρησιμοποιήστε "ενώ" ή "την ώρα που".

Ενεργητική μετοχή ενεστώτα

Τύπος Α

Θέμα ενεστώτα

αγοραζ- | αγοράζ**οντας** |

Τύπος Β1 και Β2

Θέμα ενεστώτα

μιλ-
οδηγ- | μιλ**ώντας**
οδηγ**ώντας** |

Ανώμαλα ρήματα

Θέμα ενεστώτα

ακού-
λέ-
τρώ- | ακούγ**οντας**
λέγ**οντας**
τρώγ**οντας** |

Περνάει τη μέρα του *διαβάζοντας* και *γράφοντας*. (*πώς περνάει...* ;)
Μπαίνοντας στο σπίτι, είδα δύο τύπους που έβγαιναν βιαστικά. (*πότε είδα...* ;)
Μη έχοντας αυτοκίνητο, πήγα με τα πόδια. (*γιατί πήγα...* ;)

---

7   Βάλτε τα ρήματα στην ενεργητική μετοχή ενεστώτα.

1. _____ προσεχτικά, ζεις πιο πολλά χρόνια! (οδηγώ)

2. Ο γιος μας συνήθως περνάει τα σαββατοκύριακά του _____ μουσική και

   _____ παιχνίδια στον υπολογιστή του. (ακούω) (παίζω)

3. Χτες _____ στη δουλειά έπεσα από το μηχανάκι και έσπασα το πόδι μου.

   (πηγαίνω)

4. _____ έρχεται η όρεξη. (τρώω)

5. Οι άνθρωποι στα χωριά περνάνε την ώρα τους _____ τηλεόραση. (βλέπω)

6. _____ πολιτικά με την παρέα πήγε η ώρα τρεις. (συζητάω)

7. Μη _____ καλά τη διεύθυνση έκανα μισή ώρα να βρω το σπίτι. (ξέρω)

8. _____ στο γραφείο είδα φρέσκα λουλούδια στο βάζο. (μπαίνω)

Του Αντρέα του άρεσε;

Δήμητρα	Καλά, Φελίπε! Χτες είδαμε μία ταινία, καταπληκτική!
Φελίπε	Ποια;
Δήμητρα	Το "Σικάγο".
Φελίπε	Σ' άρεσε;
Δήμητρα	Πάρα πολύ.
Φελίπε	Κι εμένα. Εδώ που τα λέμε, είναι ένα από τα πιο καλά μιούζικαλ των τελευταίων δεκαετιών. Στον Αντρέα άρεσε;
Δήμητρα	Μμμ... δεν του άρεσε πολύ. Του άντρα μου, βλέπεις, δεν του αρέσουν και πολύ τα μιούζικαλ. Προτιμάει τις ταινίες δράσης.
Φελίπε	Σοβαρά, ε; Εγώ πίστευα ότι του αρέσει πολύ η μουσική.
Δήμητρα	Η μουσική του αρέσει, όπως λες, και πολύ μάλιστα, αλλά δεν του αρέσει ο χορός. Καθόλου. Τώρα, πώς γίνεται να σ' αρέσει η μουσική και να μη σ' αρέσει ο χορός, αυτό εγώ δεν το καταλαβαίνω.
Φελίπε	Το θέμα είναι τι σε εκφράζει. Η μουσική και ο χορός είναι...

8 **Ρωτήστε και απαντήστε.**

Του αδελφού μου
του αρέσει πολύ ο χορός.

1. Πού πήγε η Δήμητρα χτες;
2. Τι είδε;
3. Με ποιον πήγε σινεμά;
4. Της άρεσε η ταινία;
5. Πώς λένε τον άντρα της Δήμητρας;
6. Του άντρα της του άρεσε η ταινία;
7. Γιατί;
8. Του Αντρέα τι του αρέσει;

Είδη ταινιών

θρίλερ	μιούζικαλ
ιστορικές	παιδικές
κινούμενα σχέδια	περιπέτειες
κοινωνικές	πολιτικές
κομεντί	σινεφίλ
κωμωδίες	τρόμου
δράσης	φαντασίας

Αόριστος του "μ' αρέσει"

Μου/ Μ'
Σου/Σ'
Του/Της/Του
Μας
Σας
Τους

Στον Άρη
Του Άρη **του**
Στην Ελένη
Της Ελένης **της**
Στο παιδί
Του παιδιού **του**

Στους φίλους μου
Του Κώστα και του Νότη **τους**
Στις αδελφές μου
Της Εύης και της Άλκηστης **τους**
Στα παιδιά

άρεσε η ταινία του Σπίλμπεργκ.

άρεσαν
(αρέσανε) τα τραγούδια που είπε η Λία.

9 Χρησιμοποιήστε τις λέξεις-κλειδιά και μιλήστε μεταξύ σας.

π.χ.   (εσύ) / το εστιατόριο;

A: Σ' άρεσε το εστιατόριο;
B: Ναι, μ' άρεσε (πάρα) πολύ. // Όχι και πολύ. // Όχι, δε μ' άρεσε καθόλου.

1. (εσύ) / το εστιατόριο;
2. (Γιώργος) / τα CD που του αγόρασες;
3. (κόρη) / το καινούργιο βιβλίο της Τριανταφύλλου;
4. (παιδιά) / η ταινία;
5. (γονείς) / καινούργιο σας σπίτι;
6. (αδελφές σου) / ο γάμος;
7. (σας) τα μακαρόνια;
8. (Γρηγόρης και Άκης) / τα γλυκά που έφτιαξες;
9. (Λυδία) / το αυτοκίνητό σας;
10. (μητέρα και αδελφός σου) / ο φίλος σου από τη Σουηδία;

10 Γράψτε πέντε από τους διάλογους που είπατε.

11 Γράψτε για τρία πράγματα που (δεν) αρέσουν και τρία που (δεν) άρεσαν

(α) σε σας
(β) στο παιδί σας (στα παιδιά σας)
(γ) στον άντρα σας / στη γυναίκα σας
(δ) στον φίλο σας / στη φίλη σας

π.χ. Του άντρα μου του αρέσει το σινεμά, αλλά η ταινία που είδε προχθές δεν του άρεσε καθόλου.

12 Ακούστε την ερώτηση και βρείτε τη σωστή απάντηση.

1.	(α) Συχνά πήγαινα έξω. (β) Ήπια ένα γρήγορο ουζάκι. (γ) Διάβαζα εφημερίδες.
2.	(α) Την ώρα που έβγαινε από τη δουλειά. (β) Καμιά φορά έπαιζε μπάσκετ. (γ) Χορεύοντας.
3.	(α) Ενώ κοιμόταν. (β) Βλέποντας τηλεόραση. (γ) Καθώς έβγαινε από την πόρτα.
4.	(α) Πολύ. (β) Όχι, δεν της αρέσει. (γ) Ναι, μ' άρεσε.
5.	(α) Έφυγε νωρίς. (β) Έπαιρνε τηλέφωνο τη μητέρα της. (γ) Θέλει να πάμε στο σινεμά.

Πονάει το στομάχι μου

Ο Κυριάκος Ιακώβου είναι στο ιατρείο του παθολόγου κυρίου Στασινόπουλου.

Γιατρός　Καλώς τον κύριο Ιακώβου! Τι έγινε; Έχουμε κάποιο πρόβλημα;

Κυριάκος　Ξέρετε γιατρέ, εδώ και λίγο καιρό πονάει το στομάχι μου. Μερικές φορές όμως ο πόνος πηγαίνει στην πλάτη και στο στήθος. Ανησυχώ μήπως είναι κάτι σοβαρό.

Γιατρός　Καλά, μην ανησυχείτε. Θα δούμε. Από κάπνισμα πώς πάμε; Αν θυμάμαι καλά, δεν καπνίζετε πια.

Κυριάκος　Ναι, ναι, το έκοψα τελείως. Δύο χρόνια τώρα.

Γιατρός　Εγώ ακόμα προσπαθώ. Ελάτε, ξαπλώστ' εκεί να σας εξετάσω λίγο.

. . . .

Κυριάκος　Πώς τα βλέπετε τα πράγματα γιατρέ;

Γιατρός　Αυτή τη στιγμή δε βλέπω κάτι το ανησυχητικό. Θα ήθελα όμως να κάνετε μερικές εξετάσεις. Τι ασφάλεια έχετε;

Κυριάκος　Είμαι στο Δημόσιο.

Γιατρός　Δώστε μου το βιβλιάριό σας. Θα σας γράψω μία γενική αίματος και μία γενική ούρων. Θα ήθελα επίσης και μία ακτινογραφία θώρακος και πλάτης.

Κυριάκος　Ξέρετε εσείς κάποιον μικροβιολόγο;

Γιατρός　Κοιτάξτε, υπάρχει μια καλή μικροβιολόγος, η κυρία Μαντουβάλου, στο ισόγειο, δίπλα στην είσοδο της πολυκατοικίας. Και αν δεν έχετε εσείς κάποιο ακτινολόγο, μπορώ να σας συστήσω εγώ. Μάριος Σκαλτσάς λέγεται και είναι στη λεωφόρο Θησέως 132. Θα του πείτε ότι σας έστειλα εγώ.

Κυριάκος　Εντάξει, γιατρέ μου.

Γιατρός　Μόλις έχετε τις απαντήσεις, ελάτε να τα ξαναπούμε.

1　Ρωτήστε και απαντήστε.

1. Τι πρόβλημα έχει ο Κυριάκος Ιακώβου;
2. Γιατί ανησυχεί;
3. Πότε έκοψε το κάπνισμα;
4. Τι θα ήθελε ο γιατρός να κάνει ο Κυριάκος;
5. Τι ασφάλεια έχει ο Κυριάκος;
6. Τι εξετάσεις του γράφει ο γιατρός;
7. Τι άλλο θα ήθελε;
8. Πού βρίσκεται η μικροβιολόγος;
9. Ποια είναι η διεύθυνση του ακτινολόγου;
10. Τι πρέπει να κάνει ο Κυριάκος, όταν έχει τις απαντήσεις;

Περαστικά μας!

Θηλυκά ουσιαστικά σε -ος

Ενικός

NOMINATIVE Ονομαστική	η οδός	η λεωφόρος	η έξοδος
GENITIVE Γενική	της οδού	της λεωφόρου	της εξόδου
ACCUSATIVE Αιτιατική	την οδό	τη(ν) λεωφόρο	την έξοδο

Πληθυντικός

Ονομαστική	οι οδοί	οι λεωφόροι	οι έξοδοι
Γενική	των οδών	των λεωφόρων	των εξόδων
Αιτιατική	τις οδούς	τις λεωφόρους	τις εξόδους

η άμμος, η λεωφόρος, η είσοδος, η έξοδος, η παράγραφος, η μέθοδος, η πρόοδος, η ήπειρος, η περίοδος κ.ά.

η Ρόδος, η Σάμος, η Πάρος, η Τήνος, η Σκόπελος, η Ζάκυνθος, η Μύκονος κ.ά.
αλλά **ο Πόρος** και **η Κως**.

η Κύπρος, η Αίγυπτος, η Πελοπόννησος, η Επίδαυρος, η Κόρινθος.

ο/η ηθοποιός, ο/η γιατρός, ο/η δικηγόρος, ο/η μηχανικός, ο/η μαθηματικός, ο/η αρχαιολόγος, ο/η σύζυγος, ο/η υπάλληλος κ.ά.

2   Βάλτε τα επίθετα, τα ουσιαστικά και τις αντωνυμίες στον σωστό τους τύπο.

1. Πώς λέγονται _____ ; (αυτή η μέθοδος)

2. Ξαπλώσαμε πάνω _____ . (η ζεστή άμμος)

3. Το γραφείο _____ είναι πιο μοντέρνο. (η άλλη δικηγόρος)

4. Θα δουλέψουμε _____ στο σπίτι. (η τελευταία παράγραφος)

5. Πολλές _____ έχουν αγωνία όταν βγαίνουν στη σκηνή.
   (η μεγάλη ηθοποιός)

6. Είναι η πιο _____ σε όλη την Αίγυπτο. (η μεγάλη λεωφόρος)

7. Θέλεις το τηλέφωνο _____ ; (η γερμανίδα αρχαιολόγος)

8. Η φίλη μου περνάει μια _____ στη ζωή της. (δύσκολη περίοδος)

9. Στο κατάστημα υπάρχουν δύο _____ . (η κύρια είσοδος)

Το σώμα μας

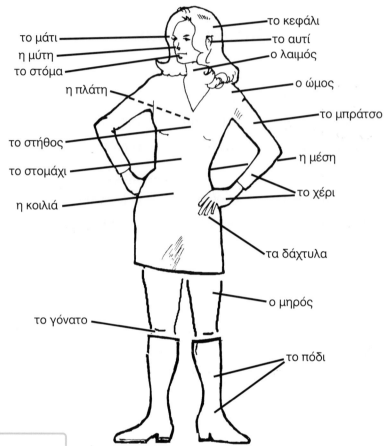

- το μάτι
- η μύτη
- το στόμα
- η πλάτη
- το στήθος
- το στομάχι
- η κοιλιά
- το κεφάλι
- το αυτί
- ο λαιμός
- ο ώμος
- το μπράτσο
- η μέση
- το χέρι
- τα δάχτυλα
- ο μηρός
- το γόνατο
- το πόδι

Κοιτάξτε! ☉ ☉

A : Τι έχεις; / Τι αισθάνεσαι;

B : Πονάει   ο λαιμός μου.
            η πλάτη μου.
            το μάτι μου.

     Πονάνε   τα πόδια μου.

A : Τι έχεις;

B : Έχω   πονοκέφαλο.
           γρίπη.
           πυρετό.

     Είμαι   κρυωμένος. /
            κρυολογημένος.
     Κρύωσα. / Κρυολόγησα.

Μερικές ειδικότητες γιατρών

ακτινολόγος	παθολόγος
γαστρεντερολόγος	οφθαλμίατρος
γυναικολόγος	οδοντίατρος
ενδοκρινολόγος	ορθοπεδικός
καρδιολόγος	ψυχίατρος
νευρολόγος	χειρούργος
μαιευτήρας	ωτορινολαρυγγολόγος
παιδίατρος	(ωριλά)

3 Μιλήστε μεταξύ σας.

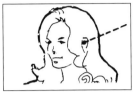

π.χ.
A : Τι έχεις;
B : Πονάει το αυτί μου.
A : Πονάει πολύ;
B : Αρκετά. / Ευτυχώς, όχι.

εσύ;

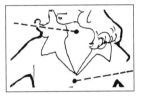

η Βιργινία;

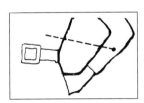

η κυρία Νάκου;

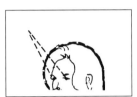

εσύ;

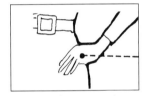

η κυρία Μεθενίτη

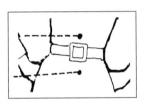

η Έφη

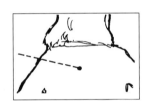

η κυρία Ροζάκη

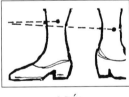

εσύ;

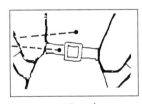

η Κλειώ

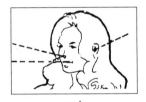

εσύ;

4 Ένας φίλος σας έχει ένα πρόβλημα. Προτείνετέ του να δει έναν ειδικό.

- πονάει το αυτί του
- πονάει η μέση του
- πονάνε τα δόντια του
- ο γιος του έχει πυρετό
- έχει πρόβλημα με τα κιλά του

π.χ.
A : Πονάει το αυτί μου.
B : Πονάει πολύ;
A : Αρκετά και συνέχεια.
B : Γιατί δεν πας να δεις έναν ωριλά;
A : Έχεις δίκιο. Πρέπει να πάω.

5 Γράψτε τρεις από τους διαλόγους που είπατε.

use when it's unspecified
/Someone

Αντωνυμία "κάποιος, -α, -ο"

Ενικός

Ονομαστική	κάποιος	κάποια	κάποιο
Γενική	κάποιου	κάποιας	κάποιου
Αιτιατική	κάποιο(ν)	κάποια	κάποιο

Πληθυντικός

Ονομαστική	κάποιοι	κάποιες	κάποια
Γενική	κάποιων	κάποιων	κάποιων
Αιτιατική	κάποιους	κάποιες	κάποια

Κάποιος σε ζητάει στην πόρτα. / Θα πρέπει να κάνετε κάποιες εξετάσεις.

6 Βάλτε την αντωνυμία "κάποιος, -α, -ο" στον σωστό τύπο.

1. __Κάποια__ κυρία σε θέλει στο τηλέφωνο.
2. Χθες είδα __κάποιους__ παλιούς μου φίλους.
3. __Κάποιος__ μαθητής άφησε τα βιβλία του στην τάξη.
4. Η ζωή __κάποιων__ ανθρώπων είναι πραγματικά δύσκολη.
5. Το μπλε αυτοκίνητο είναι __κάποιου__ κυρίου που μένει δίπλα.
6. Ο άντρας __κάποιας__ φίλης μου παίζει σε ένα σίριαλ στην τηλεόραση.

Καλώς τον Γιάννη!	→	Καλώς τον!
Καλώς τη Μαρία!	→	Καλώς την!
Καλώς το παιδί μας!	→	Καλώς το!
Καλώς τον Άκη και τη Λία!	→	Καλώς τους!
Καλώς τις κοπέλες!	→	Καλώς τες!
Καλώς τα παιδιά!	→	Καλώς τα!

7 Βάλτε το σωστό.

1. Καλώς τα κορίτσια! Καλώς _____ !
2. Καλώς τον γιόκα μου! Καλώς _____ !
3. Καλώς την κοπέλα μου! Καλώς _____ !
4. Καλώς τις όμορφες γυναίκες! Καλώς _____ !
5. Καλώς το παλικάρι μου! Καλώς _____ !
6. Καλώς τους νέους! Καλώς _____ !

Μου δίνεις το πιπέρι, σε παρακαλώ;

Η καθηγήτρια ελληνικών Λυδία Παπασάββα έχει καλεσμένους στο σπίτι της τους μαθητές της. Αυτή τη στιγμή είναι όλοι μαζί στην κουζίνα και, με την καθοδήγησή της, ετοιμάζουν μερικά ελληνικά πιάτα.

Λυδία   Να σας βάλω λίγο κρασάκι, παιδιά; Καθώς μαγειρεύουμε, ας πίνουμε και λίγο. Νομίζω πως έτσι θα γίνουμε πιο δημιουργικοί.

Τιμ   Μπορώ να καπνίσω;

Λυδία   Βεβαίως, αν δεν ενοχλείς τους άλλους. Άχμεντ, μπορείς ν' ανοίξεις το παράθυρο, σε παρακαλώ;

Λουντμίλα   Αλήθεια, να ρωτήσω κάτι. Στην Ελλάδα επιτρέπεται το κάπνισμα στους δημόσιους χώρους;

Λυδία   Σε πολλούς απαγορεύεται, σε άλλους επιτρέπεται. Λοιπόν, ξαναπάμε στη μαγειρική μας; Πού ήμασταν;

Άχμεντ   Ετοιμάζαμε το ρύζι για τα γεμιστά.

Λυδία   Ωραία. Λουντμίλα, μου δίνεις το πιπέρι, σε παρακαλώ;

Λουντμίλα   Έλα, πάρε. Να σου δώσω και το μπαχάρι;

Λυδία   Ναι, ναι. Λίγο κρασάκι;

Λουντμίλα   Όχι, ευχαριστώ.

Τιμ   Εγώ θα ήθελα λίγο ακόμα. Είναι υπέροχο αυτό το κρασί. Εσύ Άχμεντ, όχι, ε;

Άχμεντ   Όχι, ευχαριστώ. Μου βάζεις λίγο χυμό; Εκεί δίπλα σου είναι.

Λουντμίλα   Ελπίζω να τα καταφέρουμε να τελειώσουμε το μαγείρεμα. Αν το ρίξουμε στα κρασάκια... COLL? keep knocking it back?

Τιμ   Τότε το φαγητό θα βγει μεθυσμένο!

8   Ρωτήστε και απαντήστε.

1. Ποιους έχει καλεσμένους η Λυδία;
2. Γιατί είναι όλοι στην κουζίνα;
3. Τι προτείνει η Λυδία; *to suggest*
4. Τι ζητάει να κάνει ο Τιμ;
5. Τι ζητάει η Λυδία από τον Άχμεντ;
6. Στην Ελλάδα επιτρέπεται το κάπνισμα στους δημόσιους χώρους;
7. Τι ζητάει η Λυδία από τη Λουντμίλα;
8. Ποιος θα ήθελε ακόμα λίγο κρασί;
9. Τι προτιμάει να πιει ο Άχμεντ;
10. Τι ελπίζει η Λουντμίλα;

Ο καιρός είναι ωραίος. Να φάμε έξω;

!   ξαναλέω / ξαναπάω / ξαναβλέπω

ξανά + ρήμα = κάνω κάτι πάλι

Κοιτάξτε!

Μπορώ να καπνίσω;
Να καπνίσω ένα τσιγάρο;   Ζητάω την άδεια για κάτι.
Επιτρέπεται να καπνίσω;

Βεβαίως. / Παρακαλώ. / Δεν υπάρχει πρόβλημα.   Δίνω την άδεια.
Λυπάμαι/Δυστυχώς, δε γίνεται. / Δεν επιτρέπεται.   Δε δίνω την άδεια.
Τι να σου πω; / Δεν ξέρω. / Κάνε ό,τι νομίζεις.   Δεν παίρνω θέση.

Μπορείς να μου δώσεις το αλάτι, (σε παρακαλώ);
Μου δίνεις το αλάτι, (σε παρακαλώ);   Ζητάω ευγενικά κάτι.
Μπορώ να έχω το αλάτι, (σε παρακαλώ);

Να σου δώσω και το πιπέρι;   Προτείνω να κάνω κάτι.
Να πάω εγώ στο περίπτερο;

Ναι, (σε παρακαλώ). / (Ναι), αν θέλεις.   Δέχομαι την πρόταση.
Όχι, ευχαριστώ. / Δε χρειάζεται.   Δε δέχομαι την πρόταση.

---

9 Μιλήστε μεταξύ σας.

π.χ.   κάνει ζέστη / (ανοίγω) / παράθυρο; // (ναι)
   Α: Κάνει ζέστη. Μπορώ ν' ανοίξω το παράθυρο;
   Β: Ναι, βεβαίως. Άνοιξέ το.

1. κάνει ζέστη / (ανοίγω) / παράθυρο; // (ναι)
2. δεν έχω πολλή δουλειά / (φεύγω) / νωρίς; // (όχι)
3. πρέπει / τηλέφωνο / γυναίκα μου / (χρησιμοποιώ) / τηλέφωνό σου; // (ναι)
4. κρυώνω / (κλείνω) / πόρτα; // όχι
5. δεν αισθάνομαι καλά / (ξαπλώνω) / καναπέ; // (ναι)
6. πεινάω πολύ / (τρώω) / τώρα; // (όχι)
7. δεν έχω φωτιά / (παίρνω) / αναπτήρα σου; // (ναι)
8. φούστα μου / βρόμικη / (βάζω) / δικιά σου; // (όχι)

> Κάνει πολλή ζέστη.
> Μπορώ να έχω μια καρέκλα
> δίπλα στο κλιματιστικό;

10 Μιλήστε μεταξύ σας.

π.χ. (μου) / (δίνω) / ένα μολύβι; // (ναι)

   Α: Μου δίνετε ένα μολύβι, σας παρακαλώ;
   Β: Βεβαίως, ορίστε.

1. (μου) / (δίνω) / ένα μολύβι; // (ναι)
2. (της) / (βάζω) / λίγη ζάχαρη; // (δεν...)
3. (του) / (δίνω) / το τηλέφωνό σας; // (ναι)
4. (μας) / (φέρνω) / μία μπίρα; // (δεν...)
5. (μου) / (κόβω) / κομμάτι χαρτί; // (ναι)
6. (της) / (φέρνω) / μια ασπιρίνη; // (δεν...)
7. (τους) / (βάζω) / λίγο τυρί ακόμα; // (ναι)
8. (μου) / (δανείζω) / διακόσια ευρώ; // (δεν...)

11 Γράψτε έναν διάλογο ανάμεσα σε τρία πρόσωπα. Κάποιος ζητάει την άδεια για κάτι, κάποιος ζητάει κάτι ευγενικά, κάποιος προτείνει να κάνει κάτι. Σκεφτείτε το σκηνικό, το σενάριο, και... καλή επιτυχία!

12 Ακούστε την εκπομπή "Ο γιατρός σε 60 δευτερόλεπτα " και απαντήστε στις ερωτήσεις.

1. Πότε είναι η εκπομπή "Ο γιατρός σε 60 δευτερόλεπτα";
2. Τι εποχή είναι;
3. Πόσοι Έλληνες είναι κρυολογημένοι;
4. Ποια είναι τα συμπτώματα του κρυολογήματος;
5. Τι μπορεί να πιει κανείς, όταν αισθάνεται ότι είναι κρυωμένος;
6. Χρειάζεται να πάρει βιταμίνη Β;
7. Ποιο είναι το πιο σημαντικό πράγμα που πρέπει να κάνει κανείς για το κρυολόγημα;
8. Πώς μπορεί κανείς να περάσει την ώρα του, όταν είναι στο κρεβάτι;

| Κάνει κρύο | ▶ | κρυών**ω** |
| Κάνει ζέστη | ▶ | ζεσταίν**ομαι** |

Μου τα έδωσε χθες το πρωί

Ο Κώστας κι η Δήμητρα είναι φοιτητές στο πανεπιστήμιο της Κρήτης. Συχνά, όπως γίνεται με πολλούς φοιτητές, μένουν από λεφτά. Τότε, δανείζονται από τους φίλους τους.

Δήμητρα   Τι έγινε μ' εκείνα τα χρήματα που σου χρωστούσε ο Αλέκος;

Κώστας   Μου τα έδωσε χτες το πρωί.

Δήμητρα   Επιτέλους, βρε παιδί μου. Χρόνισε κι αυτός.

Κώστας   Κοίταξε να δεις. Ο Αλέκος είναι ο καλύτερός μου φίλος και δε με πειράζει που άργησε να μου τα δώσει.

Δήμητρα   Εντάξει, φίλος, δε λέω, αλλά όλα έχουν κι ένα όριο. Κι εμένα μου ζήτησε η Χριστίνα να της δανείσω τριακόσια ευρώ.

Κώστας   Έχεις; Αν έχεις, δώσ' της τα. Είναι εντάξει παιδί η Χριστίνα.

Δήμητρα   Οκέι. Αφού το λες εσύ, θα το κάνω. Να σε ρωτήσω, εκείνα τα στοιχεία που σου ζήτησε ο Πάνος για την εργασία του του τα έστειλες;

Κώστας   Ποπό! Το ξέχασα.

Δήμητρα   Στείλ' του τα, ρε συ. Τα περιμένει πώς και πώς ο άνθρωπος.

Κώστας   Πάω να του τα στείλω με e-mail. Σου είπα τελικά ότι πήρα οθόνη; Βρήκα μία και φτηνότερη και μεγαλύτερη από αυτήν που είχαμε δει μαζί. Αν θέλεις λεπτομέρειες, μου λες. Λοιπόν, έφυγα.

Δήμητρα   Άντε, τα λέμε.

1   Σωστό ή λάθος;

1. Ο Κώστας κι η Δήμητρα είναι μαθητές.
2. Οι φοιτητές μένουν συχνά από λεφτά.
3. Ο Αλέκος δεν έδωσε πίσω τα χρήματα που χρωστούσε στον Κώστα.
4. Ο Κώστας δεν ξέρει τη Χριστίνα.
5. Η Δήμητρα θα δανείσει τα τριακόσια ευρώ στη Χριστίνα.
6. Τα στοιχεία που ζήτησε ο Πάνος είναι για την εργασία της Χριστίνας.
7. Ο Κώστας θα του τα στείλει τώρα αμέσως.
8. Ο Κώστας πήρε την οθόνη της Χριστίνας.

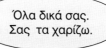

Όλα δικά σας.
Σας τα χαρίζω.

Κοιτάξτε! ☺ ☺

> **Δανείζω** κάτι **σε** κάποιον.
> **Δανείζομαι** κάτι **από** κάποιον.

Προσωπικές Αντωνυμίες
Άμεσο και έμμεσο αντικείμενο μαζί

Η Ελένη έδωσε στον Κώστα τον υπολογιστή της.	Η Ελένη **τού τον** έδωσε.
Η Ηρώ θα αγοράσει στη Λένα τη φούστα.	Η Ηρώ θα **της την** αγοράσει.
Ο Αλέξανδρος θα πει στους φίλους του τα νέα.	Ο Αλέξανδρος θα **τους τα** πει.

Προστακτική

Δώσε σε μένα τον αναπτήρα.	Δώσε **μού τον**. / **Δώσ' μου** τον.
Διάβασε στα παιδιά τις ιστορίες.	Διάβασέ **τους τες**.
Δώστε στον Άκη το βιβλίο.	Δώστε **τού το**.
Διαβάστε στην Άννα το γράμμα.	Διαβάστε **τό της**.

Προσέξτε: Με κάποια ρήματα πολλές φορές χρησιμοποιούμε **και** τον τύπο *δώσ' το μου, γράψ' το του, φέρ' τους την* κτλ.

Αρνητικός τύπος

Μη δώσεις στην αδελφή σου τα τσιγάρα μου!	Μην **της τα** δώσεις!
Μην πάρετε στον Πέτρο τον υπολογιστή!	Μην **του τον** πάρετε!

---

2 Διαβάστε τις προτάσεις και μετά πείτε τες με αντωνυμίες μόνο.

π.χ. Η καθηγήτρια έδωσε σ' εμάς τις ασκήσεις.
   Η καθηγήτρια μάς τις έδωσε.

1. Η καθηγήτρια έδωσε σ' εμάς τις ασκήσεις.
2. Φέρνουν στα παιδιά το περιοδικό τους κάθε εβδομάδα.
3. Είπατε στους γονείς σας τα νέα;
4. Διάβασαν σ' εσάς την ιστορία;
5. Θα πάρω το λεξικό από τον Ντίνο.
6. Η Ελένη θα δώσει σ' εμένα τις βιντεοκασέτες.
7. Αγοράζει για σένα την εφημερίδα κάθε μέρα;
8. Εγώ έφτιαξα το γλυκό για τους συμμαθητές μου.
9. Θα στείλω στην Μαρία αυτά τα δώρα.
10. Ο διευθυντής έδωσε στη γραμματέα του τον φάκελο.

3 Γράψτε τις προτάσεις με τις αντωνυμίες που είπατε πιο πάνω.

4 Χρησιμοποιήστε τα ονόματα συμμαθητών σας και μιλήστε μεταξύ σας.

(δίνω) / μολύβι σου

π.χ.   Α: Δώσε (στον Γιώργο) το μολύβι σου, σε παρακαλώ.
       Β: Εντάξει, θα του το δώσω. / Του το έδωσα.

> Δώσ' μου τα τώρα,
> και βλέπουμε πότε
> θα τα πάρεις πίσω.

1. (δίνω) / μολύβι σου
2. (γράφω) / διεύθυνσή σου
3. (ζητάω) / αναπτήρα του
4. (παίρνω) / το βιβλίο μου
5. (δίνω) / τηλέφωνό σου
6. (δανείζω) / 50 ευρώ
7. (λέω) / ασκήσεις
8. (στέλνω) / μήνυμα στο κινητό
9. (ζητάω) / κασέτες

5 Διαβάστε τις προτάσεις και μετά πείτε τες με αντωνυμίες μόνο.

π.χ.   Δώσε στον φοιτητή την εργασία του!
       Δώσε τού την! / Δώσ' του την!

1. Δώσε στον φοιτητή την εργασία του!
2. Πάρε το ρολόι στην Ελένη!
3. Γράψτε σε μένα τη διεύθυνση.
4. Μη στείλεις τα λουλούδια στην καθηγήτρια!
5. Αγοράστε στον γιο σας το βιβλίο.
6. Μη δώσετε το κείμενο στους φοιτητές!
7. Πες σε μας το πρόβλημα.
8. Ζήτησε από τις φίλες σου τα τηλέφωνά τους.
9. Πάρτε σε μένα τον αναπτήρα!
10. Μην αφήσεις στον Κώστα τα λεφτά!

6 Παίξτε έναν ρόλο! Διαβάστε τις πληροφορίες και μιλήστε μεταξύ σας.

Ζητάτε από έναν φίλο να σας δανείσει 150 ευρώ.

Εσείς του απαντάτε ότι θα του δώσετε τα 300 ευρώ στο τέλος της εβδομάδας. Και του λέτε ότι χρειάζεστε τα 150 ευρώ οπωσδήποτε.

Εσείς δέχεστε, και του λέτε ότι θα του τα φέρετε αύριο το βράδυ.

Ο φίλος σας σας λέει ότι δεν έχει τόσα λεφτά επάνω του. Και ότι, έτσι κι αλλιώς, ακόμα του χρωστάτε τα 300 ευρώ που σας δάνεισε πριν από δύο μήνες.

Ο φίλος σας σας λέει ότι δυστυχώς δε γίνεται. Όταν του επιστρέψετε αυτά που του χρωστάτε, θα μπορέσει να σας βοηθήσει.

Μονολεκτικός συγκριτικός και υπερθετικός επιθέτων

μικρός, -ή, -ό	μικρ**ό**τερος, -η, -ο
ακριβός, -ή, -ό	ακριβ**ό**τερος, -η, -ο
ωραίος, -α, -ο	ωραι**ό**τερος, -η, -ο
παλιός, -ά, ό	παλι**ό**τερος, -η, -ο
καλός, -ή, -ό	καλ**ύ**τερος, -η, -ο
μεγάλος, -η, -ο	μεγαλ**ύ**τερος, -η, -ο
κακός, -ή /-ιά, -ό	χειρότερος, -η, -ο
πολύς, πολλή, πολύ	περισσότερος, -η, -ο

Συγκριτικός

Ο υπολογιστής μου είναι *φτηνότερος* από τον δικό σου.
Η δεύτερη μέθοδος είναι *καλύτερη* από την πρώτη.

Υπερθετικός

Η Κρήτη είναι *το μεγαλύτερο* νησί της Ελλάδας.
Η γαλλική ταινία ήταν *η χειρότερη* από τις τρεις.

Δεν σχηματίζουν μονολεκτικά παραθετικά:

(α) τα επίθετα καινούργιος, κρύος, αδύνατος, περίεργος και παράξενος.
(β) τα επίθετα που δηλώνουν χρώμα (π.χ. πράσινος, θαλασσής, μπλε).
(γ) πολλά επίθετα με πέντε (ή περισσότερες) συλλαβές (π.χ. αμερικάνικος, υποχρεωτικός)

Μονολεκτικός συγκριτικός επιρρημάτων

φτηνά	φτηνότερα
ωραία	ωραιότερα
καλά	καλύτερα
πολύ	περισσότερ**ο**
λίγο	λιγότερ**ο**

Το αγοράσαμε *φτηνότερα* από το μαγαζί που μου είπες.
Έγραψα *καλύτερα* από τη Μαρίνα στο τεστ.
Η ινδική κουζίνα μ' αρέσει *περισσότερο* από την κινέζικη.

Μάθημα 15

7 Βάλτε τα σωστά παραθετικά. Χρησιμοποιήστε τον μονολεκτικό τύπο.

1. Η μηχανή μου είναι _____ από τη δική σου. (ακριβός)

2. Αυτός που βλέπετε είναι ένας από τους _____ υπολογιστές στην αγορά. (καλός)

3. Σκεφτόμαστε να μείνουμε _____ από την περασμένη φορά. (πολύ)

4. Αυτόν τον μήνα οι μαθητές είναι _____ από τον προηγούμενο. (πολύς)

5. Το καινούργιο μας αυτοκίνητο είναι _____ κυβικά από το παλιό. (λίγος)

6. Αυτό το σπίτι είναι το _____ απ' όλα τα σπίτια του χωριού. (παλιός)

7. Αγόρασα τις _____ μπότες που είχε το μαγαζί. (ωραίος)

8. Φέτος το καλοκαίρι περάσαμε _____ από πέρσι. (καλά)

> Τη **μηχανή** ενός αυτοκινήτου τη μετράμε σε **κυβικά**.
>
> Η μηχανή καταναλώνει βενζίνη. Λέμε ότι η **κατανάλωση** είναι (τόσα) λίτρα στα 100 χιλιόμετρα. Όταν ένα αυτοκίνητο έχει μικρή κατανάλωση, τότε λέμε ότι είναι **οικονομικό**.
>
> Όταν ένα αυτοκίνητο δεν είναι καινούργιο, είναι **μεταχειρισμένο** και λέμε ότι **έχει κάνει** (τόσα) χιλιόμετρα.

8 Κοιτάξτε τον πίνακα και συγκρίνετε τα τρία αυτοκίνητα. Χρησιμοποιήστε τον μονολεκτικό τύπο, όπου μπορείτε.

	Κυβικά	Κατανάλωση	Θέσεις	Ηλικία	Χιλιόμετρα	Τιμή σε €
Ρενό	1.400	6 λ. / 100 χιλ.	5	καινούργιο	24	16.000
Φίατ	650	4 λ. / 100 χιλ.	4	8 ετών	95.000	2.000
Τογιότα	2.000	9 λ. / 100 χιλ.	2	2 ετών	22.000	20.000

1. Το Φίατ είναι _____ από το Τογιότα.

2. Το Τογιότα είναι _____ από το Ρενό.

3. Το Τογιότα έχει τις _____ θέσεις από τα τρία.

4. Το Ρενό έχει _____ μηχανή από το Φίατ.

5. Το Φίατ έχει _____ χιλιόμετρα από το Τογιότα.

9 Γράψτε για το αυτοκίνητο κάποιου άλλου και για το δικό σας.

π.χ. Το αυτοκίνητο του (Πολ) / της (Μονίκ) είναι παλιότερο από το αυτοκίνητό μου, αλλά είναι πιο οικονομικό κτλ.

10 Μιλήστε μεταξύ σας.
Ρωτήστε έναν συμμαθητή σας για την οικογένειά του.

π.χ. Ποιος είναι ψηλότερος / μεγαλύτερος / εξυπνότερος; Εσύ ή ο αδελφός σου; κτλ.

11 Συγκρίνετε τις τιμές διαφόρων πραγμάτων στις χώρες σας και μιλήστε μεταξύ σας.

π.χ. Α: Πόσο κάνει ένα... στη χώρα σου;
B: Περίπου...
Α: Στην (Ισπανία) είναι αρκετά φτηνότερο. Κάνει...

12 Ακούστε την ερώτηση και βρείτε τη σωστή απάντηση.

1.	(α) Όχι, μην της τον δώσεις.
	(β) Δώσ' της το καλύτερο.
	(γ) Ναι, ζήτησέ της τον.
2.	(α) Σου τα έδωσε χθες.
	(β) Δεν έχω να σου δανείσω.
	(γ) Δεν ξέρω ακόμα.
3.	(α) Όχι, ήταν χειρότερο.
	(β) Όχι, ήταν ακριβότερο.
	(γ) Όχι, ήταν περισσότερο.
4.	(α) Όχι, έχει μεγαλύτερη κατανάλωση.
	(β) Όχι, είναι πιο οικονομικό.
	(γ) Ναι, δεν είναι τόσο δυνατό.

Και πού δεν έχω πάει, και τι δεν έχω δει!

Ο παππούς μου ο Στρατής ήταν ναυτικός. Ήταν από την Άνδρο. Έχει πεθάνει εδώ και δέκα χρόνια. Τον φωνάζαμε Στρατή Θαλασσινό, από το ποίημα του Σεφέρη, που ήταν ο αγαπημένος του ποιητής.

Πριν από λίγες μέρες, καθώς έψαχνα μέσα σε κάτι παλιές κασέλες, βρήκα ένα τετράδιο. Ήταν τα απομνημονεύματά του, οι σκέψεις του. Ωραία, μεγάλα, καθαρά γράμματα πάνω σε σελίδες γεμάτες από άλλους κόσμους, άλλες μουσικές, άλλες μυρωδιές, άλλα χρώματα. Ιστορίες για λιμάνια, για περιπέτειες, για κινδύνους, για φόβους και γι' αγάπες.

"Αλήθεια, και πού δεν έχω πάει, και τι δεν έχω δει! Νομίζω πως όταν θα φύγω από αυτόν τον κόσμο, θα πάρω μαζί μου κι όλες τις εικόνες που έχουν μείνει στη μνήμη μου. Τι είναι το ταξίδι; Είναι η ίδια η ζωή. Κι εγώ έχω ζήσει πολλές ζωές, γιατί έχω κάνει χιλιάδες ταξίδια σε χιλιάδες μέρη του κόσμου. Το μόνο ταξίδι που δεν έχω κάνει ακόμα, είναι αυτό που δεν έχει γυρισμό.
'Το καλοκαίρι στα δεκαέξι μου χρόνια τραγούδησε μια ξένη
       φωνή μέσα στ' αυτιά μου
ήταν θυμούμαι στην ακροθαλασσιά, ανάμεσα στα κόκκινα
       δίχτυα και μια βάρκα ξεχασμένη στην άμμο, σκελετός... '
Αυτή η φωνή είν' ακόμα στ' αυτιά μου και τώρα, ύστερα από τόσα χρόνια, και με καλεί πάντα σ' ένα καινούργιο ταξίδι."

Κάθισα δίπλα στην κασέλα ώρες πολλές και διάβασα αυτές τις υπέροχες αναμνήσεις. Έγινα ξαφνικά ταξιδιώτης κι εγώ μέσα από τη ζωή του παππού, έστω και για μια μόνο μέρα.

1 Ρωτήστε και απαντήστε.

1. Τι δουλειά έκανε ο Στρατής;
2. Από πού ήταν;
3. Πότε πέθανε;
4. Γιατί τον φώναζαν Στρατή Θαλασσινό;
5. Τι βρήκε η εγγονή του πριν από μερικές μέρες;
6. Τι υπήρχε μέσα στο τετράδιο;
7. Τι μαθαίνουμε από τη σύντομη παράγραφο που διαβάζουμε από το τετράδιο του Στρατή;
8. Τίνος πιστεύετε ότι είναι το ποίημα;
9. Τι έκανε η εγγονή του Στρατή, όταν βρήκε το τετράδιο;
10. Πώς αισθάνθηκε, όταν το διάβασε;

Παρακείμενος

Μέλλοντας

γράφω	θα	γράψω		έχω	
		γράψεις		έχεις	
	→	**γράψει**		έχει	
				έχουμε	**γράψει**
				έχετε	
				έχουν(ε)	

Συχνά χρησιμοποιούμε τον παρακείμενο μαζί με τα: "ποτέ", "ήδη", "κιόλας" και "ακόμα".

π.χ. *"Έχεις πάει ποτέ στο Αφγανιστάν;"* "Όχι, ποτέ."
    "Τι ώρα θα κάνεις τα μαθήματά σου;" "Τα *έχω ήδη κάνει.*"
    "Ποπό! Είναι δωδεκάμισι και δεν *έχω ετοιμαστεί* ακόμα."

Πολλές φορές μπορούμε να χρησιμοποιήσουμε αόριστο αντί για παρακείμενο. Έτσι, λέμε:

Έχεις πάει ποτέ στην Ινδία; **ή** Πήγες ποτέ στην Ινδία;

! **Δεν λέμε ποτέ**: Εχτές το βράδυ έχουμε πάει μια βόλτα στην Πλάκα.
            Πέρσι έχω αγοράσει διαμέρισμα στη Θεσσαλονίκη.

2 Ρωτήστε και απαντήστε.

π.χ. Πότε θα τηλεφωνήσεις στη μαμά σου;

    Α: Πότε θα τηλεφωνήσεις στη μαμά σου;
    Β: Της έχω ήδη τηλεφωνήσει.

1. Πότε θα τηλεφωνήσεις στη μαμά σου;
2. Θα φας τις πατάτες που σου μαγείρεψα;
3. Είναι η ώρα οχτώ. Πρέπει να σηκωθεί ο Μάνος;
4. Θα βγάλεις τον σκύλο έξω;
5. Τι ώρα θα φύγουν οι γονείς σου;
6. Τι ώρα θα κοιμηθούν τα παιδιά;
7. Θα ετοιμάσεις τις μελιτζάνες απόψε;
8. Πότε θα πληρώσεις τον λογαριασμό του ΟΤΕ;
9. Θέλεις να δοκιμάσεις το γλυκό που έφτιαξα;
10. Θα δώσουμε χρήματα στους Γιατρούς Χωρίς Σύνορα;

3 Μιλήστε μεταξύ σας για ταξίδια, φαγητά κ.ά.

ΤΑΞΙΔΙΑ

* Σ' αρέσουν τα ταξίδια;
* Έχεις πάει ποτέ στ... ;
* Πότε πήγες;
* Ήταν η πρώτη φορά που πήγες;
* Έχεις ξαναπάει;
* Σου άρεσε;

Παραδείγματα

Γαλλία
Μέση Ανατολή
Λατινική Αμερική
κτλ.

ΦΑΓΗΤΑ ΚΑΙ ΠΟΤΑ

* Έχεις φάει ποτέ... ;
    δοκιμάσει ποτέ... ;
    πιει ποτέ... ;
* Σ' άρεσε; Σ' άρεσαν;
* Πώς σου φάνηκε;
* Σ' αρέσουν τα εξωτικά φαγητά;

Παραδείγματα

κινέζικο φαγητό
μεξικάνικο φαγητό
γαρίδες ψητές
ελληνικό κόκκινο κρασί
μπακαλιάρο με σκορδαλιά
ούζο
κτλ

ΥΠΕΡΦΥΣΙΚΑ ΦΑΙΝΟΜΕΝΑ

* Έχεις δει ποτέ κανένα φάντασμα;
    αισθανθεί κάτι που δεν μπορείς να εξηγήσεις;
    πει ποτέ σου: "Αυτό το έχω ξαναζήσει";
* Θυμάσαι τι ακριβώς έγινε;
* Έχεις δει κάποιο όνειρο που ήταν προφητικό;

4 Γράψτε για διάφορα πράγματα που δεν έχετε κάνει τον τελευταίο καιρό ή τα τελευταία χρόνια.

π.χ.   Τα τελευταία τρία χρόνια δεν έχω ταξιδέψει καθόλου.
    Τον τελευταίο καιρό δεν έχω πάει καθόλου στο θέατρο.

Ώσπου να καταλάβω τι έγινε, είχε γίνει καπνός

Ήταν τρεις η ώρα το πρωί και γυρίζαμε με το μηχανάκι στο σπίτι, στο Παγκράτι, όταν ένα αυτοκίνητο βγήκε από ένα δρομάκι αριστερά και μας χτύπησε. Πέσαμε κάτω και η πίσω ρόδα έπεσε πάνω στο πόδι του Θάνου. Εγώ σηκώθηκα, σήκωσα το μηχανάκι και κοίταξα να δω αν είχα χτυπήσει πουθενά. Ευτυχώς δεν είχα πάθει τίποτα. Ο Θάνος όμως μάλλον είχε σπάσει το πόδι του.

Ο οδηγός του αυτοκινήτου ούτε που σταμάτησε καθόλου, το γαϊδούρι. Ώσπου να καταλάβω τι έγινε, είχε στρίψει στο φανάρι κι είχε γίνει καπνός.

Ο δρόμος ήταν άδειος. Φώναξα "Βοήθεια! Ατύχημα!" τρεις, τέσσερις φορές. Κάποιος κατέβηκε από μια πολυκατοικία και ήρθε να βοηθήσει. Του έδωσα το κινητό μου και του ζήτησα να πάρει το 166. Όταν έφτασε το ασθενοφόρο σε δέκα λεπτά, ο Θάνος πονούσε πολύ, αλλά τουλάχιστον είχε συνέλθει από το σοκ.

Στον δρόμο για το νοσοκομείο σκεφτόμουνα πως αυτή τη φορά ήμουν εγώ η τυχερή. Πριν δύο χρόνια περίπου, σ' ένα άλλο ατύχημα που είχαμε, είχα σπάσει εγώ το χέρι μου, ενώ ο Θάνος δεν είχε πάθει τίποτα.

5 Ρωτήστε και απαντήστε.

1. Τι ώρα συνέβη το ατύχημα;
2. Από πού βγήκε το αυτοκίνητο που τους χτύπησε;
3. Τι έπαθε η κοπελιά και τι ο Θάνος;
4. Τι έκανε ο οδηγός του αυτοκινήτου;
5. Ποιος τους βοήθησε;
6. Ποιος κάλεσε το 166;
7. Όταν ήρθε το ασθενοφόρο, πώς ήταν ο Θάνος;
8. Τι είχε συμβεί πριν δύο χρόνια;

Τι συμβαίνε / Τι συνέβ / Τι έχει συμ

Τι συμβαίνει;
Τι συνέβη;
Τι έχει συμβεί;

Κοιτάξτε! ☺ ☺

Πάω ως / μέχρι το περίπτερο.

Ώσπου / Μέχρι να γυρίσω, είχε φύγει .

Τηλέφωνα

100 :	Άμεση Δράση Αστυνομίας
166 :	Κέντρο Άμεσης Βοήθειας
199 :	Πυροσβεστική Υπηρεσία

Υπερσυντέλικος

Μέλλοντας

φεύγω	θα	φύγω		είχα	
		φύγεις		είχες	
	→	**φύγει**		είχε	**φύγει**
				είχαμε	
				είχατε	
				είχαν(ε)	

(1) Τον υπερσυντέλικο χρησιμοποιούμε για μια πράξη που τελείωσε στο παρελθόν, πριν αρχίσει μια άλλη. Συχνά συνοδεύεται από τις λέξεις "ακόμα", "ήδη", "κιόλας" και "πια".

π.χ.   Όταν έφτασε η αστυνομία, οι ληστές *είχαν φύγει*.
   Ώσπου να ετοιμαστεί το βραδινό, εγώ *είχα* ήδη *κοιμηθεί*.

(2) Πολλές φορές, για μια πράξη που έγινε στο μακρινό παρελθόν χρησιμοποιούμε τον υπερσυντέλικο (αντί για τον αόριστο).

π.χ.   *Είχα δουλέψει* στην Πορτογαλία πριν πολλά χρόνια.
   Όταν *είχα έρθει* στην Αθήνα τότε, κυκλοφορούσαν λιγότερα αυτοκίνητα.

6   **Πείτε και μετά γράψτε προτάσεις χρησιμοποιώντας τον υπερσυντέλικο. Χρησιμοποιήστε "μόλις" ή "ήδη", ανάλογα.**

π.χ.   07.00: έφτασαν στο αεροδρόμιο - 06.55 : έφυγε το αεροπλάνο
   Όταν έφτασαν στο αεροδρόμιο, το αεροπλάνο μόλις είχε φύγει.

1. 07.00 : έφτασαν στο αεροδρόμιο - 06.55 : έφυγε το αεροπλάνο
2. 09.15 : ήρθε η Ματίλντα στην τάξη - 09.00 : άρχισε το μάθημα
3. 10.50 : έφτασε στο σινεμά - 10.15 : η ταινία άρχισε
4. 12.20 : βγήκε στον δρόμο - 12.18 : σταμάτησε η βροχή
5. 16.00 : πήγε να φάει - 15.30 : το εστιατόριο έκλεισε
6. 23.50 : την πήρα τηλέφωνο - 23.25 : η Πέρσα κοιμήθηκε
7. 22.33 : άνοιξαν την τηλεόραση - 22.30 : οι ειδήσεις τελείωσαν
8. 10.15 : πήγα να του μιλήσω - 10.00 : του μίλησε η καθηγήτρια

7 Βάλτε τα ρήματα στον σωστό χρόνο.

1. Όταν της _____ να δουλέψει μαζί μου, αυτή _____ άλλη δουλειά. (ζητάω)(βρίσκω)

2. Εγώ σε _____ τηλέφωνο στις 9:00, αλλά εσύ δεν _____ ακόμα στο σπίτι. (παίρνω)(γυρίζω)

3. _____ στα μαγαζιά, αλλά αυτά δεν _____ ακόμα. (πηγαίνω)(ανοίγω)

4. Εμείς _____ ήδη στην υπάλληλο, όταν _____ τα παιδιά μας στην τράπεζα. (μιλάω)(φτάνω)

5. Η Ιόλη κι ο Γιώργος _____ το διαμέρισμα, όταν _____ ότι οι φίλοι τους _____ πια από την πολυκατοικία. (νοικιάζω)(μαθαίνω)(φεύγω)

8 Πείτε σ' έναν συμμαθητή σας τι είχατε κάνει, όταν... και μιλήστε μεταξύ σας.

π.χ. Όταν ήρθα στο μάθημα σήμερα, είχα ήδη φάει πρωινό, είχα πάει τα παιδιά στο σχολείο, είχα ετοιμάσει το μεσημεριανό κτλ. Εσύ;

Μερικές ιδέες:

όταν ήρθα στο μάθημα... / όταν πήγα να κοιμηθώ... / όταν γύρισα στο σπίτι από το...

9 Τώρα γράψτε μερικά από αυτά που είπατε στην άσκηση 8.

10 Ακούστε τον Ηλία στο τηλέφωνο και σημειώστε σωστό (Σ) ή λάθος (Λ).

1. Ο Ηλίας έψαχνε τη Φανή αλλά δεν μπορούσε να τη βρει.
2. Η Φανή είχε το κινητό της κλειστό.
3. Η Φανή ήταν στο σπίτι της, όταν την πήρε ο Ηλίας.
4. Ο Ηλίας φαίνεται ότι έχει προβλήματα με τη Φανή.
5. Ο Ηλίας ζηλεύει.
6. Ο Ηλίας είναι μικρό παιδί.
7. Της Φανής δεν της αρέσουν τα ψέματα.
8. Αν θέλει η Φανή να είναι με τον Ηλία, δεν πρέπει να του λέει ψέματα.

11 Ακούστε πάλι τον Ηλία, και γράψτε τον διάλογο ανάμεσα στον Ηλία και τη Φανή.

Άκου να σου διηγηθώ τη δική μου ιστορία!

Ο Ταρίκ, ο Θανάσης και η Σίλβια είναι έξω από τον ΟΑΕΔ. Είναι νωρίς και τα γραφεία δεν έχουν ανοίξει ακόμα Ο Ταρίκ είναι απ' το Ιράκ κι η Σίλβια απ' την Αλβανία. Και οι δύο είναι οικονομικοί μετανάστες. Ο Θανάσης είναι Έλληνας. Είναι άνεργος εδώ και μερικούς μήνες κι έχει έρθει στον ΟΑΕΔ για να πάρει το επίδομα ανεργίας.

Ταρίκ	Ξένος κι εσύ;
Θανάσης	Όχι. Εγώ είμαι Έλληνας. Ήρθα να πάρω το επίδομα ανεργίας γι' αυτό τον μήνα. Εσύ από πού είσαι;
Ταρίκ	Είμαι Κούρδος απ' το Ιράκ.
Θανάσης	Κι η κοπελιά;
Σίλβια	Είμαι απ' την Αλβανία. Δούλευα μαζί με τον Ταρίκ σ' ένα μαγαζί. Αλλά τώρα είμαστε κι οι δύο χωρίς δουλειά. Αναρωτιόμασταν αν υπάρχει τίποτα στον ΟΑΕΔ και γι' αυτό ήρθαμε εδώ να δούμε.
Θανάσης	Δύσκολα τα πράγματα, παιδιά. Εγώ ψάχνω τέσσερις μήνες. Βαρέθηκα. Στο κάτω-κάτω η δουλειά είναι δικαίωμα του κάθε ανθρώπου. Δεν έχω δίκιο;
Ταρίκ	Και βέβαια έχεις. Αλλά τι μπορούμε να κάνουμε;
Θανάσης	Δεν ξέρω. Εγώ, πάντως αρνούμαι να δεχτώ ότι η ανεργία είναι... φυσικό φαινόμενο. Δεν είναι δυνατό να θέλεις να δουλέψεις και να μην μπορείς. Για να καταλάβεις, με το επίδομα που παίρνω, αν φάω έξω καμιά φορά, θα είναι για κανένα σουβλάκι.
Σίλβια	Έλα, μην παραπονιέσαι. Υπάρχουν και χειρότερα. Εμείς μένουμε έξι άτομα σε μια γκαρσονιέρα.
Θανάσης	Δεν το πιστεύω! Και πώς τα καταφέρνετε;
Ταρίκ	Ο άνθρωπος καταφέρνει πολλά. Λοιπόν! Άκου να σου διηγηθώ τη δική μου ιστορία. Πριν δύο χρόνια ξεκίνησα με τα πόδια από ένα μέρος στο Ιράκ που λέγεται...

1 Σωστό ή λάθος;

1. Είναι νωρίς το πρωί.
2. Ο Θανάσης είναι μετανάστης.
3. Ο Ταρίκ είναι Αλβανός.
4. Είναι και οι τρεις άνεργοι.
5. Και οι τρεις παίρνουν επίδομα ανεργίας.
6. Ο ΟΑΕΔ βρίσκει εργασία σε αυτούς που δεν έχουν.
7. Η ανεργία είναι φυσικό φαινόμενο.
8. Ο Θανάσης τρώει μόνο σουβλάκια.
9. Η Σίλβια μένει σε μια γκαρσονιέρα.
10. Ο Ταρίκ έφυγε από το Ιράκ με τα πόδια.

☞

ΟΑΕΔ
Οργανισμός
Απασχόλησης
Εργατικού
Δυναμικού

Υπάρχουν και χειρότερα, φίλε.

Μέσα και αποθετικά ρήματα Γ3 και Γ4

Γ3

Ενεστώτας		
	Μέλλοντας/Υποτακτική	θα/να βαρ**εθώ, -εθείς**, κτλ.
βαρ**ιέμαι**	**Αόριστος**	βαρ**έθηκα, -έθηκες**, κτλ.
βαρ**ιέσαι**		
βαρ**ιέται**	**Παρατατικός**	βαρ**ιόμουν(α), -ιόσουν(α)**, κτλ.
βαρ**ιόμαστε**		
βαρ**ιέστε (-όσαστε)**	**Παρακείμενος**	έχω, έχεις, κτλ. βαρ**εθεί**
βαρ**ιούνται**		
	Υπερσυντέλικος	είχα, είχες, κτλ. βαρ**εθεί**

Έτσι κλίνουμε και τα ρήματα *παραπονιέμαι, στενοχωριέμαι, αναρωτιέμαι, χασμουριέμαι* κ.ά.

Τα *στενοχωριέμαι, αναρωτιέμαι* και *χασμουριέμαι* σχηματίζουν τον μέλλοντα και την υποτακτική σε -**ηθώ**, -**ηθείς** κτλ. και τον αόριστο σε -**ήθηκα**, **ήθηκες** κτλ.

! *Συναντιέμαι*: χρησιμοποιούμε αυτό το ρήμα συνήθως στον πληθυντικό, για να δείξουμε ότι δύο ή περισσότερα άτομα συναντάνε το ένα το άλλο. Έτσι, λέμε:

Θα συναντηθούμε αύριο στις πέντε έξω από το σινεμά.

Γ4

Ενεστώτας	**Μέλλοντας/Υποτ.**	θα/να αρν**ηθώ, -ηθείς**, κτλ.	**Παρατατικός**
αρν**ούμαι**	**Αόριστος**	αρν**ήθηκα, -ήθηκες**, κτλ.	αρν**ούμουν**
αρν**είσαι**			αρν**ούσουν**
αρν**είται**			αρν**ούνταν**
αρν**ούμαστε**	**Παρακείμενος**	έχω, έχεις κτλ. αρν**ηθεί**	αρν**ούμασταν**
αρν**είστε**			αρν**ούσασταν**
αρν**ούνται**	**Υπερσυντέλικος**	είχα, είχες κτλ. αρν**ηθεί**	αρν**ούνταν**

Έτσι κλίνουμε και τα ρήματα *ασχολούμαι, διηγούμαι, συνεννοούμαι, εξυπηρετούμαι* κ.ά.

2   Βάλτε τα ρήματα στον σωστό τύπο.

1.   Όταν ήμουνα μικρή _____ με μικρά πράγματα. (στενοχωριέμαι)

2.   Κώστα, σε ποια γλώσσα _____ με την Ισαβέλα; Στα ελληνικά ή στα ισπανικά;
     (συνεννοούμαι)

3.   Εγώ πολλές φορές _____ πώς τα καταφέρνω με 25 μαθητές στην τάξη.
     (αναρωτιέμαι)

4.   Τα εγγόνια σας θα _____ , αν δεν έρθετε. (στενοχωριέμαι)

5.   Χθες τα παιδιά _____ στην καθηγήτρια για το διαγώνισμα. (παραπονιέμαι)

6.   Και χθες και σήμερα η διευθύντρια _____ να τον δει. (αρνούμαι)

7.   Ο Νίκος θα σας _____ τώρα μια πολύ παράξενη ιστορία που έγινε στο Ισραήλ.
     (διηγούμαι)

8.   Με τι _____ τώρα, κύριε Νάκο; (ασχολούμαι)

9.   Δεν _____ να τον ακούτε τόση ώρα; (βαριέμαι)

10. Έχεις _____ ποτέ γιατί οι άνθρωποι _____ ;
     (αναρωτιέμαι)(χασμουριέμαι)

3   Διαβάστε τις ερωτήσεις και μιλήστε μεταξύ σας.

- Υπάρχει ανεργία στη χώρα σου;
- Ξέρεις σε τι ποσοστό βρίσκεται;
- Όταν δεν έχεις δουλειά, τι γίνεται;
- Πόσο είναι το επίδομα ανεργίας στη χώρα σου;
- Για πόσον καιρό το παίρνεις;
- Πόσοι άνθρωποι έχουν σταθερή δουλειά; Πόσοι δουλεύουν περιστασιακά;
- Η ανεργία είναι μεγαλύτερη στους άντρες ή στις γυναίκες;
- Γιατί συμβαίνουν αυτά;
- Τι μπορεί να γίνει;

4   Γράψτε για την ανεργία στη χώρα σας.
Χρησιμοποιήστε μερικά από αυτά που είπατε πιο πάνω καθώς και τις λέξεις
**οικονομικός μετανάστης, ταμείο ανεργίας, οικονομική κρίση, πλήρης και
μερική απασχόληση.**

Ουδέτερα ουσιαστικά σε -ος *No article used*

Ενικός

Ονομαστική	το μέρος	το μέγεθος
Γενική	του μέρους	του μεγέθους
Αιτιατική	το μέρος	το μέγεθος

Πληθυντικός

Ονομαστική	τα μέρη	τα μεγέθη
Γενική	των μερών	των μεγεθών
Αιτιατική	τα μέρη	τα μεγέθη

Έτσι κλίνουμε και:
το τέλος, το άγχος, το μέλος, το γένος, το κράτος, το δάσος, το νέφος,
το λάθος, το ύψος, το μήκος, το βάθος, το βάρος, το έθνος,
το έδαφος, το πέλαγος κ.ά.

5 Βάλτε τα ουσιαστικά στον σωστό τύπο.

1. Στην Αττική δεν υπάρχουν πολλά ___δάση___ . (το δάσος)
2. Δυστυχώς στην πόλη μας υπάρχουν πολλά ___μέρη___ , όπου δεν έχει καθόλου πράσινο. (το μέρος)
3. Μήπως ξέρεις πόσα ___κράτη___ είναι στην Ευρωπαϊκή Ένωση; (το κράτος)
4. Έχω κάνει πολλά ___λάθη___ στη ζωή μου. (το λάθος)
5. Η αρρώστια της ήταν αποτέλεσμα του ___άγχους___ της. (το άγχος)
6. Ο σύλλογός μας σήμερα έχει 452 ___μέλη___ . (το μέλος)
7. Η ελληνική γλώσσα έχει τρία ___γένη___ : το αρσενικό, το θηλυκό και το ουδέτερο. (το γένος)
8. Ο Οργανισμός Ηνωμένων ___εθνών___ στα ελληνικά λέγεται και ΟΗΕ. (το έθνος)

Μου είπε ότι θα πήγαινε στα Κουφονήσια

Αντρέας   Δεν ξέρετε ποιον συνάντησα την περασμένη εβδομάδα!

Χρύσα   Ποιον;

Αντρέας   Τον Αλέξανδρο τον Κεδίκογλου. Τον θυμάστε;

Νότης   Τον Κεδίκογλου τον συμμαθητή μας απ' το λύκειο;

Αντρέας   Ναι! Τελείως τυχαία, ε; Καθόμουνα σ' ένα καφέ στην πλατεία Αριστοτέλους
κι αυτός καθόταν στο διπλανό τραπέζι. Και με ρωτάει: "Μπορώ να πάρω τη ζάχαρη;"
Μετά με κοιτάει για λίγο και μου λέει: "Ο Αντρέας δεν είσαι;" Εγώ δεν τον γνώρισα
αμέσως. Ξέρεις, λιγότερα μαλλιά, περισσότερα κιλά...

Νότης   Ο Αλέξανδρος! Τι μου θυμίζεις τώρα! Και τι σου είπε;

Αντρέας   Να, μου είπε ότι είχε σπουδάσει στη Γαλλία μάρκετινγκ και ότι μετά δούλεψε
σε διάφορες εταιρείες εκεί. Πριν από έναν χρόνο, είπε, γύρισε εδώ στη Σαλονίκη,
γιατί δεν ήθελε να μείνει άλλο στη Γαλλία. "Κατάλαβα ότι μ' αρέσει η ζωή στην
Ελλάδα. Βρήκα και μια καλή δουλειά, βρήκα και τη γυναίκα της ζωής μου," μου
είπε. Με ρώτησε αν βλέπω κανένα συμμαθητή. Του είπα για σας και μου ζήτησε να
συναντηθούμε οπωσδήποτε.

Χρύσα   Πότε; Να τον δούμε, ρε Αντρέα.

Αντρέας   Είπε πως θα πήγαινε για καμιά βδομάδα στα Κουφονήσια. Του αρέσει, λέει,
να κάνει ελεύθερο κάμπινγκ. Μου έδωσε όμως τον αριθμό του κινητού του.
Θα τον πάρω σε κανα-δυό μέρες, να κανονίσουμε.

6   Ρωτήστε και απαντήστε.

1. Ποιος είναι ο Αλέξανδρος Κεδίκογλου;
2. Γιατί ο Αντρέας δε γνώρισε τον Αλέξανδρο αμέσως;
3. Τι ζήτησε ο Αλέξανδρος από τον Αντρέα στο καφέ;
4. Τι τον ρώτησε, όταν τον κοίταξε;
5. Τι είπε ο Αλέξανδρος στον Αντρέα για τη Γαλλία;
6. Γιατί γύρισε στη Θεσσαλονίκη;
7. Τι έγινε όταν γύρισε στη Θεσσαλονίκη;
8. Τι άλλο ρώτησε τον Αντρέα;
9. Τι του ζήτησε;
10. Πού είπε ο Αλέξανδρος ότι θα πήγαινε;
11. Πότε θα τον δουν;
12. Πώς θα επικοινωνήσει ο Αντρέας με τον Αλέξανδρο;

Τι άλλο σου είπε;

Ότι παντρεύτηκε μια Γαλλίδα, αλλά χώρισε μετά από τρία χρόνια.

Πλάγιος λόγος

"Πάω στο σπίτι."	Μου είπε ότι	πάει στο σπίτι. πήγαινε στο σπίτι.
"Θα μείνω εδώ και αύριο."	Μου είπε πως	θα μείνει εδώ και αύριο. θα έμενε εδώ και την επόμενη μέρα.
"Δούλεψα πολύ σήμερα."	Μου είπε ότι	δούλεψε πολύ σήμερα. είχε δουλέψει πολύ εκείνη τη μέρα.
"Έχουμε φάει ήδη."	Μου είπαν πως	έχουν φάει ήδη. είχαν φάει ήδη.
"Τι ώρα είναι;"	Με ρώτησε	τι ώρα είναι. τι ώρα ήταν.
"Θέλεις να έρθεις μαζί μας;"	Με ρώτησε αν/μήπως	θέλω να πάω μαζί τους. (θα) ήθελα να πάω μαζί τους.

Όταν μιλάμε, συχνά μεταφέρουμε στον συνομιλητή μας κάτι που είπαν άλλοι ή εμείς κάποια στιγμή στο παρελθόν. Τότε, μπορούμε

α. να χρησιμοποιήσουμε τον ίδιο χρόνο που είχε χρησιμοποιήσει ο πρώτος ομιλητής

β. να αλλάξουμε

- τον ενεστώτα σε παρατατικό
- τον μέλλοντα σε θα + παρατατικό
- τον αόριστο και τον παρακείμενο σε υπερσυντέλικο

Επίσης αλλάζουμε το πρόσωπο, τον αριθμό, και τη χρονική ή τοπική τοποθέτηση, ανάλογα.

"σήμερα" < σήμερα
          χθες ή εκείνη τη μέρα

"αύριο" < αύριο
         την επόμενη μέρα   "εδώ" < εδώ
                                                      εκεί

"τώρα" < τώρα,
        εκείνη τη στιγμή / την ώρα, αμέσως

"Δώσε μου το αλάτι."	Μου είπε/ζήτησε να του/της δώσω το αλάτι.
"Μου δίνεις το αλάτι;"	Μου είπε/ζήτησε να του/της δώσω το αλάτι.
"Σε παρακαλώ, μη μου μιλάς άσχημα."	Με παρακάλεσε να μην του/της μιλάω άσχημα.

Όταν μεταφέρουμε μια παράκληση ή διαταγή, που συνήθως είναι σε προστακτική, τότε χρησιμοποιούμε υποτακτική.

7 Γράψτε τις προτάσεις στον πλάγιο λόγο.

1. "Έχω πάει πολλές φορές στο Λονδίνο", μου είπε ο Κώστας.

   _____

2. "Το καλοκαίρι θα ταξιδέψουμε στην Αφρική", του είπαν.

   _____

3. "Πώς λένε τον αδελφό σου;" ρώτησε η Αθηνά την Αμαλία.

   _____

4. "Μπορείς να μου δανείσεις πεντακόσια ευρώ;" μου είπε ο Χρόνης.

   _____

5. "Μαγείρεψε εσύ σήμερα.", είπε η Θάλεια στην κόρη της.

   _____

Αντωνυμία "μόνος μου / μόνη μου / μόνο μου"

Ενικός

Ονομ.	μόνος μου/σου(σας)/του	μόνη μου/σου(σας)/της	μόνο μου/σου/του
Αιτιατ.	μόνο μου/σου(σας)/του	μόνη μου/σου(σας)/της	μόνο μου/σου/του

Πληθυντικός

Ονομ.	μόνοι μας/σας/τους	μόνες μας/σας/τους	μόνα μας/σας/τους
Αιτιατ.	μόνους μας/σας/τους	μόνες μας/σας/τους	μόνα μας/σας/τους

π.χ.   Πήγε στο σινεμά *μόνος του*.
Τον συνάντησα *μόνο του*.

---

8   Βάλτε "μόνος μου, μόνη μου, μόνο μου" στον σωστό τύπο.

1. Τελικά, ο Δημήτρης πήγε _____ ταξίδι.
2. Δεν αφήνουμε τα παιδιά _____ ποτέ.
3. Πες μου, Ρένα. Θέλεις να σου κάνω παρέα ή προτιμάς να μείνεις _____ ;
4. Δεν ήταν σωστό να τον αφήσεις _____ μέσα στη νύχτα.
5. Η διευθύντρια ζήτησε να τους δει _____ , χωρίς τους γονείς τους.
6. Εμείς, πάντως, τις είδαμε _____ . Μετά δεν ξέρω τι έγινε.
7. Πώς κατάφερες, άνθρωπέ μου, να ξοδέψεις _____ πεντακόσια ευρώ σε μια ώρα;
8. Το παιδί μας είναι αρκετά μεγάλο κι έτσι πλένεται και ντύνεται _____ .

9 Παίξτε έναν ρόλο!

Δουλέψτε με άλλους δύο συμμαθητές σας. Ο πρώτος λέει στον δεύτερο κάτι κρυφά από τον τρίτο. Ο δεύτερος του απαντάει πάλι κρυφά από τον τρίτο. Ο τρίτος ρωτάει τον πρώτο τι ρώτησε τον δεύτερο και μετά ρωτάει τον δεύτερο τι απάντησε στον πρώτο.

π.χ.   Α : Τι έκανες χτες το βράδυ;

　　　 Β : Έμεινα στο σπίτι.

　　　 Γ : Τι ρώτησες τον...;

　　　 Α : Τον ρώτησα τι έκανε χτες το βράδυ.

　　　 Γ : Κι εσύ τι του απάντησες;

　　　 Β : Του απάντησα ότι έμεινα στο σπίτι.

10 Συναντάτε έναν φίλο σας ή μια φίλη σας που έχετε να δείτε πολλά χρόνια.
Γράψτε τι σας είπε ότι έκανε όλο αυτό τον καιρό.
Χρησιμοποιήστε τα "μου είπε", "με ρώτησε", "μου ζήτησε", "με παρακάλεσε".

11 Ακούστε την ερώτηση και βρείτε τη σωστή απάντηση.

1.	(α) Να μαγειρέψω εγώ κάτι για το βράδυ.
	(β) Αν κοιμήθηκα στο σπίτι μου.
	(γ) Ότι δεν θα πήγαινε στη δουλειά χθες.
2.	(α) Όχι, ταξίδεψε μόνη της.
	(β) Ναι, με όλη την οικογένεια.
	(γ) Νομίζω πως δεν ήταν μόνος του.
3.	(α) Γιατί χασμουρήθηκα.
	(β) Γιατί βαριέμαι σήμερα.
	(γ) Δεν αισθανόμουνα καλά.
4.	(α) Γιατί έχει πάντα δίκιο.
	(β) Γιατί δεν είναι δυνατό.
	(γ) Τι να σου πω; Δεν ξέρω.

Επανάληψη Μαθημάτων 13-17

1 Διαβάστε τις προτάσεις και μετά πείτε τες με αντωνυμίες μόνο. Έπειτα γράψτε τες.

π.χ.   Η Ελένη έδωσε στον Γιάννη τα βιβλία του.
Η Ελένη του τα έδωσε.

1. Η Ελένη έδωσε στον Γιάννη τα βιβλία του.
2. Κάθε μέρα αγοράζω στα παιδιά μια τυρόπιτα.
3. Είπατε στον Άκη και στην Ηρώ τα νέα;
4. Διάβασες στους γονείς σου την εφημερίδα;
5. Θα πάρω τα CD από την Ιόλη.
6. Οι αδελφές μου θα δώσουν σ' εμένα τα λεφτά.
7. Θα προσφέρω στους φίλους μου το γλυκό που έφτιαξα.
8. Εγώ έστειλα στον Ηρακλή αυτή την κάρτα.
9. Θα φέρω στους συμμαθητές μου την εργασία μου.
10. Πήρες τα φρούτα που σου ζήτησαν;

Όχι, μην του το δώσεις! Είναι κακό παιδί!

2 Απαντήστε στην προστακτική.

π.χ.   Α : Ν' ανοίξω το παράθυρο;
B : Ναι, άνοιξέ το.

1. Να ανοίξω το παράθυρο; Ναι, _____ .
2. Να πάρω το αυτοκίνητό σας; Όχι, μην _____ !
3. Να δώσω το γράμμα στην Αγγελική; Ναι, _____ .
4. Ν' αγοράσω αυτή την εφημερίδα; Ναι, _____ .
5. Να ανοίξω το κρασί; Ναι, _____ .
6. Να πάρω για το Λενάκι αυτή την κούκλα; Όχι, μην _____ !
7. Να φάμε τα μακαρόνια τώρα που είναι ζεστά; Ναι, _____ .
8. Να δώσω στους μαθητές αυτές τις ασκήσεις; Όχι, μην _____ .
9. Να στείλουμε στους γονείς σου τα χρήματα; Ναι, _____ .
10. Ν' ακούσουμε αυτό το CD, σας παρακαλώ; Ναι, _____ .

3 Βάλτε τα ρήματα στον σωστό χρόνο.

Ηράκλειο, 14 Οκτωβρίου, 200. . .

Αγαπημένη μου Άστριντ,

––––––––––– (είμαι) καλά; Έχω καιρό να ––––––––––– (παίρνω) νέα σου. Ο Χανς είναι ευχαριστημένος στην καινούργια του δουλειά;

Εμείς το καλοκαίρι τελικά ––––––––––– (πηγαίνω) διακοπές στην Αλόννησο, ένα μικρό νησί του Αιγαίου, νοτιοανατολικά του Βόλου. ––––––––––– (περνάω) δύο αξέχαστες εβδομάδες. ––––––––––– (νοικιάζω) ένα σπιτάκι πάνω στο παλιό χωριό, που είναι πολύ γραφικό. Το πρωί ––––––––––– (κολυμπάω) σε διάφορες παραλίες, τη μια πιο μαγευτική από την άλλη. ––––––––––– (έχω) τη μηχανή μαζί μας κι έτσι το ανέβα-κατέβα ήταν παιχνίδι. Το μεσημέρι ––––––––––– (τσιμπάω) κάτι στην παραλία, όπου ––––––––––– (μένω) μέχρι αργά το απόγευμα. Μετά ––––––––––– (γυρίζω) στο σπίτι, ––––––––––– (πλένομαι) και ––––––––––– (ξεκουράζομαι), και το βράδυ ––––––––––– (τρώω) - και ––––––––––– (πίνω) - καλά σε κάποια από τις ταβέρνες του λιμανιού (που λέγεται Πατητήρι) ή πάνω στο χωριό, που το λένε και Χώρα. Το βράδυ δεν ––––––––––– (κοιμάμαι) ποτέ πριν από τις 2:00. ––––––––––– (είμαι) ακόμα ερωτευμένοι με το νησί αυτό, πραγματικά. Του χρόνου, αν ––––––––––– (έρχομαι) το καλοκαίρι στην Ελλάδα, θα σας ––––––––––– (παίρνω) μαζί μας.

Εσείς, τελικά, ––––––––––– (πηγαίνω) στην Ισπανία;

––––––––––– (γράφω) μου τα νέα σας, οπωσδήποτε.

Με πολλή αγάπη

Κατερίνα

Μάθημα 18

4 Κοιτάξτε τον πίνακα και μιλήστε μεταξύ σας.

π.χ.   Α : Ποιος μαθητής είναι καλύτερος στα μαθηματικά; Ο Γιώργος ή ο Αντρέας;
       Β : Ο Αντρέας.
       Α : Και ποιος είναι ο καλύτερος από τους τρεις;
       Β : Ο Μιχάλης.

Υπολογιστής Apple	Υπολογιστής Quest	Υπολογιστής Toshiba
€2.500	€1.750	€1.390
Μαρία	**Άννα**	**Άρτεμις**
1,53 μ.	1,78 μ.	1,70 μ.
Γιώργος	**Μιχάλης**	**Αντρέας**
Μαθηματικά 6/10	Μαθηματικά 9/10	Μαθηματικά 8/10
Φυσική 7/10	Φυσική 8/10	Φυσική 9/10
Φίατ	**Όπελ**	**Φολκσβάγκεν**
6λ./100χιλ.	7λ./100χιλ.	8λ./100χιλ.
το σπίτι δίπλα	το σπίτι απέναντι	το σπίτι στη γωνία
1978	1996	1982

5 Βάλτε τα άρθρα και τα ουσιαστικά στον σωστό τύπο.

1. Στα ελληνικά __το πέλαγος__ ταξιδεύουν κάθε μέρα πολλά πλοία. (το πέλαγος)
2. Η Εθνική Βιβλιοθήκη είναι στην __οδό__ Πανεπιστημίου. (η οδός)
3. Ο αριθμός __κρατος__ που συμφώνησαν ήταν μικρός. (το κράτος)
4. Η πιο γνωστή πόλη __στην Σάμο__ είναι το Πυθαγόρειο. (η Σάμος)
5. Το θέατρο της αρχαίας __της Επίδαυρου__ είναι κοντά στην Κόρινθο. (η Επίδαυρος)
6. Εκείνο το ταξίδι ήταν η αρχή __το τέλος__ του γάμου τους. (το τέλος)
7. Μίλησα με δύο από __η ηθοποιός__ που παίζουν στην ταινία. (η ηθοποιός)
8. Ο μισθός είναι καλύτερος, αλλά και __άγχος__ περισσότερο. (το άγχος)
9. Η αστυνομία είχε κλείσει όλες __έξοδος__ του ξενοδοχείου. (η έξοδος)
10. Ένα από τα μεγαλύτερα __το λάθος__ μου ήταν ότι παντρεύτηκα μικρή. (το λάθος)

142

6 Γράψτε τις προτάσεις στον πλάγιο λόγο.

1. "Πόσα λεφτά σού έδωσαν τελικά;" τον ρώτησε η Ελένη.

   _____

2. "Τα Χριστούγεννα θα πάμε στη Βιέννη", είπαν οι γονείς τους.

   _____

3. "'Έχω κοιμηθεί μόνο τρεις ώρες", μας είπε ο Τάκης.

   _____

4. "Μη φύγεις τώρα. Μείνε λίγο ακόμα", της είπε ο φίλος της.

   _____

5. "Πού θα φάμε;", ρώτησαν τα παιδιά τη μαμά τους.

6. "Σας παρακαλώ, μην πετάτε σκουπίδια κάτω", είπε ο οδηγός του λεωφορείου στα παιδιά.

   _____

7. "Δώσ' του να φάει", είπε στην κόρη της.

   _____

8. "Πόση ώρα θα περιμένουμε ακόμα;" ρώτησαν οι μαθητές.

   _____

> Δεν υπάρχει κανένας χριστιανός να μου φέρει λίγο φρέσκο ψάρι;

7 Διαλέξτε το σωστό.

1. Χθες το βράδυ δεν *πηγαίναμε / πήγαμε* πουθενά. *Μείναμε / μέναμε* στο σπίτι.
2. Το μπάνιο είναι ελεύθερο. Θέλεις να *πλύνεις / πλυθείς* πρώτη;
3. Βρε, τον Λεωνίδα! Καλώς *τον / την*.
4. Μου *λέτε / πέστε* κάτι, σας παρακαλώ;
5. Τον *έχω δει / είδα* το περασμένο Σάββατο.
6. Βγήκε από το δωμάτιο *έκλαιγε / κλαίγοντας*.
7. Καθώς *περπατούσα / περπάτησα*, κάποιος μου *πήρε / έπαιρνε* την τσάντα μου.
8. Της Δάφνης και της Άλκηστης δεν *τους / τις* άρεσε το έργο καθόλου.
9. Ενώ εμείς *διαβάζαμε / διαβάσαμε* στη βιβλιοθήκη, οι άλλοι τα *έπιναν / ήπιαν* στο ταβερνάκι.
10. Αν έχεις πρόβλημα με τα μάτια σου, γιατί δεν *πας / πήγαινες* στον οφθαλμίατρο;
11. Τα προβλήματά σου δεν θα τα λύσεις *μιλώντας / να μιλήσεις* με τις ώρες στο τηλέφωνο.
12. *Είχαν / έχουν* φύγει, όταν άρχισε η μουσική και ο χορός.

Μάθημα 18

8 Ζητήστε τα ίδια πράγματα πιο ευγενικά.

π.χ. Άνοιξε την πόρτα!
      Ανοίγεις την πόρτα, σε παρακαλώ;

1. Άνοιξε την πόρτα!

   _____

2. Δώστε μου το τετράδιό σας!

   _____

3. Πείτε μας για το διαμέρισμα.

   _____

4. Γράψε μου αυτό το γράμμα!

   _____

5. Βάλτε της λίγο κρασί ακόμα!

   _____

6. Βάλε μου είκοσι ευρώ βενζίνη!

   _____

7. Δώσ' του το τηλέφωνό σου!

   _____

8. Φέρτε μας μια μπίρα!

   _____

9 Βάλτε τα ρήματα στον σωστό τύπο.

1. Δεν μπορείς να _____ ότι σου άρεσε η ξαδέρφη μου. (αρνούμαι)

2. Ο παππούς μου _____ , όταν είδε τον διαρρήκτη στο σαλόνι. (κρύβομαι)

3. Όταν ήρθε το ταξί, εμείς ακόμα δεν _____ . (σηκώνομαι)

4. Ο Άγις έκλεισε τραπέζι στο εστιατόριο, την ώρα που εγώ _____ . (ντύνομαι)

5. Εμένα δε μ'αρέσει αυτή η δουλειά και δε θέλω να _____ . (μπλέκομαι)

6. Τα παιδιά _____ νωρίς, γιατί ήταν κουρασμένα. (κοιμάμαι)

7. Χθες ο Παύλος μάς _____ πώς βρέθηκε στην Αφρική. (διηγούμαι)

8. Εσύ _____ κιόλας, ε; Εγώ θα είμαι έτοιμη σε είκοσι λεπτά. (ετοιμάζομαι)

9. Η θεία σου _____ πολύ, όταν έμαθε πως είσαι άρρωστη. (στενοχωριέμαι)

10. Μην πας στη γιορτή της Ελένης, γιατί σίγουρα θα _____ . (βαριέμαι)

144

10   Ταιριάξτε τις ερωτήσεις με τις απαντήσεις.

1. Τι έκανες όταν έφτασαν οι γονείς σου;

2. Πώς θα πας στο θέατρο από 'δώ;

3. Μπορώ να καπνίσω;

4. Έχω προβλήματα με το στομάχι μου.
   Τι να κάνω;

5. Κρυώνω λίγο. Να κλείσω το παράθυρο;

6. Πώς ήταν το έργο;

7. Άκουσες τα νέα στην τηλεόραση στις δώδεκα;

8. Μπορείς να μου δανείσεις δέκα ευρώ;

9. Τι σου είπε η διευθύντρια;

10. Σας έδωσε όλες τις φωτογραφίες;

α. Δυστυχώς δεν έχω καθόλου λεφτά
   επάνω μου.

β. Πήγαινε σ' έναν γαστρεντερολόγο.

γ. Μου ζήτησε να δουλέψω το Σάββατο.

δ. Όχι, δε μας τις έδωσε όλες.

ε. Κλείστε το, αν θέλετε.

ζ. Δούλευα στον κήπο.

η. Όχι, κύριε. Απαγορεύεται.

θ. Μάλλον περπατώντας. Είναι αρκετά
   κοντά.

ι. Α, δε μ' άρεσε καθόλου.

κ. Όχι, είχα ήδη κοιμηθεί.

11   Λύστε το σταυρόλεξο.

Οριζόντια

1. Μη _____ , Βάσω μου. Όλα θα πάνε καλά.

2. Την ώρα που εσύ _____ , εγώ μαγείρεψα
   και διάβασα και την εφημερίδα.

3. Μπορείς να μου _____ 50 ευρώ;
   Θα σου τα επιστρέψω το Σάββατο.

4. "Η Μαρία είμαι, κύριε Φώτη. Είναι και
   η Ηρώ μαζί μου." "Καλώς _____ ! Ελάτε!"

Κάθετα

1. "Να σου δώσω τα λεφτά τώρα;"
   "Ναι, _____ μού τα."

2. Το σπίτι τους έχει δύο _____ .
   Μία μπροστά και μία πίσω.

3. Εσύ πήγαινε, αν θέλεις. Εγώ _____
   να έρθω.

4. Ήταν μία από τις _____ ταινίες που έχω
   δει ποτέ.

Μάθημα 18

 Καλοκαιρινά φεστιβάλ στην Ελλάδα

Στην Ελλάδα κάθε καλοκαίρι, από τον Ιούνιο ώς τον Σεπτέμβριο, σε διάφορα αρχαία και σύγχρονα θέατρα γίνονται πολλά φεστιβάλ.

Το Φεστιβάλ Αθηνών είναι ίσως το πιο σημαντικό. Γίνεται στο αρχαίο θέατρο Ηρώδου του Αττικού ή αλλιώς Ηρώδειο, που είναι κάτω από την Ακρόπολη. Σ' αυτό συμμετέχουν συμφωνικές ορχήστρες, γνωστοί σολίστες, μπαλέτα, θεατρικά συγκροτήματα και μεγάλοι τραγουδιστές, τόσο από την Ελλάδα, όσο και από άλλες χώρες του κόσμου.

Το θέατρο είναι κάθε βράδυ γεμάτο με αυτούς που έρχονται ν' ακούσουν καλή μουσική, να δουν κάποιο γνωστό μπαλέτο ή όπερα ή, ακόμα, να παρακολουθήσουν κάποια αρχαία ελληνική τραγωδία ή κωμωδία.

Τον ίδιο σχεδόν καιρό, σ' ένα άλλο αρχαίο θέατρο στην Πελοπόννησο, το θέατρο της Επιδαύρου, που απέχει περίπου 140 χιλιόμετρα από την Αθήνα, γίνεται το Φεστιβάλ Επιδαύρου. Εκεί συνήθως μπορεί κανείς να παρακολουθήσει αρχαίες ελληνικές τραγωδίες και κωμωδίες από γνωστούς θιάσους με μεγάλους ηθοποιούς, ή και συναυλίες με γνωστά ονόματα ελλήνων και ξένων μουσικών και τραγουδιστών.

Στα πλαίσια του Φεστιβάλ Αθηνών γίνονται και πολλές μουσικές εκδηλώσεις στον λόφο του Λυκαβηττού, που βρίσκεται στο κέντρο της Αθήνας, όπου τα τελευταία χρόνια πάνε χιλιάδες Αθηναίοι, κυρίως νέοι. Τραγουδιστές και μουσικοί απ' όλο τον κόσμο παίζουν και τραγουδούν μοντέρνα ελληνική και ξένη μουσική.

12 Ρωτήστε και απαντήστε.

1. Πού γίνονται καλοκαιρινά φεστιβάλ στην Ελλάδα;
2. Πότε γίνονται;
3. Πού γίνεται το Φεστιβάλ Αθηνών;
4. Τι μπορεί να παρακολουθήσει κανείς σ' αυτό το φεστιβάλ;
5. Πού είναι η Επίδαυρος;
6. Πόσο απέχει από την Αθήνα;
7. Τι μπορεί να δει κανείς στην Επίδαυρο;
8. Τι γίνεται στον Λυκαβηττό;
9. Τι μουσική μπορεί να ακούσει κανείς εδώ;

13 Ταιριάξτε τις λέξεις με τους ορισμούς.

1. πάρα πολύ παλιό
2. ομάδες, γκρουπ
3. του θεάτρου
4. βλέπουν
5. μεγάλες ορχήστρες κλασικής μουσικής
6. παίρνουν μέρος
7. είναι μακριά

α. συμμετέχουν
β. συμφωνικές ορχήστρες
γ. αρχαίο
δ. συγκροτήματα
ε. θεατρικά
ζ. παρακολουθούν
η. απέχει

14 Βάλτε τις λέξεις στον σωστό τύπο.

> αρχαίος - ορχήστρα - κωμωδία - συμμετέχω - τραγωδία - παρακολουθώ

1. Ο Σοφοκλής και ο Ευριπίδης έγραψαν πολλές _____ . Ο Αριστοφάνης έγραψε μόνο _____ .
2. Η Φιλαρμονική του Βερολίνου είναι από τις πιο γνωστές _____ του κόσμου.
3. Κάθε χρόνο πολλοί νέοι τραγουδιστές _____ στον διαγωνισμό "Μαρία Κάλλας".
4. Οι Έλληνες σήμερα δε μιλάνε _____ ελληνικά. Μιλάνε νέα ελληνικά.
5. Εκατομμύρια άνθρωποι κάθε τέσσερα χρόνια _____ τους Ολυμπιακούς Αγώνες στην τηλεόραση.

15 Βρείτε πληροφορίες σχετικά με το θέατρο Ηρώδου του Αττικού και το θέατρο της Επιδαύρου, ετοιμάστε μια μικρή ομιλία, και παρουσιάστε την στην τάξη στο επόμενο μάθημα.

16 Γράψτε για ένα φεστιβάλ που γίνεται στη χώρα σας.

Μάθημα 19

Τώρα πρέπει να ξυπνάω και να κοιμάμαι νωρίς

Ο Αποστόλης, μόλις πήρε το πτυχίο του, πήγε στον στρατό για να κάνει τη θητεία του. Εδώ κι ένα μήνα είναι φαντάρος στη Θήβα. Όπως καταλαβαίνετε, έχουν αλλάξει αρκετά πράγματα στην καθημερινή του ζωή. Όσον καιρό θα είναι φαντάρος, δε θα βγαίνει έξω ό,τι ώρα θέλει. Θα κοιμάται και θα ξυπνάει νωρίς, θα τρώει τα φαγητά που μαγειρεύουν στο στρατό... Για την καινούργια του ζωή γράφει ένα σύντομο γράμμα στην ξαδέρφη του.

Θήβα, 8 Νοεμβρίου 200...

Αγαπημένη μου ξαδερφούλα,

Πάει ένας μήνας κιόλας που είμαι φαντάρος. Η καλή ζωή που ξέραμε είναι πια παρελθόν. Πρέπει να ξυπνάω στις έξι το πρωί, να φοράω τη στολή μου από το πρωί ώς το βράδυ, και να κοιμάμαι νωρίς. Ο μεσημεριανός ύπνος είναι παρελθόν. Ούτε σινεμά, ούτε μπαράκια, ούτε κουβεντούλα ώς τις 3 το πρωί. Στους ανωτέρους πρέπει να μιλάω πάντα στον πληθυντικό, ακόμα κι αν είναι μικρότεροι από μένα. Τους είπα ότι δε μ' αρέσει να καθαρίζω πατάτες αλλά δε μου έδωσαν καμία σημασία. Δε θα καπνίζεις εδώ, δε θα κάθεσαι εκεί... Δύσκολα τα πράματα ξαδερφούλα, αλλά πρέπει να κάνω υπομονή. Πού θα πάει; Θα συνηθίσω.

Σε φιλώ

Αποστόλης

Υ.Γ. Έλα να με δεις την Κυριακή και, αν μπορείς, φέρε μου και μια κούτα τσιγάρα.

---

1   Ρωτήστε και απαντήστε.

1. Τι σπούδασε ο Αποστόλης;
2. Γιατί πήγε στον στρατό;
3. Πόσον καιρό είναι φαντάρος ο Αποστόλης;
4. Σε ποιόν έγραψε;
5. Πριν πάει φαντάρος, κοιμόταν νωρίς ή αργά;
6. Και τώρα;
7. Τι λέει για τη στολή του;
8. Πώς πρέπει να μιλάει στους ανωτέρους του;
9. Τι έγινε όταν είπε ότι δεν του αρέσει να καθαρίζει πατάτες;
10. Τι μπορεί να κάνει ο Αποστόλης, για να περάσει εύκολα ο καιρός;

Έχασα 12 κιλά από τη μέρα που ήρθα.

Συνεχής μέλλοντας

καθαρίζω

	καθαρίζω
	καθαρίζεις
θα	καθαρίζει
	καθαρίζουμε
	καθαρίζετε
	καθαρίζουν(ε)

Το Σάββατο όλο το πρωί *θα μαγειρεύω*.
Για ένα μήνα *θα μιλάω* μόνο ελληνικά.

Από αύριο *θα τρώω* μόνο φρούτα το βράδυ.
Από τη Δευτέρα *θα κοιμόμαστε* πιο νωρίς.

Τον συνεχή μέλλοντα χρησιμοποιούμε για να εκφράσουμε μια πράξη που θα γίνεται συνέχεια ή με επανάληψη στο μέλλον.

Εκφράσεις που χρησιμοποιούμε με τον συνεχή μέλλοντα

1. Διάρκεια
– σήμερα/αύριο όλη τη μέρα / τη νύχτα κτλ.
– όλο το καλοκαίρι, όλο τον χρόνο κτλ.
– για τις επόμενες δύο ώρες κτλ.

2. Επανάληψη
– από σήμερα/αύριο, από την άλλη εβδομάδα, από του χρόνου κτλ.

2 Διαλέξτε τον σωστό τύπο του μέλλοντα.

1. Απόψε *θα βγω / θα βγαίνω* με την αδερφή της Ειρήνης.
2. Από τη Δευτέρα ο Κώστας *θα σηκωθεί / θα σηκώνεται* στις εφτά.
3. Σήμερα το απόγευμα *θα ξεκουραστώ / θα ξεκουράζομαι* μισή ώρα.
4. Από του χρόνου τ' αδέλφια μου *θα δουλέψουν / θα δουλεύουν* στην ίδια εταιρεία.
5. Εφέτος το καλοκαίρι *θα πάω / θα πηγαίνω* κάθε μέρα για μπάνιο.
6. Πότε *θα πουλήσετε / θα πουλάτε* το αυτοκίνητό σας;
7. Το σαββατοκύριακο *θα φάμε / θα τρώμε* σ' ένα φιλικό σπίτι.
8. Από τον άλλο μήνα *θα πληρώσω / θα πληρώνω* 500 ευρώ τον μήνα ενοίκιο.
9. Τον Αύγουστο τα παιδιά *θα ταξιδέψουν / θα ταξιδεύουν* με τη γιαγιά τους.
10. Όλο το καλοκαίρι τα καταστήματα *θα μείνουν / θα μένουν* ανοιχτά ως τις 9.00.

3 Τελειώστε τις προτάσεις, όπως εσείς νομίζετε. Χρησιμοποιήστε συνεχή μέλλοντα. ✎

1. Από αύριο το πρωί θα _____

2. Την επόμενη Κυριακή όλη τη μέρα θα _____

3. Του χρόνου το καλοκαίρι θα _____

4. Σου υπόσχομαι ότι όλο το σαββατοκύριακο θα _____

5. Σήμερα όλη τη νύχτα θα _____

6. Από τον Σεπτέμβριο τα σχολεία θα _____

7. Από τον άλλο μήνα ο Γιάννης δεν θα _____

4 Βρείτε τρία βασικά ελαττώματά σας και μιλήστε γι' αυτά σ' έναν συμμαθητή σας. Μετά πείτε του τι αποφάσεις πήρατε γι' αυτά. Αυτός θα σας πει για τα δικά του.

π.χ.   Κοιμάμαι πολύ αργά το βράδυ αλλά από αύριο θα πηγαίνω για ύπνο στις δέκα και μισή.

5 Γράψτε τις προτάσεις που είπατε πιο πάνω. ✎

Κοιτάξτε! ☉ ☉

πρωινός, -ή, -ό μεσημεριανός, -ή, -ό απογευματινός, -ή, -ό βραδινός, -ή, -ό νυχτερινός, -ή, -ό	καθημερινός, -ή, -ό σημερινός, -ή, -ό αυριανός, -ή, -ό χθεσινός, -ή, -ό	περσινός, -ή, -ό φετινός, -ή, -ό

6 Βάλτε το σωστό.

1. Για μένα, ο _____ ύπνος είναι πολύ σημαντικός. (μεσημέρι)

2. Το ψωμί δεν είναι φρέσκο. Είναι _____ . (χθες)

3. Ο υπολογιστής έχει γίνει κομμάτι της _____ του ζωής. (κάθε μέρα)

4. Αυτό που σας είπα, θα το διαβάσετε στις _____ εφημερίδες. (αύριο)

5. Το _____ διάλειμμα διαρκεί μισή ώρα. (πρωί)

6. Τα _____ μοντέλα ήταν ωραιότερα από τα _____ . (πέρσι) (φέτος)

7. Πολλά έχουν αλλάξει στη _____ Ελλάδα. (σήμερα)

Συνεχής υποτακτική

έρχομαι		έρχομαι
		έρχεσαι
		έρχεται
	να	ερχόμαστε
		έρχεστε
		έρχονται

Από αύριο πρέπει *να πληρώνουμε* το ενοίκιο στην τράπεζα.
Δεν μπορούσα *να δουλεύω* δέκα ώρες συνέχεια. Γι' αυτό άλλαξα δουλειά.
Προτιμάει *να μην παίζει* χαρτιά με τη γυναίκα του, γιατί μαλώνουν.

Τη συνεχή υποτακτική χρησιμοποιούμε για να εκφράσουμε μια πράξη που έγινε, γίνεται ή θα γίνεται συνέχεια ή με επανάληψη.

Κάποια ρήματα παίρνουν πάντα συνεχή υποτακτική. Τα πιο συνηθισμένα από αυτά είναι:

μ' αρέσει	Δεν της αρέσει *να βγαίνει* έξω το βράδυ.
αρχίζω	Από πότε άρχισες *να καπνίζεις*;
συνεχίζω	Θα συνεχίσουν *να έρχονται* αργά στη δουλειά.
βλέπω	Την είδα *να χορεύει* με τον άντρα σου.
ακούω	Τους άκουσε *να λένε* ότι θα φύγουν απ' την Ελλάδα.

7 Βάλτε τον σωστό τύπο της υποτακτικής.

1. Δεν μπορεί να _____ αύριο, γιατί έχει δουλειά. (έρχομαι)
2. Η Έλλη άρχισε να _____ ιταλικά. (μαθαίνω)
3. Θα ήθελα να _____ αυτές τις κάλτσες, παρακαλώ. (αλλάζω)
4. Ο γιατρός μού είπε να μην _____ κόκκινο κρέας πια. (τρώω)
5. Θα ήθελα, παιδιά, να _____ για το σχολείο στην ώρα σας. (φεύγω)
6. Ο Αλέκος δεν μπορεί να _____ από το κρεβάτι, γιατί έχει πυρετό. (σηκώνομαι)
7. Δεν τους αρέσει να _____ αργά. (κοιμάμαι)
8. Τι ώρα ήταν, όταν τους άκουσες να _____ ; (μπαίνω)
9. Δεν άκουσε τον γιατρό και συνέχισε να _____ . (καπνίζω)
10. Το καλοκαίρι λένε να _____ στην Έφεσσο για να _____ τα αρχαία. (πηγαίνω) (βλέπω)

Μάθημα 19

8

Κοιτάξτε τις πληροφορίες για τη Ρένα, τον Λευτέρη και την Έφη καθώς και τα επαγγέλματα στο πλαίσιο, και μιλήστε μεταξύ σας.

π.χ.   Τι αρέσει στη Ρένα να κάνει; Τι δεν της αρέσει να κάνει; Τι δεν την πειράζει να κάνει;
Τι νομίζεις ότι μπορεί να γίνει η Ρένα;
Γιατί; Εγώ δε συμφωνώ. Νομίζω ότι μπορεί να γίνει...

Ρένα

της αρέσει να	μιλάει μαγειρεύει χτενίζει τις φίλες της βλέπει τηλεόραση	δεν της αρέσει	να δουλεύει σε γραφείο κάνει δουλειές του σπιτιού
			ο θόρυβος
δεν την πειράζει να	στέκεται		

Λευτέρης

του αρέσει να	συναντάει κόσμο δουλεύει το βράδυ ταξιδεύει οδηγεί	δεν του αρέσει να	λέει στους άλλους τι πρέπει να κάνουν μαγειρεύει δουλεύει με τα χέρια του φοράει στολή
δεν τον πειράζει να	δουλεύει πολλές ώρες φροντίζει άλλους ανθρώπους		

Έφη

της αρέσει να	δουλεύει το βράδυ φοράει στολή κάνει τις δουλειές του σπιτιού συναντάει κόσμο διαβάζει	δεν της αρέσει	να ταξιδεύει φοράει ακριβά ρούχα κάθεται πολλή ώρα δουλεύει με τα χέρια της
			ο θόρυβος
δεν την πειράζει να	φροντίζει άλλους ανθρώπους		

αστυνομικός - οδηγός ταξί - κομμωτής/κομμώτρια - φωτογράφος - πωλητής/πωλήτρια - διευθυντής/διευθύντρια - ραλίστας/ραλίστρια - πιλότος - νοσοκόμος/νοσοκόμα - μάγειρας/μαγείρισσα

9 Μιλήστε μεταξύ σας.
Σκεφτείτε με ένα συμμαθητή σας μια νέα κατάσταση στη ζωή σας
και στη ζωή του (π.χ. τώρα μένετε στην Ελλάδα, τώρα πια είστε
παντρεμένος/η, τώρα έχετε αυτοκίνητο, κτλ.)
Σημειώστε μερικά από τα πράγματα που (δεν) θα κάνετε ή (δεν) πρέπει να κάνετε.
Ο συμμαθητής σας θα σας κάνει διαφορες ερωτήσεις.
Χρησιμοποιήστε συνεχή μέλλοντα και συνεχή υποτακτική.

π.χ. Τώρα που έχω αυτοκίνητο, μπορώ να ξυπνάω πιο αργά το πρωί, αλλά πρέπει να
πηγαίνω τον άντρα μου στη δουλειά του.

10 Γράψτε μια κάρτα ή ένα σύντομο γράμμα σε κάποιον φίλο ή φίλη σας.
Γράψτε του για μια νέα κατάσταση στη ζωή σας.
Χρησιμοποιήστε συνεχή μέλλοντα και συνεχή υποτακτική.

11 Ακούστε τον διάλογο και απαντήστε στις ερωτήσεις.

1. Πού είναι ο κύριος Γαλανόπουλος;
2. Τι πρόβλημα έχει;
3. Το πρόβλημά του είναι πολύ μεγάλο;
4. Τι πρέπει να κάνει από 'δώ και πέρα;
5. Τι πρέπει να κάνει τουλάχιστον δύο φορές τη βδομάδα;
6. Τι πρέπει να κάνει καθημερινά;
7. Τι θα γίνει με τη δίαιτά του;
8. Πώς βλέπει τη ζωή τώρα ο κύριος Γαλανόπουλος;
9. Τι του λέει ο γιατρός;

Αν πήγαινα να ζήσω εκεί, θα έπαιρνα μαζί μου...

Πριν από λίγες μέρες, στον σταθμό Νότος FM ξεκίνησε ένα ραδιοφωνικό παιχνίδι σχετικά με τα βιβλία, τα CD, τα εργαλεία και τις συσκευές που θα έπαιρνε κανείς μαζί του, αν πήγαινε να ζήσει σ' ένα σπιτάκι μακριά από τον πολιτισμό για τρεις μήνες. Το παιχνίδι, που λέγεται "Τι θα έπαιρνες μαζί σου", συντονίζει και παρουσιάζει ο δημοσιογράφος Λάμπρος Νικολάου.

κ. Νικολάου ...Εσείς, κύριε Ρέππα, τι θα παίρνατε μαζί σας; Σας θυμίζω: δεν μπορείτε να πάρετε περισσότερα από τρία βιβλία, τρία CD, και τέσσερα εργαλεία ή συσκευές.

κ. Ρέππας Να σας πω. Ε... νομίζω πως αν έφευγα μακριά από την πόλη για κάποιο χρονικό διάστημα, θα έπαιρνα μαζί μου την "Αναφορά στον Γκρέκο" του Καζαντζάκη, τα ποιήματα του Σεφέρη, και το "Εκατό Χρόνια Μοναξιά" του Μάρκες. Βιβλία που μπορείς να διαβάσεις ξανά και ξανά, και κάθε φορά να βρίσκεις κάτι καινούργιο. Από CD θα διάλεγα νομίζω μία συμφωνία του Μότσαρτ, ίσως την τριάντα εννιά, ένα CD με δημοτικά από όλη την Ελλάδα, κι ένα με τις καλύτερες στιγμές της τζαζ.

κ. Νικολάου Από εργαλεία ή συσκευές τι θα παίρνατε μαζί σας;

κ. Ρέππας Για να ακούω τα CD μου, χρειάζομαι φυσικά ένα CD player που να λειτουργεί με μπαταρίες. Μας μένουν λοιπόν άλλα τρία. Δύσκολο να διαλέξει κανείς. Ίσως έναν αναπτήρα, έναν δυνατό φακό και, βεβαίως, ένα κοφτερό μαχαίρι.

κ. Νικολάου Δε θα παίρνατε ένα ρολόι;

κ. Ρέππας Α, όχι! Με τίποτε. Ξέρετε, ένα από τα καλά αυτής της ιστορίας είναι ακριβώς ότι έχεις τη δυνατότητα να χάσεις την αίσθηση του χρόνου.

κ. Νικολάου Ενδιαφέροντα αυτά που μας είπατε, κύριε Ρέππα.

κ. Ρέππας Ενδιαφέρουσα, επιτρέψτε μου να πω, είναι η κεντρική ιδέα αυτού του παιχνιδιού. Γιατί, πέρα απ' όλα τα άλλα, μας κάνει όλους να σκεφτούμε πόσο πιο απλή μπορεί να είναι η ζωή μας.

1 Σωστό ή λάθος;

1. Το παιχνίδι γίνεται στην τηλεόραση.
2. Λέγεται "Τι θα άφηνες στο σπίτι;".
3. Το παρουσιάζει ο Λάμπρος Νικολάου.
4. Ο κ. Ρέππας θα έπαιρνε μαζί του μόνο ένα βιβλίο.
5. Δε θα έπαιρνε μαζί του καθόλου CD.
6. Θα έπαιρνε ένα κοφτερό μαχαίρι κι έναν φακό.
7. Ο δημοσιογράφος τού προτείνει να πάρει ένα ρολόι.
8. Ο κ. Ρέππας λέει ότι θα έπαιρνε ένα ρολόι, γιατί θα ήθελε συχνά να ξέρει τι ώρα είναι.
9. Ο δημοσιογράφος βρίσκει ενδιαφέροντα αυτά που λέει ο κ. Ρέππας.
10. Ο κ. Ρέππας λέει ότι το παιχνίδι δεν είναι ενδιαφέρον.

Υποθετικός λόγος - Β' Τύπος

Αν **μιλούσα** καλύτερα ελληνικά, **θα έβρισκα** δουλειά.

παρατατικός   θα + παρατατικός

Αν **πήγαινες** αύριο, **θα ερχόμουν** κι εγώ.

παρατατικός   θα + παρατατικός

Τον β' τύπο του υποθετικού λόγου χρησιμοποιούμε για να εκφράσουμε μια υπόθεση για το παρόν ή το μέλλον
(α) που είναι **αντίθετη με την πραγματικότητα**
(β) που είναι **πιθανή**.

Με τον β' τύπο του υποθετικού λόγου μπορούμε να εκφράσουμε και μια υπόθεση που κάνουμε για το παρελθόν και που είναι, βεβαίως, αντίθετη με την πραγματικότητα.

  Το "θα" + παρατατικός ονομάζουμε **δυνητική**.

---

2 Ταιριάξτε τις προτάσεις.

1. Αν πήγαινες τώρα στο σχολείο,
2. Αν έβλεπες λιγότερες ώρες τηλεόραση,
3. Αν ήξερα μουσική και είχα καλή φωνή,
4. Αν διάβαζες λίγο περισσότερο,
5. Αν ερχόσουνα χθες πιο νωρίς στο σπίτι,
6. Αν δεν της μιλούσες άσχημα,
7. Αν ξεκινούσες αύριο στις εφτά,

α. θα ήμουνα τραγουδιστής.
β. θα ήσουνα ο καλύτερος μαθητής.
γ. θα έβλεπες την καθηγήτριά σου.
δ. δεν θα έφευγε θυμωμένη.
ε. θα έφτανες πριν από τις δώδεκα.
ζ. θα έβρισκες φαγητό.
η. θα είχες περισσότερους φίλους.

3 Βάλτε τα ρήματα στον σωστό τύπο.

1. Αν _____ εσύ, _____ σου _____ καλύτερη τιμή ο Περικλής.
(πληρώνω) (κάνω)

2. _____ σου _____ το αυτοκίνητό του, αν του το _____ ευγενικά.
(δίνω) (ζητάω)

3. Αν εσύ δεν _____ , _____ να πάμε σινεμά στις 11.00. (βαριέμαι) (μπορώ)

4. Αν τα παιδιά _____ τα δόντια τους σωστά και συχνά, δεν _____ τον
οδοντίατρο. (πλένω) (χρειάζομαι)

5. Αν εμείς _____ ξένες γλώσσες, _____ πιο συχνά. (μιλάω) (ταξιδεύω)

6. _____ σου _____ τα λεφτά εγώ σήμερα, αν το _____ . (φέρνω)
(θυμάμαι)

4 Πείτε σε μερικούς φίλους σας που έχουν κάποιο πρόβλημα τι να κάνουν.

π.χ.   Α : Όταν η γυναίκα μου μιλάει ελληνικά με τις φίλες της, δεν καταλαβαίνω τίποτε.
(μαθαίνω ελληνικά)
Β : Εγώ στη θέση σου θα μάθαινα ελληνικά.

1. Όταν η γυναίκα μου μιλάει ελληνικά με τις φίλες της, δεν καταλαβαίνω τίποτε.
(μαθαίνω ελληνικά)
2. Δε μ' αρέσει καθόλου η δουλειά που κάνω. (βρίσκω μια άλλη)
3. Έχω συνέχεια προβλήματα με το στομάχι μου. (πηγαίνω στο γιατρό)
4. Προσπάθησα πολλές φορές να χάσω βάρος, αλλά δεν τα κατάφερα. (κόβω τα γλυκά)
5. Τα παιδιά μου δεν μ' ακούνε καθόλου. (προσπαθώ να γίνω φίλος μαζί τους)
6. Έχασα τον άντρα μου και δεν μπορώ να τον βρω πουθενά. (δεν κάνω τίποτε)
7. Λέω ν' αγοράσω μεταχειρισμένο αυτοκίνητο. (αγοράζω καινούργιο)
8. Τελευταία αισθάνομαι συνέχεια κουρασμένος. (δεν εργάζομαι και τα σαββατοκύριακα)

5 Μιλήστε μεταξύ σας. Ρωτήστε έναν συμμαθητή σας:

● Τι θα έκανε ή τι θα αγόραζε, αν είχε πολλά λεφτά.
● Σε ποιες χώρες ή πόλεις θα πήγαινε, αν ταξίδευε στο εξωτερικό.
● Τι θα έτρωγε, αν πήγαινε στην Ινδία / στην Ιταλία / στην Κίνα / στην Αίγυπτο.
● Τι θα έβλεπε, αν ταξίδευε στο Παρίσι / στο Λονδίνο / στη Νέα Υόρκη / στο Τόκιο / στη Μόσχα.
● Τι θα έκανε, αν ήταν καθηγητής στην τάξη σας.

Επίθετα σε -ων, -ουσα, -ον

Ενικός

Ονομ.	ενδιαφέρ**ων**	ενδιαφέρ**ουσα**	ενδιαφέρ**ον**
Γεν.	ενδιαφέρ**οντος**	ενδιαφέρ**ουσας**	ενδιαφέρ**οντος**
Αιτ.	ενδιαφέρ**οντα**	ενδιαφέρ**ουσα**	ενδιαφέρ**ον**

Πληθυντικός

Ονομ.	ενδιαφέρ**οντες**	ενδιαφέρ**ουσες**	ενδιαφέρ**οντα**
Γεν.	ενδιαφερ**όντων**	ενδιαφερ**ουσών**	ενδιαφερ**όντων**
Αιτ.	ενδιαφέρ**οντες**	ενδιαφέρ**ουσες**	ενδιαφέρ**οντα**

Με τον ίδιο τρόπο κλίνουμε και τα επίθετα:

συμφέρων, επείγων, μέλλων, υπάρχων, παρών, απών κ.ά.

6 Βάλτε τα επίθετα στον σωστό τύπο.

1. Αυτό το φαξ είναι _____ . Πρέπει να φύγει τώρα. (επείγων)

2. Την ημέρα των εξετάσεων ήταν όλοι τους _____ . (απών)

3. Πολύ _____ άνθρωπος η θεία σου. Μ' άρεσε πολύ. (ενδιαφέρων)

4. Κοιτάξτε τα _____ θέματα και αφήστε τα άλλα γι' αργότερα. (επείγων)

5. Η τιμή είναι _____ , αλλά δεν έχω αρκετά χρήματα τώρα. (συμφέρων)

6. Ελένη, νομίζω ότι πρέπει να είσαι κι εσύ _____ στη συνάντηση. (παρών)

7. Πώς σου φάνηκε ο _____ πεθερός μου; Ωραίος τύπος, ε; (μέλλων)

8. Λοιπόν, είχαμε μια πολύ _____ κουβέντα. (ενδιαφέρων)

Επιτρέπεται ή απαγορεύεται;

Στους δρόμους της πόλης, είτε οδηγούμε είτε περπατάμε, βλέπουμε καθημερινά εκατοντάδες πινακίδες: σήματα της τροχαίας, επιγραφές πάνω στις πόρτες των καταστημάτων, πινακίδες στις εισόδους των πολυκατοικιών και των εστιατορίων, ή μέσα στις δημόσιες υπηρεσίες και τις τράπεζες. Σιωπηλά μηνύματα που μας λένε τι επιτρέπεται ή τι απαγορεύεται, τι πρέπει ή τι δεν πρέπει να κάνουμε. Πού πρέπει ή μπορούμε να πάμε, πότε κτλ. Είναι ένας αρκετά σύνθετος κώδικας επικοινωνίας, απαραίτητος όμως για την καλύτερη λειτουργία της πόλης και των πολιτών. Όταν, πάλι, πρόκειται να ταξιδέψουμε, τα σήματα της τροχαίας και οι χιλιομετρικές αποστάσεις γίνονται ακόμα πιο χρήσιμα, γιατί, με τον αριθμό των αυτοκινήτων που κυκλοφορούν στους δρόμους, αποκλείεται να οδηγούσαμε με ασφάλεια, αν δεν ακολουθούσαμε τις οδηγίες ή τις πληροφορίες που μας δίνουν.

7 Ρωτήστε και απαντήστε.

1. Τι βλέπουμε καθημερινά στους δρόμους;
2. Τι ακριβώς είναι αυτές οι πινακίδες;
3. Τι μας λένε;
4. Τι κώδικας επικοινωνίας είναι;
5. Γιατί είναι απαραίτητος;
6. Πώς μας βοηθούν τα σήματα της τροχαίας όταν ταξιδεύουμε;
7. Τι θα συνέβαινε χωρίς αυτά τα σήματα;
8. Ποιος πρέπει να ακολουθεί τις οδηγίες των μηνυμάτων;

Προσοχή!
Όχι στην ταβέρνα δεξιά.
Το φαγητό είναι χάλια.
Αριστερά είναι η δική μας.
Τα καλύτερα πιάτα
του Πειραιά!!

Κοιτάξτε! ☉ ☉

δεκάδες	=	10+10+10+ ...
εκατοντάδες	=	100+100+100+ ...
χιλιάδες	=	1.000+1.000+1.000+ ...

Απαγορεύεται να παρκάρεις = Δεν μπορείς να παρκάρεις
Επιτρέπεται να στρίψεις = Μπορείς να στρίψεις
Πρόκειται να ταξιδέψει = Θα ταξιδέψει
Αποκλείεται να έρθει = Είναι σίγουρο ότι δε θα έρθει

8 Κοιτάξτε τα σήματα της τροχαίας και μιλήστε μ' έναν συμμαθητή σας.

1   2   3   4   5   6

π.χ.
Α : Να κοιτάξουμε το σήμα νούμερο τρία; Τι σημαίνει ακριβώς;
Β : Σημαίνει ότι απαγορεύεται να στρίψεις δεξιά.
Α : Και τι κάνω αν θέλω να στρίψω δεξιά;
Β : Προχωρείς, ώσπου να βρεις έναν δρόμο όπου επιτρέπεται να πας δεξιά.

9 Γράψτε ξανά τις προτάσεις.
Χρησιμοποιήστε τα "πρόκειται", "αποκλείεται", "επιτρέπεται", "απαγορεύεται":

1. Δε θα έρθει πριν από τις εννιά. _____

2. Δεν μπορούμε να καπνίσουμε εδώ. _____

3. Είναι βέβαιο πως δε θα βγει μαζί του η Ελένη. _____

4. Δε γίνεται να πάρουμε τον σκύλο μέσα. _____

5. Στην τηλεόραση είπαν πως δεν θα βρέξει. _____

6. Δεν απαγορεύεται να παίξουμε μπάλα. _____

7. Δεν μπορείτε να παρκάρετε εδώ, κυρία μου. _____

8. Μπορώ να γράψω με μολύβι στις εξετάσεις; _____

10 Τι σημαίνουν αυτές οι πινακίδες; Πού τις συναντάμε;

ΗΣΥΧΙΑ	Απαγορεύεται η είσοδος	ΣΤΡΟΦΗ ΛΕΩΦΟΡΕΙΩΝ	ΙΔΙΩΤΙΚΟΣ ΧΩΡΟΣ ΣΤΑΘΜΕΥΣΗΣ
ΩΘΗΣΑΤΕ			
ΕΛΞΑΤΕ	Ευχαριστούμε που δεν καπνίζετε	ΑΔΙΕΞΟΔΟ	

Σύνδεσμοι

| και | Ο Πέτρος **και** η Άννα μένουν κοντά στο σχολείο.
Πήγαμε στην Ελλάδα το 2001 **και** φύγαμε το 2003.
Οδηγεί αργά **και** προσεκτικά. |

Δεν βλέπω **ούτε** τον Γιώργο **ούτε** την Ελένη.

ούτε... ούτε... Δεν ξέρουν **ούτε** να διαβάζουν **ούτε** να γράφουν.

Δεν μπορώ να έρθω **ούτε** σήμερα **ούτε** αύριο.

ή... ή... Ποια φούστα θα πάρεις; Την άσπρη **ή** την πράσινη;
Όταν είμαι στο σπίτι, **ή** διαβάζω **ή** ακούω μουσική.

είτε... είτε... **Είτε** σ' αρέσει **είτε** δε σ' αρέσει, η μαμά θα μείνει μαζί μας.

αλλά Ήταν κοντός **αλλά** συμπαθητικός.
Δύσκολα τα πράγματα, **αλλά** πρέπει να κάνω υπομονή.

όμως Δεν είναι γνωστός ζωγράφος, **όμως** εμένα μ' αρέσει.

11 Συνδέστε τις προτάσεις χρησιμοποιώντας "και", "αλλά", "όμως".

1. Χθες πήγαμε στη θάλασσα. Χθες κάναμε μπάνιο. (και)

_____

2. Τον ρώτησα. Αυτός δεν απάντησε. (αλλά)

_____

3. Είναι Ιούνιος. Ακόμα κάνει κρύο. (όμως)

_____

4. Θα ετοιμαστώ γρήγορα. Θα φύγω αμέσως. (και)

_____

5. Μιλάει ελληνικά. Δε γράφει ελληνικά. (αλλά)

_____

6. Δουλεύει δώδεκα ώρες την ημέρα. Δε θέλει να αλλάξει δουλειά. (όμως)

_____

7. Το διαμέρισμα είναι ακριβό. Το διαμέρισμα έχει ωραία θέα. (αλλά)

_____

8. Ο Ραούλ είναι Ισπανός. Ο Χοσέ είναι Ισπανός. (και)

_____

12 Συνδέστε τις προτάσεις χρησιμοποιώντας "ούτε... ούτε", "ή... ή", "είτε... είτε".

1. Ο Ηλίας δεν πήρε τηλέφωνο. Ο Ηλίας δεν ήρθε.

_____

2. Ίσως πάμε με το πλοίο. Ίσως πάμε με το αεροπλάνο.

_____

3. Δεν τον είδα. Δεν τον άκουσα.

_____

4. Δε θέλω να σου μιλήσω. Δε θέλω να σε δω.

_____

5. Ίσως αγοράσουμε το Fiat. Ίσως αγοράσουμε το Opel.

_____

6. Ο Ιάσων ίσως πάρει τηλέφωνο. Ο Ιάσων ίσως στείλει e-mail.

_____

13 Ακούστε την ερώτηση και βρείτε τη σωστή απάντηση.

1.	(α) Όχι, επιτρέπεται.
	(β) Όχι, απαγορεύεται.
	(γ) Όχι, αποκλείεται.
2.	(α) Θα αγόραζα ένα διαμέρισμα.
	(β) Θα αγοράσω ένα διαμέρισμα.
	(γ) Θα αγοράζω ένα διαμέρισμα.
3.	(α) Εντάξει. Γιατί όχι;
	(β) Ή το ένα ή το άλλο.
	(γ) Ούτε το ένα ούτε το άλλο.
4.	(α) Βεβαίως, θα έρθουμε.
	(β) Νομίζω, ναι.
	(γ) Όχι, δεν ερχόμαστε.

Πρώτος σταθμός οι Δελφοί

Η Μόνικα Στράους-Παπαδημητρίου είναι μια Γερμανίδα δημοσιογράφος παντρεμένη με Έλληνα. Ξέρει τέλεια ελληνικά, κι εδώ κι ένα χρόνο γράφει σ' ένα γυναικείο περιοδικό την ταξιδιωτική στήλη "Μια Γερμανίδα ταξιδεύει στην Ελλάδα".

Πριν γνωρίσω τον Άλκη, τον άντρα μου, δεν είχα ποτέ την ευκαιρία να επισκεφτώ την "άλλη" Ελλάδα. Πάντα πήγαινα στα γνωστά "τουριστικά" νησιά για μπάνια και ξεκούραση. Τελικά, πριν από δύο μήνες, η επιθυμία που υπήρχε μέσα μου να επισκεφτώ τους αρχαίους ιερούς τόπους, έγινε πραγματικότητα.

Πρώτος σταθμός, οι Δελφοί. Μόλις έφτασα και βγήκα από το αυτοκίνητο, κατάλαβα γιατί οι αρχαίοι είχαν διαλέξει αυτό το σημείο για να κάνουν το πιο σημαντικό μαντείο τους.

Όταν είδα το φως και τον καταγάλανο ουρανό, όταν μύρισα τις μυρωδιές, όταν αισθάνθηκα τη μαγική ενέργεια του χώρου και την ηρεμία της φύσης, κατάλαβα ότι αυτός ήταν ο ιδανικός τόπος για τη λατρεία του θεού Απόλλωνα.

Αφού άφησα τα πράγματά μου στο ξενοδοχείο, επισκέφτηκα πρώτα το ιερό όπου οι αρχαίοι λάτρευαν τον Απόλλωνα. Εκεί η Πυθία έδινε στους επισκέπτες τους χρησμούς του θεού για το μέλλον. Μετά ανέβηκα λίγο πιο πάνω στο αρχαίο θέατρο, και ύστερα πήγα στην Κασταλία Κρήνη. Εδώ παλιά υπήρχε μια πηγή με ιερό νερό, όπου η Πυθία έπρεπε να πλυθεί, πριν δώσει τους χρησμούς. Ήθελα να μείνω ώρες σ' αυτό το πανέμορφο σημείο, αλλά έπρεπε να επισκεφτώ και το Μουσείο την ίδια μέρα. Λοιπόν, μπορεί να έχετε ακούσει ή διαβάσει πολλά για τον Ηνίοχο των Δελφών. Όμως, πρέπει να δει κανείς αυτό το άγαλμα από κοντά, για να καταλάβει...

1   Ρωτήστε και απαντήστε.

1. Τι ξέρετε για τη Μόνικα;
2. Τι έκανε πριν γνωρίσει τον άντρα της;
3. Τι επιθυμία υπήρχε μέσα της;
4. Τι κατάλαβε μόλις βγήκε από το αυτοκίνητό της;
5. Τι ήταν αυτό που την έκανε να καταλάβει ότι οι Δελφοί ήταν ο ιδανικός τόπος για τη λατρεία του θεού;
6. Τι έκανε πριν πάει στο ιερό του θεού;
7. Τι ξέρετε για το ιερό του Απόλλωνα;
8. Τι ήταν η Κασταλία Κρήνη;
9. Ποια ήταν η Πυθία;
10. Μήπως ξέρετε τι είναι ο Ηνίοχος των Δελφών;

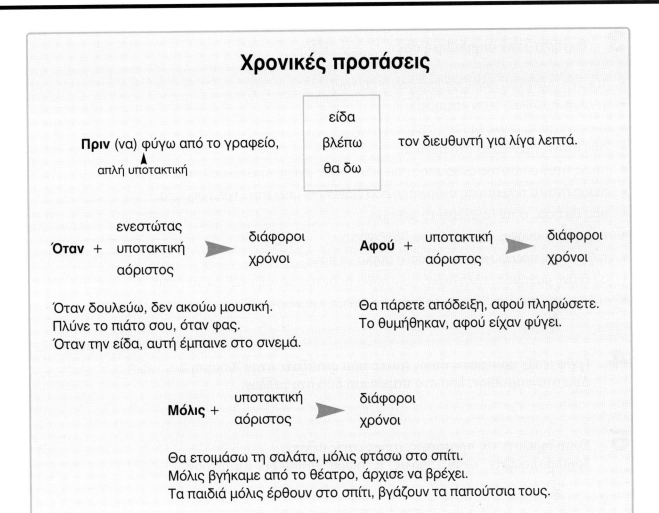

Χρονικές προτάσεις

Πριν (να) φύγω από το γραφείο,
απλή υποτακτική

| είδα |
| βλέπω |
| θα δω |

τον διευθυντή για λίγα λεπτά.

Όταν + ενεστώτας / υποτακτική αόριστος ➤ διάφοροι χρόνοι

Όταν δουλεύω, δεν ακούω μουσική.
Πλύνε το πιάτο σου, όταν φας.
Όταν την είδα, αυτή έμπαινε στο σινεμά.

Αφού + υποτακτική αόριστος ➤ διάφοροι χρόνοι

Θα πάρετε απόδειξη, αφού πληρώσετε.
Το θυμήθηκαν, αφού είχαν φύγει.

Μόλις + υποτακτική αόριστος ➤ διάφοροι χρόνοι

Θα ετοιμάσω τη σαλάτα, μόλις φτάσω στο σπίτι.
Μόλις βγήκαμε από το θέατρο, άρχισε να βρέχει.
Τα παιδιά μόλις έρθουν στο σπίτι, βγάζουν τα παπούτσια τους.

2 Ταιριάξτε τις προτάσεις.

1. πριν έρθω στην Ελλάδα
2. πριν σκουπίσουμε
3. πριν ντυθεί
4. πριν παίξουν χαρτιά
5. πριν κοιμηθούμε
6. πριν αγοράσουν ηλεκτρική σκούπα
7. πριν βάλω τις μελιτζάνες στον φούρνο
8. πριν πιω τον καφέ μου

α. θα συγκρίνουν τις τιμές
β. ήπιανε ένα ουζάκι
γ. θα ακούσω τις ειδήσεις στο ραδιόφωνο
δ. δεν μιλούσα καθόλου ελληνικά
ε. πάντα ξεσκονίζουμε
ζ. τις πλένω
η. έκανε ένα ντους
θ. διαβάσαμε τις εφημερίδες μας

3 Ρωτήστε έναν συμμαθητή σας:

- τι κάνει συνήθως, μόλις φτάσει στο σπίτι του.
- τι κάνει συνήθως, πριν κοιμηθεί.
- τι έκανε χθες, μόλις έφτασε στο σπίτι του.
- πού ήτανε, πριν έρθει στο μάθημα.
- ποιος ήταν ο πρώτος άνθρωπος που είδε, μόλις βγήκε από το σπίτι του το πρωί.
- ποιος ήταν ο τελευταίος άνθρωπος που είδε, πριν μπει στην τάξη σήμερα.
- πού θα πάει, όταν τελειώσει το μάθημα.
- τι θα κάνει απόψε, αφού φάει το βραδινό του.
- τι θα κάνει, πριν φύγει από το σπίτι αύριο το πρωί.
- αν έκανε μαθήματα ελληνικών, πριν έρθει σ' αυτή την τάξη και, αν ναι, πού.
- τι θα κάνει, αφού τελειώσει το δεύτερο βιβλίο της σειράς "Επικοινωνήστε Ελληνικά".

4 Γράψτε έξι προτάσεις όπως αυτές που φτιάξατε στην Άσκηση 2.
Δύο στο παρελθόν, δύο στο παρόν και δύο στο μέλλον.

5 Συμπληρώστε τις προτάσεις, όπως εσείς θέλετε.
Χρησιμοποιήστε "όταν", "μόλις" ή "αφού", όπου δεν υπάρχουν.

1. Μόλις μου έδωσε τα χρήματα, _____ .

2. Θα τους μιλήσουμε, _____ .

3. _____ , όταν φάω το βραδινό μου.

4. Αφού συμφώνησε να έρθει, _____ .

5. Θα καταλάβουν ότι υπάρχει πρόβλημα, _____ .

6. _____ , μόλις γεννήθηκε το παιδί.

7. _____ , θα σας στείλω μια κάρτα.

8. Όταν παρακολουθώ αρχαίες τραγωδίες, _____ .

9. _____ , θα τους δώσω τα λεφτά που τους χρωστάω.

Έπρεπε	Δεν ήρθα, γιατί *έπρεπε* να πάω σ' ένα σεμινάριο.
	Κοιμήθηκαν στις δέκα, γιατί *έπρεπε* να ξυπνήσουνε νωρίς.
Υπήρχε/	Παλιά εδώ *υπήρχε* ένας ωραίος κήπος.
Υπήρχαν	Ανάμεσα σ' αυτά που έκλεψαν, *υπήρχαν* και δύο ακριβοί πίνακες.
Επίσης λέμε:	Παλιά εδώ *είχε* έναν ωραίο κήπο.
	Ανάμεσα σ' αυτά που έκλεψαν, *είχε* και δύο ακριβούς πίνακες.

> υπήρχε/υπήρχαν + ονομαστική = είχε + αιτιατική

6 Μιλήστε μεταξύ σας. Ο "Α" κάνει πάντα αρνητικές ερωτήσεις.

π.χ. (εσύ) (έρχομαι) / στο μάθημα;

Α: Γιατί δεν ήρθες στο μάθημα;
Β: Γιατί έπρεπε να πάω σε μια δουλειά.

1. (εσύ) (έρχομαι) / στο μάθημα;
2. ο Κώστας (φεύγω) / νωρίς από το γραφείο;
3. η Άννα (έρχομαι) / στο σινεμά μαζί μας;
4. οι γονείς σου (πηγαίνω) / διακοπές;
5. (εσείς) (πληρώνω) / τον λογαριασμό / ΟΤΕ;
6. ο αδελφός σου (κοιμάμαι) / στο σπίτι του;
7. τα παιδιά (παίζω) / μπάσκετ;
8. (εσείς) (μένω) / στη Θεσσαλονίκη;

7 Παίξτε "αλυσίδα" με έναν συμμαθητή σας. Ρωτήστε για διάφορα πράγματα.
Αυτός που δεν μπορεί να συνεχίσει, χάνει ένα ευρώ!
Ο "Β" προσπαθεί να χρησιμοποιήσει τις φράσεις "(δεν) έπρεπε να..",
"(δεν) μπορούσα να...", "(δεν) ήθελα να..." με διάφορα ρήματα.

π.χ. Α : Γιατί δεν ήρθες στο μάθημα χθες;
Β : Γιατί δεν μπορούσα να έρθω.
Α : Και γιατί δεν μπορούσες να έρθεις;
Β : Γιατί έπρεπε να πάω στον γιατρό.
Α : Και γιατί έπρεπε να πας στον γιατρό;
Β : Γιατί πονούσε... κτλ.

8 Γράψτε από δύο προτάσεις με "(δεν) έπρεπε να...", "(δεν) μπορούσα να..."
και "(δεν) ήθελα να..." .

Σύνθετα επίθετα

ολο + επίθετο	κατα + επίθετο	παν + επίθετο
ολοκάθαρος	καταπράσινος	πανάκριβος
ολοκαίνουργιος	κατακόκκινος	πανάσχημος
ολόλευκος	κατακίτρινος	πανάρχαιος
ολόφρεσκος	καταγάλανος	πανέμορφος
ολόχρυσος	κατάμαυρος	πανύψηλος
	κάτασπρος	

π.χ.   ολοκάθαρος = 100% καθαρός
          καταπράσινος = πολύ πράσινος
          πανάκριβος = πάρα πολύ ακριβός

9 Γράψτε το σωστό. Χρησιμοποιήστε "ολο...", "κατα...", ή "παν...", ανάλογα.

ψηλός - κόκκινος - καινούργιος - γαλανός - χρυσός - πράσινος - λευκός - ακριβός - φρέσκος

1. Το χιόνι πάνω στα βουνά ήταν _____ .

2. Το προηγούμενο σαββατοκύριακο κολυμπήσαμε στα _____ νερά της Μυκόνου.

3. Όλοι οι μπασκετμπολίστες του Παναθηναϊκού είναι _____ .

4. Το στιλό της ήταν _____ γιατί ήταν _____ .

5. Έγινε _____ όταν η καθηγήτριά του του μίλησε άσχημα στην τάξη.

6. Αγόρασα από τον φούρνο _____ ζεστό ψωμί.

7. Πάρκαρε μπροστά στο καφέ την _____ μηχανή του για να τη δούμε.

8. Τα δέντρα αυτή την εποχή είναι _____ .

10 Διαβάστε πάλι το άρθρο της Μόνικα Στράους-Παπαδημητρίου στη σελίδα 162, και τελειώστε το, όπως εσείς νομίζετε.

11 Μιλήστε μεταξύ σας.
Κάντε ομάδες των τριών. Ο ένας περιγράφει ένα μέρος που επισκέφτηκε
πριν από λίγο καιρό. Οι άλλοι δύο του κάνουν ερωτήσεις για να μάθουν
περισσότερα γι' αυτό το μέρος.

12 Γράψτε ένα σύντομο άρθρο (150 λέξεις περίπου) για μια εφημερίδα
ή ένα περιοδικό, σχετικά με το μέρος για το οποίο μιλήσατε στην άσκηση 11.

13 Ακούστε τη δασκάλα που διαβάζει ένα κομμάτι από το μυθιστόρημα
"Περιπέτεια στη Μάνη " της Νένης Κολέθρα στα παιδιά, και σημειώστε
σωστό (Σ) ή λάθος (Λ).

1. Η κοπέλα που λέει την ιστορία πήγε στο χωριό με το λεωφορείο.
2. Όταν κατέβηκε από το λεωφορείο, είδε στη στάση τρεις νέους.
3. Οι νέοι την κοίταζαν προσεχτικά
4. Της κοπέλας δεν της άρεσε καθόλου που οι νέοι ήταν εκεί.
5. Από το λεωφορείο κατέβηκαν αρκετοί άνθρωποι.
6. Η Άννα έμενε κοντά στη θάλασσα.
7. Η κοπέλα είδε τρία πέτρινα διώροφα σπίτια.
8. Τα τρία σπίτια ήταν μακριά από την παραλία.
9. Το σπίτι της Άννας ήταν το πρώτο διώροφο.
10. Το χωριό ήταν μεγάλο.
11. Η ώρα ήταν οχτώ το βράδυ.
12. Ακόμα είχε ήλιο.

Η εικόνα είναι της Μαρίας Θειοπούλου
από το βιβλίο "Περιπέτεια στη Μάνη".

Μάθημα 22

 ## Θα ήθελα μια μακριά μάλλινη φούστα

Η Μάρθα ψωνίζει σ' ένα κατάστημα χειμωνιάτικα ρούχα.

Πωλήτρια   Μπορώ να βοηθήσω;
Μάρθα   Ψάχνω για μια μακριά μάλλινη φούστα σε χρώμα σκούρο μπλε.
Πωλήτρια   Μέγεθος;
Μάρθα   Τριάντα οχτώ.
Πωλήτρια   Λοιπόν, για να δούμε τι έχουμε. Αυτές οι δύο είναι στο μέγεθός σας. Δοκιμάστε τις.

. . . .

Μάρθα   Αυτή εδώ είναι εντάξει σα μέγεθος. Πώς σας φαίνεται;
Πωλήτρια   Να σας δω. Σας πάει πολύ.
Μάρθα   Η άλλη δε μου κάνει. Είναι λίγο φαρδιά και δε μ' αρέσει και το χρώμα.
Πωλήτρια   Αυτή πάντως είναι τέλεια επάνω σας.
Μάρθα   Ναι, κι εμένα μ' αρέσει. Αυτή θα πάρω. Είναι εκατό τοις εκατό μάλλινη;
Πωλήτρια   Δε νομίζω. Να δω. Είναι εβδομήντα τα εκατό μαλλί και τριάντα τα εκατό συνθετικό.
Μάρθα   Η ποιότητά της; Καλή;
Πωλήτρια   Κοιτάξτε, είναι επώνυμη φούστα. Είναι από τις καλύτερες που έχουμε.
Μάρθα   Ωραία. Επίσης θέλω κι ένα μεταξωτό πουκάμισο σε στενή γραμμή.
Πωλήτρια   Θα σας δείξω κάτι ιταλικά μεταξωτά που θα σας αρέσουν πολύ. Ελάτε μαζί μου.

1   Σωστό ή λάθος;

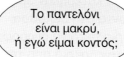

1. Η Μάρθα ψωνίζει καλοκαιρινά ρούχα.
2. Θέλει μια μάλλινη μαύρη φούστα.
3. Φοράει μέγεθος τριάντα οχτώ.
4. Δοκιμάζει τρεις φούστες.
5. Η πωλήτρια λέει ότι η φούστα που φοράει, της πάει πολύ.
6. Η άλλη φούστα δεν της κάνει, γιατί είναι στενή.
7. Η Μάρθα θα πάρει τη φούστα που της κάνει.
8. Η φούστα που θα πάρει είναι εκατό τα εκατό μάλλινη.
9. Η ποιότητα της φούστας δεν είναι η καλύτερη.
10. Η Μάρθα θέλει κι ένα φαρδύ πουκάμισο.

Το παντελόνι είναι μακρύ, ή εγώ είμαι κοντός;

καλοκαιρινός	=	για το καλοκαίρι
φθινοπωρινός	=	για το φθινόπωρο
χειμερινός / χειμωνιάτικος	=	για τον χειμώνα
ανοιξιάτικος	=	για την άνοιξη

Επίθετα σε -ύς, -ιά, -ύ

	Αρσενικό	Θηλυκό	Ουδέτερο
		Ενικός	
Ονομ.	μακρ**ύς**	μακρ**ιά**	μακρ**ύ**
Γεν.	μακρ**ιού**	μακρ**ιάς**	μακρ**ιού**
Αιτ.	μακρ**ύ**	μακρ**ιά**	μακρ**ύ**
		Πληθυντικός	
Ονομ.	μακρ**ιοί**	μακρ**ιές**	μακρ**ιά**
Γεν.	μακρ**ιών**	μακρ**ιών**	μακρ**ιών**
Αιτ.	μακρ**ιούς**	μακρ**ιές**	μακρ**ιά**

Έτσι κλίνουμε και τα επίθετα: *φαρδύς, πλατύς, παχύς, βαθύς, βαρύς, ελαφρύς.*

Επιρρήματα

φαρδιά, πλατιά, βαθιά, βαριά, ελαφριά (το *παχύς* δεν σχηματίζει επίρρημα).

Μονολεκτικά παραθετικά

Επίθετα   φαρδ**ύ**τερος, -η, -ο - πλατ**ύ**τερος, -η, -ο κτλ.

Επιρρήματα   φαρδ**ύ**τερα - πλατ**ύ**τερα κτλ.

2   Βάλτε τα επίθετα στον σωστό τύπο.

1. Οι κουρτίνες θα είναι ωραιότερες αν είναι λίγο πιο _____ . (μακρύς)

2. Ο δρόμος του σχολείου μας είναι _____ , γιατί είναι λεωφόρος. (πλατύς)

3. Θέλω ένα σακάκι λίγο _____ από αυτό που έχω. (μακρύς)

4. Οι _____ άνθρωποι έχουν συνήθως προβλήματα υγείας. (παχύς)

5. Δεν φοράω ποτέ _____ φούστες. Φοράω πάντα στενές. (φαρδύς)

6. Έκανε δίαιτα κι έχασε 15 κιλά. Όλα τα ρούχα του τώρα του είναι _____ . (φαρδύς)

7. Η θάλασσα εδώ είναι αρκετά _____ . (βαθύς)

8. Ποιο είναι _____ ; Το νερό ή το λάδι; (βαρύς)

9. Μου αρέσουν πολύ τα _____ φαγητά. (ελαφρύς)

3 Συγκρίνετε τα ρούχα που φοράνε οι συμμαθητές σας.

π.χ. Η μπλούζα της Πάολα είναι πιο φαρδιά από την μπλούζα της Υβόν αλλά το παντελόνι της είναι πιο κοντό.

Κοιτάξτε! ☉ ☉

Ουσιαστικό	Επίθετο
μαλλί	μάλλινος, -η, -ο
βαμβάκι	βαμβακερός, -ή, -ό
μετάξι	μεταξωτός, -ή, -ό
δέρμα	δερμάτινος, -η, -ο
συνθετικό	συνθετικός, -ή, -ό
λινό	λινός, -ή, -ό
πλαστικό	πλαστικός, -ή, -ό

1%	: ένα	
3%	: τρία	**τα/τοις** εκατό
50%	: πενήντα	
100%	: εκατό	

4 Χρησιμοποιήστε τις λέξεις-κλειδιά και μιλήστε μεταξύ σας:

π.χ. μπλούζα; / 35,00 // βαμβακερή; / 80% βαμβάκι + 20% συνθετικό

A : Πόσο έχει αυτή η μπλούζα;
B : 35,00 ευρώ.
A : Είναι βαμβακερή;
B : Μισό λεπτό, να κοιτάξω. Είναι 80% βαμβάκι και 20% συνθετικό.

1. μπλούζα; / 35,00 // βαμβακερή; / 80% βαμβάκι + 20% συνθετικό
2. φούστα; / 60,00 // βαμβακερή; / 60% βαμβάκι + 40% λινό
3. πουκάμισο; / 75,00 // μεταξωτό; / 50% μετάξι + 50% συνθετικό
4. κοστούμι; / 220,00 // μάλλινο; / 70% μαλλί + 30% συνθετικό
5. κασκόλ; / 20,00 // μάλλινο; / 100% μαλλί
6. φούτερ; / 30,00 // βαμβακερό; / 75% βαμβάκι + 25% συνθετικό

5 Ρωτήστε έναν συμμαθητή σας για τα ρούχα που φοράει.

Χρησιμοποιήστε λέξεις όπως "μάλλινος", "βαμβακερός" κτλ.

6 Περιγράψτε τα ρούχα που έχετε στην ντουλάπα σας.

μου	
σου	πάει
του/της/του	κάνει
μας	φτάνει
σας	φαίνεται
τους	

!

Τι νομίζεις;
Μου πάει αυτό
το πουκάμισο;

7 Ξαναγράψτε τις προτάσεις.
Χρησιμοποιήστε τα "μου/σου/του... πάει/κάνει/φτάνει/φαίνεται".

1. (Ο Αλέκος) νομίζει ότι έχει πυρετό.

_____

2. Αυτό που μου δίνετε δεν είναι το μέγεθός μου. Είναι μικρό.

_____

3. Αυτά τα παπούτσια είναι υπέροχα στα πόδια σου.

_____

4. Με εκατό ευρώ (τα παιδιά) θα είναι εντάξει. Δε χρειάζονται παραπάνω.

_____

5. Νομίζω ότι δε θα πάρουμε ποτέ πίσω τα λεφτά μας.

_____

6. Το στιλό που μου έδωσες είναι μπλε. Δεν το θέλω. Θέλω το μαύρο.

_____

7. Είστε εντάξει με τόσα μακαρόνια, κύριε Παύλο μου;

_____

8. Αυτό το χρώμα δεν είναι (για την Ελένη). Κάτι λίγο πιο σκούρο θα είναι πιο ωραίο επάνω της.

_____

8 Γράψτε έξι προτάσεις με τα "μου πάει/κάνει/φτάνει/φαίνεται".

Σαν την Αλεξάνδρα, υπάρχουν δεκάδες Ελληνίδες

"Πού πας, παιδί μου, μόνη στην άκρη του κόσμου;" ρώτησε την Αλεξάνδρα Καμπανέλλη η μητέρα της, όταν εκείνη της ανακοίνωσε τα σχέδιά της. Μέσα σε μια μέρα μάζεψε τα πράγματά της κι έφυγε για τη Βαγδάτη μαζί με την οργάνωση Γιατροί Χωρίς Σύνορα.

Σαν την Αλεξάνδρα, υπάρχουν δεκάδες Ελληνίδες (γιατροί, νοσηλεύτριες, κοινωνικοί λειτουργοί, διοικητικοί υπάλληλοι), που τρέχουν στην άκρη του κόσμου, για να βοηθήσουν τον ανθρώπινο πόνο. Καθεμιά απ' αυτές τολμάει ν' αφήσει πίσω της τη ζεστασιά του σπιτιού της, την οικογένεια που ανησυχεί, ακόμα ίσως και τα παιδιά της, για να βοηθήσει αυτούς που έχουν ανάγκη. Λένε πως είναι μέλη της "κοινωνίας των πολιτών". Γι' αυτά που προσφέρουν, δεν πληρώνονται. Η αμοιβή τους είναι ένα "ευχαριστώ", ένα ζεστό χαμόγελο, το βλέμμα δύο παιδικών ματιών, ένας άνθρωπος που δεν πέθανε.

Όταν έφτασε στη Βαγδάτη, ο ουρανός ήταν μαύρος απ' τους καπνούς, αεροπλάνα πετούσαν συνέχεια, "δεν ήξερες πότε μπορεί να ρίξουν τη βόμβα στο κεφάλι σου. Τον πρώτο καιρό οι άνθρωποι ήταν ακόμα χαμογελαστοί, υπήρχε κίνηση στους δρόμους. Όταν μας έβλεπαν, μας έκαναν τα σήματα της ειρήνης και της νίκης. Αργότερα, έζησα την αγωνία, τον φόβο, τον θυμό όλων εκείνων των ανθρώπων που δεν έφταιγαν σε τίποτα...

...Όσες φορές βρέθηκα μαζί με την οργάνωση στον πόλεμο, την αρρώστια ή την καταστροφή, ήταν η ελπίδα που ένιωσα να στέκεται δίπλα μου... Όπως εμείς, έτσι κι άλλοι τόσοι μπορούμε μαζί να κάνουμε την ανθρωπιά να μην έχει σύνορα."

Από την εφημερίδα Ελευθεροτυπία

9 Ρωτήστε και απαντήστε.

1. Πού πήγε η Αλεξάνδρα Καμπανέλλη;
2. Γιατί η μητέρα της της λέει ότι πάει στην άκρη του κόσμου;
3. Τι ακριβώς κάνει η Αλεξάνδρα;
4. Τι τολμούν γυναίκες όπως η Αλεξάνδρα;
5. Πώς πληρώνονται;
6. Πώς ήταν τον πρώτο καιρό τα πράγματα στη Βαγδάτη;
7. Τι έκαναν οι ανθρωποι, όταν έβλεπαν τα μέλη της οργάνωσης Γιατροί Χωρίς Σύνορα;
8. Τι πιστεύει η Αλεξάνδρα ότι μπορούμε να κάνουμε;

> **Κάποιες
> μη κυβερνητικές
> ανθρωπιστικές οργανώσεις**
>
> Ερυθρός Σταυρός
> Γιατροί του Κόσμου
> Γιατροί Χωρίς Σύνορα
> Διεθνής Αμνηστία

Αντωνυμία "(ο) καθένας, (η) καθεμία, (το) καθένα"

Ονομαστική	(ο) καθένας	(η) καθεμία (-μιά)	(το) καθένα
Γενική	(του) καθενός	(της) καθεμιάς	(του) καθενός
Αιτιατική	(τον) καθένα	(την) καθεμία (-μιά)	(το) καθένα

Πληρώσανε150 ευρώ **ο καθένας**. Αυτό μπορεί να το κάνει **ο καθένας**.
Θέλω 230 ευρώ για **το καθένα**. **Καθένας** με την τρέλα του!

Αντωνυμία "όσος, όση, όσο"

Ενικός

Ονομαστική	όσος	όση	όσο
Γενική	όσου	όσης	όσου
Αιτιατική	όσο(ν)	όση	όσο

Πληθυντικός

Ονομαστική	όσοι	όσες	όσα
Γενική	όσων	όσων	όσων
Αιτιατική	όσους	όσες	όσα

Πάρε **όση** τυρόπιτα θέλεις. **Όσοι** τον ξέρουν καλά, τον φοβούνται.
Δεν τον έχω δει, **όσον** καιρό είμαι εδώ. **Όσες** φορές πήγα, είχε δουλειά.

Επίρρημα "όσο"

Φάε **όσο** θέλεις ή **όσο** μπορείς. Θα έρθω **όσο** γίνεται πιο γρήγορα.

10 Βάλτε το σωστό. Χρησιμοποιήστε τις αντωνυμίες "καθένας, καθεμιά, καθένα", "όσος, όση, όσο" και το επίρρημα "όσο".

1. _____ από σας, κύριοι, δεν έχετε διαβατήριο, περάστε από 'δώ, παρακαλώ.

2. Δεν είσαι ο μόνος. Προβλήματα έχει ο _____ .

3. Μπορείτε να πιείτε _____ μπίρα θέλετε. Έχει κι άλλα μπουκάλια στο ψυγείο.

4. Άνοιξα την πόρτα _____ μπορούσα πιο σιγά.

5. _____ από σας, κυρίες μου, θα φέρει μαζί της το βιβλίο της.

6. Θα αγοράσω _____ φούστες θέλω. Δικά μου είναι τα λεφτά.

7. Ο _____ θα φοβόταν στη θέση του.

8. Το DNA του _____ από μας είναι διαφορετικό.

όπως	**σαν**
Είναι ψηλός **όπως** ο πατέρας του.	Είναι ψηλός **σαν** τον πατέρα του
Ντύνεται **όπως** η μάνα της.	Ντύνεται **σαν** τη μάνα της.

όπως + ονομ. με άρθρο = **σαν** + αιτιατ. με άρθρο

Όπως μου μιλάς, έτσι θα σου μιλάω.
Κάνε **όπως** καταλαβαίνεις.

Μιλάει γαλλικά **σαν** Γάλλος.
Είναι ωραίος **σαν** θεός.

σαν + ονομ. χωρίς άρθρο

11 Βάλτε το σωστό.

1. "Να καλέσουμε και την Έφη με τον φίλο της;" " _____ νομίζεις."

2. Μιλάει _____ δικηγόρος, αλλά δεν είναι.

3. Είναι αντιπαθητική _____ τη μητέρα της.

4. _____ εσύ, έτσι κι εγώ θα έρχομαι αργότερα στο γραφείο.

5. Όταν έμαθε ότι κέρδισε 200.000 ευρώ, άρχισε να τρέχει γύρω-γύρω _____ τρελός.

6. _____ ξέρετε, οι εξετάσεις θα γίνουν την επόμενη Δευτέρα.

7. Δυστυχώς δεν διαβάζει τα μαθήματά του _____ ο μεγάλος του αδελφός.

8. Δεν είναι λεπτός _____ εσένα. Είναι αρκετά πιο παχύς και λίγο κοντύτερος.

12 Παίξτε έναν ρόλο.
Είστε σ' ένα κατάστημα και θέλετε να αγοράσετε ένα παντελόνι,
ένα μπλουζάκι κι ένα σακάκι για το καλοκαίρι.
Παίξτε τον πελάτη / την πελάτισσα και τον πωλητή /την πωλήτρια.
Χρησιμοποιήστε λέξεις που μάθατε σ' αυτό το μάθημα.

13 Βρείτε πληροφορίες για έναν από τους οργανισμούς
Ερυθρός Σταυρός, Γιατροί Χωρίς Σύνορα, ή Γιατροί του Κόσμου
στη χώρα σας ή στην Ελλάδα, και κάντε μία ομιλία στην τάξη.
Μετά την ομιλία απαντήστε στις ερωτήσεις των συμμαθητών σας.

14 Γράψτε μία παράγραφο με τις πληροφορίες που έχετε για έναν
από τους πιο πάνω οργανισμούς.

15 Ακούστε την ερώτηση και βρείτε τη σωστή απάντηση.

1.	(α) Ναι, είναι το σαράντα δύο.
	(β) Όχι, έχει και συνθετικό.
	(γ) Ναι, είναι βαμαβακερό.
2.	(α) Όχι, δεν είναι στη βιτρίνα.
	(β) Όχι, είναι λίγο φαρδύ για σας.
	(γ) Ναι, είναι μάλλινο.
3.	(α) Τρώτε όπως θέλετε.
	(β) Φάε όσα θέλεις.
	(γ) Ο καθένας μπορεί να φάει μακαρόνια.
4.	(α) Πολύ καλά. Μιλάει σαν Γερμανός.
	(β) Όπως ο καθένας από αυτούς.
	(γ) Μιλάει όπως μιλάει ένας Έλληνας.

Η ποιότητα των κρατικών καναλιών έχει βελτιωθεί

Η τηλεόραση είναι σήμερα, χωρίς αμφιβολία, το σημαντικότερο και ισχυρότερο από τα Μέσα Μαζικής Ενημέρωσης (ΜΜΕ). Ο βασικός λόγος είναι ότι, σε σύγκριση με τις εφημερίδες, τα περιοδικά και το ραδιόφωνο, η τηλεόραση είναι το μόνο μέσο που διαθέτει και εικόνα και ήχο, και βρίσκεται μέσα στο σπίτι μας.

Στην Ελλάδα, όπως σε όλες σχεδόν τις ευρωπαϊκές χώρες, στην τηλεόραση υπάρχουνε κρατικά και ιδιωτικά κανάλια. Ενώ τα προγράμματα των περισσότερων ιδιωτικών καναλιών είναι συχνά χαμηλής ποιότητας, η ποιότητα των προγραμμάτων των κρατικών καναλιών έχει βελτιωθεί πολύ τα τελευταία χρόνια και η ακροαματικότητά τους έχει ανέβει σημαντικά. Ακόμη και οι τηλεοπτικές σειρές που παρουσιάζονται από τα κρατικά κανάλια είναι καλύτερης ποιότητας. Ωστόσο, στα δελτία ειδήσεων, όπως γίνεται και στα ιδιωτικά κανάλια, πολλές φορές τα θέματα επιλέγονται και προβάλλονται έτσι, ώστε να προκαλέσουν εντυπωσιασμό και συναισθηματική φόρτιση.

Το βασικό έσοδο των καναλιών είναι οι διαφημίσεις, όπως γνωρίζουμε όλοι. Προβάλλονται με αρκετή συχνότητα, συνήθως λίγο πριν και μετά τις ειδήσεις, και κατά τη διάρκεια των ταινιών, των τηλεοπτικών σειρών ή των ενημερωτικών εκπομπών. Αυτό είναι κάτι που φέρνει κέρδη στα κανάλια, αλλά που ενοχλεί τους τηλεθεατές. Έτσι κι αλλιώς, οι περισσότεροι από μας δεν παρακολουθούν με προσοχή τις διαφημίσεις: συνήθως σηκώνονται να κάνουν κάποιο τηλεφώνημα, να φάνε κάτι από το ψυγείο, να πάνε στο μπάνιο. Και μολονότι συχνά ακούγονται και γράφονται αντιρρήσεις για τον όγκο των διαφημίσεων που προβάλλονται στην τηλεόραση, εντούτοις δεν γίνεται τίποτα - ακόμα και στα κρατικά κανάλια - παρόλο που, αυτά τουλάχιστον, δεν εξαρτώνται οικονομικά μόνο από τα έσοδα των διαφημίσεων.

Όπως και νά 'χει το θέμα, η τηλεόραση πια σήμερα είναι μέρος της ζωής μας που ψυχαγωγεί, μορφώνει και ενημερώνει τους πολίτες, συχνά... όπως αυτή θέλει.

1 Ρωτήστε και απαντήστε.

1. Γιατί η τηλεόραση είναι τόσο σημαντική;
2. Ποια είναι η διαφορά ανάμεσα στα κρατικά και τα ιδιωτικά κανάλια της ελληνικής τηλεόρασης;
3. Τι ξέρετε για την ποιότητα των ειδήσεων;
4. Τι σχέση έχουν οι διαφημίσεις με την τηλεόραση;
5. Τι κάνουν συνήθως οι τηλεθεατές όταν προβάλλονται διαφημίσεις;
6. Πότε προβάλλονται τα διαφημιστικά σποτ;
7. Γιατί, δεν μπορεί να να αλλάξει εύκολα η κατάσταση με τις διαφημίσεις;
8. Τι ρόλο παίζει η τηλεόραση στη ζωή των ανθρώπων σήμερα;

Παθητική φωνή

Η τηλεόραση **προβάλλει** ενημερωτικές εκπομπές κάθε μέρα. (ενεργητική)

➤ Ενημερωτικές εκπομπές **προβάλλονται** κάθε μέρα (από την τηλεόραση). (παθητική)

Τα κρατικά κανάλια **έχουν βελτιώσει** την ποιότητά τους. (ενεργητική)

➤ Η ποιότητα των κρατικών καναλιών **έχει βελτιωθεί**. (παθητική)

Οι εφημερίδες κάθε τόσο **γράφουν** πολλά για το θέμα των διαφημίσεων. (ενεργητική)

➤ Πολλά **γράφονται** κάθε τόσο (στις εφημερίδες) για το θέμα των διαφημίσεων. (παθητική)

Η μητέρα μου **έπλυνε** το μάλλινο πουλόβερ στο χέρι. (ενεργητική)

➤ Το μάλλινο πουλόβερ **πλύθηκε** στο χέρι (από τη μητέρα μου). (παθητική)

Παθητική φωνή χρησιμοποιούμε, όταν αυτό που ενδιαφέρει περισσότερο είναι **τι** έγινε και όχι **ποιος** το έκανε.

Αόριστος Παθητικής Φωνής μερικών ρημάτων

Ενεργητική Φωνή	Παθητική Φωνή	
Ενεστώτας	Ενεστώτας	Αόριστος
ακούω	ακούγομαι	ακού**στ**ηκα
παρουσιάζω	παρουσιάζομαι	παρουσιά**στ**ηκα
παντρεύω	παντρεύομαι	παντρεύ**τ**ηκα
βελτιώνω	βελτιώνομαι	βελτιώ**θ**ηκα
δίνω	δίνομαι	δό**θ**ηκα
πλένω	πλένομαι	πλύ**θ**ηκα
πληρώνω	πληρώνομαι	πληρώ**θ**ηκα
προβάλλω	προβάλλομαι	προβλή**θ**ηκα
συζητάω(-ώ)	συζητιέμαι	συζητή**θ**ηκα
χρησιμοποιώ	χρησιμοποιούμαι	χρησιμοποιή**θ**ηκα
γράφω	γράφομα	γράφ**τ**ηκα

2 Διαλέξτε το σωστό.

1. Το γράμμα *ταχυδρόμησε/ταχυδρομήθηκε* πριν από μία εβδομάδα.
2. Από μακριά *άκουσαν/ακούστηκαν* τη φωνή της Ελένης.
3. Σήμερα το πρωί *πλήρωσα/πληρώθηκα* τον λογαριασμό της ΔΕΗ.
4. Τα δωμάτια *καθαρίζουν/καθαρίζονται* κάθε τρεις μέρες.
5. Αυτή η είσοδος δεν *χρησιμοποιεί/χρησιμοποιείται* πια.
6. Οι ασκήσεις που μας *έδωσε/δόθηκε* ο καθηγητής ήταν πολύ δύσκολες.
7. Η ταινία *παίζει/παίζεται* σε δέκα κινηματογράφους.
8. Πρέπει να *ετοιμάσουμε/ετοιμαστούμε* τις βαλίτσες μας απόψε.

3 Ξαναγράψτε τις προτάσεις χρησιμοποιώντας παθητική φωνή.

1. Η κυβέρνηση θα δώσει πολλά χρήματα για να φτιάξει νέους δρόμους.

   _____

2. Πρέπει να γράψεις αυτή την εργασία μέχρι αύριο.

   _____

3. Μόνο οι μαθητές χρησιμοποιούν την πίσω είσοδο.

   _____

4. Η Άννα δεν πλήρωσε τον λογαριασμό του ΟΤΕ ακόμα.

   _____

5. Μέχρι τον περασμένο μήνα η τράπεζα πλήρωνε τους λογαριασμούς.

   _____

6. Στην τάξη οι μαθητές συζήτησαν το θέμα της ανεργίας.

   _____

7. Ο άνθρωπος του βενζινάδικου δεν μπορεί να πλύνει το αυτοκίνητο σήμερα.

   _____

8. Οι φίλοι μας πούλησαν το σπίτι τους σε πολύ καλή τιμή.

   _____

4 Γράψτε προτάσεις με τα ρήματα:
γράφομαι, παρουσιάζομαι, βελτιώνομαι, προβάλλομαι, συζητιέμαι, δίνομαι.

Σύνδεσμοι

Επειδή αργούσε το λεωφορείο, πήραμε ταξί.

Νομίζω ότι πρέπει να την πάρεις τηλέφωνο, **αφού** θα κοιμηθείς εδώ.

Μια που/και θα πας στον φούρνο, πάρε μου κι εμένα μια τυρόπιτα.

Αν και τον ξέρω μόνο τρεις εβδομάδες, έχουμε γίνει πολύ καλοί φίλοι.

Όταν η τηλεόραση δείχνει διαφημίσεις, εγώ σηκώνομαι, **ενώ** ο Άλκης τις βλέπει όλες.

Ακούει συνέχεια μουσική, **ακόμα και όταν** διαβάζει για τις εξετάσεις.

Ακόμα κι αν το δει με τα μάτια του, δε θα το πιστέψει.

! αν και = μολονότι = παρόλο που
Συνήθως, αλλά όχι πάντα, το "αφού" και το "μια που/και" έχουν την ίδια σημασία.

Συνδετικά επιρρήματα

Εδώ απαγορεύεται το παρκάρισμα, **επομένως** ή φεύγουμε ή παρκάρουμε πιο πάνω.

Θα σου φέρω παγωτό εγώ. **Έτσι κι αλλιώς** θα πάω στο περίπτερο.

Τα παιδιά έπρεπε να σηκωθούν στις εφτά, κι **έτσι** γυρίσαμε νωρίς στο σπίτι.

Έγραψε αρκετά καλά στις εξετάσεις, **ωστόσο** δεν μπήκε στο πανεπιστήμιο.

Ακόμα και αν δεν το χρειαστείτε, καλό είναι **πάντως** να το έχετε στο συρτάρι σας.

! επομένως = **άρα**
ωστόσο = **όμως** = **εντούτοις** = **παρ' όλα αυτά**
Πολλές φορές το "έτσι" έχει τη σημασία του "επομένως"

5 Βάλτε τον σωστό σύνδεσμο.

1. Κάποιος έχει πει ότι ο παντρεμένος ζει σαν σκυλί και πεθαίνει σαν άνθρωπος, _____ ο ελεύθερος ζει σαν άνθρωπος και πεθαίνει σαν σκυλί.

2. Αργήσαμε να έρθουμε, _____ δεν μπορούσαμε να βρούμε ταξί.

3. _____ μου δώσουν περισσότερα λεφτά, εγώ δε μένω άλλο σ' αυτό το γραφείο.

4. _____ έχει πτυχίο πανεπιστημίου, δεν μπορεί να βρει δουλειά.

5. Βεβαίως και δεν τα πήγες καλά στις εξετάσεις, _____ δεν είχες διαβάσει τίποτε!

6. _____ είσαι εδώ, γιατί δεν γράφουμε τις επιστολές τώρα;

7. Ο Γιάννης σκέφτεται την καριέρα του, _____ κοιμάται.

8. _____ λέει πως δεν πήρε εκείνη τα λεφτά, εγώ δεν την πιστεύω.

6 Βάλτε το σωστό συνδετικό επίρρημα.

1. Έβρεχε πάρα πολύ, _____ βγήκαμε να περπατήσουμε.
2. Η πτήση σου είναι στις 10.30. _____ πρέπει να είσαι στο αεροδρόμιο στις 8.30.
3. Πήγαινε με το λεωφορείο, αν νομίζεις. Εγώ _____ στη θέση σου θα έπαιρνα ταξί.
4. Για ποιο θέατρο μιλάτε, βρε παιδιά, αφού _____ δεν υπάρχουν εισιτήρια.
5. Ήταν η ώρα δέκα, κι αυτή δεν είχε ετοιμαστεί ακόμα. _____ έφυγα μόνος μου.
6. Μπορεί να ήταν φτηνό, _____ εγώ στενοχωρήθηκα όταν το έχασα.
7. Μείνε όπου θέλεις. Να ξέρεις _____ ότι το δωμάτιό σου σε περιμένει.
8. Τον ρωτήσαμε τρεις φορές, αλλά αυτός δε θέλει να μιλήσει. _____ υπάρχει πρόβλημα.

7 Συμπληρώστε τις προτάσεις χρησιμοποιώντας συνδέσμους ή συνδετικά επιρρήματα.

1. Η μητέρα μου δεν παίρνει τα φάρμακά της, _____ .
2. _____ , τα παιδιά δεν πήραν ομπρέλα.
3. Δεν μπορούσα να πάρω λεωφορείο, _____ .
4. _____ , παίρνει μαζί του τον υπολογιστή του.
5. Το διαμέρισμα τους άρεσε πολύ, _____ .
6. _____ , πάρε μου και ένα κουτί μπισκότα.

8 Έχετε να γράψετε μια εργασία με θέμα την ποιότητα της τηλεόρασης. Ετοιμάστε μαζί με έναν συμμαθητή σας ένα ερωτηματολόγιο με ερωτήσεις που θα σας βοηθήσουν να γράψετε αυτή την εργασία. Μετά ρωτήστε μαζί τους άλλους συμμαθητές σας να σας πουν τη γνώμη τους.
Χρησιμοποιήστε όσα ρήματα μπορείτε στην παθητική φωνή.

9 Τώρα γράψτε την εργασία σας χρησιμοποιώντας τις απαντήσεις που σας έδωσαν οι συμμαθητές σας.

10 Βρείτε 16 ρήματα στην παθητική φωνή.

Σ	Υ	Ν	Α	Ν	Τ	Η	Θ	Η	Κ	Α	Ν	Ε	Β	Α
Π	Ο	Υ	Λ	Η	Θ	Η	Κ	Α	Ν	Κ	Η	Κ	Ε	Κ
Γ	Ρ	Α	Φ	Ε	Τ	Α	Ι	Κ	Α	Ο	Δ	Κ	Λ	Ο
Γ	Π	Κ	Χ	Κ	Κ	Λ	Κ	Κ	Φ	Υ	Ι	Π	Τ	Υ
Κ	Λ	Ε	Γ	Ο	Ν	Τ	Α	Ι	Ε	Σ	Ν	Κ	Ι	Γ
Ζ	Η	Κ	Κ	Δ	Κ	Κ	Π	Υ	Τ	Τ	Ε	Ζ	Ω	Ο
Κ	Ρ	Κ	Κ	Ο	Κ	Ω	Λ	Κ	Α	Η	Τ	Κ	Θ	Ν
Ρ	Ω	Τ	Η	Θ	Η	Κ	Ε	Σ	Ι	Κ	Α	Κ	Ο	Τ
Φ	Θ	Κ	Κ	Η	Κ	Δ	Ν	Κ	Κ	Ε	Ι	Κ	Υ	Α
Κ	Ο	Μ	Ι	Κ	Α	Κ	Ο	Υ	Σ	Τ	Ο	Υ	Ν	Ν
Κ	Υ	Κ	Κ	Ε	Κ	Φ	Τ	Ι	Α	Χ	Τ	Η	Κ	Ε
Β	Ν	Ε	Τ	Ο	Ι	Μ	Α	Σ	Τ	Ε	Ι	Κ	Δ	Κ
Κ	Ε	Κ	Μ	Κ	Λ	Υ	Ν	Ε	Τ	Α	Ι	Φ	Π	Λ

Πάλι δεν μπορώ να το λύσω μόνος μου. Ελένηηη!

11 Ακούστε τους τίτλους των ειδήσεων και απαντήστε στις ερωτήσεις.

1. Πότε αρχίζουν οι εξετάσεις;
2. Γιατί αντιμετώπισαν προβλήματα οι οδηγοί στην Εθνική Οδό;
3. Ποιον θα συναντήσει αύριο ο γενικός γραμματέας του ΠΑΣΟΚ;
4. Για ποιον ετοιμάζεται το δεύτερο πακέτο στήριξης της Ευρωπαϊκής Ένωσης;
5. Πόσα εισιτήρια υπάρχουν ακόμα για την όπερα Αΐντα;
6. Πού και πότε θα ανέβει η Αΐντα;
7. Πού παντρεύεται ο Μάικλ Στιούαρτ;
8. Τι θα κάνει ο Κάρλος Σαντάνα;
9. Πού θα δοθούν τα χρήματα από τις συναυλίες;
10. Τι έκανε στη Νάπολη με τον Μαραντόνα;
11. Πώς θα είναι ο καιρός το σαββατοκύριακο;
12. Πού θα φτάσει το θερμόμετρο;

12 Γράψτε δέκα τίτλους ειδήσεων.

Επανάληψη Μαθημάτων 19-23

1 Διαλέξτε το σωστό.

1. Αν ήμουνα πολύ πλούσιος, *θα έδινα / έδωσα / θα δώσω* σε όλους τους φίλους μου από μία ωραία μονοκατοικία με κήπο.
2. Πρέπει να μαγειρέψω για τα παιδιά *μόλις φτάσω / είχα φτάσει / φτάνω* στο σπίτι το μεσημέρι.
3. Ο διευθυντής δεν *ήρθε / ερχόταν / είχε έρθει* ακόμα, όταν μπήκαμε στο γραφείο του.
4. *Θα δω / Θα έβλεπα / Θα βλέπω* την εκπομπή "Παρασκήνιο", αν έμενα απόψε στο σπίτι.
5. Πριν *ερχόμαστε / ήρθαμε / έρθουμε* στο σπίτι σας χθες, περάσαμε από τη μητέρα του Σπύρου.
6. Μόλις *κοιμηθεί / έχει κοιμηθεί / κοιμήθηκε* ο πατέρας μου, βγήκα στον κήπο με την Λέλια.
7. Αν είχα εκατό χιλιάδες ευρώ, θα σου *πήρα / έπαιρνα / πάρω* μία Πόρσε.
8. Από την πρώτη Ιουνίου οι τράπεζες θα *ανοίγουν / ανοίξουν / άνοιγαν* στις 7.45 το πρωί, γιατί αρχίζει το θερινό ωράριο.
9. Ήθελα πολύ να δω την παράσταση στην Επίδαυρο το περασμένο Σάββατο, αλλά δεν *υπάρχουν / υπήρχαν / θα υπάρχουν* εισιτήρια.
10. Και οι δύο λογαριασμοί πρέπει *να πληρώσουν / να πληρώνονταν / να πληρωθούν* αύριο.
11. Θα συζητήσουμε, αφού *ξεκουράζομαι / ξεκουραστώ / ξεκουραζόμουν* λίγο.
12. Της αρέσει πολύ να *περπατήσει / περπατούσε / περπατάει* μόνη της στο πάρκο.

2 Βάλτε τα επίθετα στον σωστό τύπο.

1. Αυτό το παντελόνι είναι λίγο _____ στη μέση. (φαρδύς)
2. Η τιμή ήταν _____ , γι' αυτό το αγοράσαμε. (συμφέρων)
3. Του αρέσει να κολυμπάει στα _____ νερά. (βαθύς)
4. Η άσπρη μου φούστα είναι _____ από την μπλε. (μακρύς)
5. Η _____ πεθερά του είναι νεότερη από τη μητέρα του. (μέλλων)
6. Η αδελφή της ήταν συνήθως _____ στις δύσκολες στιγμές της ζωής της. (απών)
7. Ο Σάββας έχει πολύ _____ πολιτικές θέσεις. (ενδιαφέρων)
8. Σ' αυτό το ταξίδι οι βαλίτσες μας ήταν αρκετά _____ . (ελαφρύς)

3 Φτιάξτε επίθετα με τις λέξεις που είναι στο πρώτο κουτί. Μετά χρησιμοποιήστε
τα ουσιαστικά που είναι στο δεύτερο κουτί, και γράψτε προτάσεις.

> καλοκαίρι - νύχτα - αύριο - βράδυ - χειμώνας - πέρσι - χθες - μεσημέρι

> φαγητό - ύπνος - φόρεμα - ψωμί - ζωή - διακοπές - συζήτηση - εφημερίδα

1. _____
2. _____
3. _____
4. _____
5. _____
6. _____
7. _____
8. _____

4 Ξαναγράψτε τις προτάσεις χρησιμοποιώντας ενεργητική φωνή.

1. Μας ζητήθηκε να κάνουμε μια ομιλία με θέμα μια μεγάλη γιορτή στη χώρα μας. (ο καθηγητής)

   _____

2. Τα χρήματα πρέπει να βρεθούν οπωσδήποτε ώς το τέλος του μήνα. (η κυβέρνηση)

   _____

3. Οι δύο διευθυντές της τράπεζας παρακολουθούνται εδώ και μήνες. (η αστυνομία)

   _____

4. Τα βιβλία αυτά θα χρησιμοποιηθούν στα καλοκαιρινά μαθήματα. (οι φοιτητές)

   _____

5. Οι βαθμοί του Άλκη στο σχολείο έχουν βελτιωθεί πολύ εφέτος. (ο Άλκης)

   _____

6. Όλα τα φαγητά και τα γλυκά ετοιμάστηκαν χθες το βράδυ. (η μητέρα μου)

   _____

Μάθημα 24

5 Γράψτε τι σημαίνουν αυτές οι πινακίδες: ✏️

_____

_____ ΗΣΥΧΙΑ

Μην ομιλείτε στον οδηγό _____

_____ ΕΛΞΑΤΕ

Μόνο για το προσωπικό _____

6 Συμπληρώστε την παράγραφο με επίθετα που δείχνουν υλικό.

Χτες η Δέσποινα πήγε για ψώνια. Αγόρασε δύο _____ πουκάμισα, τρία ζευγάρια _____ καλσόν, _____ κάλτσες για τον γιο της, τον Νίκο, μία ωραία μπεζ _____ τσάντα για τη μητέρα της, ένα ζευγάρι _____ μπότες για την ίδια, ένα _____ πουλόβερ σε χρώμα μπορντό για τον άντρα της και δύο _____ τραπεζομάντιλα για το τραπέζι της κουζίνας. Μετά συνάντησε τη φίλη της την Αλέκα και πήγαν για φαγητό στα Λαδάδικα.

7 Αλλάξτε το "σαν" σε "όπως", και αντίστροφα.

1. Μιλάει γρήγορα σαν τη μάνα του. _____
2. Η κόρη μου γράφει όπως εγώ. _____
3. Γελάει σαν τον αδελφό του. _____
4. Ο Άρης περπατάει όπως ο παππούς του. _____
5. Σκέφτονται όπως εμείς. _____
6. Δουλεύουμε πολύ σαν κι εσάς. _____

8 Συμπληρώστε τις προτάσεις, όπως εσείς νομίζετε.

1. Θα συνεννοούμασταν καλύτερα, _____
2. Αν σπούδαζε στη Θεσσαλονίκη, _____
3. Θα του δάνειζα τα λεφτά που μου ζήτησε, _____
4. Αν αργούσαν ακόμα δέκα λεπτά, _____
5. Δε θα σου ζητούσα να έρθεις μαζί μας, _____
6. Αν παραπονιόσασταν λιγότερο συχνά, _____
7. Θα πέθαινε στην παραλία, _____
8. Αν δεν τη συναντούσε εκείνη τη μέρα στον δρόμο, _____

9 Λύστε το σταυρόλεξο.

Οριζόντια

1. Όχι, δεν είναι μάλλινο. Είναι _____ .
2. "_____ που δεν καπνίζετε."
3. Δεν _____ να παρκάρεις εδώ.
4. Πήρα ταξί, _____ δεν είχε λεωφορεία.
5. Κανένας από τους φίλους του δεν ήταν εκεί. Ήταν όλοι _____ .

Κάθετα

1. Αυτή είναι η αγαπημένη μου τηλεοπτική _____ .
2. Συνήθως δε βλέπω τις _____ στην τηλεόραση.
3. Αυτό το πουλόβερ _____ μόνο σε κρύο νερό.
4. Το αεροδρόμιο _____ από μια γερμανική εταιρεία.
5. Μόλις _____ η γυναίκα μου, έφαγα όλο το παγωτό!

Μάθημα 24

Ο Δεκαπενταύγουστος

Στις 15 Αυγούστου οι Ορθόδοξοι χριστιανοί γιορτάζουν την Κοίμηση της Παναγίας, της μητέρας του Χριστού. Την ημέρα αυτή, που τη λέμε και Δεκαπενταύγουστο, έχουν τη γιορτή τους οι γυναίκες που το όνομά τους είναι Μαρία - ίσως το πιο συνηθισμένο γυναικείο όνομα - ή Παναγιώτα, και οι άντρες που το όνομά τους είναι Παναγιώτης ή Μάριος. Σ' όλη την Ελλάδα υπάρχουν εκατοντάδες εκκλησίες με το όνομα της Παναγίας. Δύο από τις πιο γνωστές είναι η Παναγία της Τήνου και η Παναγία Σουμελά, που βρίσκεται στην Καστανιά της Βέροιας, στις πλαγιές του Βέρμιου.

Αυτή τη συγκεκριμένη μέρα, που είναι και αργία για όλους τους εργαζόμενους, σ' όλη σχεδόν την Ελλάδα, από την Ήπειρο και τη Μακεδονία ώς την Κρήτη και τη Ρόδο, γίνονται γιορτές που ονομάζονται πανηγύρια. Πανηγύρι γίνεται κάθε φορά που γιορτάζει μια εκκλησία.

Το κύριο χαρακτηριστικό αυτών των πανηγυριών είναι η τοπική μουσική και οι τοπικοί δημοτικοί χοροί. Σχεδόν όλοι οι Έλληνες ξέρουν να χορεύουν τους χορούς του τόπου τους. Τοπικά συγκρο-τήματα λοιπόν παίζουν μουσική και τραγουδούν συνήθως στην κεντρική πλατεία του χωριού ή του νησιού. Οι ντόπιοι αλλά και οι επισκέπτες χορεύουν πολλές φορές μέχρι και τρεις νύχτες συνέχεια τους δημοτικούς χορούς της περιοχής: στις Κυκλάδες τα νησιώτικα και τον μπάλο, στην Ικαρία τον ικαριώτικο, στην Ήπειρο και το Ζαγόρι τον ηπειρώτικο και τον ζαγορίσιο, στην Κρήτη τον πεντοζάλη και τον μαλεβιζιώτη, στη Θράκη τον ζωναράδικο και άλλους.

Κάθε περιοχή έχει και τα δικά της λαϊκά μουσικά όργανα. Στην Κρήτη είναι η κρητική λύρα, στη Μακεδονία η γκάιντα, στην Ήπειρο το κλαρίνο, στις Κυκλάδες το βιολί. Βεβαίως, υπάρχουν και μουσικά όργανα που τα συναντάμε σ' όλη την Ελλάδα.

Καθώς ο Αύγουστος είναι ο μήνας των διακοπών για τους περισσότερους Έλληνες, τους δίνεται η δυνατότητα να περάσουν τον Δεκαπενταύγουστο, όπου και να βρίσκονται, τραγουδώντας και χορεύοντας, μια και αγαπούν ιδιαίτερα τους δημοτικούς χορούς και τη δημοτική μουσική.

10 Ρωτήστε και απαντήστε.

1. Ποια ήταν η Παναγία;
2. Ποιος γιορτάζει στις 15 Αυγούστου;
3. Τι γίνεται τον Δεκαπενταύγουστο;
4. Πότε γίνεται ένα πανηγύρι;
5. Ποιο είναι το κύριο χαρακτηριστικό των πανηγυριών του Δεκαπενταύγουστου;
6. Πού γίνονται αυτά τα πανηγύρια;
7. Ποιος χορεύει;
8. Μέχρι πόσες μέρες μπορεί να κρατήσει ένα πανηγύρι;
9. Ποιο είναι το κύριο λαϊκό όργανο στην Ήπειρο;
10. Πώς περνάνε πολλοί Έλληνες τον Δεκαπενταύγουστο;

11 Ταιριάξτε τις λέξεις με τους ορισμούς.

1. συνηθισμένος
2. συγκεκριμένος
3. η αργία
4. τοπικός
5. κεντρικός
6. ντόπιος
7. περιοχή
8. λαϊκός

α. που έχει σχέση με έναν τόπο (ένα χωριό, μια πόλη)
β. που έχει σχέση με τον λαό
γ. αυτός που γεννήθηκε και ζει σ' έναν τόπο
δ. μέρος μιας χώρας
ε. κοινός
ζ. αυτός ακριβώς και όχι κάποιος άλλος
η. που βρίσκεται στο κέντρο του χωριού ή της πόλης
θ. όταν γραφεία, τράπεζες, μαγαζιά κτλ. είναι κλειστά

12 Γράψτε τη σωστή λέξη.

> πλαγιά - επισκέπτης - νησιώτικος - συνέχεια - λύρα - δυνατότητα - ιδιαίτερα - εργαζόμενος

1. Χθες μας έφεραν δώρο ένα CD με _____ τραγούδια.

2. Μ' αρέσει να περπατάω δίπλα στη θάλασσα, _____ όταν φυσάει.

3. Ένα από τα κύρια λαϊκά όργανα των Κρητικών και των Ποντίων είναι η _____ .

4. Οι γονείς του του έδωσαν τη _____ να σπουδάσει στη Γερμανία.

5. "Εδώ δεν είσαι _____ . Είναι το σπίτι μας και πρέπει να κάνεις κι εσύ δουλειές",

   του είπε η μητέρα του.

6. Ο _____ πάντα θέλει να βελτιώνει τον μισθό του.

7. Είδαμε κάτι πανέμορφα λουλούδια καθώς περπατούσαμε στην _____ του βουνού.

8. Η θεία μου μιλάει για τα παιδιά της _____ .

13 Ρωτήστε έναν συμμαθητή σας για κάποια τοπική γιορτή στη χώρα του. Πάρτε όλες τις πληροφορίες που χρειάζεστε, και γράψτε μια παράγραφο σχετικά μ' αυτή τη γιορτή.

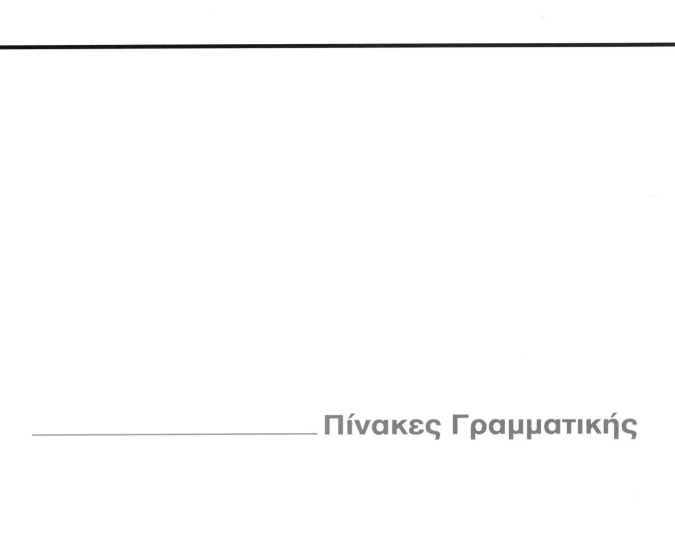

Πίνακες Γραμματικής

Πίνακες Γραμματικής

Κλίση Ουσιαστικών

Αρσενικά

-ος, -οι

Ενικός

Ονομαστική	ο	γιατρ-**ός**	θεί-**ος**	κύρι-**ος**	πονοκέφαλ-**ος**
Γενική	του	γιατρ-**ού**	θεί-**ου**	κυρί-**ου**	πονοκέφαλ-**ου**
Αιτιατική	τον	γιατρ-**ό**	θεί-**ο**	κύρι-**ο**	πονοκέφαλ-**ο**
Κλητική	-	γιατρ-**έ**	θεί-**ε**	κύρι-**ε**	πονοκέφαλ-**ε**

Πληθυντικός

Ονομαστική	οι	γιατρ-**οί**	θεί-**οι**	κύρι-**οι**	πονοκέφαλ-**οι**
Γενική	των	γιατρ-**ών**	θεί-**ων**	κυρί-**ων**	πονοκέφαλ-**ων**
Αιτιατική	τους	γιατρ-**ούς**	θεί-**ους**	κυρί-**ους**	πονοκέφαλ-**ους**
Κλητική	-	γιατρ-**οί**	θεί-**οι**	κύρι-**οι**	πονοκέφαλ-**οι**

-ας, -ες

Ενικός

Ονομαστική	ο	ταμί-**ας**	άντρ-**ας**	αγών-**ας**	πίνακ-**ας**
Γενική	του	ταμί-**α**	άντρ-**α**	αγών-**α**	πίνακ-**α**
Αιτιατική	τον	ταμί-**α**	άντρ-**α**	αγών-**α**	πίνακ-**α**
Κλητική	-	ταμί-**α**	άντρ-**α**	αγών-**α**	πίνακ-**α**

Πληθυντικός

Ονομαστική	οι	ταμί-**ες**	άντρ-**ες**	αγών-**ες**	πίνακ-**ες**
Γενική	των	ταμι-**ών**	αντρ-**ών**	αγών-**ων**	πινάκ-**ων**
Αιτιατική	τους	ταμί-**ες**	άντρ-**ες**	αγών-**ες**	πίνακ-**ες**
Κλητική	-	ταμί-**ες**	άντρ-**ες**	αγών-**ες**	πίνακ-**ες**

-ης, -ες

Ενικός

Ονομαστική	ο	πωλητ-**ής**	πελάτ-**ης**
Γενική	του	πωλητ-**ή**	πελάτ-**η**
Αιτιατική	τον	πωλητ-**ή**	πελάτ-**η**
Κλητική	-	πωλητ-**ή**	πελάτ-**η**

Πληθυντικός

Ονομαστική	οι	πωλητ-**ές**	πελάτ-**ες**
Γενική	των	πωλητ-**ών**	πελατ-**ών**
Αιτιατική	τους	πωλητ-**ές**	πελάτ-**ες**
Κλητική	-	πωλητ-**ές**	πελάτ-**ες**

-ές, -έδες

Ενικός

Ονομαστική	ο	καφ-**ές**
Γενική	του	καφ-**έ**
Αιτιατική	τον	καφ-**έ**
Κλητική	-	καφ-**έ**

Πληθυντικός

Ονομαστική	οι	καφ-**έδες**
Γενική	των	καφ-**έδων**
Αιτιατική	τους	καφ-**έδες**
Κλητική	-	καφ-**έδες**

Θηλυκά

-α, -ες

Ενικός

Ονομαστική	η	δουλ-**ειά**	κυρί-**α**	σελίδ-**α**	θάλασσ-**α**	ταυτότητ-**α**
Γενική	της	δουλ-**ειάς**	κυρί-**ας**	σελίδ-**ας**	θάλασσ-**ας**	ταυτότητ-**ας**
Αιτιατική	τη(ν)	δουλ-**ειά**	κυρί-**α**	σελίδ-**α**	θάλασσ-**α**	ταυτότητ-**α**
Κλητική	-	δουλ-**ειά**	κυρί-**α**	σελίδ-**α**	θάλασσ-**α**	ταυτότητ-**α**

Πληθυντικός

Ονομαστική	οι	δουλ-**ειές**	κυρί-**ες**	σελίδ-**ες**	θάλασσ-**ες**	ταυτότητ-**ες**
Γενική	των	δουλ-**ειών**	κυρι-**ών**	σελίδ-**ων**	θαλασσ-**ών**	ταυτοτήτ-**ων**
Αιτιατική	τις	δουλ-**ειές**	κυρί-**ες**	σελίδ-**ες**	θάλασσ-**ες**	ταυτότητ-**ες**
Κλητική	-	δουλ-**ειές**	κυρί-**ες**	σελίδ-**ες**	θάλασσ-**ες**	ταυτότητ-**ες**

-η, -ες

Ενικός

Ονομαστική	η	αδελφ-**ή**	κόρ-**η**
Γενική	της	αδελφ-**ής**	κόρ-**ης**
Αιτιατική	τη(ν)	αδελφ-**ή**	κόρ-**η**
Κλητική		αδελφ-**ή**	κόρ-**η**

Πληθυντικός

Ονομαστική	οι	αδελφ-**ές**	κόρ-**ες**
Γενική	των	αδελφ-**ών**	κορ-**ών**
Αιτιατική	τις	αδελφ-**ές**	κόρ-**ες**
Κλητική	-	αδελφ-**ές**	κόρ-**ες**

-η, -εις

Ενικός

Ονομαστική	η	λέξ-**η**	αύξησ-**η**
Γενική	της	λέξ-**ης** (-εως)	αύξησ-**ης** (-εως)
Αιτιατική	τη(ν)	λέξ-**η**	αύξησ-**η**
Κλητική	-	λέξ-**η**	αύξησ-**η**

Πληθυντικός

Ονομαστική	οι	λέξ-**εις**	αυξήσ-**εις**
Γενική	των	λέξ-**εων**	αυξήσ-**εων**
Αιτιατική	τις	λέξ-**εις**	αυξήσ-**εις**
Κλητική	-	λέξ-**εις**	αυξήσ-**εις**

-ος, -οι

Ενικός

Ονομαστική	η	οδ-**ός**	λεωφόρ-**ας**	έξοδ-**ος**
Γενική	της	οδ-**ού**	λεωφόρ-**ου**	εξόδ-**ου**
Αιτιατική	τη(ν)	οδ-**ό**	λεωφόρ-**ο**	έξοδ-**ο**
Κλητική	-	οδ-**ό**	λεωφόρ-**ο**	έξοδ-**ο**

Πληθυντικός

Ονομαστική	οι	οδ-**οί**	λεωφόρ-**οι**	έξοδ-**οι**
Γενική	των	οδ-**ών**	λεωφόρ-**ων**	εξόδ-**ων**
Αιτιατική	τις	οδ-**ούς**	λεωφόρ-**ους**	εξόδ-**ους**
Κλητική	-	οδ-**οί**	λεωφόρ-**οι**	έξοδ-**οι**

Ουδέτερα

-ο, -α

Ενικός

Ονομαστική	το	φαγητ-**ό**	ταμεί-**ο**	άτομ-**ο**	σίδερ-**ο**
Γενική	του	φαγητ-**ού**	ταμεί-**ου**	ατόμ-**ου**	σίδερ-**ου**
Αιτιατική	το	φαγητ-**ό**	ταμεί-**ο**	άτομ-**ο**	σίδερ-**ο**
Κλητική	-	φαγητ-**ό**	ταμεί-**ο**	άτομ-**ο**	σίδερ-**ο**

Πληθυντικός

Ονομαστική	τα	φαγητ-**ά**	ταμεί-**α**	άτομ-**α**	σίδερ-**α**
Γενική	των	φαγητ-**ών**	ταμεί-**ων**	ατόμ-**ων**	σίδερ-**ων**
Αιτιατική	τα	φαγητ-**ά**	ταμεί-**α**	άτομ-**α**	σίδερ-**α**
Κλητική	-	φαγητ-**ά**	ταμεί-**α**	άτομ-**α**	σίδερ-**α**

-ι, -ια

Ενικός

Ονομαστική	το	παιδ-**ί**	σπίτ-**ι**	ρολό-**ι**
Γενική	του	παιδ-**ιού**	σπιτ-**ιού**	ρολογ-**ιού**
Αιτιατική	το	παιδ-**ί**	σπίτ-**ι**	ρολό-**ι**
Κλητική	-	παιδ-**ί**	σπίτ-**ι**	ρολό-**ι**

Πληθυντικός

Ονομαστική	τα	παιδ-**ιά**	σπίτ-**ια**	ρολόγ-**ια**
Γενική	των	παιδ-**ιών**	σπιτ-**ιών**	ρολογ-**ιών**
Αιτιατική	τα	παιδ-**ιά**	σπίτ-**ια**	ρολόγ-**ια**
Κλητική	-	παιδ-**ιά**	σπίτ-**ια**	ρολόγ-**ια**

-μα, -ματα

Ενικός

Ονομαστική	το	τμή-**μα**	μάθη-**μα**
Γενική	του	τμή-**ματος**	μαθή-**ματος**
Αιτιατική	το	τμή-**μα**	μάθη-**μα**
Κλητική	-	τμή-**μα**	μάθη-**μα**

Πληθυντικός

Ονομαστική	τα	τμή-**ματα**	μαθή-**ματα**
Γενική	των	τμη-**μάτων**	μαθη-**μάτων**
Αιτιατική	τα	τμή-**ματα**	μαθή-**ματα**
Κλητική	-	τμή-**ματα**	μαθή-**ματα**

-ος, -η

Ενικός

Ονομαστική	το	λάθ-**ος**	μέγεθ-**ος**
Γενική	του	λάθ-**ους**	μεγέθ-**ους**
Αιτιατική	το	λάθ-**ος**	μέγεθ-**ος**
Κλητική	-	λάθ-**ος**	μέγεθ-**ος**

Πληθυντικός

Ονομαστική	τα	λάθ-**η**	μεγέθ-**η**
Γενική	των	λαθ-**ών**	μεγεθ-**ών**
Αιτιατική	τα	λάθ-**η**	μεγέθ-**η**
Κλητική	-	λάθ-**η**	μεγέθ-**η**

Παρατηρήσεις

1. Όπως φαίνεται στον σχετικό πίνακα, τα θηλυκά ουσιαστικά σε -α, -ες εμφανίζουν μετατόπιση του τόνου στη γενική πληθυντικού (*η κυρία - των κυριών*). Εξαίρεση αποτελούν:

    (α) τα θηλυκά *η μητέρα, η δασκάλα, η εικόνα (των μητέρων, των δασκάλων, των εικόνων)*
    (β) τα θηλυκά που λήγουν σε *-ίδα* και *-άδα (των δεσποινίδων - των καμινάδων)*

2. Το ουδέτερο ουσιαστικό *το βράδυ* κλίνεται όπως το ουδέτερο ουσιαστικό *το σπίτι*.
    (*Το βράδυ, του βραδιού, το βράδυ, βράδυ - τα βράδια, των βραδιών, τα βράδια, βράδια*)

3. Το ουδέτερο ουσιαστικό *το πρωί* κλίνεται ως εξής:
    (*Το πρωί, του πρωινού, το πρωί, πρωί - τα πρωινά, των πρωινών, τα πρωινά, πρωινά*)

Κλίση Οριστικού και Αόριστου Άρθρου

Οριστικό

	Αρσενικό	Θηλυκό	Ουδέτερο
Ενικός			
Ονομαστική	ο	η	το
Γενική	του	της	του
Αιτιατική	τον	τη(ν)	το
Πληθυντικός			
Ονομαστική	οι	οι	τα
Γενική	των	των	των
Αιτιατική	τους	τις	τα

Αόριστο

	Αρσενικό	Θηλυκό	Ουδέτερο
Ενικός			
Ονομαστική	ένας	μία	ένα
Γενική	ενός	μιας	ενός
Αιτιατική	έναν	μια(ν)	ένα
Πληθυντικός			
Ονομαστική	-	-	-
Γενική	-	-	-
Αιτιατική	-	-	-

Κλίση Επιθέτων

-ος, -η, -ο / -οι, -ες, -α

Ενικός	Αρσενικό		Θηλυκό		Ουδέτερο	
Ονομαστική	ο	ξέν-**ος**	η	ξέν-**η**	το	ξέν-**ο**
Γενική	του	ξέν-**ου**	της	ξέν-**ης**	του	ξέν-**ου**
Αιτιατική	τον	ξέν-**ο**	τη(ν)	ξέν-**η**	το	ξέν-**ο**
Κλητική	-	ξέν-**ε**	-	ξέν-**η**	-	ξέν-**ο**
Πληθυντικός						
Ονομαστική	οι	ξέν-**οι**	οι	ξέν-**ες**	τα	ξέν-**α**
Γενική	των	ξέν-**ων**	των	ξέν-**ων**	των	ξέν-**ων**
Αιτιατική	τους	ξέν-**ους**	τις	ξέν-**ες**	τα	ξέν-**α**
Κλητική	-	ξέν-**οι**	-	ξέν-**ες**	-	ξέν-**α**

-ος, -α, -ο / -οι, -ες, -α

Ενικός	Αρσενικό		Θηλυκό		Ουδέτερο	
Ονομαστική	ο	ωραί-**ος**	η	ωραί-**α**	το	ωραί-**ο**
Γενική	του	ωραί-**ου**	της	ωραί-**ας**	του	ωραί-**ου**
Αιτιατική	τον	ωραί-**ο**	τη(ν)	ωραί-**α**	το	ωραί-**ο**
Κλητική	-	ωραί-**ε**	-	ωραί-**α**	-	ωραί-**ο**
Πληθυντικός						
Ονομαστική	οι	ωραί-**οι**	οι	ωραί-**ες**	τα	ωραί-**α**
Γενική	των	ωραί-**ων**	των	ωραί-**ων**	των	ωραί-**ων**
Αιτιατική	τους	ωραί-**ους**	τις	ωραί-**ες**	τα	ωραί-**α**
Κλητική	-	ωραί-**οι**	-	ωραί-**ες**	-	ωραί-**α**

-ος, -η (-ια), -ο / -οι, -ες, -α

Ενικός	Αρσενικό		Θηλυκό		Ουδέτερο	
Ονομαστική	ο	φτωχ-**ός**	η	φτωχ-**ή/ιά**	το	φτωχ-**ό**
Γενική	του	φτωχ-**ού**	της	φτωχ-**ής/ιάς**	του	φτωχ-**ού**
Αιτιατική	τον	φτωχ-**ό**	τη(ν)	φτωχ-**ή/ιά**	το	φτωχ-**ό**
Κλητική	-	φτωχ-**έ**	-	φτωχ-**ή/ιά**	-	φτωχ-**ό**
Πληθυντικός						
Ονομαστική	οι	φτωχ-**οί**	οι	φτωχ-**ές**	τα	φτωχ-**ά**
Γενική	των	φτωχ-**ών**	των	φτωχ-**ών**	των	φτωχ-**ών**
Αιτιατική	τους	φτωχ-**ούς**	τις	φτωχ-**ές**	τα	φτωχ-**ά**
Κλητική	-	φτωχ-**οί**	-	φτωχ-**ές**	-	φτωχ-**ά**

-ύς, -ιά, -ύ / -ιοί, -ιές, -ιά

	Αρσενικό		Θηλυκό		Ουδέτερο	
Ενικός						
Ονομαστική	ο	μακρ-**ύς**	η	μακρ-**ιά**	το	μακρ-**ύ**
Γενική	του	μακρ-**ιού**	της	μακρ-**ιάς**	του	μακρ-**ιού**
Αιτιατική	τον	μακρ-**ύ**	τη(ν)	μακρ-**ιά**	το	μακρ-**ύ**
Κλητική	-	μακρ-**ύ**	-	μακρ-**ιά**	-	μακρ-**ύ**
Πληθυντικός						
Ονομαστική	οι	μακρ-**ιοί**	οι	μακρ-**ιές**	τα	μακρ-**ιά**
Γενική	των	μακρ-**ιών**	των	μακρ-**ιών**	των	μακρ-**ιών**
Αιτιατική	τους	μακρ-**ιούς**	τις	μακρ-**ιές**	τα	μακρ-**ιά**
Κλητική	-	μακρ-**ιοί**	-	μακρ-**ιές**	-	μακρ-**ιά**

-ής, -ιά, -ί / -ιοί, -ιές, -ιά

	Αρσενικό		Θηλυκό		Ουδέτερο	
Ενικός						
Ονομαστική	ο	σταχτ-**ής**	η	σταχτ-**ιά**	το	σταχτ-**ί**
Γενική	του	σταχτ-**ιού (-ή)**	της	σταχτ-**ιάς**	του	σταχτ-**ιού**
Αιτιατική	τον	σταχτ-**ή**	την	σταχτ-**ιά**	το	σταχτ-**ί**
Κλητική	-	σταχτ-**ή**	-	σταχτ-**ιά**	-	σταχτ-**ί**
Πληθυντικός						
Ονομαστική	οι	σταχτ-**ιοί**	οι	σταχτ-**ιές**	τα	σταχτ-**ιά**
Γενική	των	σταχτ-**ιών**	των	σταχτ-**ιών**	των	σταχτ-**ιών**
Αιτιατική	τους	σταχτ-**ιούς**	τις	σταχτ-**ιές**	τα	σταχτ-**ιά**
Κλητική	-	σταχτ-**ιοί**	-	σταχτ-**ιές**	-	σταχτ-**ιά**

-ων, -ουσα, -ον / -οντες, -ουσες, -οντα

	Αρσενικό		Θηλυκό		Ουδέτερο	
Ενικός						
Ονομαστική	ο	ενδιαφέρ-**ων**	η	ενδιαφέρ-**ουσα**	το	ενδιαφέρ-**ον**
Γενική	του	ενδιαφέρ-**οντος**	της	ενδιαφέρ-**ουσας**	του	ενδιαφέρ-**οντος**
Αιτιατική	τον	ενδιαφέρ-**οντα**	τη(ν)	ενδιαφέρ-**ουσα**	το	ενδιαφέρ-**ον**
Κλητική	-	ενδιαφέρ-**ων**	-	ενδιαφέρ-**ουσα**	-	ενδιαφέρ-**ον**
Πληθυντικός						
Ονομαστική	οι	ενδιαφέρ-**οντες**	οι	ενδιαφέρ-**ουσες**	τα	ενδιαφέρ-**οντα**
Γενική	των	ενδιαφερ-**όντων**	των	ενδιαφερ-**ουσών**	των	ενδιαφερ-**όντων**
Αιτιατική	τους	ενδιαφέρ-**οντες**	τις	ενδιαφέρ-**ουσες**	τα	ενδιαφέρ-**οντα**
Κλητική	-	ενδιαφέρ-**οντες**	-	ενδιαφέρ-**ουσες**	-	ενδιαφέρ-**οντα**

Πίνακες Γραμματικής

πολύς, πολλή, πολύ / πολλοί, πολλές, πολλά

Ενικός	Αρσενικό		Θηλυκό		Ουδέτερο	
Ονομαστική	ο	πολ-**ύς**	η	πολλ-**ή**	το	πολ-**ύ**
Γενική		-	της	πολλ-**ής**		-
Αιτιατική	τον	πολ-**ύ**	την	πολλ-**ή**	το	πολ-**ύ**
Κλητική	-	πολ-**ύ**	-	πολλ-**ή**	-	πολ-**ύ**
Πληθυντικός						
Ονομαστική	οι	πολλ-**οί**	οι	πολλ-**ές**	τα	πολλ-**ά**
Γενική	των	πολλ-**ών**	των	πολλ-**ών**	των	πολλ-**ών**
Αιτιατική	τους	πολλ-**ούς**	τις	πολλ-**ές**	τα	πολλ-**ά**
Κλητική	-	πολλ-**οί**	-	πολλ-**ές**	-	πολλ-**ά**

-ης, -ης, -ες / -εις, -εις, -η

Ενικός	Αρσενικό		Θηλυκό		Ουδέτερο	
Ονομαστική	ο	διεθν-**ής**	η	διεθν-**ής**	το	διεθν-**ές**
Γενική	του	διεθν-**ούς** (-ή)	της	διεθν-**ούς**	του	διεθν-**ούς**
Αιτιατική	τον	διεθν-**ή**	τη(ν)	διεθν-**ή**	το	διεθν-**ές**
Κλητική	-	διεθν-**ή**	-	διεθν-**ή**	-	διεθν-**ές**
Πληθυντικός						
Ονομαστική	οι	διεθν-**είς**	οι	διεθν-**είς**	τα	διεθν-**ή**
Γενική	των	διεθν-**ών**	των	διεθν-**ών**	των	διεθν-**ών**
Αιτιατική	τους	διεθν-**είς**	τις	διεθν-**είς**	τα	διεθν-**ή**
Κλητική	-	διεθν-**είς**	-	διεθν-**είς**	-	διεθν-**ή**

Παρατήρηση

Γενικά σε ό,τι αφορά τα επίθετα, ο τόνος δεν μετατοπίζεται στη γενική του ενικού ή του πληθυντικού, όπως συμβαίνει σε πολλά ουσιαστικά. Γι' αυτό, στους πίνακες κλίσης των επιθέτων υπάρχει μόνο ένα παράδειγμα για κάθε κατηγορία. Οι μόνες περιπτώσεις όπου παρατηρείται μετατόπιση του τόνου στη γενική του πληθυντικού είναι:

(α) τα επίθετα σε -ων, -ουσα, -ον (οι παρόντες - των παρόντων αλλά οι ενδιαφέροντες - των ενδιαφερόντων)

(β) τα επίθετα σε -ώδης, -ώδης, -ώδες (οι ιδεώδεις - των ιδεωδών) που, κατά τα άλλα, κλίνονται όπως τα επίθετα σε -ης, -ης, -ες.

Κλίση Αντωνυμιών

Προσωπικές - (δυνατός τύπος)

Ενικός

Ονομαστική	εγώ	εσύ	αυτός / αυτή / αυτό
Γενική	(εμένα)	(εσένα)	αυτού (αυτουνού) / αυτής (αυτηνής) / αυτού (αυτουνού)
Αιτιατική	εμένα	εσένα	αυτόν/αυτή(ν)/αυτό

Πληθυντικός

Ονομαστική	εμείς	εσείς	αυτοί / αυτές / αυτά
Γενική	(εμάς)	(εσάς)	αυτών (αυτωνών)
Αιτιατική	εμάς	εσάς	αυτούς / αυτές / αυτά

Προσωπικές - (αδύνατος τύπος)

Ενικός

Ονομαστική	-	-	(τος) / (τη) / (το)
Γενική	μου	σου	του / της / του
Αιτιατική	με	σε	τον / την / το

Πληθυντικός

Ονομαστική	-	-	(τοι) / (τες) / (τα)
Γενική	μας	σας	τους
Αιτιατική	μας	σας	τους / τις (τες) / τα

Αόριστη - κανένας, καμία (καμιά), κανένα

Ενικός

Ονομαστική	κανέν-**ας**	καμί-**α** / καμ-**ιά**	κανέν-**α**
Γενική	κανεν-**ός**	καμί-**ας** / καμι-**άς**	κανεν-**ός**
Αιτιατική	κανέν-**α(ν)**	κανέν-**α(ν)**	κανέν-**α**

Αόριστη - κάποιος, -α, -ο / κάποιοι, -ες, -α

Ενικός

Ονομαστική	κάποι-**ος**	κάποι-**α**	κάποι-**ο**
Γενική	κάποι-**ου**	κάποι-**ας**	κάποι-**ου**
Αιτιατική	κάποι-**ο(ν)**	κάποι-**α(ν)**	κάποι-**ο**

Πληθυντικός

Ονομαστική	κάποι-**οι**	κάποι-**ες**	κάποι-**α**
Γενική	κάποι-**ων**	κάποι-**ων**	κάποι-**ων**
Αιτιατική	κάποι-**ους**	κάποι-**ες**	κάποι-**α**

Πίνακες Γραμματικής

Δεικτικές - "αυτός, αυτή, αυτό" και "εκείνος, εκείνη, εκείνο"

Ενικός

Ονομαστική	αυτός / εκείνος	αυτή / εκείνη	αυτό / εκείνο
Γενική	αυτού / εκείνου	αυτής / εκείνης	αυτού / εκείνου
Αιτιατική	αυτόν / εκείνον	αυτή / εκείνη	αυτό / εκείνο

Πληθυντικός

Ονομαστική	αυτοί / εκείνοι	αυτές / εκείνες	αυτά / εκείνα
Γενική	αυτών / εκείνων	αυτών / εκείνων	αυτών / εκείνων
Αιτιατική	αυτούς / εκείνους	αυτές / εκείνες	αυτά / εκείνα

Κτητική - δικός, -ή, -ό μου / δικοί, -ές, -ά μου

Ενικός

Ονομαστική	δικ-ός μου	δικ-ή (-ιά) μου	δικ-ό μου
Γενική	δικ-ού μου	δικ-ής (-ιάς) μου	δικ-ού μου
Αιτιατική	δικ-ό μου	δικ-ή (-ιά) μου	δικ-ό μου
Κλητική	δικ-έ μου	δικ-ή (-ιά) μου	δικ-ό μου

Πληθυντικός

Ονομαστική	δικ-οί μου	δικ-ές μου	δικ-ά μου
Γενική	δικ-ών μου	δικ-ών μου	δικ-ών μου
Αιτιατική	δικ-ούς μου	δικ-ές μου	δικ-ά μου
Κλητική	δικ-οί μου	δικ-ές μου	δικ-ά μου

Καθολική - καθένας, καθεμία (καθεμιά), κανένα

Ενικός

Ονομαστική	καθέν-ας	καθεμί-α /καθεμ-ιά	καθέν-α
Γενική	καθεν-ός	καθεμί-ας / καθεμι-άς	καθεν-ός
Αιτιατική	καθέν-α(ν)	καθεμί-α(ν) / καθεμ-ιά(ν)	καθέν-α

Ερωτηματική - "ποιος, ποια, ποιο"

Ενικός

Ονομαστική	ποι-ος	ποι-α	ποι-ο
Γενική	ποι-ου/ποι-ανού	ποι-ας/ποι-ανής	ποι-ου/ποι-ανού
Αιτιατική	ποι-ο(ν)	ποι-α(ν)	ποι-ο

Πληθυντικός

Ονομαστική	ποι-οι	ποι-ες	ποι-α
Γενική	ποι-ων/ποι-ανών	ποι-ων/ποι-ανών	ποι-ων/ποι-ανών
Αιτιατική	ποι-ους/ποι-ανούς	ποι-ες	ποι-α

Ερωτηματική - "πόσος, -η, -ο"

Ενικός

Ονομαστική	πόσ-**ος**	πόσ-**η**	πόσ-**ο**
Γενική	πόσ-**ου**	πόσ-**ης**	πόσ-**ου**
Αιτιατική	πόσ-**ο(ν)**	πόσ-**η(ν)**	πόσ-**ο**

Πληθυντικός

Ονομαστική	πόσ-**οι**	πόσ-**ες**	πόσ-**α**
Γενική	πόσ-**ων**	πόσ-**ων**	πόσ-**ων**
Αιτιατική	πόσ-**ους**	πόσ-**ες**	πόσ-**α**

Επιτατική - μόνος, -η, -ο μου / μόνοι, -ες, -α μας

Ενικός

Ονομαστική	μόν-**ος** μου	μόν-**η** μου	μόν-**ο** μου
Γενική	-	-	-
Αιτιατική	μόν-**ο** μου	μόν-**η** μου	μόν-**ο** μου

Πληθυντικός

Ονομαστική	μόν-**οι** μας	μόν-**ες** μας	μόν-**α** μας
Γενική	-	-	-
Αιτιατική	μόν-**ους** μας	μόν-**ες** μας	μόν-**α** μας

Αοριστολογική - "όσος, -η, -ο"

Ενικός

Ονομαστική	όσ-**ος**	όσ-**η**	όσ-**ο**
Γενική	όσ-**ου**	όσ-**ης**	όσ-**ου**
Αιτιατική	όσ-**ο(ν)**	όσ-**η(ν)**	όσ-**ο**

Πληθυντικός

Ονομαστική	όσ-**οι**	όσ-**ες**	όσ-**α**
Γενική	όσ-**ων**	όσ-**ων**	όσ-**ων**
Αιτιατική	όσ-**ους**	όσ-**ες**	όσ-**α**

Αριθμητικά

Απόλυτο αριθμητικό	Αριθμητικό επίθετο	Απόλυτο αριθμητικό	Αριθμητικό επίθετο
ένα	πρώτος/η/ο	είκοσι	εικοστός/ή/ό
δύο	δεύτερος/η/ο	είκοσι ένα	εικοστός/ή/ό πρώτος/η/ο
τρία	τρίτος/η/ο	κτλ.	κτλ.
τέσσερα	τέταρτος/η/ο	τριάντα	τριακοστός/ή/ό
πέντε	πέμπτος/η/ο	τριάντα ένα	τριακοστός/ή/ό πρώτος/η/ο
έξι	έκτος/η/ο	κτλ.	κτλ.
εφτά (επτά)	έβδομος/η/ο	σαράντα	τεσσαρακοστός/ή/ό
οχτώ (οκτώ)	όγδοος/η/ο	πενήντα	πεντηκοστός/ή/ό
εννιά (εννέα)	ένατος/η/ο	εξήντα	εξηκοστός/ή/ό
δέκα	δέκατος/η/ο	εβδομήντα	εβδομηκοστός/ή/ό
έντεκα	ενδέκατος/η/ο	ογδόντα	ογδοηκοστός/ή/ό
δώδεκα	δωδέκατος/η/ο	ενενήντα	ενενηκοστός/ή/ό
δεκατρία	δέκατος/η/ο τρίτος/η/ο	εκατό	εκατοστός/ή/ό
κτλ.	κτλ.		

Ρήματα

Ενεργητική Φωνή

Ενεστώτας	Α. Μέλλοντας (θα...)	Αόριστος	Παρατατικός	Προστακτική
αγοράζω	αγοράσω	αγόρασα	αγόραζα	αγόρασε - αγοράστε
ακολουθώ	ακολουθήσω	ακολούθησα	ακολουθούσα	ακολούθησε - ακολουθήστε
ακούω	ακούσω	άκουσα	άκουγα	άκουσε - ακούστε
αλλάζω	αλλάξω	άλλαξα	άλλαζα	άλλαξε - αλλάξτε
ανακατεύω	ανακατέψω	ανακάτεψα	ανακάτευα	ανακάτεψε - ανακατέψτε
ανακοινώνω	ανακοινώσω	ανακοίνωσα	ανακοίνωνα	ανακοίνωσε - ανακοινώστε
αναφέρω	αναφέρω	ανέφερα	ανέφερα	ανάφερε - αναφέρτε
ανεβαίνω	ανέβω (ανεβώ)	ανέβηκα	ανέβαινα	ανέβα - ανεβείτε
ανησυχώ	ανησυχήσω	ανησύχησα	ανησυχούσα	ανησύχησε - ανησυχήστε
ανοίγω	ανοίξω	άνοιξα	άνοιγα	άνοιξε - ανοίξτε
ανταλλάζω	ανταλλάξω	αντάλλαξα	αντάλλαζα	αντάλλαξε - ανταλλάξτε
απαγορεύω	απαγορέψω	απαγόρεψα	απαγόρευα	απαγόρεψε - απαγορέψτε
απαντάω (-ώ)	απαντήσω	απάντησα	απαντούσα	απάντησε - απαντήστε
απλώνω	απλώσω	άπλωσα	άπλωνα	άπλωσε - απλώστε
αποφασίζω	αποφασίσω	αποφάσισα	αποφασιζα	αποφάσισε - αποφασίστε
αρρωσταίνω	αρρωστήσω	αρρώστησα	αρρώσταινα	αρρώστησε - αρρωστήστε
αρχίζω	αρχίσω	άρχισα	άρχιζα	άρχισε - αρχίστε
αφαιρώ	αφαιρέσω	αφαίρεσα	αφαιρούσα	αφαίρεσε - αφαιρέστε
αφήνω	αφήσω	άφησα	άφηνα	άφησε (άσε) - αφήστε (άστε)
βάζω	βάλω	έβαλα	έβαζα	βάλε - βάλτε
βγάζω	βγάλω	έβγαλα	έβγαζα	βγάλε - βγάλτε
βγαίνω	βγω	βγήκα	έβγαινα	βγες (έβγα) - βγείτε (βγέστε)
βλάπτω	βλάψω	έβλαψα	έβλαπτα	βλάψε - βλάψτε
βλέπω	δω	είδα	έβλεπα	δες - δείτε (δέστε)
βοηθάω (-ώ)	βοηθήσω	βοήθησα	βοηθούσα	βοήθησε - βοηθήστε
βρέχει	βρέξει	έβρεξε	έβρεχε	—
βρίσκω	βρω	βρήκα	έβρισκα	βρες - βρείτε (βρέστε)
γαρνίρω	γαρνίρω	γαρνίρισα	γαρνίριζα	γαρνίρισε - γαρνίρετε
γελάω (-ώ)	γελάσω	γέλασα	γελούσα	γέλασε - γελάστε
γιορτάζω	γιορτάσω	γιόρτασα	γιόρταζα	γιόρτασε - γιορτάστε
γνωρίζω	γνωρίσω	γνώρισα	γνώριζα	γνώρισε - γνωρίστε
γράφω	γράψω	έγραψα	έγραφα	γράψε - γράψτε
γυρίζω	γυρίσω	γύρισα	γύριζα	γύρισε - γυρίστε
δαγκώνω	δαγκώσω	δάγκωσα	δάγκωνα	δάγκωσε - δαγκώστε
δανείζω	δανείσω	δάνεισα	δάνειζα	δάνεισε - δανείστε
δηλώνω	δηλώσω	δήλωσα	δήλωνα	δήλωσε - δηλώστε
διαβάζω	διαβάσω	διάβασα	διάβαζα	διάβασε - διαβάστε
διαθέτω	διαθέσω	διέθεσα	διέθετα	διάθεσε - διαθέστε
διαλέγω	διαλέξω	διάλεξα	διάλεγα	διάλεξε - διαλέξτε
διαφωνώ	διαφωνήσω	διαφώνησα	διαφωνούσα	διαφώνησε - διαφωνήστε
δίνω	δώσω	έδωσα	έδινα	δώσε - δώστε
διορθώνω	διορθώσω	διόρθωσα	διόρθωνα	διόρθωσε - διορθώστε
διψάω (-ώ)	διψάσω	δίψασα	διψούσα	δίψασε - διψάστε
δοκιμάζω	δοκιμάσω	δοκίμασα	δοκίμαζα	δοκίμασε - δοκιμάστε
δουλεύω	δουλέψω	δούλεψα	δούλευα	δούλεψε - δουλέψτε
ελαττώνω	ελαττώσω	ελάττωσα	ελάττωσα	ελάττωσε - ελαττώστε
ελέγχω	ελέγξω	έλεγξα	έλεγξα	έλεγξε - ελέγξτε
ελπίζω	ελπίσω	ήλπισα	ήλπισα	έλπισε - ελπίστε
ενημερώνω	ενημερώσω	ενημέρωσα	ενημέρωσα	ενημέρωσε - ενημερώστε

Ρήματα

Ενεργητική Φωνή

Ενεστώτας	Α. Μέλλοντας (θα...)	Αόριστος	Παρατατικός	Προστακτική
εννοώ	εννοήσω	εννόησα	εννοούσα	εννόησε - εννοήστε
ενοχλώ	ενοχλήσω	ενόχλησα	ενοχλούσα	ενόχλησε - ενοχλήστε
εξετάζω	εξετάσω	εξέτασα	εξέταζα	εξέτασε - εξετάστε
εξυπηρετώ	εξυπηρετήσω	εξυπηρέτησα	εξυπηρετούσα	εξυπηρέτησε - εξυπηρετήστε
επιθυμώ	επιθυμήσω	επιθύμησα	επιθυμούσα	επιθύμησε - επιθυμήστε
επιμένω	επιμείνω	επέμεινα	επέμενα	επίμεινε - επιμείνετε
επιτρέπω	επιτρέψω	επέτρεψα	επέτρεπα	επίτρεψε - επιτρέψτε
ετοιμάζω	ετοιμάσω	ετοίμασα	ετοίμαζα	ετοίμασε - ετοιμάστε
ευχαριστώ	ευχαριστήσω	ευχαρίστησα	ευχαριστούσα	ευχαρίστησε - ευχαριστήστε
έχω	έχω	είχα	είχα	έχε - έχετε
ζηλεύω	ζηλέψω	ζήλεψα	ζήλευα	ζήλεψε - ζηλέψτε
ζητάω (-ώ)	ζητήσω	ζήτησα	ζητούσα	ζήτησε - ζητήστε
ζω	ζήσω	έζησα	ζούσα	ζήσε - ζήστε
θέλω	θελήσω	θέλησα	ήθελα	θέλησε - θελήστε
θυμίζω	θυμίσω	θύμισα	θύμιζα	θύμισε - θυμίστε
θυμώνω	θυμώσω	θύμωσα	θύμωνα	θύμωσε - θυμώστε
καθαρίζω	καθαρίσω	καθάρισα	καθάριζα	καθάρισε - καθαρίστε
καλύπτω	καλύψω	κάλυψα	κάλυπτα	κάλυψε - καλύψτε
καλώ	καλέσω	κάλεσα	καλούσα	κάλεσε - καλέστε
κανονίζω	κανονίσω	κανόνισα	κανόνιζα	κανόνισε - κανονίστε
κάνω	κάνω	έκανα	έκανα	κάνε - κάντε
καπνίζω	καπνίσω	κάπνισα	κάπνιζα	κάπνισε - καπνίστε
καταλαβαίνω	καταλάβω	κατάλαβα	καταλάβαινα	κατάλαβε - καταλάβετε
καταφέρνω	καταφέρω	κατάφερα	κατάφερνα	κατάφερε - καταφέρετε
κατεβαίνω	κατέβω	κατέβηκα	κατέβαινα	κατέβα - κατεβείτε
κατοικώ	κατοικήσω	κατοίκησα	κατοικούσα	κατοίκησε - κατοικήστε
κερδίζω	κερδίσω	κέρδισα	κέρδιζα	κέρδισε - κερδίστε
κλέβω	κλέψω	έκλεψα	έκλεβα	κλέψε - κλέψτε
κλείνω	κλείσω	έκλεισα	έκλεινα	κλείσε - κλείστε
κλίνω	κλίνω	έκλινα	έκλινα	κλίνε - κλίνετε
κόβω	κόψω	έκοψα	έκοβα	κόψε - κόψτε
κοιτάζω	κοιτάξω	κοίταξα	κοίταζα	κοίταξε (κοίτα) - κοιτάξτε
κολυμπάω (-ώ)	κολυμπήσω	κολύμπησα	κολυμπούσα	κολύμπησε - κολυμπήστε
κοστίζω	κοστίσω	κόστισα	κόστιζα	
κουβεντιάζω	κουβεντιάσω	κουβέντιασα	κουβέντιαζα	κουβέντιασε - κουβεντιάστε
κρατάω (-ώ)	κρατήσω	κράτησα	κρατούσα	κράτησε - κρατήστε
κρυώνω	κρυώσω	κρύωσα	κρύωνα	κρύωσε - κρυώστε
κυκλοφορώ	κυκλοφορήσω	κυκλοφόρησα	κυκλοφορούσα	κυκλοφόρησε - κυκλοφορήστε
λείπω	λείψω	έλειψα	έλειπα	λείψε - λείψτε
λειτουργώ	λειτουργήσω	λειτούργησα	λειτουργούσα	λειτούργησε - λειτουργήστε
λέω	πω	είπα	έλεγα	πες - πείτε (πέστε)
λήγω	λήξω	έληξα	έληγα	λήξε - λήξτε
λύνω	λύσω	έλυσα	έλυνα	λύσε - λύστε
μαγειρεύω	μαγειρέψω	μαγείρεψα	μαγείρευα	μαγείρεψε - μαγειρέψτε
μαζεύω	μαζέψω	μάζεψα	μάζευα	μάζεψε - μαζέψτε
μαθαίνω	μάθω	έμαθα	μαθαινα	μάθε - μάθετε
μαλακώνω	μαλακώσω	μαλάκωσα	μαλάκωνα	μαλάκωσε - μαλακώστε
μαλώνω	μαλώσω	μάλωσα	μάλωνα	μάλωσε - μαλώστε

Ρήματα

Ενεργητική Φωνή

Ενεστώτας	Α. Μέλλοντας (θα...)	Αόριστος	Παρατατικός	Προστακτική
μαντεύω	μαντέψω	μάντεψα	μάντευα	μάντεψε - μαντέψτε
μελετάω (-ώ)	μελετήσω	μελέτησα	μελετούσα	μελέτησε - μελετήστε
μένω	μείνω	έμεινα	έμενα	μείνε - μείνετε
μιλάω (-ώ)	μιλήσω	μίλησα	μιλούσα	μίλησε - μιλήστε
μισώ	μισήσω	μίσησα	μισούσα	μίσησε - μισήστε
μορφώνω	μορφώσω	μόρφωσα	μόρφωνα	μόρφωσε - μορφώστε
μπαίνω	μπω	μπήκα	έμπαινα	μπες (έμπα) - μπείτε (μπέστε)
μπορώ	μπορέσω	μπόρεσα	μπορούσα	μπόρεσε - μπορέστε
μυρίζω	μυρίσω	μύρισα	μύριζα	μύρισε - μυρίστε
νιώθω	νιώσω	ένιωσα	ένιωθα	νιώσε - νιώστε
νομίζω	νομίσω	νόμισα	νόμιζα	νόμισε - νομίστε
ξαπλώνω	ξαπλώσω	ξάπλωσα	ξάπλωνα	ξάπλωσε - ξαπλώστε
ξεκινάω	ξεκινήσω	ξεκίνησα	ξεκινούσα	ξεκίνησε - ξεκινήστε
ξέρω	ξέρω	ήξερα	ήξερα	—
ξεχνάω (-ώ)	ξεχάσω	ξέχασα	ξεχνούσα	ξέχασε - ξεχάστε
ξοδεύω	ξοδέψω	ξόδεψα	ξόδευα	ξόδεψε - ξοδέψτε
ξυπνάω (-ώ)	ξυπνήσω	ξύπνησα	ξυπνούσα	ξύπνησε - ξυπνήστε
οδηγώ	οδηγήσω	οδήγησα	οδηγούσα	οδήγησε - οδηγήστε
ονομάζω	ονομάσω	ονόμασα	ονόμαζα	ονόμασε - ονομάστε
παθαίνω	πάθω	έπαθα	πάθαινα	πάθε - πάθετε
παίζω	παίξω	έπαιξα	έπαιζα	παίξε - παίξτε
παίρνω	πάρω	πήρα	έπαιρνα	πάρε - πάρτε
παραδίνω	παραδώσω	παρέδοσα	παρέδινα	παράδωσε - παραδώστε
παραλαμβάνω	παραλάβω	παρέλαβα	παραλάμβανα	παράλαβε - παραλάβετε
παρκάρω	παρκάρω	πάρκαρα (παρκάρισα)	πάρκαρα (παρκάριζα)	πάρκαρε - παρκάρετε (παρκάρισε)
παρουσιάζω	παρουσιάσω	παρουσίασα	παρουσίαζα	παρουσίασε - παρουσιάστε
πάω (πηγαίνω)	πάω	πήγα	πήγαινα	πήγαινε - πηγαίνετε
πεθαίνω	πεθάνω	πέθανα	πέθαινα	πέθανε - πεθάνετε
πεινάω	πεινάσω	πείνασα	πεινούσα	πείνασε - πεινάστε
πειράζω	πειράξω	πείραξα	πείραζα	πείραξε - πειράξτε
περιγράφω	περιγράψω	περιέγραψα	περιέγραφα	περίγραψε - περιγράψτε
περιμένω	περιμένω	περίμενα	περίμενα	περίμενε - περιμένετε
περνάω (-ώ)	περάσω	πέρασα	περνούσα	πέρασε - περάστε
περπατάω (-ώ)	περπατήσω	περπάτησα	περπάτησα	περπάτησε - περπατήστε
πετάω (-ώ)	πετάξω	πέταξα	πετούσα	πέταξε - πετάξτε
πέφτω	πέσω	έπεσα	έπεφτα	πέσε - πέστε
πηδάω (-ώ)	πηδήξω	πήδηξα	πηδούσα	πήδηξε - πηδήξτε
πίνω	πιω	ήπια	έπινα	πιες - πιείτε (πιέστε)
πιστεύω	πιστέψω	πίστεψα	πίστευα	πίστεψε - πιστέψτε
πλένω	πλύνω	έπλυνα	έπλενα	πλύνε - πλύν(ε)τε
πληρώνω	πληρώσω	πλήρωσα	πλήρωνα	πλήρωσε - πληρώστε
πλησιάζω	πλησιάσω	πλησίασα	πλησίαζα	πλησίασε - πλησιάστε
πολεμάω (-ώ)	πολεμήσω	πολέμησα	πολεμούσα	πολέμησε - πολεμήστε
πονάω (-ώ)	πονέσω	πόνεσα	πονούσα	πόνεσε - πονέστε
ποτίζω	ποτίσω	πότισα	πότιζα	πότισε - ποτίστε
πουλάω (-ώ)	πουλήσω	πούλησα	πουλούσα	πούλησε - πουλήστε
προκαλώ	προκαλέσω	προκάλεσα	προκαλούσα	προκάλεσε - προκαλέστε
προλαβαίνω	προλάβω	πρόλαβα	προλάβαινα	πρόλαβε - προλάβετε

Πίνακες Γραμματικής

Ρήματα

Ενεργητική Φωνή

Ενεστώτας	Α. Μέλλοντας (θα...)	Αόριστος	Παρατατικός	Προστακτική
προσέχω	προσέξω	πρόσεξα	πρόσεχα	πρόσεξε - προσέξτε
προσθέτω	προσθέσω	πρόσθεσα	πρόσθετα	πρόσθεσε - προσθέστε
προσκαλώ	προσκαλέσω	προσκάλεσα	προσκαλούσα	προσκάλεσε - προσκαλέστε
προσπαθώ	προσπαθήσω	προσπάθησα	προσπαθούσα	προσπάθησε - προσπαθήστε
προστατεύω	προστατέψω	προστάτεψα	προστάτευα	προστάτεψε - προστατέψτε
προσφέρω	προσφέρω	πρόσφερα	πρόσφερα	πρόσφερε - προσφέρ(ε)τε
προτείνω	προτείνω	πρότεινα	πρότεινα	πρότεινε - προτείνετε
προτιμάω (-ώ)	προτιμήσω	προτίμησα	προτιμούσα	προτίμησε - προτιμήστε
προχωρώ	προχωρήσω	προχώρησα	προχωρούσα	προχώρησε - προχωρήστε
ρίχνω	ρίξω	έριξα	έριχνα	ρίξε - ρίξτε
ρωτάω (-ώ)	ρωτήσω	ρώτησα	ρώτησα	ρώτησε - ρωτήστε
σηκώνω	σηκώσω	σήκωσα	σήκωνα	σήκωσε - σηκώστε
σημειώνω	σημειώσω	σημείωσα	σημείωνα	σημείωσε - σημειώστε
σιδερώνω	σιδερώσω	σιδέρωσα	σιδέρωνα	σιδέρωσε - σιδερώστε
σκοτώνω	σκοτώσω	σκότωσα	σκότωνα	σκότωσε - σκοτώστε
σκουπίζω	σκουπίσω	σκούπισα	σκούπιζα	σκούπισε - σκουπίστε
σπάζω (σπάω)	σπάσω	έσπασα	έσπαζα	σπάσε - σπάστε
σπουδάζω	σπουδάσω	σπούδασα	σπούδαζα	σπούδασε - σπουδάστε
σπρώχνω	σπρώξω	έσπρωξα	έσπρωχνα	σπρώξε - σπρώξτε
σταματάω (-ώ)	σταματήσω	σταμάτησα	σταματούσα	σταμάτησε - σταματήστε
στέλνω	στείλω	έστειλα	έστελνα	στείλε - στείλτε
στρίβω	στρίψω	έστριψα	έστριβα	στρίψε - στρίψτε
στρώνω	στρώσω	έστρωσα	έστρωνα	στρώσε - στρώστε
συγκρίνω	συγκρίνω	σύγκρινα (συνέκρινα)	σύγκρινα (συνέκρινα)	σύγκρινε - συγκρίνετε
συγχωρώ	συγχωρέσω	συγχώρεσα	συγχωρούσα	συγχώρεσε - συγχωρέστε
συμβουλεύω	συμβουλέψω	συμβούλεψα	συμβούλευα	συμβούλεψε - συμβουλέψτε
συμμετέχω	συμμετέχω (συμμετάσχω)	συμμετείχα	συμμετείχα	—
συμπληρώνω	συμπληρώσω	συμπλήρωσα	συμπλήρωνα	συμπλήρωσε - συμπληρώστε
συμφωνώ	συμφωνήσω	συμφώνησα	συμφωνούσα	συμφώνησε - συμφωνήστε
συναντάω (-ώ)	συναντήσω	συνάντησα	συναντούσα	συνάντησε - συναντήστε
συνδέω	συνδέσω	συνέδεσα	συνέδεα	σύνδεσε - συνδέστε
συντονίζω	συντονίσω	συντόνισα	συντόνιζα	συντόνισε - συντονίστε
συνεχίζω	συνεχίσω	συνέχισα	συνέχιζα	συνέχισε - συνεχίστε
συστήνω	συστήσω	σύστησα	σύστηνα	σύστησε - συστήστε
σφουγγαρίζω	σφουγγαρίσω	σφουγγάρισα	σφουγγάριζα	σφουγγάρισε - σφουγγαρίστε
σχεδιάζω	σχεδιάσω	σχεδίασα	σχεδίαζα	σχεδίασε - σχεδιάστε
ταιριάζω	ταιριάξω	ταίριαξα	ταίριαζα	ταίριαξε - ταιριάξτε
ταξιδεύω	ταξιδέψω	ταξίδεψα	ταξίδευα	ταξίδεψε - ταξιδέψτε
ταχυδρομώ	ταχυδρομήσω	ταχυδρόμησα	ταχυδρομούσα	ταχυδρόμησε - ταχυδρομήστε
τελειώνω	τελειώσω	τελείωσα	τελείωνα	τελείωσε - τελειώστε
τηλεφωνώ	τηλεφωνήσω	τηλεφώνησα	τηλεφωνούσα	τηλεφώνησε - τηλεφωνήστε
τολμάω	τολμήσω	τόλμησα	τολμούσα	τόλμησε - τολμήστε
τονίζω	τονίσω	τόνισα	τόνιζα	τόνισε - τονίστε
τραβάω (-ώ)	τραβήξω	τράβηξα	τραβούσα	τράβηξε - τραβήξτε
τραγουδάω (-ώ)	τραγουδήσω	τραγούδησα	τραγουδούσα	τραγούδησε - τραγουδήστε
τρέχω	τρέξω	έτρεξα	έτρεχα	τρέξε - τρέξτε
τρώω	φάω	έφαγα	έτρωγα	φάε - φάτε

204

Ρήματα

Ενεργητική Φωνή

Ενεστώτας	Α. Μέλλοντας (θα...)	Αόριστος	Παρατατικός	Προστακτική
υπάρχω	υπάρξω	υπήρξα	υπήρχα	—
υπογραμμίζω	υπογραμμίσω	υπογράμμισα	υπογράμμιζα	υπογράμμισε - υπογραμμίστε
υπογράφω	υπογράψω	υπόγραψα (υπέγραψα)	υπόγραφα (υπέγραφα)	υπόγραψε - υπογράψτε
υπολογίζω	υπολογίσω	υπολόγισα	υπολόγιζα	υπολόγισε - υπολογίστε
φέρνω	φέρω	έφερα	έφερνα	φέρε - φέρτε
φεύγω	φύγω	έφυγα	έφευγα	φύγε - φύγετε
φιλάω(-ώ)	φιλήσω	φίλησα	φιλούσα	φίλησε - φιλήστε
φοράω(-ώ)	φορέσω	φόρεσα	φορούσα	φόρεσε - φορέστε
φρεσκάρω	φρεσκάρω	φρεσκάρισα (φρέσκαρα)	φρεσκάριζα (φρέσκαρα)	φρεσκάρισε - φρεσκάρετε (φρέσκαρε)
φροντίζω	φροντίσω	φρόντισα	φρόντιζα	φρόντισε - φροντίστε
φταίω	φταίξω	έφταιξα	έφταιγα	φταίξε - φταίξτε
φτάνω	φτάσω	έφτασα	έφτανα	φτάσε - φτάστε
φτιάχνω	φτιάξω	έφτιαξα	έφτιαχνα	φτιάξε - φτιάξτε
φωνάζω	φωνάξω	φώναξα	φώναζα	φώναξε - φωνάξτε
χαιρετάω (-ώ)	χαιρετήσω	χαιρέτησα	χαιρετούσα	χαιρέτησε - χαιρετήστε
χαλάω (-ώ)	χαλάσω	χάλασα	χαλούσα	χάλασε - χαλάστε
χάνω	χάσω	έχασα	έχανα	χάσε - χάστε
χαρίζω	χαρίσω	χάρισα	χάριζα	χάρισε - χαρίστε
χορεύω	χορέψω	χόρεψα	χόρευα	χόρεψε - χορέψτε
χρησιμοποιώ	χρησιμοποιήσω	χρησιμοποίησα	χρησιμοποιούσα	χρησιμοποίησε - χρησιμοποιήστε
χρωστάω	—	—	χρωστούσα	
χτενίζω	χτενίσω	χτένισα	χτένιζα	χτένισε - χτενίστε
χτυπάω (-ώ)	χτυπήσω	χτύπησα	χτυπούσα	χτύπησε - χτυπήστε
χωρίζω	χωρίσω	χώρισα	χώριζα	χώρισε - χωρίστε
ψάχνω	ψάξω	έψαξα	έψαχνα	ψάξε - ψάξτε
ψήνω	ψήσω	έψησα	έψηνα	ψήσε - ψήστε
ψυχαγωγώ	ψυχαγωγήσω	ψυχαγώγησα	ψυχαγωγούσα	ψυχαγώγησε - ψυχαγωγήστε
ψωνίζω	ψωνίσω	ψώνισα	ψώνιζα	ψώνισε - ψωνίστε

Πίνακες Γραμματικής

Ρήματα

Μέση και Παθητική Φωνή, Αποθετικά

Ενεστώτας	Α. Μέλλοντας (θα...)	Αόριστος	Παρατατικός	Προστακτική
αισθάνομαι	αισθανθώ	αισθάνθηκα	αισθανόμουν	—
αναγκάζομαι	αναγκαστώ	αναγκάστηκα	αναγκαζόμουν	αναγκάσου - αναγκαστείτε
αναφέρομαι	αναφερθώ	αναφέρθηκα	αναφερόμουν	αναφέρσου - αναφερθείτε
αρνούμαι	αρνηθώ	αρνήθηκα	αρνούμουν	αρνήσου - αρνηθείτε
αστειεύομαι	αστειευτώ	αστειεύτηκα	αστειευόμουν	αστειέψου - αστειευτείτε
βαριέμαι	βαρεθώ	βαρέθηκα	βαριόμουν	—
βελτιώνομαι	βελτιωθώ	βελτιώθηκα	βελτιωνόμουν	βελτιώσου - βελτιωθείτε
βιάζομαι	βιαστώ	βιάστηκα	βιαζόμουν	βιάσου - βιαστείτε
βρίσκομαι	βρεθώ	βρέθηκα	βρισκόμουν	- βρεθείτε
γεννιέμαι	γεννηθώ	γεννήθηκα	γεννιόμουν	γεννήσου - γεννηθείτε
γίνομαι	γίνω	έγινα	γινόμουν	γίνου - γίνετε
δέχομαι	δεχτώ	δέχτηκα	δεχόμουν	δέξου - δεχτείτε
δυσκολεύομαι	δυσκολευτώ	δυσκολεύτηκα	δυσκολευόμουν	δυσκολέψου - δυσκολευτείτε
ενδιαφέρομαι	ενδιαφερθώ	ενδιαφέρθηκα	ενδιαφερόμουν	ενδιαφέρσου - ενδιαφερθείτε
ενοικιάζομαι	ενοικιαστώ	ενοικιάστηκα	ενοικιαζόμουν	ενοικιάσου - ενοικιαστείτε
εξαφανίζομαι	εξαφανιστώ	εξαφανίστηκα	εξαφανιζόμουν	εξαφανίσου - εξαφανιστείτε
επισκέπτομαι	επισκεφτώ	επισκέφτηκα	επισκεπτόμουν	επισκέψου - επισκεφτείτε
εργάζομαι	εργαστώ	εργάστηκα	εργαζόμουν	εργάσου - εργαστείτε
έρχομαι	έρθω	ήρθα	ερχόμουν	έλα - ελάτε
ζεσταίνομαι	ζεσταθώ	ζεστάθηκα	ζεσταινόμουν	ζεστάσου - ζεσταθείτε
θυμάμαι	θυμηθώ	θυμήθηκα	θυμόμουν	θυμήσου - θυμηθείτε
κάθομαι	καθίσω (κάτσω)	κάθισα (έκατσα)	καθόμουν	κάθισε (κάτσε) - καθίστε
κοιμάμαι	κοιμηθώ	κοιμήθηκα	κοιμόμουν	κοιμήσου - κοιμηθείτε
κουράζομαι	κουραστώ	κουράστηκα	κουραζόμουν	κουράσου - κουραστείτε
λυπάμαι	λυπηθώ	λυπήθηκα	λυπόμουν	λυπήσου - λυπηθείτε
μεταχειρίζομαι	μεταχειριστώ	μεταχειρίστηκα	μεταχειριζόμουν	μεταχειρίσου - μεταχειριστείτε
μοιράζομαι	μοιραστώ	μοιράστηκα	μοιραζόμουν	μοιράσου - μοιραστείτε
μπλέκομαι	μπλεχτώ	μπλέχτηκα	μπλεκόμουν	μπλέξου - μπλεχτείτε
ντύνομαι	ντυθώ	ντύθηκα	ντυνόμουν	ντύσου - ντυθείτε
ξεκουράζομαι	ξεκουραστώ	ξεκουράστηκα	ξεκουραζόμουν	ξεκουράσου - ξεκουραστείτε
ξυρίζομαι	ξυριστώ	ξυρίστηκα	ξυριζόμουν	ξυρίσου - ξυριστείτε
παντρεύομαι	παντρευτώ	παντρεύτηκα	παντρευόμουν	παντρέψου - παντρευτείτε
προβάλλομαι	προβληθώ	προβλήθηκα	προβαλλόμουν	- προβληθείτε
σηκώνομαι	σηκωθώ	σηκώθηκα	σηκωνόμουν	σήκω - σηκωθείτε
σκέφτομαι	σκεφτώ	σκέφτηκα	σκεφτόμουν	σκέψου - σκεφτείτε
στέκομαι	σταθώ	στάθηκα	στεκόμουν	στάσου - σταθείτε
στενοχωριέμαι	στενοχωρηθώ	στενοχωρήθηκα	στενοχωριόμουν	στενοχωρήσου - στενοχωρηθείτε
συναντιέμαι	συναντηθώ	συναντήθηκα	συναντιόμουν	συναντήσου - συνατηθείτε
υπόσχομαι	υποσχεθώ	υποσχέθηκα	υποσχόμουν	υποσχέσου - υποσχεθείτε
φαίνομαι	φανώ	φάνηκα	φαινόμουν	- φανείτε
φαντάζομαι	φανταστώ	φαντάστηκα	φανταζόμουν	φαντάσου - φανταστείτε
χαίρομαι	χαρώ	χάρηκα	χαιρόμουν	- χαρείτε
χρειάζομαι	χρειαστώ	χρειάστηκα	χρειαζόμουν	χρειάσου - χρειαστείτε
χτενίζομαι	χτενιστώ	χτενίστηκα	χτενιζόμουν	χτενίσου - χτενιστείτε

Λεξιλόγια

Vocabulary

A α

αβγό, το egg
αγαπημένος (-η -ο) beloved, favourite
αγαπητός (-ή -ό) dear
αγγελία, η classified ad
αγία, η saint *(fem.)*
άγιος, ο saint *(male)*
άγνωστος (-η -ο) unknown
άγχος, το anguish, strain
αγώνας, ο struggle // match, game
αγωνία, η anguish, distress, agony
άδεια, η permission, permit, licence
αδέλφια, τα brothers and sisters, siblings
Άδης, ο Hades
αδύνατος (-η -ο) thin // weak
αεροπορία, η airforce
αθάνατος (-η -ο) immortal
Αθηνά, η Athena (Minerva)
αθλητής, ο athlete, sportsman
αθλητικός (-ή -ό) athletic, sports *(adj.)*
αθλήτρια, η athlete, sportswoman
αίμα, το blood
αισθάνομαι to feel
αίσθηση, η feeling
αίτηση, η application
αιτία, η cause, reason
αιτιατική, η accusative *(gr.)*
αιώνας, ο century
ακατάλληλος (-η -ο) unsuitable
ακολουθώ to follow
ακόμα και αν even if
ακόμα και όταν even when
άκρη, η edge, end
ακριβώς exactly
ακροαματικότητα, η ratings *(TV)*
ακροθαλασσιά, η seaside, coast
ακτινογραφία, η X-ray
ακτινολόγος, ο/η X-ray specialist, radiologist
αλάτι, το salt
αλήθεια, η truth
αλήθεια really // by the way
αλλάζω to change
αλλεργία, η allergy
αλληλογραφία, η correspondence
αλλιώς otherwise
αλλού elsewhere
άλλωστε after all
άλμα, το jump, leap *(older Greek)*
αλουμίνιο, το aluminium
αμβροσία, η ambrosia
Άμεση Δράση, η Emergency Police
άμεσος (-η -ο) direct, immediate
αμνηστία, η amnesty
αμοιβή, η fee, reward
αμφιβολία, η doubt
αν if
αν και although
ανά per
αναγκάζομαι to be forced
ανάγκη, η need
ανακαλύπτω to discover
ανακατεύω to mix (up)
ανακοινώνω to announce
ανάλογα accordingly
ανάλογος (-η -ο) corresponding, suitable
αναπνευστικός (-ή -ό) respiratory
αναπνοή, η breath, respiration

αναρωτιέμαι to wonder, to ask oneself
ανασκαφή, η excavation
ανατολή, η east
ανατολικός (-ή -ό) east(ern)
αναφέρομαι to refer to
αναφορά, η report, reference
αναφορικός (-ή -ό) relative *(gr.)*
ανεβαίνω to go up, to ascend
ανέκδοτο, το anecdote, funny story
ανεργία, η unemployment
άνετος (-η -ο) comfortable, easy
ανήκω to belong
ανησυχητικός (-ή -ό) alarming, worrying
ανησυχώ to worry
ανθρωπιά, η humane attitude, compassion
ανθρώπινος (-η -ο) human
ανθρωπιστικός (-ή -ό) humanitarian
άνθρωποι, οι people
άνθρωπος, ο man, human being
ανίψια, τα nephews and nieces
ανιψιά, η niece
ανιψιός, ο nephew
ανόητος (-η -ο) silly
άνοιξη, η spring
ανοιξιάτικος (-η -ο) spring *(adj.)*
άνοστος (-η -ο) insipid
ανταλλάσσ(ζ)ω exchange
άντε! come on!
αντέχω to endure, to withstand
αντί instead of
αντίθετος (-η -ο) opposite
αντικαθιστώ to replace, to substitute
αντικείμενο, το object
αντίρρηση, η objection
αντωνυμία, η pronoun *(gr.)*
ανώμαλος (-η -ο) irregular, abnormal
ανώτατος (-η -ο) highest, of the highest level
ανώτερος, ο superior
αξέχαστος (-η -ο) unforgettable
αξία, η value
αόριστος, ο simple past, aorist *(gr.)*
απαγορεύεται it is forbidden/prohibited
απαγορεύω to forbid, to prohibit
απαντήσεις, οι answers, results *(med.)*
απαραίτητος (-η -ο) necessary, essential
απασχολημένος (-η -ο) busy, engaged
απασχόληση, η employment, job
απέναντι opposite, accross
απέχω to be away, to be distant
απίθανος (-η -ο) incredible
απλός (-ή -ό) simple
απλώνω to hang up (washing)
απογευματινός (-ή -ό) afternoon *(adj.)*
απόδειξη, η receipt
αποθετικό ρήμα deponent verb
αποκλείεται να it is impossible to, it cannot possibly
Απόλλωνας, ο Apollo
απολύτως absolutely
απομνημονεύματα, τα memoirs
απορρυπαντικό, το detergent
αποτέλεσμα, το result
αποτελούμαι to consist
αποφασίζω to decide
άποψη, η viewpoint
απών (ούσα -όν) absent
άρα therefore
αργά late // slowly

αργία, η holiday
αργότερα later
αργυρός (-ή -ό) silver *(adj., older Greek)*
αργώ to be late
Άρης, ο Mars
αριστερός (-η -ο) left
αρκετά quite // enough, sufficiently
αρκετοί (-ες -ά) several, sufficient *(pl.)*
αρκετός (-ή- ό) sufficient, enough *(sing.)*
αρνιέμαι (αρνούμαι) to refuse // to deny
αρρωσταίνω to fall ill
αρρώστια, η sickness, disease
άρρωστος (-η -ο) sick, ill
αρσενικός (-ή -ό) masculine, male
άρση βαρών, η weight-lifting
Άρτεμις, η Artemis (Diana)
αρχές, οι authorities // the early part
αρχή, η beginning
αρχοντικό, το mansion, palace
ασημένιος (-α -ο) silver *(adj.)*
ασημικά, τα silverware
ασθενοφόρο, το ambulance
άσκηση, η exercise
άσος, ο ace
ασπιρίνη, η aspirin
αστειεύομαι to joke
αστυνομία, η police
αστυνομικός, ο policeman
αστυνομικός (-ή -ό) police *(adj.)*
αστυνόμος, ο police officer
αστυφύλακας, ο police constable, copper
ασφάλεια, η safety, security
ασφαλώς surely, certainly
ασχολούμαι to engage in, one's job is
άτομο, το person
ατύχημα, το accident
άτυχος (-η -ο) unlucky
αυξάνομαι to increase, to be increased
αύξηση, η increase, rise (raise)
αυριανός (-ή -ό) tomorrow's
αυτί, το ear
αυτός (-ή -ό) he, she, it // this
αφαιρώ to subtract, to take away
αφεντικό, το boss
αφήνω to leave // to let
αφορά it concerns
αφρικανικός (-ή -ό) African
Αφροδίτη, η Aphrodite (Venus)

B β

βάζο, το vase
βάζω to put, to place
βαθμολογία, η marking
βαθμός, ο grade, mark, degree
βάθος, το depth
βαθύς (-ιά -ύ) deep
βαλίτσα, η suitcase
βαμβακερός (-ή -ό) cotton *(adj.)*
βαμβάκι, το cotton
βαρετός (-ή -ό) boring
βαριέμαι to be bored
βάρος, το weight
βαρύς (-ιά- ύ) heavy
βασικός (-ή -ό) basic
βασιλιάς, ο king
βάφομαι to make oneself up
βεβαίως (βέβαια) of course

βελτιώνω to improve
βενζινάδικο, το petrol/gas station
βενζίνη, η petrol/gasoline
βεράντα, η verandah, porch
βία, η violence, force
βιάζομαι to be in a hurry
βιαστικά in a hurry
βιντεοκασέτα, η video tape
βιταμίνη, η vitamin
βλάβη, η damage, harm
βλάπτω to harm, to damage
βλέμμα, το glance
βοηθάω (-ώ) to help, to assist
βοήθεια, η help
βόλεϊ, το volley ball
βόλτα, η walk, stroll // drive
βόμβα, η bomb
βουνό, το mountain
βούτυρο, το butter
βραδινός (-ή -ό) evening (adj.)
βρίσκομαι to be, to lie, to be located
βροχή, η rain

Γ γ

γαϊδούρι, το donkay, ass
γάμος, ο marriage, wedding
γαμπρός, ο son-in-law, sister's husband
γαρνίρω to decorate, to garnish
γελάω (-ώ) to laugh
γεμάτος (-η -ο) full
γενέθλια, τα birthday
γενική, η genitive (gr.)
γεννιέμαι to be born
γένος, το gender (gr.)
γερός (-ή- ό) strong
γεωργία, η agriculture
γη, η earth
για να in order to
γιαγιά, grandmother
γίνομαι to become // to take place
γιορτάζω to celebrate, to have one's nameday
γιορτή, η holiday // feast, celebration
(ονομαστική) γιορτή, η nameday
γκάιντα, η bagpipe
γκρινιάζω to grouch, to nag, to bitch
γκρουπ, το group
γλεντάω (-ώ) to have a good time, to live it up
γλυκό, το sweet
γλυκός (ιά- ό) sweet (adj.)
γλώσσα, η language, tongue
γνώμη, η opinion
γνωρίζω to know, to be aware
γνωστός (-ή -ό) (well) known
γόνατο, το knee
γράμμα, το letter
γραμμή, η line
γρήγορος (-η -ο) quick, fast
γρίπη, η flu
γυάλα, η bowl
γυαλί, το glass
γυαλιά, τα glasses, spectales
γυμνάσιο, το junior high school
γυναικείος (-α -ο) feminine, ladies'
γυναικολόγος, ο gynaecologist
γυρισμός, ο return
γύρω around

Δ δ

δαγκώνω to bite
δάσος, το forest
δεκάδες, οι tens
δεκαετία, η decade
Δεκαπενταύγουστος, ο the 15th of August
δεκάρικο, το ten-euro note/bill
δελτίο, το the bulletin
δελφίνι, το dolphin
δέμα, το parcel
δέντρο, το tree
δεξιός (-ιά- ιό) right
δέρμα, το leather
δερμάτινος (-η -ο) leather (adj.)
δέρνω to beat (someone)
δέχομαι to accept
δηλαδή that is to say, in other words
δηλώνω to state, to declare
Δήμητρα, η Demeter
δημιουργικός (-ή -ό) creative
δημοκρατία, η republic, democracy
Δημόσιο, το State
δημοσιογράφος, ο journalist
δημόσιος (-α -ο) public, state (adj.)
δημοτικό, το primary school
δημοτικός (-ή -ό) municipal
διάβασμα, το reading, studying
διαγώνιος (-α -ο) diagonal
διάδρομος, ο corridor, passage
δίαιτα, η diet
διακοπές, οι holidays, vacation
διακοπή (ρεύματος), η power-cut, power-failure
διαλέγω to choose
διάλειμμα, το interval, break
διάλεξη, η lecture
διάρκεια, η duration
διαρκής (-ής -ές) continuous
διαρκώς continuously
διαρρήκτης, ο burglar
διάρρηξη, η burglary
Δίας, ο Zeus (Jupiter)
διασκεδαστικός (ή -ό) amusing
(χρονικό) διάστημα, το time period
διαφημίσεις, οι adverts, commercials
διαφήμιση, η advertisement, advertising
διαφορά, η difference
διαφορετικός (ή -ό) different
διαφωνώ to disagree
διεθνής (-ής -ές) international
διευθυντής, ο manager, director
διηγούμαι to narrate, to relate
διοίκηση, η administration, management
διοικητικός (-ή -ό) administrative, managerial
Διόνυσος, ο Dionysus
διορθώνω to correct
διπλός (-ή -ό) double
διπλωματικός (-ή -ό) diplomatic
δίσκος, ο discus // tray
δισύλλαβος (-η -ο) two-syllable
δοκιμάζω to try // to taste
δόντι, το tooth
δόση, η insta(l)lment
δραματικός (-ή -ό) dramatic, drama (adj.)
δράση, η action
δρόμος, ο (100 μέτρων) (100-metre) race
δύναμη, η force, power
δυνατός (-ή -ό) strong // loud

δυνατότητα, η possibility
δυσκολεύομαι to have difficulty
δυσκολία, η difficulty
δυστυχώς unfortunately
δωμάτιο, το room
δώρο, το gift, present

Ε ε

εβδομαδιαίος (-α -ο) weekly
εγγονή, η granddaughter
εγγόνια, τα grandchildren
εγγονός, ο grandson
εγκαίρως (έγκαιρα) in time
έδαφος, το ground
έθιμο, το custom
εθνικός (-ή -ό) national
έθνος, το nation
ειδήσεις, οι news, newsreel
ειδικός, ο specialist
ειδικότητα, η special(i)ty
είδος, το kind, type // appliance
εικόνα, η picture, ikon
εικοσάρικο, το twenty-euro note
εικοσιτετράωρο, το day and night
ειλικρινής (-ής -ές) sincere, honest
εισαγωγικός (-ή -ό) introductory, entrance (adj.)
είσοδος, η entrance
είτε... είτε either... or
εκατοντάδες, οι hundreds
(ε)κατοστάρικο, το one-hundred euro note
εκδήλωση, η show
έκθεση, η exhibition, fair // report
εκκλησία, η church
εκπαίδευση, η education
εκπαιδευτικός (-ή -ό) education(al)
εκπομπή, η broadcast, TV programme
έκπτωση, η discount
εκτός από apart from, except for
εκφράζω to express
ελαττώνω to decrease, to reduce
ελαφρύς (-ιά -ύ) light (adj.)
ελέγχω to check
ελιά, η olive // olive tree
ελπίζω to hope
έμμεσος (-η -ο) indirect
έμπειρος (-η -ο) experienced
εμπόριο, το trade, commerce
έμπορος, ο merchant, tradesman
ενδιαφέρομαι to be interested
ενδιαφέρον, το interest
ενδιαφέρων (-ουσα -ον) interesting
ενδοκρινολόγος, ο gland specialist
ενέργεια, η action, act // energy
ενεργητική (φωνή), η active voice (gr.)
ενεστώτας, ο present tense (gr.)
ενημερώνω to brief, to inform
ενημέρωση, η briefing, informing
ενημερωτικός (-ή -ό) informative
έννοια, η meaning
ενοικιάζεται to let, for rent/hire
εννοώ to mean
ενοχλώ to annoy, to bother, to disturb
εντολή, η command, instruction
εντούτοις yet, nevertheless
εντυπωσιακός (-ή -ό) impressive
εντυπωσιασμός, ο generating strong impressions
ενώ while // whereas

Vocabulary

(ε)ξαδέλφη, η cousin
(ε)ξαδέλφια, τα cousins
(ε)ξάδελφος, ο cousin
εξαιρετικός (-ή -ό) excellent
εξακολουθώ to continue
εξάμηνο, το semester, six-month period
εξαρτώμαι to depend
εξαφανίζομαι to disappear
εξετάζω to examine
εξέταση, η examination,test
εξήγηση, η explanation
έξοδος, η exit
εξυπηρετώ to serve, to be of service
εξυπηρετούμαι to be attended to,
   to be served
έξυπνος (-η -ο) smart, clever
εξωτερικό, το abroad
εξωτερικός (-ή -ό) external, foreign
εξωτικός (-ή -ό) exotic
επαγγελματικός (-ή -ό) professional
επανάληψη, η revision, repetition
επείγων (-ουσα -ον) urgent
επειδή because
επιβατικός (-ή -ό) passenger (adj.)
επιγραφή, η sign
Επίδαυρος, η Epidaurus
επίδομα, το allowance
επίθετο, το adjective (gr.) // surname
επιθυμία, η desire
επιθυμώ to wish, to desire
επικίνδυνος (-η -ο) dangerous
επικοινωνία, η communication
επιλέγω to choose, to select
επιμένω to insist, to persist
έπιπλο, το piece of furniture
επίρρημα, το adverb (gr.)
επισκέπτομαι to visit
επίτηδες intentionally
επιτρέπω to allow, to permit
επιχείρηση, η enterprise, business
επόμενος (-η -ο) next, following
επομένως consequently, therefore
επώνυμο, το surname, family name
επώνυμος (-η -ο) well known, renowned
εργάζομαι to work
εργαζόμενοι, οι working people, work
   force, manpower
εργαλείο, το tool
εργασία, η work, labour // project (univ.)
εργάτης, ο workman
εργατικός (-ή -ό) (hard) working
εργάτρια, η workwoman
έργο, το film, play // piece of work
Ερμής, ο Hermes (Mercury)
Ερυθρός Σταυρός, ο the Red Cross
έρωτας, ο love
ερωτευμένος (-η -ο) in love
ερωτηματικός (-ή -ό) interrogative (gr.)
ερωτηματολόγιο, το questionnaire
έσοδο, το income
Εστία, η Hestia
έστω και even
έστω και αν even if
εσωτερικός (-ή -ό) internal, inner
εταιρεία, η company
έτος, το year
έτσι κι αλλιώς one way or another
ευγενικά politely, in a nice way
ευγενικός (-ή -ό) polite, well-mannered

ευθεία straight ahead
ευθύνη, η responsibility
ευκαιρία, η opportunity, chance
ευτυχισμένος (-η -ο) happy
ευτυχώς fortunately
ευχαριστημένος (-η -ο) pleased, happy
ευχάριστος (-η -ο) pleasant
εφόσον provided that, since
έχω δίκιο to be right

Ζ ζ

ζακέτα, η cardigan, jacket
ζάχαρη, η sugar
ζαχαροπλαστείο, το pastry shop, café
ζεσταίνομαι to feel hot
ζεστασιά, η warmth
ζέστη, η heat
ζεστό, το hot beverage
ζεστός (-ή -ό) hot
ζευγάρι, το pair, couple
ζηλεύω to be jealous
ζητάω (-ώ) to ask for, to look for
ζητείται wanted
ζω to live, to be alive
ζωή, η life

Η η

ήδη already
ηθοποιός, ο/η actor/actress
ηλεκτρικός (-ή -ό) electric(al)
ηλεκτρικός, ο electric train
ηλεκτρονικός, ο electronics engineer
ηλεκτρονικός (-ή -ό) electronic
ηλικία, η age
ηλικιωμένος (-η -ο) aged, old
(η)μέρα, η day
ημερολόγιο, το diary // calendar
ηρεμία, η serenity, peace, calm
ήρεμος (-η -ο) calm
ησυχία, η quiet
ήττα, η defeat
Ήφαιστος, ο Hephaestus

Θ θ

θαυμάσιος (-α -ο) wonderful, marvelous
θεά, η goddess
θέμα, το subject, matter // stem (gr.)
θεός, ο god
θεραπεία, η therapy, healing
θερμόμετρο, το thermometre
θέση, η seat, place, position
θηλυκός (-ιά -ό) feminine, female
θητεία, η service (military)
θόρυβος, ο noise
θρησκευτικός (-ή -ό) religious
θυμίζω to remind
θυμός, ο anger
θυμωμένος (-η -ο) angry
θυμώνω to get angry
θώρακας, ο thorax, chest

Ι ι

ιατρική, η medicine
ιδανικός (-ή -ό)

ιδέα, η idea
ιδιαίτερα (e)specially, particularly
ιδιαίτερος (-η -ο) special // private (lesson)
ίδρυμα, το institution
ιδίως especially
ιδιωτικός (-ή -ό) private
ιερό, το sanctuary
ιερός (ή -ό) sacred
ικανοποιητικός (-ή -ό) satisfactory
ιππόδρομος, ο the horse races
ίσιος (-α -ο) straight
ίσος (-η -ο) equal
ισότητα, η equality
ιστορία, η story // history
ιστορικός (-ή -ό) historic(al)
ισχυρός (-ή -ό) strong, powerful

Κ κ

κάβα, η wine shop
καβγάς, ο quarrel, fight
κάδρο, το wall picture
καημένος (-η -ο) poor, unfortunate
Καθαρά Δευτέρα, η first Monday in Lent
κώδικας, ο code
καθαρίζω to clean
κάθε every, each
κάθε πότε how often
καθένας (καθεμιά, καθένα) each(one),
   everyone
κάθετος (-η -ο) perpendicular, at right angles
καθημερινός (-ή -ό) daily
καθοδήγηση, η guidance
καθολικός (-ή -ό) catholic
καθόλου at all
καθρέφτης, ο mirror
καθυστέρηση, η delay
καιρός για χάσιμο, ο time to waste
κακός (-ή -ό) bad
καλεσμένος (-η -ο) invited
καλεσμένος, ο guest
καλοκαιρινός (-ή -ό) summer (adj.)
καλός (-ή -ό) good, fine // kind
κάλτσα, η sock, stocking
καλ(τ)σόν, το tights, panty hose
καλύπτω to cover
καλώ to call
(ελεύθερο) κάμπινγκ, το rough camping
κανα-δυό one or two
κανάλι, το channel
καναπές, ο sofa, couch
(μου/σου κτλ.) κάνει it suits (me, you etc.)
   // it fits (me, you etc.)
κανέλα, η cinnamon
κανένας/κανείς (καμία, κανένα) any,
   anyone (quest.) // no-one
κανόνας, ο rule
κανονικός (-ή -ό) regular
κάνω μπάνιο to take a bath or a swim
κάνω παρέα to keep company
κάνω πλάκα to play a trick (on sb.),
   to laugh at (sb.)
κάπνισμα, το smoking
καπνιστής, ο smoker
καπνός, ο smoke
(γίνομαι) καπνός to vanish, to disappear
κάποιος (-α -ο) someone
κάποτε once, in the past
κάπου somewhere

κάπως somewhat
καρδιά, η heart
καρδιολόγος, ο heart specialist
καρέκλα, η chair
καριέρα, η career
καρκίνος, ο cancer
κάρτα, η card, postcard
κασέλα, η chest, trunk
καστανός (-ή -ό) chestnut
κατά about // against
καταγάλανος (-η -ο) all blue
κατακίτρινος (-η -ο) all yellow
κατακόκκινος (-η -ο all red
κατάληξη, η suffix (gr.)
κατάλληλος (-η -ο) suitable
κατάλογος, ο list, menu
κατάμαυρος (-η -ο) pitch black
κατανάλωση, η consumption
καταπίεση, η oppression
καταπληκτικός (-ή -ό) fabulous, fantastic
καταπράσινος (-η -ο) all green
καταραμένος (-η -ο) damned
κάτασπρος (-η -ο) all white
κατάσταση, η situation
κατάστημα, το store, shop
καταστροφή, η destruction, disaster
καταφέρνω to manage
καταχώρηση, η entry
κατεβαίνω to go/come down // to get off
κατευθείαν directly, straightaway
κατήφορος, ο downward slope
κατοικία, η residence
κατοικώ to dwell, to reside
καφενείο, το café, coffee-shop
κείμενο, το text
κενό, το blank, gap
κεντρικός (-ή -ό) central
κεραυνός, ο thunderbolt
κερδίζω to win, to gain // to make (money)
κέρδος, το profit
κεφάλι, το head
κέφι, το (good) mood, high spirits
κήπος, ο garden
κινδυνεύω to be in danger
κίνδυνος, ο danger
κίνηση, η movement // traffic
κιόλας already
κίονας, ο column
κλαρίνο, το clarinet
κλασικός (-ή -ό) classical // classic
κλέβω to steal
κλειδί, το key
κλείνω to close, to shut // to reserve
κλήση, η ticket (traffic offence)
κλιματιστικό, το air-conditioner
κλίνω to decline, to conjugate
κ.λπ. etc.
κόβω to cut // to quit (smoking or drinking)
κοιλιά, η belly
κοινότητα, η community
κοινωνία, η society
κοινωνικός (-ή -ό) social // sociable
κοινωνικός/ή λειτουργός, ο/η social worker
κολλεγιακό, το sweatshirt
κολυμπάω (-ώ) to swim
κολόνια, η cologne
κολύμβηση, η swimming
κομμάτι, το piece
κομμωτήριο, το hairdresser's

κομμωτής, ο hairdresser (male)
κομμώτρια, η hairdresser (female)
κομοδίνο, το bedside table
κομπολόι, το string of beads
κονιάκ, το brandy, cognac
κοντινός (-ή -ό) close, near-by (adj.)
κοπέλα, η young woman, girl // girlfriend
κοπελιά, η girl // girl friend
κόσμημα, το jewel
κοσμηματοπωλείο, το jewellery shop
κόσμος, ο people // world
κοστίζω to cost
κόστος, το cost
κοστούμι, το suit, costume
κουβέντα, η chat
κουβεντιάζω to chat
κουβεντούλα, η friendly chat
κουδούνι, το bell
κουνιάδα, η husband's or wife's sister
κουνιάδος, ο husband's or wife's brother
κουράζομαι to get tired
κούραση, η fatigue
κουρασμένος (-η -ο) tired
κουρείο, το barber-shop
κουρτίνα, η curtain, drape
κουτάλι, το spoon
κουταλιά, η spoonful
κουτί, το box
κουτσός (-ή -ό) crippled, lame
κρατάω (-ώ) to hold, to keep
κρατικός (-ή -ό) state (adj.)
κράτος, το state
κρεμμύδι, το onion
κρεοπωλείο, το butcher's, meat store
κρίνο, το lily
κρίση, η crisis
κροκόδειλος, ο crocodile
κρυολόγημα, το common cold
κρυφός (-ή -ό) secret, concealed
κρυολογημένος (ή -ο) to have caught a cold
κρυολογώ to catch cold
κρυωμένος (-η -ο) to have a cold
κρυώνω to be cold
κτητικός (-ή -ό) possessive (gr.)
κτήριο, το building
κτλ. etc.
κυβέρνηση, η government
κυβικός (-ή -ό) cubic
κυβικά, τα cubic centimetres
κύκλος, ο circle, cycle
κυκλοφοριακός (-ή -ό) traffic (adj.)
κυκλοφορώ to circulate
κυνήγι, το hunting
κώδικας, ο code
κωμωδία, η comedy

Λ λ

λάδι, το oil
λαγάνα, η flatbread
λάθος, το mistake, fault
λαϊκός (-ή -ό) people's, folk
λαιμός, ο throat
λάμπα, η lamp, bulb
λατρεία, η worship
λατρεύω to worship
λαχανικά, τα vegetables
λέγομαι to be called, to be named
λείπω to be away, to be absent

λειτουργία, η function, operation
λεμόνι, το lemon
λέξη, η word
λεξικό, το dictionary
λεπτό, το minute
λεπτομέρεια, η detail
λεπτός (-ή -ό) slim, slender
λεφτά, τα money
λεωφόρος, η avenue
λήγω to end, to expire
ληστεία, η robbery
ληστής, ο robber
λιγάκι a little bit
λίγο a little, some
λίγοι (-ες -α) (a) few
λίγος (-η -ο) a little, some
λικέρ, το liqueur
λιμάνι, το port, harbour
λινός (-ή -ό) linen (adj.)
λίστα, η list
λίτρο, το litre
λόγια, τα words
λογικός (-ή -ό) logical // reasonable
λογιστής, ο accountant
λόγος, ο reason, cause
λογοτεχνία, η literature
λόγω due to, because of
λοιπόν so, now then
λουλούδι, το flower
λύκειο, το senior high school
λύνω solve // untie
λύρα, η lyre
λύση, η solution
λωρίδα, η lane (traffic)

Μ μ

μαγαζί, το shop
μάγειρας, ο cook (male)
μαγείρισσα, η cook (female)
μαγείρεμα, το cooking
μαγειρεύω to cook
μαγευτικός (-ή -ό) enchanting, delightful
μαγικός (-ή -ό) magic (adj.)
μαγιονέζα, η mayonnaise
μαζικός (-ή -ό) mass (adj.)
μαθηματικά, τα mathematics
μαιευτήρας, ο/η obstetrician
μαϊντανός, ο parsley
μακάρι I wish, if only
μακιγιάρομαι to make oneself up
μακρύς (-ιά -ύ) long
μαλακός (-ιά -ό) soft
μαλακώνω to soften
μαλλί, το wool
μαλλιά, τα hair
μάλλινος (-η -ο) woolen
μάλλον rather // probably
μαλώνω to quarrel // to scold, to tell off
μαμά, η mother, mummy
μανιτάρι, το mushroom
μαντείο, το oracle
μαντεύω to guess
μαξιλάρι, το pillow, cushion
μάρκα, η make, brand
μασκαρεύομαι to disguise one self,
  to masquerade
μάτι, το eye
ματιά, η glance

Vocabulary

μαυρισμένος (-η -ο) tanned, blackened
μαχαίρι, το knife
με with // me (weak form)
μέγεθος, το size
μεθαύριο the day after tomorrow
μέθοδος, η method
μεθυσμένος (-η -ο) drunk
μελαχρινός (-ή -ό) dark-haired,
    dark-complexioned
μελετάω (-ώ) to study (at home or
    a library), to make a study
μέλι, το honey
μελιτζάνα, η eggplant, aubergine
μελιτζανοσαλάτα, η aubergine salad
μέλλον, το future
μέλλοντας, ο future tense (gr.)
μελλοντικός (-ή -ό) future (adj.)
μέλλων (-ουσα -ον) future (adj.), to-be
μελό, το weepy (film, play)
μέλος, το member
(ε)μένα me (strong form)
μερική απασχόληση, η part-time employment
μερικοί (-ές -ά) some
μέρος, το place // part
μέσα in, inside
μεσαίος (-α -ο) middle (adj.)
μέση, η waiste // middle
μεσημεριανός (-ή -ό) midday (adj.)
μέσο, το means
Μεσόγειος, η the Mediterranean
μέσος (-η -ο) middle (adj.)
μετά after, afterwards
μετανάστης, ο immigrant, emigrant
μετάξι, το silk
μεταξύ between
μεταξωτός (-ή -ό) silk (adj.)
μεταφορά, η transport(ation)
μετάφραση, η translation
μεταχειρίζομαι to use
μέχρι until, up to
μη(ν) don't
μήκος, το length
μήνας, ο month
μήνυμα, το message
μήπως maybe, perhaps (questions only)
Μητρόπολη, η Cathedral
μηχανάκι, το moped, small motorcycle
μηχανή, η machine // engine // motorcycle
μηχάνημα, το mechanical appliance
μηχανικός, ο/η engineer
Μικρά Ασία, η Asia Minor
μικροβιολόγος, ο/η microbiologist
μινωικός (-ή -ό) Minoan
μισθός, ο salary
μισός (-ή -ό) half
μισώ to hate
μ.μ. p.m.
μνήμη, η memory
μοιράζομαι to share
μοιράζω to distribute, to divide
μόλις just, as soon as
μολυβοθήκη, η pencil stand, pencil case
μολυσμένος (-η -ο) polluted, contaminated
μοναξιά, η loneliness
μόνο only
μονοκατοικία, η single residence
μονολεκτικός (-ή -ό) one-word
μόνος (-η -ο) alone

μονός (-ή -ό) single // odd (number)
μόριο, το particle
μορφή, η form, face
μορφώνω to educate
μούσι, το beard
μουσικός (-ή -ό) musical, music (adj.)
μπαίνω to go/come in, to enter
μπακαλιάρος, ο cod(-fish)
μπάλα, η ball
μπαλέτο, το ballet
μπαλκονόπορτα, η French window
μπαμπάς, ο father, daddy
μπανιέρα, η bathtub
μπάνιο, το bathroom
μπάσκετ, το basket ball
μπαχάρι, το spice
μπλε blue
μπλέκομαι to get involved or mixed up
μπλέκω to get stuck
μπλέντερ, το blender
μπλοκάκι, το small notepad
μπλούζα, η blouse
μπλουτζίν, το blue jeans
μπογιά, η paint, dye
μπορεί maybe
μπορντό dark red
μπότα, η boot
μπουκάλι, το bottle
μπουφάν, το anorac, jacket
μπουφές, ο sideboard
μπράβο (σου) good for (you), well done
μπράντυ, το brandy
μπροστά in front, forward
μυθιστόρημα, το novel
μυρίζω to smell
μυρωδιά, η smell, odour
μωρό, το baby

N ν

να particle used to combine two verbs
να here, there (demonstr.)
ναός, ο temple
νάτος (-η -ο) here/there he is
Ναυτικό, το the navy
ναυτικός, ο seaman
νέα, τα news
νέκταρ, το nectar
νέοι, οι the young people
νέος (-α -ο) young // new
νευρολόγος, ο neurologist
νέφος, το pollution cloud, smog
νησί, το island
νηστήσιμος (-η -ο) lenten, of fast
νίκη, η victory
νιώθω to feel
νόημα, το meaning
νοικοκυρά, η housewife, landlady
νομίζω to think, to guess
νόμος, ο law
νοσηλευτής, ο nurse, carer
νοσηλεύτρια, η nurse, carer
νοσοκόμα, η nurse (female)
νοσοκόμος, ο nurse (male)
νόστιμος (-η -ο) tasty // cute (persons)
νούμερο, το number
ντοκιμαντέρ, το documentary
ντόπιος (-α -ο) local

ντουλάπα, η wardrobe, closet
ντουλάπι, το cupboard
ντους, το shower
ντροπαλός (-ή -ό) shy
ντύνομαι to get/be dressed
ντύνω to dress
νυστάζω to feel sleepy
νύφη, η daughter-in-law // brother's wife
νυχτερινός (-ή -ό) evening, night (adj.)
νωρίς early
νωρίτερα earlier

Ξ ξ

(ε)ξαδέλφη, η cousin
(ε)ξαδέλφια, τα cousins
(ε)ξάδελφος, ο cousin
ξανά again
ξανθός (-ιά -ό) blond, fair
ξαπλώνω to lie down or in bed
ξαφνικά suddenly
ξεκουράζομαι to rest
ξεκούραση, η rest, relaxation
ξενόγλωσσος (-η -ο) rel. to a foreign language
ξενοδοχείο, το hotel
ξένος (-η -ο) foreign
ξενώνας, ο hostel, guest house
ξερός (-ή -ό) dry
ξεσκονίζω to dust
ξεχασμένος (-η -ο) forgotten
ξεχνάω (-ώ) to forget
ξοδεύω to spend
ξύλο, το wood
ξυπνητήρι, το alarm clock
ξυρίζομαι to shave (oneself)
ξυρίζω to shave

O o

όγκος, ο volume
οδήγηση, η driving
οδηγία, η instruction, directive
οδηγός, ο driver // guide
οδηγώ to drive // to guide
οδοντίατρος, ο dentist
οδός, η street, road
οθόνη, η screen
οικογένεια, η family
οικογενειακός (-ή -ό) family (adj.)
οικονομικός (-ή -ό) economical,
    inexpensive // economic, financial
Ολλανδία, η Holland
όλοι (-ες -α) all (pl.)
ολοκάθαρος (-η -ο) very clean, spotless
ολοκαίνουργιος (-α -ο) brand new
ολόλευκος (-η -ο) all white
όλος (-η -ο) all (sing.), whole, entire
ολόφρεσκος (-ια -ο) all fresh
ολόχρυσος (-η -ο) all of gold
Ολυμπιακοί Αγώνες, οι Olympic Games
ολυμπιονίκης, ο/η olympic champion
Όλυμπος, ο Olympus
ομάδα, η group, team
ομελέτα, η omelet
ομιλία, η speech, talk
ομορφιά, η beauty
όμως however
όνειρο, το dream

ονομάζω to call, to name
ονομαστική, η nominative (gr.) // rel. to name
όπερα, η opera
ο οποίος (η οποία, το οποίο) who, which
οποιοσδήποτε (οποιαδήποτε, οποιοδήποτε) anyone, anybody
όποτε whenever
όπου where, wherever
όπως as, like
οπωσδήποτε for sure, without fail
όπως-όπως somehow or other, in a hurry
οργανισμός, ο organization
όργανο, το instrument // organ
οργάνωση, η organization, organizing
όρεξη, η appetite // mood
ορθογώνιος (-α -ο) rectangular
ορθόδοξη, η orthodox
ορθόδοξος, ο orthodox
ορθοπεδικός (ορθοπαιδικός), ο/η orthopedic
οριζόντιος (-α -ο) horizontal
όριο, το limit
ορισμένος (-η -ο) certain
ορισμός, ο definition
ορίστε here you are // yes?
όροφος, ο floor, storey
ορχήστρα, η orchestra
όσοι (-ες -α) those who/which
όσος (-η -ο) as much as
όταν when
ό,τι what, whatever
ότι that (conj.)
ουδέτερος (-η -ο) neuter (gr.), neutral
ούζο, το ouzo (annis drink)
ούρα, τα urine
ουρανός, ο sky
ουσιαστικό, το noun (gr.)
ούτε neither, nor // not even
ούτε... ούτε neither... nor
οφθαλμίατρος, ο opthalmologist

Π π

παγκόσμιος (-α -ο) world (adj.), universal
παγωτό, το ice cream
(μου/σου κτλ.) πάει it suits (me, you etc.)
παθαίνω to suffer, to undergo
παθητική (φωνή), η passive voice (gr.)
παθολόγος, ο internist, general practitioner
παιδίατρος, ο paediatrician
παιδικός (-ή -ό) child (adj.)
παίζω to play
παίρνω to get, to take
πακέτο, το packet, pack
Πακιστάν, το Pakistan
παλάμη, η palm
πάλι again
παλιός (-ά -ό) old
παλτό, το overcoat
Παναγία, η Virgin Mary
πανάκριβος (-η -ο) very expensive
πανάρχαιος (-α -ο) age-old
πανάσχημος (-η -ο) very ugly
πανέμορφος (-η -ο) very beautiful
πανεπιστήμιο, το university
πανηγύρι, το (religious) feast
πάντα always
παντελόνι, το trousers, slacks
παντρεύομαι to get married
πάντως anyway

πανύψηλος (-η -ο) very tall, towering
πάνω up, upstairs
παπούτσι, το shoe
παππούς, ο grandfather
πάρα very
παραγγελία, η order, commission
παράγραφος, η paragraph
παράδειγμα, το example
παραδίνω to deliver
παραδοσιακός (-ή -ό) traditional
παραθετικά, τα degrees of comparison (gr.)
παράθυρο, το window
παρακαλώ please // to beg
παρακάτω below, further down
παρακείμενος, ο present perfect tense (gr.)
παρακολουθώ to attend, to follow
παραλαβή, η collection, taking delivery of
παραλαμβάνω to receive, to take delivery
παραλία, η sea side, beach
παραλιακός (-ή -ό) coast(al)
παραμένω to remain
παραμύθι, το tale, fairy tale
παράξενος (-η -ο) strange
παραπάνω above, further up // more
παραπονιέμαι to complain
παρατατικός, ο imperfect tense (gr.)
παρέα, η company of friends, party
παρελθόν, το past
παρένθεση, η parenthesis
Παρθενώνας, ο Parthenon
Παρίσι, το Paris
παρκάρω to park
πάρκι(ν)γκ, το car park, parking lot
πάρκο, το park
παρ' όλα αυτά in spite of all this, none the less
παρόλο που despite the fact that
παρουσιάζω to present
πάρτι, το party, do
παρών (ούσα -όν) present (adj.)
πασίγνωστος (-η -ο) very well-known
πάστα, η piece of cake, pastry
Πάσχα, το Easter
πατάτα, η potato
πατέρας, ο father
πατρικός (-ή -ό) father(ly)
παχύς (-ιά -ύ) fat
πεζοπορία, η hike, walking tour
πεζός, ο pedestrian
πεθαίνω to die
πεθερά, η mother-in-law
πεθερικά, τα in-laws
πεθερός, ο father-in-law
πεινάω (-ώ) to be hungry
πείρα, η experience
πειράζει it matters
πειράζω to bother, to annoy
Πειραιάς, ο Piraeus
πέλαγος, το deep sea
πελάτης, ο customer, client
πενηντάρικο, το fifty-drachma coin
πεντακοσάρικο, το five-hundred euro note
περασμένος (-η -ο) past // last
περιβάλλον, το environment
περιγραφή, η description
περιγράφω to describe
περίεργος (-η -ο) curious
περιοχή, η area, district
περίπου about, approximately
περιπτεράς, ο kiosk owner

περίπτερο, το kiosk
περίπτωση, η case, situation
περιττός (-ή -ό) needless, unnecessary
περνάω (-ώ) to pass, to pass by // to spend (time)
περπατάω (-ώ) to walk
περπάτημα, το walking
πέρ(υ)σι last year
περπάτημα, το walking
πετάω (-ώ) to fly // to throw away
πέτρινος (-η -ο) stone (adj.)
πετσέτα, η towel // napkin
πέφτω to fall
πηγή, η source, spring
πηδάω (-ώ) to jump
πια already // anymore
πιάνο, το piano
πιάνω to catch, to get
πιάτο, το plate, dish
πίεση, η pressure
πιθανότητα, η probability
πικάντικος (-η -ο) spicy, piquant
πιλότος, ο pilot
πίνακας, ο painting // board // table
πινακίδα, η plate, sign-panel
πινακοθήκη, η art gallery
πίνω to drink
πιο more
πιπέρι, το pepper
πιρούνι, το fork
πιστεύω to believe
πίστη, η faith
πίσω behind
πιτσαρία, η pizza shop
πλαγιά, η slope, (mountain)side
πλάγια στοιχεία, τα italics
πλάγιος (-α -ο) oblique, sidelong // indirect
πλαίσιο, το frame, framework
(κάνω) πλάκα to play a trick, to make fun
πλαστικός (-ή -ό) plastic (adj.)
πλατεία, η square, roundabout
πλάτη, η back (anat.)
πλάτος, το width
πλατύς (-ιά -ύ) wide
πλένομαι to wash oneself
πλένω to wash
πληθυντικός, ο plural (gr.)
πληθυσμός, ο population
πληρεξούσιος (-α -ο) proxy, attorney
πλήρης (-ης -ες) full, complete
πληροφορία, η piece of information, inquiry
πληροφορική, η informationt echnology
πληρώνω to pay
πλησιάζω to approach
πλοίο, το ship
Πλούτωνας, ο Pluto
πλυντήριο, το washing machine
π.μ. a.m.
ποδήλατο, το bicycle
πόδι, το foot
ποιανού (-ής -ού) whose (questions only)
ποίημα, το poem
ποιος (-α -ο) who, which
ποιότητα, η quality
πόλεμος, ο war
πολεμάω (-ώ) to make war, to fight
πόλη, η town
πολιτική, η policy // politics

Vocabulary

πολίτικος (-η -ο) coming from / related to Constantinople (Istanbul)
πολιτισμός, ο civilization
πολλοί (-ές -ά) many, a lot (of)
πολύ much, a lot, very
πολυεθνικός (-ή -ό) multinational
πολυθρόνα, η armchair
πολυκατοικία, η block of flats
πολύς/πολλή/ πολύ much, a lot (of)
πονάω (-ώ) to hurt, to ache
πονηρός (ή -ό) cunning, crafty, sly
πονοκέφαλος, ο headache
πόνος, ο pain
ποντίκι, το mouse
πορεία, η course (of events) // march
πόρτα, η door
πορτατίφ, το table lamp
πορτοκαλάδα, η orange drink
πορτοκάλι, το orange
Ποσειδώνας, ο Poseidon (Neptune)
πόσοι (-ες -α) how many
πόσος (-η -ο) how much
ποσοστό, το percentage
ποσοτικός (-ή -ό) quantitative
ποτάμι, το river
πότε when (questions only)
ποτέ ever (quest.) // never
ποτήρι, το glass, tumbler
ποτό, το drink
που who, which, that
πού where (questions only)
πουθενά anywhere (quest.) // nowhere
πουκάμισο, το shirt
πουλάω (-ώ) to sell
πουλί, το bird
πουλόβερ, το pullover, jumper
πούρο, το cigar
πράγμα, το thing
πραγματικά really
πραγματικότητα, η reality
πραγματοποιώ to carry out, to accomplish
πράξη, η action, act
πράσινος (-η -ο) green
πρέπει must
πρίγκηπας, ο prince
πριν before
προάστιο, το suburb
προβάλλω to project, to show, to bring out
προβλέπω to foresee, to forecast
πρόβλημα, το problem
πρόγραμμα, το programme, schedule
προηγούμενος (-η -ο) previous // last
πρόθεση, η preposition (gr.)
προϊστάμενος, ο supervisor
προκαταρκτικός (-ή -ό) preliminary
πρόκειται για it is about, it concerns
πρόκειται να (it) is going to
προλαβαίνω to be/act in time// to have enough time
πρόοδος, η progress
Προπό, το football pools
προπόνηση, η training
προς towards
προσεκτικός (-ή -ό) careful
προσέχω to be careful, to pay attention
προσθέτω to add
προσκαλώ to invite
πρόσκληση, η invitation
προσπαθώ to try, to make an effort

προσπερνάω (-ώ) to overtake
προστακτική, η imperative
προστατεύω to protect
προσφέρω to offer
προσωπικό, το personnel, staff
προσωπικός (-ή -ό) personal
πρόσωπο, το person // face
προσωρινός (-ή -ό) temporary
πρόταση, η sentence (gr.) // proposition
προτείνω to propose
προτιμάω (-ώ) to prefer
προτίμηση, η preference
προφητικός (-ή -ό) prophetic
προχθές the day before yesterday
προχωρημένος (-η -ο) advanced
προχωρώ to proceed, to advance
πρωθυπουργός, ο prime minister
πρωί, το morning
πρωινό, το breakfast
πρώτα first(ly)
πρωτεύουσα, η capital (city)
Πρωτοχρονιά, η New Year's day
πτυχίο, το university degree
πυρετός, ο fever
πυροσβέστης, ο fireman
πυροσβεστική, η fire brigade
π.χ. e.g. (for example)
πωλείται for sale
πωλητής, ο salesman, shop assistant
πως that (conj.)
πώς how (questions only)
πώς και πώς with eagerness, with impatience

Ρ ρ

ραδιόφωνο, το radio
ραλίστας, ο rally driver
ραντεβού, το appointment, date
ράφι, το shelf
ρεπόρτερ, ο reporter
ρεσεψιόν, η reception (desk)
ρέστα, τα change (balance)
ρετσίνα, η resinated wine
(ηλεκτρικό) ρεύμα, το (electric) current, power
ρήμα, το verb (gr.)
ριζικός (-ή -ό) radical
ρίχνω to throw, to drop
ρόδα, η wheel
ρολόι, το watch, clock
ρόλος, ο role
ρομαντικός (-ή -ό) romantic
ρούχα, τα clothes
ρύζι, το rice
Ρωμαίος (-α) Roman (persons)
Ρώμη, η Rome
ρωτάω (-ώ) to ask (a question)

Σ σ

σαββατοκύριακο, το weekend
σακάκι, το jacket
σακούλα, η bag
σαλόνι, το sitting room
σάλτσα, η sauce
σαν like
σάντουϊτς, το sandwich
σαπούνι, το soap
σγουρός (-ή -ό) curly

σέβομαι to respect
σειρά, η row // series (TV)
σε λίγο in a short while
σελίδα, η page
σενάριο, το scenario, script
σερβιτόρα, η waitress
σερβιτόρος, ο waiter
σηκώνομαι to get up
σηκώνω to raise, to lift
σήμα, το sign
σημαίνει it means
σημαντικός (-ή -ό) important
σημασία, η meaning // importance
(δίνω) σημασία to pay attention, to listen
σημείωμα, το note, memorandum
σημειώνω to note
σημείωση, η note, noting down
σήμερα today
σημερινός (-ή -ό) today's
σίριαλ, το TV serial
σιγά slowly // gently, softly
σιγουρεύομαι to make sure
σίγουρος (-η -ο) sure
σιδερώνω to iron
Σικάγο, το Chicago
Σικελία, η Sicily
σινεμά, το cinema, movie theater
σιωπηλός (-ή -ό) silent
σκάλα, η ladder // staircase
σκάφος, το vessel
σκελετός, ο skeleton, frame
σκέφτομαι (σκέπτομαι) to think (over), to reflect
σκέψη, η thought
σκηνή, η stage // scene
σκίτσο, το sketch, drawing
σκόνη, η dust, powder
σκορδαλιά, η garlic sauce/paste
σκοτώνω to kill
σκουπίδια, τα rubbish, garbage
σκουπιδιάρικο, το rubbish-cart, garbage truck
σκουπίζω to sweep // to wipe
σκούρος (-α -ο) dark
σκυλί, το dog (regardless of sex)
σκύλος, ο dog (male or regardless of sex)
σοβαρός (-ή -ό) serious
σοκ, το shock
σοκολάτα, η chocolate
σολίστας, ο soloist
σουηδικός (-ή -ό) Swedish (objects)
σούπα, η soup
σούπερ μάρκετ, το supermarket
σοφία, η wisdom
σπά(ζ)ω to break
σπάνιος (-α -ο) rare
σπεσιαλιτέ, η specialty
σπετζοφάι, το casserole of country sausages and sweet green peppers
σπίρτα, τα matches
σπιτάκι, το little house
σπορ, το sport
σπορ sports (adj.)
σπουδάζω to study (at a college or university)
σπουδαστής, ο student (college or tutorial school)
σπρώχνω to push
στάδιο, το stadium
σταθερός (-ή -ό) stable // constant
στάθμευση, η parking

στᾰματάω (-ώ) to stop
στάση, η (bus) stop
στατιστικές, οι the statistics
σταυρόλεξο, το crossword puzzle
σταυρός, ο cross
σταφίδα, η raisin, currant
στέκομαι to stand
στέλνω to send
στενός (-ή -ό) narrow // tight // close
στενοχωριέμαι to be upset, to be sorry // to worry
στήλη, η column
στην υγειά σας! to your health!
στήριξη, η support
στίβος, ο track (sport)
στιγμή, η moment
στιλ, το style
στοιχεία, τα typeface // data, facts
στολή, η uniform
στόμα, το mouth
στομάχι, το stomach
στοπ, το stop sign
στρατόπεδο, το military camp
στρατός, ο the army
στρίβω to turn
στρογγυλός (-ή -ό) round
στρώνω to set (the table) // to make (the bed)
συγγενής, ο relative
συγγραφέας, ο writer, author
συγκεκριμένος (-η -ο) specific
συγκρίνω to compare
σύγκριση, η comparison
συγκριτικός (-ή -ό) comparative
συγκρότημα, το group, complex
συγγνώμη I'm sorry, I apologize
σύγχρονος (-η -ο) contemporary, modern
συγχωρώ to excuse, to forgive
συζήτηση, η discussion
συλλαβή, η syllable
σύλλογος, ο association, club
συμβαίνει it happens, it occurs
συμβουλεύω to advise
συμβουλή, η (piece of) advice
συμμαθητής, ο fellow student (male)
συμμαθήτρια, η fellow student (female)
συμμετέχω to participate
συμπληρώνω to complete, to fill in
συμφέρων (-ουσα - ον) advantageous
σύμφωνα με according to
συμφωνία, η agreement // symphony
συμφωνικός (-ή -ό) symphonic
σύμφωνοι agreed, all right
συμφωνώ to agree
συναισθηματικός (-ή -ό) sentimental, emotional
συναντάω (-ώ) to meet
συνάντηση, η meeting
συναντιέμαι to meet with
συναρπαστικός (-ή -ό) exciting, charming
συναυλία, η concert
συνάχι, το common cold
σύνδεση, η joining, connection
σύνδεσμος, ο conjunction (gr.)
συνδέω to connect, to join, to combine
συνδυασμός, ο combination
συνέδριο, το conference, congress
συνεννόηση, η understanding
συνεννοούμαι to come to / have an understanding

συνέντευξη, η interview
συνέχεια (συνεχώς) continuously
στη συνέχεια further to this, afterwards
συνεχίζω to continue
συνηθισμένος (-η -ο) usual, common // used to
συνήθως usually
συνθετικός (-ή -ό) synthetic (adj.)
σύνθετος (-η -ο) complex, composite
συνοδηγός, ο co-driver
συνολικά in total, totally
σύνορο, το boundary
συνταγή, η recipe // prescription
σύντομα soon
σύντομος (-η -ο) brief
συντονίζω to co-ordinate
συρτάρι, το drawer
συσκευή, η appliance
σύστημα, το system
συστήνω to introduce // to recommend
συχνός (-ή -ό) frequent
συχνότητα, η frequency
σφουγγαρίζω to mop, to swob
σχεδιάγραμμα, το diagram
σχεδιάζω to draw // to plan
σχέδιο, το drawing // plan
(κινούμενο) σχέδιο, το cartoon (cinema)
σχεδόν almost
σχέση, η relation, relationship
σχετικά με in relation to, in connection with
σχετικός (-ή -ό) relative // relevant
σχηματίζω to form, to shape
σχολείο, το school (elementary or high)
σχολή, η school, faculty
σώμα, το body
σωστός (-ή -ό) right, correct

Τ τ

ταβερνάκι, το little tavern
ταινία, η film, movie
ταίρι, το match, companion
ταιριάζω to match
τα καταφέρνω to manage, to make ends meet
ταλαιπωρία, η hardship, trial, suffering
ταλέντο, το talent
τάλιρο, το five-drachma coin
ταμείο, το cashier's desk // fund
ταμίας, ο cashier
ταμπλέτα, η tablet
τάξη, η class, classroom
ταξί, το taxi, cab
ταξιδεύω to travel
ταξίδι, το trip, journey
ταξιδιώτης, ο traveller, passenger
ταξινομώ to sort
ταράτσα, η terrace, flat roof
τασάκι, το ashtray
ταύρος, ο bull
ταυτότητα, η identity // identity card
τα χάνω to be taken aback
ταχυδρομείο, το post office
ταχυδρομώ to post
τέλεια perfectly
τέλειος (-α -ο) perfect
τελειώνω to finish, to end
τελείως completely
τελευταίος (-α -ο) last
τελικά finally, after all

τελικός (-ή -ό) final
τέλος, το end
τέν(ν)ις, το tennis
τέρας, το monster
τεράστιος (-α -ο) enormous
τεστ, το test
τέταρτο, το quarter
τέτοιος (-α -ο) such
τετράγωνο, το square (geom.) // block
τετράγωνος (-η -ο) square (adj.)
τετράδιο, το note book
τέχνη, η art, skill
τεχνικός, ο technician, mechanic
τζαζ, η jazz (music)
τζάμι, το (window) pane
τζιν, το jeans // jin
τηγανητός (-ή -ό) fried
τηλεθεατής, ο viewer (TV)
τηλεόραση, η television
τηλεφώνημα, το phone call
τηλεφωνητής, ο telephone operator (male)
τηλεφωνήτρια, η telephone operator (female)
τηλέφωνο, το (tele)phone
τηλεφωνώ to (tele)phone
τιμή, η price
τίνος whose
τίποτε anything (quest.) // nothing
τίτλος, ο title
τμήμα, το department, section
τοιχογραφία, η wall-painting, fresco
τολμάω (-ώ) to dare
το μόνο the only thing
τονίζω to accent, to stress
τοπικός (-ή -ό) local
τόπος, ο location
τόσο so, so much
τοστ, το toasted bread
τότε then
τουαλέτα, η toilet, lavatory
τουλάχιστον at least
τουρίστας, ο tourist
τουριστικός (-ή -ό) tourist (adj.)
τραβάω (-ώ) to pull
τραγουδάω (-ώ) to sing
τραγουδιστής, ο singer
τραγωδία, η tragedy
τράπεζα, η bank
τραπεζάκι, το small table
τραπεζαρία, η dining room
τραπέζι, το table
τρελός (-ή -ό) crazy, mad
τρένο, το train
τρέξιμο, το running
τρέχω to run
τρίγωνο, το triangle
τριήμερο, το three-day period
τρόλεϊ, το trolley bus
τρόμος, ο terror
τρόπος, ο way, manner
τροχαίος (-α -ο) traffic (adj.)
τροχαία, η traffic police
τροχός, ο wheel
τρύπα, η hole
τρώω to eat
τσάντα, η bag, handbag
τσάι, το tea
τσέπη, η pocket
τσιγάρο, το cigarette
τσιμπάω (-ώ) to pinch, to nibble

Vocabulary

τύπος, ο   type // character
τυρί, το   cheese
τυροπιτάκι, το   small cheese pie
τυχερός (-ή -ό)   lucky, fortunate
τώρα   now

Υ υ

υγεία, η   health
υγιής (-ής -ές)   healthy
υγρό, το   liquid
υδραυλικός, ο   plumber
υλικό, το   material // ingredient
υπάλληλος, ο/η   employee
υπάρχει   there is (impers.)
υπάρχω   to exist
υπάρχων (-ουσα -ον)   existing
υπερθετικός, ο   superlative (gr.)
υπέροχος (-η -ο)   marvelous, superb
υπερσυντέλικος, ο   past perfect (gr.)
υπερφυσικός (-ή -ό)   supernatural
υπηρεσία, η   service // department
υπνοδωμάτιο, το   bedroom
ύπνος, ο   sleep
υπογραμμίζω   to underline
υπόθεση, η   case // supposition
υποθετικός (-ή -ό)   conditional (gr.) //
   hypothetical
υπολογίζω   to estimate, to guess
υπόλοιπος (-η -ο)   remaining
υπομονή, η   patience
ύποπτος (-η -ο)   suspicious
υπόσχομαι   to promise
υποτακτική, η   subjunctive (gr.)
υποχρεωμένος (-η -ο)   obliged
υποχρεωτικός (-ή -ό)   obligatory, compulsory
ύστερα   afterwards, then
υφαντό, το   handwoven material
ύφασμα, το   material, fabric
ύψος, το   height

Φ φ

φαγητό, το   food
φαίνομαι   to appear, to look
φαινόμενο, το   phenomenon
φάκελος, ο   file // envelope
φακός, ο   lens
φανάρι, το   (traffic) light
φαντάζομαι   to imagine
φαντάρος, ο   infantryman, soldier
φαντασία, η   imagination
φάντασμα, το   ghost
φανταστικός (-ή -ό)   imaginary
φαρδύς (-ιά -ύ)   wide
φάρμακο, το   drug, medicine
φέρνω   to bring
φεστιβάλ, το   festival
φετινός (-ή -ό)   this year's
(ε)φέτος   this year
φεύγω   to leave
φθινοπωρινός (-ή -ό)   autumn, fall (adj.)
φθινόπωρο, το   autumn, fall
φιλάω (-ώ)   to kiss
φιλικός (-ή -ό)   friendly
φιστίκι, το   peanut
φλιτζάνι, το   cup
φλούδι, το   skin (fruit)

φοβερός (-ή -ό)   terrible // terrific
φόβος, ο   fear
φοιτητής, ο   university student (male)
φοιτήτρια, η   university student (female)
φορά, η   time, occasion
φοράω (-ώ)   to wear, to put on
φόρος, ο   tax
φορτηγό, το   truck
φόρτιση, η   charge, involvement
φούρνος, ο   bakery // ovan
φούστα, η   skirt
φράση, η   phrase
φρεσκάρω   to freshen up
φρέσκος (-ια -ο)   fresh
φροντίζω   to take care of, to look after
φροντιστήριο, το   tuition centre
φρούτο, το   fruit
φρυγανιά, η   toasted bread
φταίω   to be to blame
φτάνει   it is enough (impers.)
φτάνω   to arrive
φτιάχνω   to make, to fix
φτουράω   to last long, to hold out
φτωχός (-ή -ό)   poor
φύλακας, ο   guard
φυλακή, η   prison, jail
φύλο, το   sex, gender
φυσικός (-ή -ό)   natural
φυσική, η   physics
φυσιογνωμία, η   cast of features //
   personage, celebrity
φωνάζω   to call (out), to shout // to name
φωνή, η   voice
φωνήεν, το   vowel (gr.)
φως, το   light
φωτεινός (-ή -ό)   bright
φωτιά, η   fire
φωτιστικό, το   lamp, light fixture
φωτογράφος, ο   photographer

Χ χ

χαιρετάω (-ώ)   to greet
χαίρομαι   to be pleased, to be happy
χαλάω (-ώ)   to spoil // to break down //
   to change (money)
χαλασμένος (-η -ο)   out of function // spoilt
χάλια   awful, rotten, in a sorry state
χάλκινος (-η -ο)   copper (adj.)
χαμηλός (-ή -ό)   low
χαμογελαστός (-ή -ό)   smiling
χάνω   to lose // to waste
χάπι, το   pill
χαρά, η   joy
χαρακτηριστικό, το   characteristic, feature
χάρη, η   favour
χαρίζω   to give away, to make a present of
χαρτζιλίκι, το   pocket money
χαρτί, το   paper
χαρτιά, τα   papers // playing cards
χαρτοπετσέτα, η   paper napkin
χαρτοφύλακας, ο   briefcase
χασμουριέμαι   to yawn
χατίρι, το   favour
χειμερινός (-ή -ο)   winter (adj.)
χειμωνιάτικος (-η -ο)   winter (adj.)
χειρούργος, ο   surgeon
χέρι, το   hand

χερούλι, το   handle
χημικός, ο   chemist
χθεσινός (-ή -ό)   yesterday's
χιλιάδες, οι   thousands
χιόνι, το   snow
χιούμορ, το   (sense of) humour
χοντρός (-ή -ό)   fat
χορεύω   to dance
χορός, ο   dance
χρειάζεται   it is necessary (impers.)
χρειάζομαι   to need
χρήματα, τα   money
χρήσιμος (-η -ο)   useful
χρησιμοποιώ   to use
χρησμός, ο   oracle
χριστιανή, η   Christian (female)
χριστιανός, ο   Christian (male)
Χριστούγεννα, τα   Christmas
χρόνια, τα   years
χρονίζω   to drag on, to take ages
χρονικός (-ή -ό)   time (adj.)
χρόνος, ο   time // year
χρυσός (-ή -ό)   gold (adj.)
Χρυσός Οδηγός, ο   Yellow Pages
χρώμα, το   colour
χρωστάω (-ώ)   to owe
χτένι, το   comb
χτενίζομαι   to comb oneself
χτενίζω   to comb
χτυπάω (-ώ)   to hit, to knock // to ring
χυμός, ο   juice
χώρα, η   country
χωρίζω   to separate, to split up // to break
   a relationship
χωρίς   without

Ψ ψ

ψάρι, το   fish
ψαροταβέρνα, η   fish-house, fish-tavern
ψάχνω   to look for, to search
ψέμα, το   lie
ψήνω   to roast, to cook
ψιλά, τα   (small) change
ψιλοκομμένος (-η -ο)   fine-chopped
ψυγείο, το   refrigerator
ψυχαγωγώ   to entertain
ψυχίατρος, ο   psychiatrist
ψώνια, τα   shopping, shopping items
ψωνίζω   to shop, to buy

Ω ω

ώμος, ο   shoulder
ώρα, η   hour // time
ωραία   fine (adv.)
ωραίος (-α -ο)   good looking, beautiful, fine
ωραιότητα, η   beauty
ώρες αιχμής, οι   rush/peak hours
ώσπου   until, by the time
ωστόσο   however
ωτορινολαρυγγολόγος (ωριλά), ο   ear-
nose-and-throat specialist

A α

αβγό, το œuf (le)
αγαπημένος (-η -ο) préféré, bien aimé
αγαπητός (-ή -ό) cher
αγγελία, η annonce (la)
αγία, η sainte (la)
άγιος, ο saint (le)
άγνωστος (-η -ο) inconnu
άγχος, το angoisse (la)
αγώνας, ο lutte (la) // match (le) // jeu (le)
αγωνία, η angoisse, anxiété
άδεια, η permission (la), permis (le)
αδέλφια, τα frères et soeurs (les)
Άδης, ο Hadès (le) // enfer (le)
αδύνατος (-η -ο) mince // faible
αεροπορία, η aviation (la)
αθάνατος (-η -ο) immortel
Αθηνά, η Athéna, Minerve
αθλητής, ο athlète (le)
αθλήτρια, η athlète (la)
αθλητικός (-ή -ό) athlétique, sportif
αίμα, το sang (le)
αισθάνομαι (se) sentir
αίσθηση, η sensation (la), sentiment (le)
αίτηση, η demande, pétition (la)
αιτία, η raison (la)
αιτιατική, η accusatif (le)
αιώνας, ο siècle (le)
ακατάλληλος (-η -ο) impropre
ακολουθώ suivre
ακόμα και αν même si
ακόμα και όταν même quand
άκρη, η bord (le), extrémité (la)
ακριβώς précisément, exactement
ακροαματικότητα, η taux d'audience
    (télévisuelle)
ακροθαλασσιά, η bord de mer (le),
    rivage (le)
ακτινογραφία, η radiographie (la), radio (la)
ακτινολόγος, ο/η radiologue (le)
αλάτι, το sel (le)
αλήθεια, η vérité (la)
αλήθεια vraiment // à propos
αλλάζω changer
αλλεργία, η allergie (la)
αλληλογραφία, η correspondance (la)
αλλιώς autrement
αλλού ailleurs
άλλωστε après tout, d'ailleurs
άλμα, το saut (le) (mot savant)
αμβροσία, η ambroisie (la)
Άμεση Δράση, η Police (la)
άμεσος (-η -ο) immédiat, directe
αμνηστία, η amnistie (la)
αμοιβή, η rétribution (la), honoraires (les)
αμφιβολία, η doute (le)
αν si
αν και bien que
ανά par
αναγκάζομαι s' enforcer
ανάγκη, η besoin (le), nécessité (la)
ανακαλύπτω découvrir, trouver
ανακατεύω mélanger
ανακοινώνω annoncer
ανάλογα selon, en conséquence
ανάλογος (-η -ο) correspondant, conforme
αναπνευστικός (-ή -ό) respiratoire
αναπνοή, η respiration (la)
αναρωτιέμαι se demander

ανασκαφή, η excavation (la)
ανατολή, η est (le), lever du soleil (le)
ανατολικός (-ή -ό) est, de l'est, oriental
αναφέρω mentionner, faire mention de
αναφορά, η rapport (le), référence (la)
αναφορικός (-ή -ό) relatif (gr.)
ανεβαίνω monter
ανέκδοτο, το anecdote (la)
ανεργία, η chômage (le)
άνετος (-η -ο) confortable
ανήκω appartenir
ανησυχητικός (-ή -ό) inquiétant, alarmant
ανησυχώ s'inquiéter
ανθρωπιά, η humanité, compassion (la)
ανθρώπινος (-η -ο) humain
ανθρωπιστικός (-ή -ό) humanitaire
άνθρωποι, οι les gens
άνθρωπος, ο homme (le), personne (la)
ανίψια, τα neveux (les)
ανιψιά, η nièce (la)
ανιψιός, ο neveu (le)
ανόητος (-η -ο) imbécile, stupide
άνοιξη, η printemps (le)
ανοιξιάτικος (-η -ο) printanier
ανταλλάσσ(ζ)ω échanger
άντε! allez!
αντέχω tenir, résister, endurer
αντί au lieu de
αντίθετος (-η -ο) contraire
αντικαθιστώ remplacer, substituer
αντικείμενο, το objet (le)
αντίρρηση, η objection (la)
αντωνυμία, η pronom (le)
ανώμαλος (-η -ο) irrégulier, ano(r)mal
ανώτατος (-η -ο) suprême
ανώτερος, ο supérieur
αξέχαστος (-η -ο) inoubliable
αξία, η valeur (la)
αόριστος, ο passé simple, aoriste (le) (gr.)
απαγορεύεται (il est) interdit, défense
απαγορεύω interdire
απαντήσεις, οι réponses // résultats (les)
    (méd.)
απαραίτητος (-η -ο) indispensable
απασχολημένος (-η -ο) occupé
απασχόληση, η emploi (le), occupation (la)
απέναντι en face
απεχθάνομαι détester
απέχω être loin/distant de
απλός (-ή -ό) simple
απλώνω étendre. allonger
απογευματινός (-ή -ό) d'après midi (adj.)
απόδειξη, η reçu (le) // preuve (la)
αποθετικό ρήμα, το verbe déponent (le) (gr.)
αποκλείεται να il est impossible de,
    il est exclu de
Απόλλωνας, ο Apollon
απολύτως absolument
απομνημονεύματα, τα mémoires (les)
απορρυπαντικό, το détergent (le)
αποτέλεσμα, το résultat (le)
αποτελούμαι consister
άποψη, η point de vue (le)
αποφασίζω décider
απών (-ούσα -όν) absent(e)
άρα par conséquent, ainsi
αργά tard // lentement
αργία, η jour férié (le)
αργότερα plus tard
αργυρός (-ή -ό) d'argent (adj., mot savant)

αργώ être en retard, tarder
Άρης, ο Arès, Mars
αριστερός (-ή -ό) gauche
αρκετά assez
αρκετοί (-ές -ά) suffisants
αρκετός (-ή- ό) suffisant
αρνιέμαι (αρνούμαι) refuser
αρρωσταίνω tomber malade
αρρώστια, η maladie (la)
άρρωστος (-η -ο) malade
αρσενικός (-ή -ό) masculin // mâle (gr.)
άρση βαρών, η haltérophilie (la), poids et
    haltères
Άρτεμις, η Artémis, Diane
αρχές, οι autorités (les) // début (le)
αρχή, η commencement (la), début (le)
αρχοντικό, το hôtel, palais (le)
ασημένιος (-α -ο) d'argent (adj.)
ασημικά, τα argenterie (la)
ασθενοφόρο, το ambulance (la)
άσκηση, η exercice (le), pratique (la)
άσος, ο as (le)
ασπιρίνη, η aspirine (la)
αστειεύομαι plaisanter
αστυνομία, η police (la)
αστυνομικός, ο agent de police (le)
αστυνομικός (-ή -ό) policier
αστυνόμος, ο commissaire de police (le)
αστυφύλακας, ο agent de police (le)
ασφάλεια, η securité (la)
ασφαλώς vraiment, sans doute
ασχολούμαι s' occuper de
άτομο, το personne (la)
ατύχημα, το accident (le)
άτυχος (-η -ο) infortuné, malheureux
αύξηση, η augmentation (la)
αυριανός (-ή -ό) de demain (adj.)
αυτί, η oreille (la)
αυτός (-ή -ό) il, lui (nom.) // ce, celui
αφαιρώ enlever // déduire
αφεντικό, το maître, patron (le)
αφήνω laisser
αφορά (il) concerne
αφρικανικός (-ή -ό) africain
Αφροδίτη, η Aphrodite, Vénus

B β

βάφομαι se maquiller
βάζο, το vase (le)
βάζω mettre
βαθμολογία, η attribution des notes (la)
βαθμός, ο note (la), point (le) // degré (le)
βάθος, το profondeur (la)
βαθύς (-ιά -ύ) profond
βαλίτσα, η valise (la)
βαμβακερός (-ή -ό) de coton
βαμβάκι, το coton (le)
βαρετός (-ή -ό) ennuyeux
βαριά lourdement, gravement
βαριέμαι s'ennuyer
βάρος, το poids (le)
βαρύς (-ιά- ύ) lourd
βασικός (-ή -ό) essentiel
βασιλιάς, ο roi (le)
βεβαίως (βέβαια) certainement, bien sûr
βελτιώνω améliorer
βενζινάδικο, το station d'essence (la)
βενζίνη, η essence (la)
βεράντα, η terasse (la)

Vocabulaire

βία, η   violence (la)
βιάζομαι   être pressé
βιαστικά   à la hâte, precipitamment
βιταμίνη, η   vitamine (la)
βλάβη, η   dommage (le), panne (la)
βλάπτω   endommager, faire tort
βλέμμα, το   regard (le)
βοηθάω (-ώ)   aider, assister
βοήθεια, η   aide (la), assistance (la) // secours (le)
βόλεϊ, το   volley ball (le)
βόλτα, η   promenade (la), tour (le)
βόμβα, η   bombe (la)
βουνό, το   montagne (la)
βούτυρο, το   beurre (le)
βραδινός (-ή -ό)   de soirée (adj.)
βρίσκομαι   se trouver
βροχή, η   pluie (la)

Γ γ

γαϊδούρι, το   âne (le)
γάμος, ο   marriage (le), noces (les)
γαμπρός, ο   gendre, beau-frère (le) // marié (le)
γαρνίρω   garnir
γελάω (-ώ)   rire
γεμάτος (-η -ο)   plein
γενέθλια, τα   anniversaire (de naissance)
γενική, η   génitif (le) (gr.)
γεννιέμαι   naître
γένος, το   genre (le) (gr.)
γερός (ή- ό)   fort, en bon état
γεωργία, η   agriculture (la)
γη, η   terre (la)
γιαγιά, η   grand'mère (la)
για να   pour que, afin de
γίνομαι   devenir // se passer
γιορτάζω   fêter, célébrer, avoir sa fête
γιορτή , η   fête (la)
(ονομαστική) γιορτή, η   la fête de qqun
γκάιντα, η   cornemuse écossaise (la)
γκρινιάζω   grogner, râler
γκρουπ, το   groupe (le), équipe (la)
γλεντάω (-ώ)   s'en donner à coeur joie, faire la java
γλυκό, το   gâteau (le), pâtisserie (la)
γλυκός (ιά- ό)   doux // sucré
γλώσσα, η   langue (la)
γνώμη, η   opinion (la)
γνωρίζω   connaître, savoir
γνωστός (-ή -ό)   (bien) connu
γόνατο, το   genou (le)
γράμμα, το   lettre (la)
γραμμή, η   ligne (la)
γρήγορος (-η -ο)   rapide
γρίπη, η   grippe (la)
γυάλα, η   bol (le)
γυαλί, το   verre (le)
γυαλιά, τα   lunettes (les)
γυμνάσιο, το   collège (le)
γυναικείος (-α -ο)   féminin
γυναικολόγος, ο   gynécologue (le)
γυρισμός, ο   retour (le)
γύρω   autour // environ

Δ δ

δαγκώνω   mordre
δάσος, το   forêt (la)

δεκάδες, οι   dizaines (les)
δεκαετία, η   décade (la)
Δεκαπενταύγουστος, ο   le 15 Août
δεκάρικο, το   billet de dix euros (le)
δελτίο, το   bulletin (le)
δελφίνι, το   dauphin (le)
δέμα, το   colis (le)
δεν πειράζει   ça ne fait rien, n'importe
δέντρο, το   arbre (le)
δεξιός (-ιά- ιό)   droit
δέρμα, το   peau (la) // cuir (le)
δερμάτινος (-η -ο)   de cuir
δέρνω   battre
δέχομαι   accepter
δηλαδή   c'est à dire
δηλώνω   déclarer
Δήμητρα, η   Déméter, Cérès
δημιουργικός (-ή -ό)   créatif
δημοκρατία, η   démocratie (la) // république (la)
Δημόσιο, το   Etat (le)
δημοσιογράφος, ο/η   journaliste (le/la)
δημόσιος (-α -ο)   publique, d'état (adj.)
δημοτικό, το   école primaire (la)
δημοτικός (-ή -ό)   municipal
διάβασμα, το   lecture (la)
διαγώνιος (-α -ο)   diagonal
διάδρομος, ο   corridor, couloir (le)
δίαιτα, η   régime (le)
διακοπές, οι   vacances (les)
διακοπή (ρεύματος), η   coupure de courant (la)
διαλέγω   choisir
διάλειμμα, το   intervalle (le), récréation (la)
διάλεξη, η   conférence (la)
διάρκεια, η   durée (la)
διαρκής (-ής -ές)   durable
διαρρήκτης, ο   cambrioleur (le)
διάρρηξη, η   cambriolage (le)
Δίας, ο   Zeus, Jupiter
διασκεδαστικός (ή -ό)   amusant,
(χρονικό) διάστημα, το   espace, intervalle (le)
διαφημίσεις, οι   publicités, réclames (les)
διαφήμιση, η   publicité (la)
διαφορά, η   difference (la)
διαφορετικός (-ή -ό)   différent
διαφωνώ   être (se trouver) en désaccord
διεθνής (-ής -ές)   international
διευθυντής, ο   directeur (le)
διηγούμαι   raconter, narrer
διοίκηση, η   administration (la)
διοικητικός (-ή -ό)   administratif
Διόνυσος, ο   Dionysos
διορθώνω   corriger
διπλός (-ή -ό)   double
διπλωματικός (-ή -ό)   diplomatique
δίσκος, ο   disque // plateau (le)
δισύλλαβος (-η -ο)   dissyllabe
δοκιμάζω   essayer // goûter
δόντι, το   dent (la)
δόση, η   versement (le)
δραματικός (-ή -ό)   dramatique
δράση, η   action (la)
δρόμος, ο (100 μέτρων)   course (de 100 mètres) (la)
δύναμη, η   pouvoir (le)
δυνατός (-ή -ό)   fort, puissant
δυνατότητα, η   possibilité (la)
δυσκολεύομαι   avoir de la peine
δυσκολία, η   difficulté (la)
δυστυχώς   malheureusement

δωμάτιο, το   chambre (la)
δώρο, το   cadeau (le)

Ε ε

εβδομαδιαίος (-α -ο)   hebdomadaire
εγγονή , η   petite-fille (la)
εγγόνια ,τα   petits-enfants (les)
εγγονός, ο   petit-fils (le)
εγκαίρως (έγκαιρα)   à temps // en avance
έδαφος, το   sol (le)
έθιμο, το   coutume (la)
εθνικός (-ή -ό)   national
έθνος, το   nation (la)
ειδικός, ο   spécialiste (le)
ειδήσεις, οι   nouvelles, informations (les)
ειδικότητα, η   spécialisation (la)
είδος, το   espèce (la), genre (le), article (le)
εικόνα, η   image, icône (la)
εικοσάρικο, το   billet de vingt euros (le)
εικοσιτετράωρο, το   vingt quatre heures (les), jour et nuit
ειλικρινής (-ής -ές)   franc, sincère
εισαγωγικές εξετάσεις   examens d'entrée
είσοδος, η   entrée (la)
είτε... είτε   ou... ou, soit... soit
εκατοντάδες, οι   centaines (les)
(ε)κατοστάρικο, το   billet de cent euros (le)
εκδήλωση, η   manifestation (la)
έκθεση, η   exposition (la)
εκκλησία, η   église (la)
εκπαίδευση, η   éducation (la)
εκπαιδευτικός (-ή -ό)   d'éducation, éducationnel, éducatif
εκπομπή, η   émission (la)
έκπτωση, η   rabais (le)
εκτός από   sauf, mis à part
εκφράζω   exprimer
ελαττώνω   diminuer, réduir
ελαφρύς (-ιά -ύ)   léger
ελέγχω   contrôler, vérifier, examiner
ελιά, η   olive (la), olivier (le)
ελπίζω   espérer
έμμεσος (-η -ο)   indirect
έμπειρος (-η -ο)   expérimenté, versé dans
εμπόριο, το   commerce (le)
έμπορος, ο   marchand, commerçant (le)
ενδιαφέρομαι   s'intéresser
ενδιαφέρον, το   intérêt (le)
ενδιαφέρων (-ουσα -ον)   intéressant
ενδοκρινολόγος, ο   endocrinologue (le)
ενέργεια, η   énergie (la) // action (la)
ενεργητική (φωνή), η   voix active (la) (gr.)
ενεστώτας, ο   présent (le) (gr.)
ενημερώνω   informer, mettre à jour
ενημέρωση, η   mise à jour, mise au courant (la)
ενημερωτικός (-ή -ό)   d'information (adj.)
έννοια, η   sens (le)
ενοικιάζεται   à louer
εννοώ   entendre, comprendre
ενοχλώ   gêner, déranger, ennuyer
εντολή, η   commande (la)
εντούτοις   pourtant, tout de même
εντυπωσιακός (-ή -ό)   impressionnant
εντυπωσιασμός, ο   création d'impressions fortes (la)
ενώ   pendant que // tandis que
(ε)ξαδέλφη, η   cousine (la)
(ε)ξαδέλφια, τα   cousins (les)

(ε)ξάδελφος, ο cousin (le)
εξαιρετικός (-ή -ό) excellent, exceptionnel
εξακολουθώ continuer
εξάμηνο, το semestre (le)
εξαρτώμαι dépendre
εξαφανίζομαι disparaître
εξετάζω examiner
εξέταση, η examen (le), test (le)
εξήγηση, η explication (la)
έξοδος, η sortie (la)
εξυπηρετούμαι être servi
εξυπηρετώ servir, être utile
έξυπνος (-η -ο) intelligent
εξωτερικό, το l'étranger
εξωτερικός (-ή -ό) extérieur, externe
εξωτικός (-ή -ό) exotique
επαγγελματικός (-ή -ό) professionel
επανάληψη, η révision // répétition (la)
επαρχία, η province (la)
επείγων (-ουσα -ον) urgent
επειδή parce que, car, puisque
επιβατικός (-ή -ό) de passager
επιγραφή, η inscription (la)
Επίδαυρος, η Epidaure
επίδομα, το allocation (la)
επίθετο, το adjectif (le) (gr.)
επιθυμία, η désir (le)
επιθυμώ désirer
επικίνδυνος (-η -ο) dangereux
επικοινωνία, η communication (la)
επιλέγω choisir, sélectionner
επιμένω insister
έπιπλο, το meuble (le)
επίρρημα, το adverbe (le) (gr.)
επισκέπτομαι visiter, rendre visite
επίτηδες exprès
επιτρέπω permettre
επιχείρηση, η entreprise (la)
επόμενος (-η -ο) suivant
επομένως par consequent
επώνυμο, το nom de famille (le)
επώνυμος (-η -ο) reconnaissable, bien connu
εργάζομαι travailler
εργαζόμενοι, οι travailleurs, salariés, (les) personnel (le)
εργαλείο, το outil (le)
εργασία, η travail (le) // devoir (le)
εργάτης, ο ouvrier (le)
εργατικός (-ή -ό) laborieux, travailleur
εργάτρια, η ouvrière (la)
έργο, το oeuvre (la), pièce de théâtre (la) // film (le)
Ερμής, ο Hermès, Mercure
Ερυθρός Σταυρός, ο Croix Rouge (la)
έρωτας, ο amour (le)
ερωτευμένος (-η -ο) amoureux
ερωτηματικός (-ή -ό) interrogatif
ερωτηματολόγιο, το questionnaire (le)
έσοδο, το revenu (le), rentrée (la)
Εστία, η Hestia, Vesta
έστω και même
έστω και αν même si
εσωτερικός (-ή -ό) intérieur, interne
εταιρεία, η société (la)
έτος, το an (le), année (la)
έτσι κι αλλιώς de toutes façons
ευγενικά poliment, gentiment
ευγενικός (-ή -ό) poli, noble
ευθεία tout droit

ευθύνη, η responsabilité (la)
ευκαιρία, η occasion (la)
ευτυχισμένος (-η -ο) heureux
ευτυχώς heureusement
ευχαριστημένος (-η -ο) content
ευχάριστος (-η -ο) agréable
εφόσον puisque
έχω δίκιο avoir raison

Ζ ζ

ζακέτα, η jaquette (la), cardigan (le)
ζάχαρη, η sucre (le)
ζαχαροπλαστείο, το pâtisserie (la)
ζεσταίνομαι avoir chaud
ζεστασιά, η chaleur (la)
ζέστη, η chaleur (la)
ζεστό, το tisane (la)
ζεστός (-ή -ό) chaud
ζευγάρι, το couple (le), paire (la)
ζηλεύω être jaloux
ζητάω (-ώ) demander // réclamer // chercher
ζητείται on demande
ζω vivre
ζωή, η vie (la)

Η η

ήδη déjà
ηθοποιός, ο acteur (le)
ηλεκτρικός (-ή -ό) la ligne électrique Pirée-Kifissia
ηλεκτρικός, ο train (le)
ηλεκτρονικός, ο électronicien
ηλεκτρονικός (-ή -ό) électronique
ηλικία, η âge (le)
ηλικιωμένος (-η -ο) agé
(η)μέρα, η jour (le), journée (la)
ημερολόγιο, το calendrier (le)
Ήρα, η Hera
ηρεμία, η calme (le), sérénité (la)
ήρεμος (-η -ο) calme, tranquille
ησυχία, η silence (le)
ήττα, η defaite (la)
Ήφαιστος, ο Héphaïstos, Vulcan

Θ θ

θαυμάσιος (-α -ο) merveilleux, admirable
θεά, η déesse (la)
θέμα, το sujet (le), thème (le)
θεός, ο dieu (le)
θεραπεία, η traitement (le), cure (la)
θερμόμετρο, το thermomètre (le)
θέση, η place, position (la)
θηλυκός (-ιά -ό) féminin, femelle
θητεία, η service militaire (le)
θόρυβος, ο bruit (le)
θρησκευτικός (-ή -ό) réligieux
θυμίζω rappeler
θυμός, ο colère (la)
θυμωμένος (-η -ο) fâché, en colère
θυμώνω fâcher, mettre en colère // se fâcher, se mettre en colère
θώρακας, ο thorax, poitrine

Ι ι

ιατρική, η médecine (la)
ιδανικός (-ή -ό) idéal
ιδέα, η idée (la)
ιδιαίτερα spécialement, particulièrement
ιδιαίτερος (-η -ο) particulier, spécial
ιδίως spécialement
ιδιωτικός (-ή -ό) privé
ίδρυμα, το institution (la)
ιερό, το sanctuaire (le)
ιερός (ή -ό) sacré
ικανοποιητικός (-ή -ό) satisfaisant
ιππόδρομος, ο hippodrome (le)
ίσιος (-α -ο) droit, direct
ίσος (-η -ο) égal
ισότητα, η égalité (la)
ιστορία, η histoire (la)
ιστορικός (-ή -ό) historique
ισχυρός (-ή -ό) fort, puissant

Κ κ

κάβα, η magasin spiritueux (le)
καβγάς, ο bagarre (la)
κάδρο, το portrait (le), cadre (le)
καημένος (-η -ο) pauvre
Καθαρά Δευτέρα, η premier Lundi du Carême
καθαρίζω nettoyer
κάθε chaque
κάθε πότε combien de fois
καθένας (καθεμιά, καθένα) chacun
κάθετος (-η -ο) perpendiculaire
καθημερινός (-ή -ό) quotidien
καθοδήγηση, η action de guider, direction (la)
καθολικός (-ή -ό) catholique
καθόλου du tout
καθρέφτης, ο mirroir (le)
καθυστέρηση, η retard (le)
καιρός για χάσιμο (du) temps à perdre
κακός (-ή -ό) mauvais, méchant
καλεσμένος (-η -ο) invité
καλοκαιρινός (-ή -ό) estival
καλός (-ή -ό) bon, gentil
κάλτσα, η chaussette (la)
καλ(τ)σόν, το collant (le)
καλύπτω couvrir
καλώ appeler // inviter
(ελεύθερο) κάμπινγκ, το camping (sauvage) (le)
κανα-δυό un ou deux
(μου/σου κτλ.) κάνει ça (me, te etc.) convient // ça (me, te etc.) va
κανάλι, το chaîne (la), canal (le)
καναπές, ο canapé (le)
κάνω πλάκα faire une blague, jouer un tour (à qqun)
κανέλα, η cannelle (la)
κανένας/κανείς (καμιά, κανένα) aucun, personne
κανόνας, ο règle (la)
κανονικός (-ή -ό) régulier
κάνω μπάνιο prendre une bain
κάνω παρέα faire de la compagnie
κάπνισμα, το habitude de fumer (la)
καπνιστής, ο fumeur (le)
καπνός, ο fumée (la)
(γίνομαι) καπνός disparaître, filer
κάποιος (-α -ο) quelqu'un
κάποτε quelquefois, parfois

Vocabulaire

κάπου quelque part
κάπως en quelque sorte, d'une certaine manière
καρδιά, η cœur (le)
καρδιολόγος, ο cardiologue (le)
καρέκλα, η chaise (la)
καριέρα, η carrière (la)
καρκίνος, ο cancer (le)
κάρτα, η carte postale (la)
κασέλα, η coffre (le), caisse (la)
καστανός (-ή -ό) châtain, brun
κατά pendant // contre
καταγάλανος (-η -ο) tout bleu
κατακίτρινος (-η -ο) tout jaune
κατακόκκινος (-η -ο tout rouge
κατάληξη, η terminaison (la) *(gr.)*
κατάλληλος (-η -ο) convenable
κατάλογος, ο liste (la), catalogue (le)
κατάμαυρος (-η -ο) tout noir
κατανάλωση, η consommation (la)
καταπίεση, η oppression (la)
καταπληκτικός (-ή -ό) formidable, étonnant
καταπράσινος (-η -ο) tout vert
καταραμένος (-η -ο) damné
κάτασπρος (-η -ο) tout blanc
κατάσταση, η situation (la)
κατάστημα, το magasin (le), boutique (la)
καταστροφή, η destruction (la), désastre (le)
καταφέρνω arriver à
καταχώρηση, η entrée (la)
κατεβαίνω descendre
κατευθείαν directement
κατήφορος, ο descente (la)
κατοικία, η résidence (la)
κατοικώ habiter
καφενείο, το café (le)
κείμενο, το texte (le)
κενό, το vide (le)
κεντρικός (-ή -ό) central
κεραυνός, ο foudre (la)
κερδίζω gagner
κέρδος, το profit (le) , gain (le)
κεφάλι, το tête (la)
κέφι, το (bonne) humeur (la)
κήπος, ο jardin (le)
κινδυνεύω être en danger
κίνδυνος, ο danger (le)
κίνηση, η mouvement (le) // circulation (la)
κιόλας déjà
κίονας, ο colonne (la)
κλαρίνο, το clarinet (le)
κλασικός (-ή -ό) classique
κλέβω voler
κλειδί, το clef (la)
κλείνω fermer // louer, réserver
κλήση, η contravention (la)
κλιματιστικό, το climatiseur (le)
κλίνω conjuguer, décliner
κ.λπ. etc.
κόβω couper // cesser de, arrêter
κοιλιά, η ventre (le)
κοινότητα, η communauté (la)
κοινωνία, η société (la)
κοινωνικός (-ή -ό) social
κοινωνικός/ή λειτουργός assistant(e) social(e) (le/la)
κολλεγιακό, το sweatshirt (le)
κολύμβηση, η natation (la)
κολυμπάω (-ώ) nager
κολόνια, η eau de toilette, cologne (la)

κόμβος, ο jonction (la)
κομμάτι, το pièce (la)
κομμωτήριο, το salon de coiffure (le)
κομμωτής, ο coiffeur (le)
κομμώτρια, η coiffeuse (la)
κομοδίνο, το table de nuit (la)
κομπιούτερ, το ordinateur (le)
κομπολόι, το chapelet (le)
κονιάκ, το cognac (le)
κοντινός (-ή -ό) proche
κοπέλα, η jeune fille/femme // (petite) copine (la)
κοπελιά, η jeune fille/femme // (petite) copine (la)
κόσμημα, το bijou (le)
κοσμηματοπωλείο, το joaillerie (la), bijoutier (le)
κόσμος, ο monde (le)
κοστίζω coûter
κόστος, το coût (le)
κοστούμι, το costume (le)
κουβέντα, η causerie (la)
κουβεντιάζω causer, s'éntretenir
κουβεντούλα, η causerie (la)
κουδούνι, το sonnette (la)
κουνιάδα, η belle-soeur (la)
κουνιάδος, ο beau-frère (le)
κουράζομαι se fatiguer
κούραση, η fatigue (la)
κουρασμένος (-η -ο) fatigué
κουρείο, το salon de coiffure (le)
κουρτίνα, η rideau (le)
κουτάλι, το cuillère (la)
κουταλιά, η cuillerée (la)
κουτί, το boîte (la)
κουτσός (-ή -ό) boiteux
κρατάω (-ώ) tenir, porter
κρατικός (-ή -ό) d'état, étatique
κράτος, το état (le)
κρεμμύδι, το oignon (le)
κρεοπωλείο, το boucherie (la)
κρίνο, το lis (le)
κρίση, η crise (la)
κροκόδειλος, ο crocodile (le)
κρυολόγημα, το rhume(le)
κρυολογημένος (η -ο) enrhumé
κρυολογώ s'enrhumer
κρυφός (-ή -ό) secret
κρυωμένος (-η -ο) enrhumé
κρυώνω avoir froid
κτητικός (-ή -ό) posséssif
κτήριο, το bâtiment (le)
κτλ. etc.
κυβέρνηση, η gouvernement (le)
κυβικά, τα centimètres cube (les)
κυβικός (-ή -ό) cubique
κύκλος, ο cercle, cycle (le)
κυκλοφοριακός (-ή -ό) de circulation
κυκλοφορώ circuler
κυνήγι, το chasse (la)
κώδικας, ο code (le)
κωμωδία, η comédie (la)

Λ λ

λαγάνα, η fouace (la)
λάδι, το huile (le)
λάθος, το erreur (la)
λαϊκός (-ή -ό) populaire, laïque
λαιμός, ο gorge (la), cou (le)

λάμπα, η lampe (la)
λατρεία, η adoration (la)
λατρεύω adorer
λαχανικά, τα légumes (les)
λέγομαι s'appeler
λείπω être absent, manquer
λεμόνι, το citron (le)
λέξη, η mot (le)
λεξικό, το dictionnaire (le)
λεπτό, το minute (la)
λεπτομέρεια, η détail (le)
λεπτός (-ή -ό) mince
λεφτά, τα argent (le)
λεωφόρος, η avenue (la), boulevard (le)
λήγω se terminer, finir, expirer
ληστεία, η cambriolage, hold up (le)
ληστής, ο cambrioleur (le)
λιγάκι un (tout) petit peu
λίγο un peu
λίγοι (-ες -α) peu
λίγος (-η -ο) peu
λικέρ, το liqueur (le)
λιμάνι, το port (le)
λινός (-ή -ό) de lin
λίστα, η liste (la)
λίτρο, το litre (le)
λόγια, τα paroles (les)
λογικός (-ή -ό) raisonnable, logique
λογιστής, ο comptable (le)
λογίστρια, η comptable (la)
λόγος, ο raison (la) // langage (le) // discours (le)
λογοτεχνία, η littérature (la)
λόγω en raison de
λοιπόν alors, donc
λουλούδι, το fleur (la)
λύκειο, το lycée (le)
λύνω dénouer // résoudre
λύρα, η lyre (la)
λύση, η solution (la)
λωρίδα, η bande (la) // voie *(d'autoroute)* (la)

Μ μ

μαγαζί, το boutique (la), magasin (le)
μάγειρας, ο cuisinier (le)
μαγείρισσα, η cuisinière (la)
μαγείρεμα, το action de faire la cuisine
μαγειρεύω cuisiner
μαγευτικός (-ή -ό) charmant
μαγικός (-ή -ό) magique
μαγιονέζα, η mayonnaise (la)
μαζικός (-ή -ό) massif
μαθηματικά, τα mathématiques (les)
μαιευτήρας, ο/η obstétricien (le)
μαϊντανός, ο persil (le)
μακάρι Dieu veuille
μακιγιάρομαι se maquiller
μακρύς (-ιά -ύ) long
μαλακός (-ιά -ό) tendre // doux
μαλακώνω rendre mou // adoucir // attendrir
μαλλί, το laine (la)
μαλλιά, τα cheveux (les)
μάλλινος (-η -ο) en laine
μάλλον plutôt // davantage
μαλώνω se querreler // gronder
μαμά, η maman (la)
μανιτάρι, το champignon (le)
μαντείο, το oracle (le)
μαντεύω deviner

μαξιλάρι, το oreiller (le) // coussin (le)
μάρκα, η marque (la)
μασκαρεύομαι se déguiser
μάτι, το oeil (le)
ματιά, η regard (le)
μαυρισμένος (-η -ο) bruni, tanné
μαχαίρι, το couteau (le)
με avec
μέγεθος, το taille (la)
μεθαύριο après-demain
μέθοδος, η méthode (la)
μεθυσμένος (-η -ο) ivre
μελαχρινός (-ή -ό) brun
μελετάω (-ώ) étudier
μέλι, το miel (le)
μελιτζάνα, η aubergine (la)
μελιτζανοσαλάτα, η purée d'aubergines (la)
μέλλον, το avenir (le)
μέλλοντας, ο futur (le) (gr.)
μελλοντικός (-ή -ό) futur
μέλλων (-ουσα -ον) future (adj.)
μελό, το mélo (le)
μέλος, το membre (le)
(ε)μένα moi (accus.)
μερική απασχόληση, η travail/emploi à
  mi-temps
μερικοί (-ές -ά) quelques
μέρος, το endroit (le) // part (la)
μέσα dans // dedans
μεσαίος (-α -ο) moyen
μέση, η milieu du corps, reins (les)
μεσημεριανός (-ή -ό) de midi
μέσο, το moyen (le)
μέσος (-η -ο) moyen (adj.)
Μεσόγειος, η Méditerranée (la)
μετά après
μετανάστης, ο immigrant, émigré (le)
μετάξι, το soie (la)
μεταξύ entre
μεταξωτός (-ή -ό) en soie
μεταφορά, η transport (le)
μετάφραση, η traduction (la)
μεταχειρίζομαι utiliser, faire usage
μέχρι jusque
μη(ν) ne, ne pas
μήκος, το longueur (la)
μήνας, ο mois (le)
μήνυμα, το message (le)
μήπως est-ce que
Μητρόπολη, η Cathédrale (la)
μηχανάκι, το moto (la)
μηχανή, η machine (la) // moteur (le) //
  motocyclette (la)
μηχάνημα, το engin (le), appareil (le)
μηχανικός, ο ingénieur (le)
Μικρά Ασία, η Asie Mineure (la)
μικροβιολόγος, ο/η microbiologue (le/la)
μινωικός (-ή -ό) minoien
μ.μ. p.m.
μισθός, ο salaire (le)
μισός (-ή -ό) demi
μισώ haïr
μνήμη, η mémoire (la)
μοιράζομαι se partager
μοιράζω diviser, partager
μόλις à peine, aussitôt que, venir de
μολυβοθήκη, η porte-crayon (le)
μολυσμένος (-η -ο) pollué, contaminé
μοναξιά, η solitude (la)
μόνο seulement

μονοκατοικία, η maison particulière (la)
μονολεκτικός (-ή -ό) d'un mot
μόνος (-η -ο) seul
μονός (-ή -ό) simple // impair
μόριο, το molécule (le)
μορφή, η forme (la) // figure (la)
μορφώνω éduquer
μου
μούσι, το barbe (la)
μουσικός, ο musicien (le)
μπαίνω entrer
μπακαλιάρος, ο morue (la)
μπάλα, η ballon (le)
μπαλέτο, το ballet (le)
μπαλκονόπορτα, η porte-fenêtre (la)
μπαμπάς, ο papa (le)
μπανιέρα, η baignoire (le)
μπάνιο, το salle de bain (la) // bain (le)
μπάσκετ, το basket - ball (le)
μπαχάρι, το épice (la)
μπλε bleu
μπλέκομαι se mêler
μπλέκω se mêler // être bloqué
μπλέντερ, το blender (le)
μπλοκάκι, το bloc-notes (le)
μπλούζα, η blouse (le)
μπλουτζίν, το jean (le)
μπογιά, η peinture (la), couleur (le)
μπορεί peut- être, il se peut que
μπορντό bordeaux
μπότα, η botte (la)
μπουκάλι, το bouteille (la)
μπουφάν, το anorak (le)
μπουφές, ο buffet, bahut (le)
μπράβο (σου)! bravo!
μπράντυ, το brandy (le)
μπροστά devant, en avant
μυθιστόρημα, το roman (le)
μυρίζω sentir
μυρωδιά, η odeur (la)
μωρό, το bébé (le)

N ν

να voilà
να que // de
ναός, ο temple (le)
νάτος (-η -ο) le voilà
Ναυτικό, το Marine (la)
ναυτικός, ο marin (le)
νέα, τα nouvelles (les) // informations (les)
νέκταρ, το nectar (le)
νέοι, οι jeunes (les)
νέος (-α -ο) jeune
νευρολόγος, ο neurologue (le)
νέφος, το smog (le)
νησί, το île (le)
νηστήσιμος (-η -ο) (plat) maigre, de jeûne
νίκη, η victoire (la)
νιώθω sentir
νόημα, το sens (le), signification (la)
νοικοκυρά, η maîtresse de maison (la)
νομίζω penser, croire
νόμος, ο loi (la)
νοσηλευτής, ο infirmier (le)
νοσηλεύτρια, η infirmière (la)
νοσοκόμα, η infirmière (la)
νοσοκόμος, ο infirmier (le)
νόστιμος (-η -ο) délicieux, savoureux
νούμερο, το numéro (le), nombre (le)

ντοκυμαντέρ, το documentaire (le)
ντόπιος (-α -ο) local
ντουλάπα, η penderie (la), placard (le)
  (pour les vêtements)
ντουλάπι, το placard (le)
ντους, το douche (la)
ντροπαλός (-ή -ό) timide
ντύνομαι s'habiller
ντύνω habiller
νυστάζω avoir sommeil
νύφη, η mariée (la) // belle-fille, belle-soeur (la)
νυχτερινός (-ή -ό) nocturne
νωρίς tôt, de bonne heure
νωρίτερα plus tôt

Ξ ξ

(ε)ξαδέλφη, η cousine (la)
(ε)ξαδέλφια, τα cousins (les)
(ε)ξάδελφος, ο cousin (le)
ξανά de nouveau
ξανθός (-ή -ό) blond
ξαπλώνω se coucher
ξαφνικά soudain
ξεκουράζομαι se reposer, se délasser
ξεκούραση, η repos (le)
ξενόγλωσσος (-η -ο) relatif à une langue
  étrangère
ξενοδοχείο, το hôtel (le)
ξένος (-η -ο) étranger
ξενώνας, ο pension (la)
ξερός (-ή -ό) sec
ξεσκονίζω épousseter
ξεχασμένος (-η -ο) oublié
ξεχνάω (-ώ) oublier
ξοδεύω dépenser
ξύλο, το bois (le)
ξυπνητήρι, το réveil (le)
ξυρίζομαι se raser
ξυρίζω raser

Ο ο

όγκος, ο volume (le)
οδήγηση, η conduite (la) (d'un véhicule)
οδηγία, η instruction (la)
οδηγός, ο chauffeur (le) // guide (le)
οδηγώ conduire // guider
οδοντίατρος, ο dentiste (le)
οδός, η rue, route (le)
οθόνη, η écran (le)
οικογένεια, η famille (la)
οικογενειακός (-ή -ό) familial, de famille
οικονομικός (-ή -ό) économique, financier
Ολλανδία, η Pays- Bas (les), Hollande (la)
όλοι (-ες -α) tous/toutes
ολοκάθαρος (-η -ο) tout propre
ολοκαίνουργιος (-α -ο) tout neuf, tout
  nouveau
ολόλευκος (-η -ο) tout blanc
όλος (-η -ο) tout/toute, entier
ολόφρεσκος (-ια -ο) tout frais
ολόχρυσος (-η -ο) tout en or
Ολυμπιακοί Αγώνες, οι jeux olympiques (les)
ολυμπιονίκης, ο/η champion(ne)
  olympique (le/la)
Όλυμπος, ο Olympe (le)
ομάδα, η groupe (le), ensemble (le),
  équipe (la)

221

Vocabulaire

ομελέτα, η omelette (la)
ομιλία, η discours (le), conférence (la)
ομορφιά, η beauté (la)
όμως mais, pourtant
όνειρο, το rêve (le)
ονομάζω nommer, appeler
ονομαστική, η nominatif (le) *(gr.)*
όπερα, η opéra (le)
ο οποίος (η οποία, το οποίο)
   lequel/laquelle
οποιοσδήποτε (οποιαδηποτε,
   οποιοδήποτε) quiconque/quelconque
όποτε quand, lorsque // chaque fois que
όπου (là) où
όπως comme, ainsi que
οπωσδήποτε sans faute, en tout cas
όπως-όπως tant bien que mal
οργανισμός, ο organisation (la),
   organisme (le)
όργανο, το instrument (le), organe (le)
οργάνωση, η organisation (la),
   agencement (le)
όρεξη, η appétit (le) // envie (la) // goût (le)
ορθογώνιος (-α -ο) rectangulaire
ορθόδοξος (-η -ο) orthodoxe
ορθοπεδικός (ορθοπαιδικός), ο/η
   orthopédiste (le/la)
οριζόντιος (-α -ο) horizontal
όριο, το limite (la)
ορισμένος (-η -ο) certain
ορισμός, ο définition (la)
ορίστε voilà, tenez // oui ?
όροφος, ο étage (le)
ορχήστρα, η orchestre (le)
όσοι (-ες -α) autant de
όσος (-η -ο) autant...que, aussi...que
όταν lorsque, quand
ό,τι tout ce qui/que
ότι que
ουδέτερος (-η -ο) neutre *(gr.)*
ούζο, το ouzo, pastis (le)
ούρα, τα urine (la)
ουρανός, ο ciel (le)
ουσιαστικό, το nom (le) *(gr.)*
ούτε ni // non plus
ούτε... ούτε ni... ni
οφθαλμίατρος, ο oculiste (le)

Π π

παγκόσμιος (-α -ο) universel, mondial
παγωτό, το glace (la)
(μου/σου κτλ.) πάει ça (me, te etc.) va
παθαίνω se passer, arriver, subir
παθητική (φωνή), η voix passive (la) *(gr.)*
παθολόγος, ο géneraliste (le)
παιδίατρος, ο pédiatre (le)
παιδικός (-ή -ό) enfantin
παίζω jouer
παίρνω prendre
πακέτο, το paquet (le)
Πακιστάν, το Pakistan (le)
παλάμη, η paume (la)
πάλι de nouveau, encore
παλιός (-ά -ό) vieux, ancien *(objets)*
παλτό, το manteau (le)
Παναγία, η Notre-Dame, Sainte Vierge (la)
πανάκριβος (-η -ο) très cher, inabordable
πανάρχαιος (-α -ο) très ancien
πανάσχημος (-η -ο) très laid

πανέμορφος (-η -ο) très beau, très joli
πανεπιστήμιο, το université (la)
πανηγύρι, το foire (réligieuse) (la)
πάντα toujours
παντελόνι, το pantalon (le)
παντρεύομαι se marier
πάντως en tout cas
πανύψηλος (-η -ο) très haut, très grand
πάνω au dessus, en haut, sur
παπούτσι, το soulier (le)
παππούς, ο grand- père (le)
πάρα moins *(heure)*
παραγγελία, η ordre (le)
παράγραφος, η paragraphe (le)
παράδειγμα, το example (le)
παραδίνω (dé)livrer, remmetre
παραδοσιακός (-ή -ό) traditionnel
παραθετικό, το comparatif (le) *(gr.)*
παράθυρο, το fenêtre (la)
παρακαλώ s'il vous plaît, je vous en prie //
   prier
παρακάτω plus bas, ci- dessous
παρακείμενος, ο passé composé (le) *(gr.)*
παρακολουθώ poursuivre, suivre
παραλαβή, η réception (d'une livraison) (la)
παραλαμβάνω recevoir
παραλία, η bord de la mer (le), plage (la)
παραλιακός (-ή -ό) côtier
παραμένω rester
παραμύθι, το conte (le), fable (la)
παράξενος (-η -ο) étrange
παραπάνω plus haut, au dessus // encore
παραπονιέμαι se plaindre
παρατατικός, ο imparfait (le) *(gr.)*
παρέα, η amis (les) // compagnie (la)
παρελθόν, το passé (le)
παρένθεση, η parenthèse (la)
Παρθενώνας, ο Parthénon (le)
Παρίσι, το Paris
παρκάρω garer
πάρκι(ν)γκ, το parking (le)
πάρκο, το parc (le)
παρ' όλα αυτά néanmoins, cependant
παρόλο που bien que
παρουσιάζω présenter
πάρτι, το boom , fête (la)
παρών (ούσα -όν) présent *(adj.)*
πασίγνωστος (-η -ο) connu de tout le monde
πάστα, η gâteau (individuel) (le)
Πάσχα, το Pâques
πατάτα, η pomme de terre (la)
πατέρας, ο père (le)
πατρικός (-ή -ό) paternel
παχύς (-ιά -ύ) gros
πεζοπορία, η marche, randonnée pédestre (la)
πεζός, ο piéton (le)
πεθαίνω mourir
πεθερά, η belle-mère (la)
πεθερικά, τα beaux- parents (les)
πεθερός, ο beau-père (le)
πεινάω (-ώ) avoir faim
πείρα, η expérience (la)
πειράζω déranger, ennuyer
Πειραιάς, ο Pirée (le)
πέλαγος, το haute mère (la)
πελάτης, ο client (le)
πενηντάρικο, το billet de cinquante euros (le)
πεντακοσάρικο, το billet de cinq cent
   euros (le)
περασμένος (-η -ο) passé // dernier

περιβάλλον, το environnement, entourage (le)
περιγραφή, η description (la)
περιγράφω décrire
περίεργος (-η -ο) curieux, étrange
περιοχή, η région, domaine (la)
περίπου environ, à peu près
περιπτεράς, ο propriétaire d' un kiosque
περίπτερο, το kiosque (le)
περίπτωση, η cas (le)
περιττός (-ή -ό) de trop, inutile
περνάω (-ώ) passer
περπατάω (-ώ) marcher
περπάτημα, το marche (la)
πέρ(υ)σι l' année dernière/passée
περσινός (-ή -ό) de l'année dernière *(adj.)*
πετάω (-ώ) voler // jetter
πέτρινος (-η -ο) de pierre *(adj.)*
πετσέτα, η serviette (la), essuie-main (le)
πέφτω tomber
πηγή, η source (la)
πηδάω (-ώ) sauter
πια plus
πιάνο, το piano (le)
πιάνω tenir, toucher
πιάτο, το assiette (la)
πίεση, η pression (la) // hypertension (la)
πιθανότητα, η possibilité (la)
πικάντικος (-η -ο) piquant
πιλότος, ο pilote (le)
πίνακας, ο tableau (le) // table (la)
πινακίδα, η panneau, enseigne (le)
πινακοθήκη, η gallerie (la)
πίνω boire
πιο plus
πιπέρι, το poivre (le)
πιρούνι, το fourchette (la)
πιστεύω croire
πίστη, η foi, croyance (la)
πίσω derrière, (en) arrière
πιτσαρία, η pizzeria (la)
πλαγιά, η versant (le), pente (la)
πλάγια στοιχεία, τα italiques (les)
πλάγιος (-α -ο) oblique // indirect
πλαίσιο, το encadrement (le), bordure (la)
(κάνω) πλάκα faire une blague, jouer un
   tour (à qqun)
πλαστικός (-ή -ό) plastique
πλατεία, η place (la)
πλάτη, η dos (le)
πλάτος, το largeur (la)
πλατύς (-ιά -ύ) large
πλένομαι se laver, être laver
πλένω laver
πληθυντικός, ο pluriel (le) *(gr.)*
πληθυσμός, ο population (la)
πληρεξούσιος (-α -ο) fondé de pouvoir,
   mandataire (le)
πλήρης (-ης -ες) plein, complet
πληροφορία, η information (la),
   renseignement (le)
πληροφορική, η informatique (la)
πληρώνω payer
πλησιάζω (se) approcher
πλοίο, το bateau (le), navire (le)
Πλούτωνας, ο Pluton (le)
πλυντήριο, το machine à laver (la)
π.μ. a.m.
ποδήλατο, το vélo (le), bicyclette (la)
πόδι, το pied (le), jambe (la)
ποιανού (-ής -ού) à qui

ποίημα, το poème (le)
ποιος (-α -ο) qui *(question)*
ποιότητα, η qualité (la)
πόλεμος, ο guerre (la)
πολεμάω (-ώ) combattre, lutter
πόλη, η ville, cité (la)
πολιτική, η politique (la)
πολίτικος (-η -ο) relatif à Constantinople (Istanbul)
πολιτισμός, ο civilisation (la)
πολλοί (-ές -ά) beaucoup de
πολύ très // beaucoup
πολυεθνικός (-ή -ό) multinational
πολυθρόνα, η fauteuil (le)
πολυκατοικία, η immeuble (le)
πολύς (πολλή, πολύ) beaucoup de
πονάω (-ώ) avoir mal
πονηρός (ή -ό) rusé, malin
πονοκέφαλος, ο mal à la tête
πόνος, ο douleur (la), mal (le)
ποντίκι, το souris (le)
πορεία, η cours (le) // marche (la)
πόρτα, η porte (la)
πορτατίφ, το lampe de chevet (la)
πορτοκαλάδα, η orangeade (la)
πορτοκάλι, το orange (le)
Ποσειδώνας, ο Poséidon, Néptune
πόσοι (-ες -α) combien de *(pl.)*
πόσος (-η -ο) combien de *(sing.)*
ποσοστό, το pourcentage (le)
ποσοστικός (-ή -ό) quantitatif *(gr.)*
ποτάμι, το rivière (la), fleuve (le)
πότε quand *(question)*
ποτέ jamais
ποτήρι, το verre (le)
ποτό, το boisson (la)
που qui, que
πού où
πουθενά quelque part // nulle part
πουκάμισο, το chemise (la)
πουλάω (-ώ) vendre
πουλί, το oiseau (le)
πουλόβερ, το pull-over (le)
πούρο, το cigare (le)
πράγμα, το chose (la)
πραγματικά vraiment
πραγματικότητα, η réalité (la)
πραγματοποιώ réaliser, effectuer
πράξη, η action (la), acte(le)
πράσινος (-η -ο) vert
πρέπει il faut
πρίγκηπας, ο prince (le)
πριν avant, avant que
προάστιο, το banlieu (la)
προβάλλω projeter, proposer
προβλέπω prévoir, pressentir
πρόβλημα, το problème (le)
πρόγραμμα, το programme (le)
πρόεδρος, ο président (le)
προηγούμενος (-η -ο) précédent
πρόθεση, η préposition (la) *(gr.)*
προϊστάμενος, ο chef, supérieur (le)
προκαταρκτικός (-ή -ό) préliminaire
πρόκειται για il s' agit de
πρόκειται να il va (+ infinitif)
προλαβαίνω arriver à temps // avoir du temps
πρόοδος, η progrès (le)
Προπό, το lotto sportif (le)
προπόνηση, η entraînement (le)
προς vers

προσεκτικός (-ή -ό) attentif
προσέχω faire attention à, se guarder de
προσθέτω ajouter
προσκαλώ inviter
πρόσκληση, η invitation (la)
προσπαθώ essayer
προσπερνάω (-ώ) dépasser, doubler
προστακτική, η impératif (le) *(gr.)*
προστατεύω protéger
προσφέρω offrir
προσωπικό, το personnel (le)
προσωπικός (-ή -ό) personnel
πρόσωπο, το personne (la) // visage (le)
προσωρινός (-ή -ό) temporaire
πρόταση, η proposition (la) *(gr.)*
προτείνω proposer
προτιμάω (-ώ) préférer
προτίμηση, η préférence
προφητικός (-ή -ό) prophétique
προχθές avant-hier
προχωρημένος (-η -ο) avancé
προχωρώ aller en avant, avancer
πρωθυπουργός, ο premier ministre (le)
πρωί, το matin (le), matineé (la)
πρωινό, το petit déjeuner (le)
πρώτα premièrement, d' abord
πρωτεύουσα, η capitale (la)
πρωτοχρονιά, η le jour de l' an
πτυχίο, το diplôme (le)
πυρετός, ο fièvre (la)
πυροσβέστης, ο pompier (le)
πυροσβεστική, η les pompiers
π.χ. par exemple
πωλείται à vendre
πωλητής, ο vendeur (le)
πως que
πώς comment, comme // bien sûr
πώς και πώς à tout prix, impatiemment

Ρ ρ

ραδιόφωνο, το radio (la)
ραλίστας, ο ralliste (le)
ραντεβού, το rendez-vous (le)
ρεσεψιόν, η réception (la)
ρέστα, τα monnaie (la), reste de l'argent
ρετσίνα, η vin resiné (le)
(ηλεκτρικό) ρεύμα, το courant (électrique) (le)
ρήμα, το verbe (le)
ριζικός (-ή -ό) radical
ρίχνω jeter, lancer
ρόδα, η roue (la)
ρολόι, το montre , horloge (la)
ρόλος, ο rôle (le)
ρομαντικός (-ή -ό) romantique
ρούχα, τα vêtements (les)
ρύζι, το riz (le)
ρωτάω (-ώ) demander

Σ σ

σαββατοκύριακο, το fin de semaine, week-end (le)
σακάκι, το veste (la)
σακούλα, η sachet, sac (le)
σαλόνι, το salon (le)
σάλτσα, η sauce (la)
σαν comme
σάντουϊτς, το sandwich (le)

σαπούνι, το savon (le)
σγουρός (-ή -ό) frisé, bouclé
σέβομαι respecter
σειρά, η série, suite (la) // rang (le)
σε λίγο bientôt
σελίδα, η page (la)
σενάριο, το scénario (le)
σερβιτόρα, η serveuse (la) *(rest.)*
σερβιτόρος, ο serveur (le) *(rest.)*
σηκώνομαι se lever, se mettre debout
σηκώνω lever, mettre debout
σήμα, το marque, signe (le)
σημαίνει ça veut dire, cela signifie
σημαντικός (-ή -ό) important
σημασία, η sens (le) // importance (la)
(δίνω) σημασία faire attention, s'intéresser
σημείωμα, το note (la)
σημειώνω noter
σημείωση, η note (la)
σήμερα aujourd'hui
σημερινός (-ή -ό) d'aujourd'hui, du jour
σίριαλ, το feuilleton (le)
σιγά bas, à voix basse // lentement
σιγουρεύομαι s'assurer
σίγουρος (-η -ο) sûr, certain
σιδερώνω repasser
Σικάγο, το Chicago
Σικελία, η Sicile (la)
σινεμά, το cinéma (le)
σιωπηλός (-ή -ό) silencieux
σκάλα, η escalier (le), échelle (la)
σκάφος, το vaisseau (le)
σκελετός, ο squelette, charpente (la)
σκέφτομαι (σκέπτομαι) penser, réfléchir
σκέψη, η pensée, réflexion (la)
σκηνή, η scène (la) // tente (la)
σκίτσο, το caricature (la), croquis (le)
σκόνη, η poussière (la) // poudre (la)
σκορδαλιά, η aillade (la)
σκοτώνω tuer
σκουπίδια, τα ordures (les)
σκουπιδιάρικο, το benne (le)
σκουπίζω balayer, essuyer
σκούρος (-α -ο) foncé
σκυλί, το chien (le)
σκύλος, ο chien (le)
σοβαρός (-ή -ό) sérieux
σόκ, το choc (le)
σοκολάτα, η chocolat (le)
σολίστ, ο soliste (le)
σουηδικός (-ή -ό) suédois *(objets)*
σούπα, η soupe (la), potage (la)
σούπερ μάρκετ, το super-marché (le)
σοφία, η sagesse (la)
σπά(ζ)ω casser, briser, rompre
σπάνιος (-α -ο) rare
σπεσιαλιτέ, η spécialité (la)
σπετζοφάι plat de saucisses de campagne et de poivrons verts
σπίρτα, τα allumettes (les)
σπορ, το sport (le)
σπορ sport
σπουδάζω étudier, faire des études
σπουδαστής, ο étudiant (le)
σπρώχνω pousser, bousculer
στάδιο, το stade (le) // étape (la)
σταθερός (-ή -ό) stable, fixe
στάθμευση, η stationnement (le)
σταματάω (-ώ) (s') arrêter, cesser
στάση, η arrêt (le) *(bus etc.)*

Vocabulaire

στατιστικές, οι données statistiques (les)
σταυρόλεξο, το mots croisés (les)
σταυρός, ο croix (la)
σταφίδα, η raisin (le)
στέκομαι rester/être debout // s' arrêter
στέλνω envoyer
στενός (-ή -ό) étroit
στενοχωριέμαι se gêner, s' inquiéter
στήλη, η colonne (la)
στην υγειά σας! à votre santé!
στήριξη, η appui (le)
στίβος, ο piste (la), terrain (le) *(sports)*
στιγμή, η moment (le)
στιλ, το style (le)
στοιχεία, τα élements (les) // données (les)
στολή, η uniforme (le)
στόμα, το bouche (la)
στομάχι, το estomac (le)
στοπ, το stop (le)
στρατός, ο armée (la)
στρίβω tourner, changer de direction
στρογγυλός (-ή -ό) rond, arrondi
στρώνω faire (le lit) // mettre (les couverts)
συγγενής, ο parent (le)
συγγραφέας, ο auteur, écrivain (le)
συγκεκριμένος (-η -ο) déterminé, spécifique
συγκρίνω comparer
σύγκριση, η comparaison (la)
συγκριτικός (-ή -ό) comparatif (le) *(gr.)*
συγκρότημα, το groupe (le)
συγγνώμη pardon
σύγχρονος (-η -ο) contemporain, moderne
συγχωρώ excuser, pardonner
συζήτηση, η discussion, conversation (la)
συλλαβή, η syllabe (la)
σύλλογος, ο association (la)
συμβαίνει arrive, se passe *(impers.)*
συμβουλεύω conseiller
συμβουλή, η conseil (le)
συμμαθητής, ο camarade de classe (le)
συμμαθήτρια, η camarade de classe (la)
συμμετέχω participer, avoir part
συμμορία, η bande (la)
συμπληρώνω compléter, remplir
σύμπτωμα, το symptôme, signe (le)
συμφέρων (-ουσα - ον) avantageux, profitable
σύμφωνα με conformément à // d' après
συμφωνία, η accord (le) // symphonie (la)
συμφωνικός (-ή -ό) symphonique
σύμφωνοι! (nous sommes) d' accord!
συμφωνώ être d' accord, accorder
συναισθηματικός (-ή -ό) sentimental, émotionnel
συναντάω (-ώ) rencontrer
συνάντηση, η rencontre (la), rendez-vous (le)
συναντιέμαι se rencontrer
συναρπαστικός (-ή -ό) ravissant
συναυλία, η concert (le)
συνάχι, το rhume (le)
σύνδεση, η jonction, liaison (la)
σύνδεσμος, ο conjonction *(gr.)*
συνδέω joindre, lier ensemble
συνδυασμός, ο combinaison (la)
συνέδριο, το congrès (le), conférence (la)
συνεννόηση, η entente (la)
συνεννοούμαι s'entendre, se comprendre
συνέντευξη, η interview (la)
συνέχεια (συνεχώς) continuellement, tout le temps
στη συνέχεια ensuite, après

συνεχίζω continuer
συνηθισμένος (-η -ο) habitué // ordinaire
συνήθως habituellement, d' habitude
συνθετικός (-ή -ό) synthétique
σύνθετος (-η -ο) complexe, composé
συνοδηγός, ο passager (le) // copilote (le)
συνολικά au total
σύνορο, το frontière (la)
συνταγή, η recette (la) // ordonnance (la)
σύντομα bientôt
σύντομος (-η -ο) bref, concis
συντονίζω coordonner
σύντροφος, ο compagnon, camarade (le)
συρτάρι, το tiroir (le)
συσκευή, η appareil (le)
σύστημα, το système (le)
συστήνω présenter // recommander
συχνός (-ή -ό) fréquent, répété
συχνότητα, η fréquence (la)
σφουγγαρίζω nettoyer (le plancher), éponger
σχεδιάγραμμα, το plan, dessin, tracé (le)
σχεδιάζω dessiner, tracer un plan // se proposer, avoir quelque chose en tête
σχέδιο, το dessin, plan (le) // projet (le)
(κινούμενο) σχέδιο, το bande dessinée (la)
σχεδόν presque
σχέση, η relation (la), rapport (le)
σχετικά με relativement // par rapport à
σχετικός (-ή -ό) relatif // ayant rapport à
σχηματίζω former
σχολείο, το école (la)
σχολή, η école, faculté (la)
σώμα, το corps (le)
σωστός (-ή -ό) juste, correct

Τ τ

ταβερνάκι, το petite taverne (la)
ταινία, η film (le)
ταίρι, το pareil (le), égal (le) // partenaire (le)
ταιριάζω assortir, appareiller
τα καταφέρνω je me débrouille
ταλαιπωρία, η peine (la), tracas (le)
ταλέντο, το talent (le)
τάλιρο, το billet de cinq euros (le)
ταμείο, το guichet du caissier (le) // caisse (de fonds) (la)
ταμίας, ο caissier (le)
ταμπλέτα, η tablette (la)
τάξη, η classe (la) // ordre (la)
ταξί, το taxi (le)
ταξιδεύω voyager
ταξίδι, το voyage (le)
ταξιδιώτης, ο voyageur, passager (le)
ταξινομώ classifier
ταράτσα, η terasse (la)
τασάκι, το cendrier (le)
ταύρος, ο taureau (le)
ταυτότητα, η identité (la)
τα χάνω perdre contenace
ταχυδρομείο, το poste (la)
ταχυδρομώ envoyer par la poste
τέλεια parfaitement
τέλειος (-α -ο) parfait
τελειώνω finir, terminer
τελείως complètement
τελευταίος (-α -ο) dernier
τελικός (-ή -ό) final
τέλος, το fin (la)
τέν(ν)ις, το tennis (le)

τέρας, το monstre (le)
τεράστιος (-α -ο) énorme
τεστ, το test (le), épreuve (la)
τέταρτο, το quart (le)
τέτοιος (-α -ο) tel, pareil
τετράγωνο, το carré // paté de maison (le)
τετράγωνος (-η -ο) carré, quadrangulaire
τετράδιο, το cahier (le)
τέχνη, η art (le)
τεχνικός, ο technicien (le)
τζαζ, η jazz (le)
τζάμι, το carreau (le), vitre (la)
τζιν, το gin (le)
τηγανητός (-ή -ό) frit
τηλεθεατής, ο téléspectateur (le)
τηλεόραση, η télévision (la)
τηλεφώνημα, το coup de fil (le)
τηλεφωνητής, ο téléphoniste (le)
τηλεφωνήτρια, η téléphoniste (la)
τηλέφωνο, το téléphone (le)
τηλεφωνώ téléphoner
τιμή, η prix (le) // honneur (le
τίνος de qui
τίποτε quelque chose // rien
τίτλος, ο titre (la)
τμήμα, το section, division (la)
τοιχογραφία, η fresque (la)
τολμάω (-ώ) oser
το μόνο la seule chose
τονίζω accentuer, appuyer sur, souligner
τοπικός (-ή -ό) local
τόπος, ο lieu (le)
τόσο tant, autant, tellement
τοστ, το croque monsieur (le)
τότε alors // en ce temps-là
του son/sa/ses *(masc./neut.)*
τουαλέτα, η toilettes (les)
τουλάχιστον au moins
τουρίστας, ο touriste (le)
τουριστικός (-ή -ό) touristique, du tourisme
τραβάω (-ώ) tirer, retirer
τραγουδάω (-ώ) chanter
τραγουδιστής, ο chanteur (le)
τραγωδία, η tragédie (la)
τράπεζα, η banque (la)
τραπεζάκι, το petite table (la)
τραπεζαρία, η salle à manger (la)
τραπέζι, το table (la)
τρελός (-ή -ό) fou
τρένο, το train (le)
τρέξιμο, το course à pied (la)
τρέχω courir
τρίγωνο, το triangle (le)
τριήμερο, το période de trois jours
τρόλεϊ, το trolleybus (le)
τρόμος, ο terreur (la)
τρόπος, ο manière (la), façon (la)
τροχαία, η police routière (la)
τροχαίος (-α -ο) de circulation
τροχός, ο roue (la)
τρύπα, η trou (le)
τρώω manger
τσάντα, η sac à main (le)
τσάι, το thé (le)
τσέπη, η poche (la)
τσιγάρο, το cigarette (la)
τσιμπάω (-ώ) pincer // grignoter, mandeotter
τύπος, ο type, modèle (le), marque (la)
τυρί, το fromage (le)
τυροπιτάκι, το petit pâté au fromage (le)

τυχερός (-ή -ό) chanceux, veinard
τώρα maintenant

Υ υ

υγεία, η santé (la)
υγιής (-ής -ές) sain, en bonne santé
υγρό, το liquide (le)
υδραυλικός, ο plombier (le)
υλικό, το matériel
ύπαιθρος, η campagne (la)
υπάλληλος, ο/η employé(e) (le/la)
υπάρχει il y a
υπάρχω exister
υπάρχων (-ουσα -ον) existant (mot savant)
υπερθετικός, ο superlatif (le) (gr.)
υπέροχος (-η -ο) superbe
υπερσυντέλικος, ο plus que parfait (gr.)
υπερφυσικός (-ή -ό) surnaturel
υπηρεσία, η service // département (le)
υπνοδωμάτιο, το chambre à coucher (la)
ύπνος, ο sommeil (le)
υπογραμμίζω souligner
υπόθεση, η supposition, hypothèse (la) // affaire (la)
υποθετικός (-ή -ό) hypothétique // conditionnel (gr.)
υπολογίζω calculer, compter
υπόλοιπος (-η -ο) qui reste
υπομονή, η patience (la)
ύποπτος (-η -ο) suspect
υπόσχομαι promettre
υποτακτική, η subjonctif (le) (gr.)
υποχρεωμένος (-η -ο) obligé
υποχρεωτικός (-ή -ό) obligatoire
ύστερα après, puis, en suite
υφαντό, το tissage (le)
ύφασμα, το tissu (le), étoffe (le)
ύψος, το hauteur (la)

Φ φ

φαγητό, το manger, repas (le)
φαίνομαι paraître, avoir l' air
φαινόμενο, το phénomène (le)
φάκελος, ο enveloppe (la) // dossier (le)
φακός, ο lentille (la) // torche-électrique (la)
φανάρι, το feu rouge (le)
φαντάζομαι (s') imaginer, se figurer
φάντασμα, το fantôme (le)
φαντάρος, ο appelé (le)
φαντασία, η imagination (la)
φανταστικός (-ή -ό) imaginaire, fictif // fantastique
φαρδύς (-ιά -ύ) large
φάρμακο, το médicament, remède (le)
φέρνω (ap)porter, amener
φεστιβάλ, το festival (le)
φετινός (-ή -ό) de cette année
(ε)φέτος cette année
φεύγω partir, s' en aller
φθινοπωρινός (-ή -ό) automnal (adj.)
φθινόπωρο, το automne (le)
φιλάω (-ώ) embrasser
φιλικός (-ή -ό) amical
φιστίκι, το pistache, cacahouète (la)
φλιτζάνι, το tasse (la)
φλούδι, το écorce, peau (la)
φόβος, ο peur (la)

φοιτητής, ο étudiant (le)
φοιτήτρια, η étudiante (la)
φορά, η fois (la)
φοράω (-ώ) porter, mettre
φόρος, ο taxe (la), impôt (le)
φορτηγό, το camion (le)
φόρτιση, η charge (la)
φούρνος, ο boulangerie (la) // four (le)
φούστα, η jupe (la)
φράση, η phrase (la)
φρεσκάρω rafraîchir, dérouiller
φρέσκος (-ια -ο) frais
φροντίζω soigner, veiller (à, sur)
φροντιστήριο, το centre éducatif (le)
φρούτο, το fruit (le)
φρυγανιά, η pain grillé (le)
φταίω être coupable, avoir tort
φτάνει ça suffit
φτάνω arriver
φτιάχνω faire, préparer // réparer
φτουράω durer, tenir longtemps
φτωχός (-ή -ό) pauvre
φύλακας, ο gardien, garde (le)
φυλακή, η prison (la)
φύλο, το sexe (le)
φυσικός (-ή -ό) naturel
φυσική, η physique (la)
φυσιογνωμία, η physionomie // personnage, célébrité (la)
φωνάζω appeler // crier
φωνή, η voix (la)
φωνήεν, το voyelle (la) (gr.)
φως, το lumière (la)
φωτεινός (-ή -ό) lumineux, brillant, clair
φωτιά, η feu (le)
φωτιστικό, το lampe (la), lustre (le)
φωτογράφος, ο photographe (le)

Χ χ

χαιρετάω (-ώ) saluer
χαίρομαι se réjouir, avoir du plaisir
χαλάω (-ώ) défaire, détruire // (faire) changer (argent)
χαλασμένος (-η -ο) endommagé, gâté
χάλια moche, trés mal
χάλκινος (-η -ο) de bronze (adj.)
χαμηλός (-ή -ό) bas
χαμογελαστός (-ή -ό) souriant
χάνω perdre // manquer
χάπι, το pilule, dragée (la)
χαρά, η joie (la), plaisir (le)
χαρακτηριστικό, το charactéristique, trait (le)
χάρη, η faveur (la) // grâce (la)
χαρίζω donner, faire cadeau
χαρτζιλίκι, το argent de poche (le)
χαρτί, το papier (le)
χαρτιά, τα papiers (les) // cartes à jouer (les)
χαρτοπετσέτα, η serviette à papier (la)
χαρτοφύλακας, ο porte-document (le)
χασμουριέμαι bâiller
χατίρι, το faveur (la)
χειμερινός (-ή -ο) hivernal
χειμωνιάτικος (-η -ο) hivernal
χειρούργος, ο chirurgien (le)
χέρι, το main (la), bras (le)
χερούλι, το anse (la)
χημικός, ο chimiste (le)
χθεσινός (-ή -ό) d'hier
χιλιάδες, οι milliers (les)

χιόνι, το neige (la)
χιούμορ, το (sens de l') humour (le)
χοντρός (-ή -ό) gros
χορεύω danser
χορός, ο danse (la)
χρειάζεται il est nécessaire
χρειάζομαι avoir besoin
χρήματα, τα argent (le), monnaie (la)
χρήσιμος (-η -ο) utile
χρησιμοποιώ utiliser
χρησμός, ο oracle (le), prophétie (la)
χριστιανή, η chrétienne (la)
χριστιανός, ο chrétien (le)
Χριστούγεννα, τα Noël (le)
χρόνια, τα ans, années (les)
χρονίζω s'éterniser
χρονικός (-ή -ό) temporel
χρόνος, ο an (le), année (la) // temps (le)
χρυσός (-ή -ό) en or, doré
Χρυσός Οδηγός, ο Pages Jaunes (les)
χρώμα, το couleur (la)
χρωστάω (-ώ) devoir
χτένι, το peigne (le)
χτενίζομαι se peigner, se coiffer
χτενίζω peigner, coiffer
χτυπάω (-ώ) battre, frapper // sonner
χυμός, ο jus (le)
χώρα, η pays (le)
χωρίζω séparer
χωρίς sans

Ψ ψ

ψάρι, το poisson (le)
ψαροταβέρνα, η taverne de poissons (la)
ψάχνω chercher
ψέμα, το mensonge (le)
ψήνω cuir, rôtir
ψιλά, τα petite monnaie (la)
ψιλοκομμένος (-η -ο) hâché/coupé menu
ψυγείο, το réfrigérateur, frigo (le)
ψυχαγωγώ amuser, entretenir
ψυχίατρος, ο psychiatre (le)
ψώνια, τα achats, courses (les)
ψωνίζω faire des achats / des courses

Ω ω

ώμος, ο épaule (la)
ώρα, η heure (la) // temps (le)
ωραία bien, parfaitement
ωραίος (-α -ο) beau
ωραιότητα, η beauté (la)
ώρες αιχμής, οι heures d'affluence (les)
ωριλά, ο/η médecin O.R.L. (le)
ώσπου jusqu'à ce que
ωστόσο pourtant, tout de même
ωτορινολαρυγγολόγος, ο/η oto-rhino-laryngologiste

Vokabular

A α

αβγό, το Ei
αγαπημένος (-η -ο) beliebt, Lieblings-
αγαπητός (-ή -ό) lieb
αγγελία, η Anzeige
αγία, η die Heilige
άγιος, ο der Heilige
άγνωστος (-η -ο) fremd, unbekannt
άγχος, το Angst, Streß
αγώνας, ο Kampf // Wettkampf
αγωνία, η Qual, Sorge, Not
άδεια, η Erlaubnis, Lizenz
αδέλφια, τα Geschwister
Άδης, ο Hades, Unterwelt
αδύνατος (-η -ο) dünn // schwach
αεροπορία, η Luftwaffe, Luftfahrt
αθάνατος (-η -ο) unsterblich
Αθηνά, η Athena
αθλητής, ο Sportler
αθλητικός (-ή -ό) athletisch, Sport-
αθλήτρια, η Sportlerin
αίμα, το Blut
αισθάνομαι fühlen
αίσθηση, η Gefühl
αίτηση, η Antrag
αιτία, η Ursache, Grund
αιτιατική, η Akkusativ (Gramm.)
αιώνας, ο Jahrhundert
ακατάλληλος (-η -ο) ungeeignet
ακολουθώ folgen
ακόμα και αν sogar, selbst wenn
ακόμα και όταν selbst wenn
άκρη, η Rand
ακριβώς teuer
ακροαματικότητα, η Zuschhauerzahlen
 eines Fernsehprogramms
ακροθαλασσιά, η Küste, Ufer
ακτινογραφία, η Röntgenaufnahme
ακτινολόγος, ο/η Röntgen- Spezialist,
 Radiologe
αλάτι, το Salz
αλήθεια, η Wahrheit
αλήθεια Wahrheit // wirklich
αλλάζω wechseln, ändern
αλλεργία, η Allergie
αλληλογραφία, η Briefwechsel
αλλιώς sonst
αλλού woanders
άλλωστε außerdem, obendrein
άλμα, το Sprung (veraltet)
αμβροσία, η Ambrosia
Άμεση Δράση, η Erste Hilfe
άμεσος (-η -ο) direkt, unmittelbar
αμνηστία, η Amnestie
αμοιβή, η Honorar, Gebühr,Beitrag
αμφιβολία, η Zweifel
αν wenn
αν και obwohl
ανά pro
αναγκάζομαι ich werde gezwungen
ανάγκη, η Notwendigkeit
ανακαλύπτω entdecken
ανακατεύω mischen
ανακοινώνω ankündigen; bekannt geben
ανάλογα entsprechend, analog
ανάλογος (-η -ο) entsprechend
αναπνευστικός (-ή -ό) atmungs-
αναπνοή, η Atem

αναρωτιέμαι sich fragen, überlegen;
 sich wundern, erstaunt sein
ανασκαφή, η Ausgrabung
ανατολή, η Osten
ανατολικά östlich
αναφέρω erwähnen
αναφορά, η Meldung, Bericht
αναφορικός (-ή -ό) bezüglich (Gramm.)
ανεβαίνω (her-, hin)aufgehen, aufwärts
 gehen, nach oben gehen , hochgehen,
 in die Höhe; nach oben gehen
ανέκδοτο, το Anekdote, Witz
ανεργία, η Arbeitslosigkeit
άνετος (-η -ο) komfortabel, angenehm
ανήκω gehören
ανησυχητικός (-ή -ό) beunruhigend
ανησυχώ sich beunruhigen, sich Sorgen
 machen
ανθρωπιά, η Mitleid, Menschlichkeit
ανθρώπινος (-η -ο) menschlich
ανθρωπιστικός (-ή -ό) humanitär,
 menschenfreundlich
άνθρωποι, οι Menschen, Leute
άνθρωπος, ο der Mensch
ανίψια, τα Neffen und Cousinen
ανιψιά, η Cousine
ανιψιός, ο Neffe
ανόητος (-η -ο) dumm
άνοιξη, η Frühling
ανοιξιάτικος (-η -ο) frühlings-
ανταλλάσσ(ζ)ω austauschen
άντε! los!, vorwärts!, komm!
αντέχω ertragen, etwas aushalten
αντί (an)statt
αντίθετος (-η -ο) entgegengesetzt, widrig,
 konträr
αντικαθιστώ ersetzen
αντικείμενο, το Gegenstand, Objekt
αντίρρηση, η Einwand, Einspruch
αντωνυμία, η Pronomen (Gramm.)
ανώμαλος (-η -ο) unregelmäßig, irregulär,
 uneben
ανώτατος (-η -ο) höchste
ανώτερος, ο "höher"
αξέχαστος (-η -ο) unvergesslich
αξία, η Wert
αόριστος, ο der Aorist (Gramm.)
απαγορεύεται es ist verboten
απαγορεύω verbieten
απαντήσεις, οι Ergebnisse (med.)
απαραίτητος (-η -ο) nötig
απασχολημένος (-η -ο) beschäftigt
απασχόληση, η Beschäftigung, Arbeit
απέναντι gegenüber
απεργία, η Streik
απεχθάνομαι nicht ausstehen können
απέχω entfernt sein
απλός (-ή -ό) einfach, schlicht
απλώνω (Wäsche)aufhängen
απογευματινός (-ή –ό) Nachmittags...
απόδειξη, η Quittung
αποθετικό ρήμα, το deponent (Verb)
αποκλείεται να es ist ausgeschlossen, dass...
Απόλλωνας, ο Apollo
απόλυτος (-η -ο) absolut
απομνημονεύματα, τα Memoiren
απορρυπαντικό, το Waschmittel
αποτέλεσμα, το Ergebnis
αποτελούμαι bestehen aus

αποφασίζω entscheiden, beschließen
άποψη, η Gesichts-, Standpunkt
απών (ούσα -όν) abwesend, fehlend; nicht
 vorhanden
άρα deshalb, daher; folglich
αργά spät // langsam
αργία, η Feiertag
αργότερα später
αργυρός (-ή -ό) silbern, Silber... (veraltet)
αργώ spät sein, sich verspäten
Άρης, ο Mars
αριστερός (-η -ο) linke
αρκετά genug // ziemlich
αρκετοί (-ες -ά) einige, genug
αρκετός (-ή- ό) ausreichend, genug
αρνιέμαι (αρνούμαι) ablehnen, sich weigern
αρρωσταίνω krank werden
αρρώστια, η Krankheit
άρρωστος (-η -ο) krank
αρσενικός (-ή -ό) maskulin
άρση βαρών, η Gewichtheben
Άρτεμις, η Artemis (Diana)
αρχές, οι Behörde, Behörden // Beginn
αρχή, η Anfang, Beginn
αρχοντικό, το (herrschaftliches) Wohnhaus
ασημένιος (-α -ο) silbern
ασημικά, τα Silberware
ασθενοφόρο, το Krankenwagen
άσκηση, η Übung
άσος, ο Ass
ασπιρίνη, η Aspirin
αστειεύομαι Spaß machen
αστυνομία, η Polizei
αστυνομικός, ο Polizist
αστυνομικός (-ή -ό) Polizei-, polizeilich
αστυνόμος, ο Polizeikommissar
αστυφύλακας, ο Schutzpolizist
ασφάλεια, η Sicherheit
ασφαλώς sicherlich
ασχολούμαι sich einlassen auf oder in; sich
 beschäftigen mit
άτομο, το Person, Individuum
ατύχημα, το Unfall
άτυχος (-η -ο) jemand der Pech hat
αύξηση, η Erhöhung
αυριανός (-ή -ό) von morgen
αυτί, το Ohr
αυτός (-ή -ό) er // dieser
αφαιρώ substrahieren, wegnehmen
αφεντικό, το Chef
αφήνω verlassen, lassen
αφορά betrifft
αφρικανικός (-ή -ό) afrikanisch
Αφροδίτη, η Aphrodite (Venus)

B β

βάζο, το Vase
βάζω legen, stellen, setzen
βαθμολογία, η Benotung
βαθμός, ο Note, Grad
βάθος, το Tiefe
βαθύς (-ιά -ύ) tief
βαλίτσα, η Koffer
βαμβακερός (-ή -ό) aus Baumwolle
βαμβάκι, το Baumwolle
βαρετός (-ή -ό) langweilig
βαριέμαι sich langweilen
βάρος, το Gewicht

βαρύς (-ιά- ύ) schwer
βασικός (-ή -ό) Grund-
βασιλιάς, ο König
βάφομαι sich zurechtmachen oder schminken
βέβαια (βεβαίως) sicherlich
βελτιώνω verbessern
βενζινάδικο, το Tankstelle
βενζίνη, η Benzin
βεράντα, η Veranda
βία, η Gewalt, Zwang
βιάζομαι in Eile sein
βιαστικά eilig
βιταμίνη, η Vitamin
βλάβη, η Schaden
βλάπτω schaden
βλέμμα, το Blick
βοηθάω (-ώ) helfen
βοήθεια, η Hilfe
βόλεϊ, το Volley-Ball
βόλτα, η Spaziergang // Spazierfahrt
βόμβα, η Bombe
βουνό, το Berg
βούτυρο, το Butter
βραδινός (-ή -ό) abendlich
βρίσκομαι ich befinde mich
βρίσκω finden
βροχή, η Regen

Γ γ

γαϊδούρι, το Esel
γάμος, ο Hochzeit, Heirat, Ehe
γαμπρός, ο Bräutigam // Schwiegersohn
γαρνίρω dekorieren, garnieren
γελάω (-ώ) lachen
γεμάτος (-η -ο) voll
γενέθλια, τα Geburtstag
γενική, η Genitiv
γεννιέμαι geboren werden
γένος, το Geschlecht
γερός (ή- ό) stabil, kräftig
γεωργία, η Landwirtschaft
γη, η Erde
γιαγιά, Großmutter
για να um...zu
γίνομαι werden // stattfinden
γιορτάζω feiern
γιορτή, η Fest // Feier
(ονομαστική) γιορτή, η Namenstag
γκάιντα, η Dudelsack
γκρινιάζω nörgeln
γκρουπ, το Gruppe
γλεντάω (-ώ) sich amusieren, sich gut
  unterhalten
γλυκό, το Süßigkeit
γλυκός (ιά- ό) süß
γλώσσα, η Sprache, Zunge
γνώμη, η Meinung
γνωρίζω kennen, wissen
γνωστός (-ή -ό) bekannt
γόνατο, το Knie
γράμμα, το Brief
γραμμή, η Linie
γρήγορος (-η -ο) schnell
γρίπη, η Grippe
γυάλα, η Schale, Schüssel
γυαλί, το Glas
γυαλιά, τα Brille
γυμνάσιο, το Realschule

γυναικείος (-α -ο) weiblich
γυναικολόγος, ο Frauenarzt
γυρισμός, ο Rückkehr
γύρω um..herum // gegen

Δ δ

δαγκώνω beißen
δάσος, το Wald
δεκάδες, οι Zehner plural
δεκαετία, η Jahrzehnt
Δεκαπενταύγουστος, ο fünfzehnte August
δεκάρικο, το Zehn-Euro-Schein
δελτίο, το Bulletin, Tagesbericht
δελφίνι, το Delfin
δέμα, το Paket
δέντρο, το Baum
δεξιός (-ιά- ιό) recht
δέρμα, το Leder
δερμάτινος (-η -ο) aus Leder
δέρνω schlagen, prügeln
δέχομαι akzeptieren
δηλαδή nämlich
δηλώνω aussagen
Δήμητρα, η Demeter
δημιουργικός (-ή -ό) schöpferisch
δημοκρατία, η Demoktatie // Republik
Δημόσιο, το Staat
δημόσιος (-α -ο) staatlich
δημοσιογράφος, ο/η Journalist
δημοτικό, το Grundschule
δημοτικός (-ή -ό) kommunal, Gemeinde...
διάβασμα, το das Lesen, Lernen
διαγώνιος (-α -ο) diagonal
διάδρομος, ο Korridor, Gang
δίαιτα, η Diät
διακοπές, οι Ferien
διακοπή ρεύματος, η Stromsperre,
  Stromausfall
διαλέγω aussuchen
διάλειμμα, το Pause
διάλεξη, η Vortrag
διάρκεια, η Dauer
διαρκής (-ής -ές) dauernd (Adj.)
διαρκώς dauernd (Adv.)
διαρρήκτης, ο Einbrecher
διάρρηξη, η Einbruch
Δίας, ο Zeus
διασκεδαστικός (ή -ό) unterhaltsam,
  amüsant
(χρονικό) διάστημα, το Zeitspanne
διαφημίσεις, οι Anzeigen
διαφήμιση, η Anzeige, Inserat
διαφορά, η Unterschied
διαφορετικός (ή -ό) verschieden
διαφωνώ anderer Meinung sein
διεθνής (-ής -ές) international
διευθυντής, ο Leiter
διηγούμαι erzählen
διοίκηση, η Verwaltung
διοικητικός (-ή -ό) Verwaltungs...
Διόνυσος, ο Dionysos
διορθώνω verbessern
διπλός (-ή -ό) doppelt
διπλωματικός (-ή -ό) diplomatisch
δίσκος, ο Tablett // Diskus
δισύλλαβος (-η -ο) zweisilbig
δοκιμάζω ausprobieren, probieren //
  versuchen

δόντι, το Zahn
δόση, η Rate
δραματικός (-ή –ό dramatisch
δράση, η Handlung, Action
δρόμος, ο (100 μέτρων) 100 Meter Lauf
δύναμη, η Kraft, Macht
δυνατός (-ή -ό) stark
δυνατότητα, η Möglichkeit
δυσκολεύομαι mir fällt etwas schwer
δυσκολία, η Schwierigkeit
δυστυχώς leider
δωμάτιο, το Zimmer
δώρο, το Geschenk

Ε ε

εβδομαδιαίος (-α -ο) wöchentlich
εγγονή, η Enkelin
εγγόνια, τα Enkelkinder
εγγονός, ο Enkel
εγκαίρως (έγκαιρα) rechtzeitig
έδαφος, το (Erd)Boden, Erde, Gebiet
έθιμο, το Sitte
εθνικός (-ή -ό) national
έθνος, το Nation
ειδήσεις, οι Nachrichten
ειδικός, ο Spezialist
ειδικότητα, η Spezialität
είδος, το Art, Typ
εικόνα, η Bild, Ikone
εικοσάρικο, το Zwanzig-Euro-Schein
εικοσιτετράωρο, το 24 Stunden
ειλικρινής (-ής -ές) ehrlich, aufrichtig
είμαι πτώμα ich bin kaputt, fertig
εισαγωγικός (-ή -ό) Einführungs...,
  einleitend, Einleitungs
είσοδος, η Eingang
είτε... είτε entweder... oder
εκατοντάδες, οι Hunderte
(ε)κατοστάρικο, το 100 Euro Geldschein
εκδήλωση, η Show
(ε)κατοστάρικο, το Hundert-Euro-Schein
έκθεση, η Ausstellung, Messe
εκκλησία, η Kirche
έκθεση, η Ausstellung, Messe
εκκλησία, η Kirche
εκπαίδευση, η Erziehung, (Aus)Bildung,
  Bildungs-, Schulwesen
εκπαιδευτικός (-ή -ό) Bildungs-, Ausbildungs-
εκπομπή, η Sendung
έκπτωση, η Preisnachlass, Rabatt, Skonto
εκτός από abgesehen von
εκφράζω ausdrücken
ελαττώνω reduzieren
ελαφρύς (-ιά -ύ) leicht
ελέγχω prüfen, kontrollieren
ελιά, η Olive
ελπίζω hoffen
έμμεσος (-η -ο) indirekt
έμπειρος (-η -ο) erfahren
εμπόριο, το Handel
έμπορος, ο Händler, Kaufmann
ενδιαφέρομαι interessiert sein
ενδιαφέρον, το Interesse
ενδιαφέρων (-ουσα -ον) interessant
ενδοκρινολόγος, ο Drüsenspezialist
ενέργεια, η Aktion // Energie
ενεργητική (φωνή), η Aktiv (Gramm.)
ενεστώτας, ο Präsens (Gramm.)

Vokabular

ενημερώνω informieren, benachrichtigen, unterrichten
ενημέρωση, η Benachrichtigung, Informieren, Briefing
ενημερωτικός (-ή -ό) informativ, lehrreich, mitteilsam
έννοια, η Bedeutung
ενοικιάζεται zu vermieten
εννοώ meinen
ενοχλώ ärgern, belästigen
εντολή, η Anordnung, Auftrag
εντούτοις nichtsdestoweniger, dennoch
εντυπωσιακός (-ή -ό) eindrucksvoll
εντυπωσιασμός, ο tiefer Eindruck
ενώ während
(ε)ξαδέλφη, η Cousine
(ε)ξαδέλφια, τα Vettern und Cousinen
(ε)ξάδελφος, ο Cousin
εξαιρετικός (-ή -ό) exzellent, ausgezeichnet
εξάμηνο, το Semester, sechs Monate
εξαρτώμαι sich verlassen auf, abhängen von, angewiesen sein auf
εξαφανίζομαι verschwinden
εξετάζω prüfen
εξέταση, η Examen, Prüfung // Untersuchung
εξήγηση, η Erklärung
έξοδος, η Ausgang
εξυπηρετούμαι bedient werden
εξυπηρετώ bedienen
έξυπνος (-η -ο) klug
εξωτερικό, το Ausland
εξωτερικός (-ή -ό) extern, ausländisch
εξωτικός (-ή -ό) exotisch
επαγγελματικός (-ή -ό) Berufs..., beruflich, Fach..., fachlich, professionell
επανάληψη, η Wiederholung, Wiederaufnahme
επαρχία, η Provinz
επείγων (-ουσα -ον) dringend, eilend
επειδή weil
επιβατικός (-ή -ό) Passagier-
επιγραφή, η Aufschrift, Überschrift
Επίδαυρος, η Epidaurus
επίδομα, το Vergütung
επίθετο, το Adjektiv (Gramm.) // Familienname
επιθυμία, η Wunsch, Verlangen, Begierde
επιθυμώ (sich) wünschen
επικίνδυνος (-η -ο) gefährlich
επικοινωνία, η Kommunikation
επιλέγω (aus)wählen, aussuchen
επιμένω bestehen auf
έπιπλο, το Möbelstück
επίρρημα, το Adverb (Gramm.)
επισκέπτομαι besuchen
επίτηδες absichtlich
επιτρέπω erlauben, gestatten
επιχείρηση, η Unternehmen
επόμενος (-η -ο) nächst-
επομένως folglich, daher
επώνυμο, το Nachname
επώνυμος (-η -ο) wohlbekannt, bekannt, berühmt
εργάζομαι arbeiten
εργαζόμενοι, οι Arbeitskräfte, Angestellten, Arbeitenden
εργαλείο, το Werkzeug
εργασία, η Arbeit //
εργάτης, ο Arbeiter
εργατικός (-ή -ό) schwer arbeitend, fleißig

εργάτρια, η Arbeiterin
έργο, το Stück (Theater-, Kino-)
Ερμής, ο Hermes
Ερυθρός Σταυρός, ο Rotes Kreuz
έρωτας, ο Liebe
ερωτευμένος (-η -ο) verliebt
ερωτηματικός (-ή -ό) fragend (Gramm.)
ερωτηματολόγιο, το Fragebogen
έσοδο, το Einkommen
Εστία, η Hestia, Herd
έστω και selbst, sogar, auch
έστω και αν auch wenn
εσωτερικός (-ή -ό) Innen-, intern
εταιρεία, η Gesellschaft, Firma
έτος, το Jahr
έτσι κι αλλιώς so oder so
ευγενικά höflich
ευγενικός (-ή -ό) höflich
ευθεία geradeaus
ευθύνη, η Verantwortung
ευκαιρία, η Gelegenheit
ευτυχισμένος (-η -ο) glücklich
ευτυχώς glücklicherweise
ευχαριστημένος (-η -ο) zufrieden
ευχάριστος (-η -ο) angenehm
εφόσον vorausgesetzt, daß
έχω δίκιο ich habe Recht

Ζ ζ

ζακέτα, η Jacke
ζάχαρη, η Zucker
ζαχαροπλαστείο, το Konditorei
ζεσταίνομαι mir ist warm
ζεστασιά, η Wärme
ζέστη, η Hitze
ζεστό, το warmes Getränk
ζεστός (-ή -ό) warm
ζευγάρι, το das Paar
ζηλεύω eifersüchtig sein
ζητάω (-ώ) verlangen // bitten
ζητείται wird gesucht
ζω leben
ζωή, η Leben

Η η

ήδη schon
ηθοποιός, ο/η Schauspieler
ηλεκτρικός (-ή -ό) elektrisch
ηλεκτρικός, ο elektrische Eisenbahn
ηλεκτρονικός, ο Elektrotechniker
ηλεκτρονικός (-ή -ό) elektronisch
ηλικία, η Alter
ηλικιωμένος (-η -ο) bejahrt, alt
(η)μέρα, η Tag
ημερολόγιο, το Kalender
ηρεμία, η Frieden, Ruhe
ήρεμος (-η -ο) ruhig
ησυχία, η Ruhe
ήττα, η Niederlage
Ήφαιστος, ο Hephaist

Θ θ

θαυμάσιος (-α -ο) wunderbar
θεά, η Göttin
θέμα, το Thema
θεός, ο Gott

θεραπεία, η Therapie, Heilung
θερμόμετρο, το Thermometer
θέση, η Platz // Position
θηλυκός (-ιά -ό) weiblich
θητεία, η Militärdienst
θόρυβος, ο Lärm
θρησκευτικός (-ή -ό) Religions..., religiös
θυμίζω jn an etwas erinnern
θυμός, ο Zorn, Ärger
θυμωμένος (-η -ο) böse
θυμώνω böse weden
θώρακας, ο Brust(kasten), Brust

Ι ι

ιατρική, η Medizin
ιδέα, η Idee
ιδιαίτερα besonders
ιδιαίτερος (-η -ο) der besondere // privat
ίδρυμα, το Institution, Einrichtung, Institut
ιδίως besonders, gerade
ιδιωτικός (-ή -ό) privat
ιερό, το Heiligtum, Altarraum
ιερός (ή -ό) heilig
ικανοποιητικός (-ή -ό) befriedigend
ιππόδρομος, ο Pferderennbahn
ίσιος (-α -ο) gerade
ίσος (-η -ο) gleich
ισότητα, η Gleichheit
ιστορία, η Geschichte
ιστορικός (-ή -ό) historisch, geschichtlich
ισχυρός (-ή -ό) stark, kräftig, mächtig

Κ κ

κάβα, η Weinladen
καβγάς, ο Streit
κάδρο, το Wandbild
καημένος (-η -ο) arm, unglücklich
Καθαρά Δευτέρα, η Erster Montag der Fastenzeit
κώδικας, ο Code
καθαρίζω sauber machen
κάθε jeder/jede/jedes
κάθε πότε wie oft?
καθένας (καθεμιά, καθένα) jeder
κάθετος (-η -ο) vertikal
καθημερινός (-ή -ό) täglich
καθολικός (-ή -ό) Katholisch
καθόλου gar nicht
καθρέφτης, ο Spiegel
καθυστέρηση, η Verspätung
καιρός για χάσιμο, ο Zeit zu verlieren
κακός (-ή -ό) schlecht, böse
καλεσμένος (-η -ο) eingeladen
καλεσμένος, ο Gast
καλοκαιρινός (-ή -ό) sommerlich
καλός (-ή -ό) gut, nett (Adj.)
κάλτσα, η Socke, Strumpf
καλ(τ)σόν, το Strumpfhose
καλύπτω decken
καλώ rufen, anrufen
(ελεύθερο) κάμπινγκ freies Camping
κανα-δυό ein oder zwei
κανάλι, το Kanal (Fernsehen)
καναπές, ο Sofa, Couch
(μου/σου κτλ.) κάνει es passt mir
κανέλα, η Zimt

κανένας (καμιά/κανένα) keiner
κανόνας, ο Regel
κανονικός (-ή -ό) regulär
κάνω μπάνιο ein Bad nehmen, baden
κάνω παρέα Gesellschaft leisten
κάνω πλάκα jemandem einen Streich spielen
κάπνισμα, το das Rauchen
καπνιστής, ο Raucher
καπνός, ο Rauch
(γίνομαι) καπνός verschwinden
κάποιος (-α -ο) jemand
κάποτε einst in der Vergangenheit
κάπου irgendwo
κάπως irgendwie
καρδιά, η Herz
καρδιολόγος, ο Herzspezialist
καρέκλα, η Stuhl
καριέρα, η Karriere
καρκίνος, ο Krebs
κάρτα, η Karte, Postkarte
κασέλα, η Truhe, Schrankkoffer
καστανός (-ή -ό) brünett
κατά während // gegen
καταγάλανος (-η -ο) ganz blau
κατακίτρινος (-η -ο) ganz gelb
κατακόκκινος (-η -ο) ganz rot
κατάληξη, η Endung (Gramm.)
κατάλληλος (-η -ο) passend, geeignet
κατάλογος, ο Liste, Menü
κατάμαυρος (-η -ο) ganz Schwarz
κατανάλωση, η Konsum
καταπίεση, η Unterdrückung
καταπληκτικός (-ή -ό) phantastisch
καταπράσινος (-η -ο) ganz grün
καταραμένος (-η -ο) verdammt
κάτασπρος (-η -ο) ganz weiß
κατάσταση, η Situation, Lage
κατάστημα, το Laden
καταστροφή, η Zerstörung, Vernichtung,
   Katastrophe
καταφέρνω etwas gelingt mir
καταχώρηση, η Eintragung
κατεβαίνω herunterkommen, heruntergehen
   // aussteigen
κατεβαίνω herunterkommen, hinuntergehen
κατευθείαν direkt, geradeaus
κατήφορος, ο Abhang
κατοικία, η Wohnsitz
κατοικώ wohnen
καφενείο, το Café
κείμενο, το Text
κενό, το leer
κεντρικός (-ή -ό) zentral, Haupt..., Zentral...,
   Mittel...
κεραυνός, ο Donner
κερδίζω verdienen // gewinnen
κέρδος, το Gewinn
κεφάλι, το Kopf
κέφι, το gute Laune // Lust
κήπος, ο Garten
κινδυνεύω in Gefahr sein
κίνδυνος, ο Gefahr
κίνηση, η Bewegung // Verkehr
κιόλας schon
κίονας, ο Säule
κλαρίνο, το Klarinette
κλασικός (-ή -ό) klassisch
κλέβω stehlen
κλειδί, το Schlüssel
κλείνω schließen // buchen
κλήση, η Strafzettel

κλιματιστικό, το Klima-Anlage
κλίνω deklinieren (Gramm.)
κ.λπ. etc.
κόβω schneiden // aufhören zu rauchen
   oder zu trinken
κοιλιά, η Bauch
κοινότητα, η Gemeinde
κοινωνία, η Gesellschaft
κοινωνικός (-ή -ό) sozial
κοινωνικός/ή λειτουργός, ο/η Sozialarbeiter/in
κολυμπάω (-ώ) schwimmen
κολόνια, η Kölnisch Wasser
κολύμβηση, η Schwimmen
κομμάτι, το Stück
κομμωτήριο, το Friseur-laden
κομμωτής, ο Friseur
κομμώτρια, η Friseuse
κομοδίνο, το Nachttisch
κομπολόι, το Rosenkranz (zum Spielen)
κονιάκ, το Kognak
κοντινός (-ή -ό) nah
κοπέλα, η Mädchen, Freundin
κοπελιά, η Mädchen, Freundin, Mädel
κόσμημα, το Juwel, Schmuck
κοσμηματοπωλείο, το Schmuckgeschäft
κόσμος, ο Welt // Leute
κοστίζω kosten
κόστος, το Kosten
κοστούμι, το Kostüm, Anzug
κουβέντα, η Gespräch
κουβεντιάζω plaudern
κουβεντούλα, η Plauderei
κουδούνι, το Klingel
κουνιάδα, η Schwägerin
κουνιάδος, ο Schwager
κουράζομαι müde werden
κούραση, η Müdigkeit
κουρασμένος (-η -ο) müde
κουρείο, το Friseurladen
κουρτίνα, η Gardine
κουτάλι, το Löffel
κουταλιά, η einen Löffel voll
κουτί, το Schachtel
κουτσός (-ή -ό) Krüppel
κρατάω (ώ) halten // dauern
κρατικός (-ή -ό) staatlich, Staats...
κράτος, το Staat
κρεμμύδι, το Zwiebel
κρεοπωλείο, το Metzger
κρίνο, το Lilie
κρίση, η Krise
κροκόδειλος, ο Krokodil
κρυολόγημα, το Erkältung
κρυολογημένος (ή -ο) erkältet
κρυολογώ erkälten
κρυφός (-ή -ό) geheim
κρυωμένος (-η -ο) erkältet sein
κρυώνω ich friere
κτητικός (-ή -ό) possessiv
κτήριο, το Gebäude
κτλ. etc.
κυβέρνηση, η Regierung
κυβικά, τα Kubikzentimeter
κυβικός (-ή -ό) würfelförmig
κύκλος, ο Kreis
κυκλοφοριακός (-ή -ό) Verkehrs-
κυκλοφορώ zirkulieren
κυνήγι, το Jagd
κώδικας, ο Code
κωμωδία, η Komödie

Λ λ

λαγάνα, η Flachbrot
λάδι, το Öl
λάθος, το Fehler
(είναι) λάθος es ist falsch
λαϊκός (-ή -ό) volks-
λαιμός, ο Hals
λάμπα, η Lampe
λατρεία, η Verehrung, Gottesdienst
λατρεύω anbeten, verehren
λαχανικά, τα Gemüse
λέγομαι ich heiße
λείπω fehlen, abwesend sein
(κοινωνικός/ή) λειτουργός, ο/η
   Sozialarbeiter/in
λεμόνι, το Zitrone
λέξη, η Wort
λεξικό, το Wörterbuch
λεπτό, το Minute
λεπτομέρεια, η Detail, Einzelheit
λεπτός (-ή -ό) schlank, dünn
λεφτά, τα Geld
λεωφόρος, η Allee, Avenue
λήγω enden, ablaufen
ληστεία, η Raub
ληστής, ο Räuber
λιγάκι ein bißchen
λίγο etwas, ein bißchen
λίγοι (-ες -α) einige, weinige
λίγος (-η -ο) wenig
λικέρ, το Likör
λιμάνι, το Hafen
λινός (-ή -ό) aus Leinen
λίστα, η Liste
λίτρο, το Liter
λόγια, τα Worte
λογικός (-ή -ό) logisch
λογιστής, ο Buchhalter
λόγος, ο Grund
λογοτεχνία, η Literatur
λόγω wegen
λοιπόν also
λουλούδι, το Blume
λύκειο, το Gymnasium
λύνω lösen
λύρα, η Leier, Lyra
λύση, η Lösung
λωρίδα, η Fahrbahn

Μ μ

μαγαζί, το Laden
μάγειρας, ο Koch
μαγείρισσα, η Köchin
μαγείρεμα, το Kochen
μαγειρεύω kochen
μαγευτικός (-ή -ό) zauberhaft
μαγικός (-ή -ό) magisch, Zaube...,
   zauberhaft
μαγιονέζα, η Mayonnaise
μαζικός (-ή -ό) Massen..., massenhaft
μαθηματικά, τα Mathematik
μαιευτήρας, ο/η Geburtshelfer/in
μαϊντανός, ο Petersilie
μακάρι hoffentlich
μακιγιάρομαι sich schminken
μακρύς (-ιά -ύ) lang
μαλακός (-ιά -ό) weich
μαλακώνω weich machen

Vokabular

μαλλί, το Wolle
μαλλιά, τα Haar
μάλλινος (-η -ο) aus Wolle
μάλλον wahrscheinlich
μαλώνω schelten // sich streiten
μαμά, η Mutter, Mama
μανιτάρι, το Pilz
μαντείο, το Orakel
μαντεύω raten
μαξιλάρι, το Kissen
μάρκα, η Marke
μασκαρεύομαι sich verkleiden
μάτι, το Auge
ματιά, η Blick
μαυρισμένος (-η -ο) gebräunt
μαχαίρι, το Messer
με mit // mich
μέγεθος, το Größe
μεθαύριο übermorgen
μέθοδος, η Methode
μεθυσμένος (-η -ο) betrunken
μελαχρινός (-ή -ό) dunkelhaarig, von
  dunklem Teint
μελετάω (-ώ) studieren
μέλι, το Honig
μελιτζάνα, η Aubergine
μελιτζανοσαλάτα, η Auberginensalat
μέλλον, το Zukunft
μέλλοντας, ο Futur (Gramm.)
μελλοντικός (-ή -ό) Zukunfts-
μέλλων (-ουσα -ον) zukünftig
μελό melodramatisch
μέλος, το Glied, Mitglied
(ε)μένα mich
μερική απασχόληση, η Teilzeitarbeit,
  Halbtagsarbeit
μερικοί (-ές -ά) einige
μέρος, το Ort // Platz
μέσα innen, in
μεσαίος (-α -ο) mittlere(r)
μέση, η Taille // Mitte
μεσημεριανός (-ή -ό) mittägig, Mittag(s)...
μέσο, το Mittel
μέσος (-η -ο) mittlere(r, -s), Mittel...;
Μεσόγειος, η Mittelmeer
μετά dann, danach
μετανάστης, ο/η Einwanderer/rin //
  Immigrant/in
μετάξι, το Seide
μεταξύ zwischen, unter
μεταξωτός (-ή -ό) seiden
μεταφορά, η Transport, Beförderung
μετάφραση, η Übersetzung
μεταχειρίζομαι benutzen
μέχρι bis
μη(ν) nicht
μήκος, το Länge
μήνας, ο Monat
μήνυμα, το Nachricht, Botschaft
μήπως vielleicht (nur bei Fragen)
Μητρόπολη, η Kathedrale
μηχανάκι, το Moped, Motorrad
μηχανή, η Maschine // Fotoapparat // Motor
μηχάνημα, το Apparat
μηχανικός, ο/η Mechaniker
Μικρά Ασία, η Kleinasien
μικροβιολόγος, ο/η Mikrobiologe
μινωικός (-ή -ό) minoisch
μ.μ. p.m.
μισθός, ο Gehalt

μισός (-ή -ό) halb
μισώ hassen
μνήμη, η Gedächtnis, Erinnerung
μοιράζομαι teilen
μοιράζω verteilen
μόλις kaum, gerade
μολυβοθήκη, η Bleistiftbehälter
μολυσμένος (-η -ο) vergiftet
μοναξιά, η Einsamkeit
μόνο nur
μονοκατοικία, η Einfamilienhaus
μονολεκτικός (-ή -ό) einsilbig
μόνος (-η -ο) allein
μονός (-ή -ό) gerade // Zahlen
μόριο, το Molekül, Teilchen
μορφή, η Form
μορφώνω erziehen; unterrichten
μούσι, το Bart
μουσικός (-ή -ό) musikalisch
μπαίνω eintreten, hineingehen
μπακαλιάρος, ο Kabeljau
μπάλα, η Ball
μπαλέτο, το Ballett
μπαλκονόπορτα, η Balkontür
μπαμπάς, ο Vater, Papa
μπανιέρα, η Badewanne
μπάνιο, το Bad
μπάσκετ, το Basketball
μπαχάρι, το Gewürz
μπλε blau
μπλέκομαι hineingezogen werden
μπλέντερ, το Mixer
μπλοκάκι, το Notizbüchlein
μπλούζα, η Bluse
μπλουτζίν, το Blue Jeans
μπογιά, η Malfarbe
μπορεί es kann sein
μπορντό weinrot
μπότα, η Stiefel
μπουκάλι, το Flasche
μπουφάν, το Anorak
μπουφές, ο Anrichte, Sideboard
μπράβο! Gut gemacht! Bravo!
μπράντυ, το Brandy
μυθιστόρημα, το Roman
μυρίζω riechen
μυρωδιά, η Geruch
μωρό, το Baby

Ν ν

να um ... zu
να da, dort
ναός, ο Tempel
νάτος (-η -ο) da ist er/sie/es
Ναυτικό, το Marine
ναυτικός, ο Seemann
νέα, τα Nachrichten
νέκταρ, το Nektar
νέοι, οι die Jugend
νέος (-α -ο) jung
νευρολόγος, ο Neurologe
νέφος, το Smog
νησί, το Insel
νηστήσιμος (-η -ο) Fasten-, ohne Fleisch
νίκη, η Sieg
νιώθω fühlen
νόημα, το Sinn, Bedeutung
νοικοκυρά, η Hausfrau, Vermieterin

νομίζω glauben, schätzen
νόμος, ο Gesetz
νοσηλευτής, ο Krankenpfleger
νοσηλεύτρια, η Krankenpflegerin
νοσοκόμα, η Krankenschwester
νοσοκόμος, ο Krankenpfleger
νοσοκομείο, το Krankenhaus
νόστιμος (-η -ο) schmackhaft // hübsch
νούμερο, το Nummer
ντοκυμαντέρ, το Documentarfilm
ντόπιος (-α -ο) örtlich, Orts..., lokal, Lokal...
ντουλάπα, η Kleiderschrank
ντουλάπι, το Schrank
ντους, το Dusche
ντροπαλός (-ή -ό) scheu
ντύνομαι sich anziehen
ντύνω kleiden
νυστάζω schläfrig sein
νύφη, η Braut // Schwägerin
νυχτερινός (-ή -ό) abendlich, nächtlich
νωρίς früh
νωρίτερα früher, vorher

Ξ ξ

(ε)ξαδέλφη, η Cousine
(ε)ξαδέλφια, τα Cousinen
(ε)ξάδελφος, ο Cousin
ξανά wieder
ξανθός (-ή -ό) blond
ξαπλώνω sich hinlegen
ξαφνικά plötzlich
ξεκουράζομαι sich ausruhen
ξεκούραση, η Ausruhen, Erholung
ξενόγλωσσος (-η -ο) fremdsprachlich
ξενοδοχείο, το Hotel
ξένος (-η -ο) fremd, ausländisch,
  Auslands..., Außen...
ξενώνας, ο (Wohn)Heim
ξερός (-ή -ό) trocken
ξεσκονίζω abstauben
ξεχασμένος (-η -ο) vergessen
ξεχνάω (-ώ) vergessen
ξοδεύω ausgeben
ξύλο, το Holz
ξυπνητήρι, το Wecker
ξυρίζομαι sich rasieren
ξυρίζω rasieren

Ο ο

όγκος, ο Volumen
οδήγηση, η das Autofahren
οδηγία, η Anweisung, Anleitung
οδηγός, ο Fahrer // Führer
οδηγώ fahren
οδοντίατρος, ο Zahnarzt
οδός, η Straße
οθόνη, η Leinwand
οικογένεια, η Familie
οικογενειακός (-ή -ό) Familien-
οικονομικός (-ή -ό) ökonomisch, preiswert
  // wirtschaftlich, finanziell
Ολλανδία, η Holland
όλοι (-ες -α) alle
ολοκάθαρος (-η -ο) tadellos sauber
ολοκαίνουργιος (-α -ο) nagelneu
ολόλευκος (-η -ο) ganz weiß
όλος (-η -ο) der ganze
ολόφρεσκος (-ια -ο) ganz Frisch

ολόχρυσος (-η -ο) ganz aus Gold
Ολυμπιακοί Αγώνες, οι Olympische Spiele
ολυμπιονίκης, ο/η Olympiasieger
Όλυμπος, ο Olymp
ομάδα, η Gruppe
ομελέτα, η Omelett
ομιλία, η Vortrag
ομορφιά, η Schönheit
όμως aber
όνειρο, το Traum
ονομάζω nennen
ονομαστική, η Nominativ (Gramm.)
όπερα, η Oper
ο οποίος (η οποία, το οποίο) der, die, das
οποιοσδήποτε (οποιαδήποτε,
 οποιοδήποτε) irgendeiner
όποτε irgendwann
όπου wo auch immer
όπως-όπως auf die Schnelle
όπως wie
οπωσδήποτε auf jeden Fall, mit Sicherheit,
 ganz bestimmt
οργανισμός, ο Organisation
όργανο, το Instrument // Organ
οργάνωση, η Organisation
όρεξη, η Appetit // Lust
ορθογώνιος (-α -ο) rechteckig
ορθόδοξος (-η -ο) orthodox
ορθοπεδικός (ορθοπαιδικός), ο/η Orthopäde
οριζόντιος (-α -ο) horizontal
όριο, το Limit, Grenze
ορισμένος (-η -ο) ein gewisser
ορισμός, ο Definition
ορίστε bitte sehr
όροφος, ο Stockwerk
ορχήστρα, η Orchester
όσοι (-ες -α) diejenigen, die
όσος (-η -ο) soviel wie
όταν wenn
ό,τι was, was auch immer
ότι daß
ουδέτερος (-η -ο) Neutrum (Gramm.) //
 neutral
ούζο, το Ouzo (Annisschnaps)
ούρα, τα Urin
ουρανός, ο Himmel
ουσιαστικό, το Nomen (Gramm.)
ούτε nicht einmal
ούτε... ούτε weder... noch
οφθαλμίατρος, ο Augenarzt

Π π

παγκόσμιος (-α -ο) Welt-, universell
παγωτό, το Speiseeis
(μου/σου κτλ.) πάει es ist für mich geeignet
παθαίνω erleiden
παθητική (φωνή), η Passiv (Gramm.)
παθολόγος, ο Internist, Arzt für
 Allgemeinmedizin
παιδίατρος, ο Kinderarzt
παιδικός (-ή -ό) kindlich, Kinder...
παίζω spielen
παίρνω nehmen
πακέτο, το Paket
Πακιστάν, το Pakistan
παλάμη, η Handfläche
πάλι wieder
παλιός (-ά -ό) alt
παλτό, το Mantel

Παναγία, η Jungfrau Maria
πανάκριβος (-η -ο) sehr kostspielig, sehr teuer
πανάρχαιος (-α -ο) uralt
πανάσχημος (-η -ο) sehr hässlich
πανέμορφος (-η -ο) sehr schön
πανεπιστήμιο, το Universität
πανηγύρι, το Kirmes
πάντα immer
παντελόνι, το Hose
παντρεύομαι heiraten
πάντως wie dem auch sei
πανύψηλος (-η -ο) sehr hoch, sehr gross
πάνω oben
παπούτσι, το Schuh
παππούς, ο Großvater
πάρα sehr
παραγγελία, η Bestellung
παράγραφος, η Absatz, Paragraph
παράδειγμα, το Beispiel
παραδίνω liefern
παραδοσιακός (-ή -ό) traditionell
παραθετικά, τα Komparationsstufen
παράθυρο, το Fenster
παρακαλώ bitte // bitten
παρακάτω unten (Text)
παρακείμενος, ο Perfekt (Gramm.)
παρακολουθώ beobachten, teilnehmen
παραλαβή, η Auslieferung annehmen
παραλαμβάνω in Empfang nehmen
παραλία, η Strand
παραλιακός (-ή -ό) au der Küste
παραμένω bleiben
παραμύθι, το Märchen
παράξενος (-η -ο) eigenartig
παραπάνω über, oben // mehr
παραπονιέμαι sich beklagen oder beschweren
παρατατικός, ο Imperfekt (Gramm.)
παρέα, η Gesellschaft (Freunde)
παρελθόν, το Vergangenheit
παρένθεση, η Klammer, Parenthese
Παρθενώνας, ο Parthenon
Παρίσι, το Paris
παρκάρω parken
πάρκι(ν)γκ, το Parkplatz
πάρκο, το Park
παρ' όλα αυτά trotz allem
παρόλο που trotz der Tatsache
παρουσιάζω präsentieren
πάρτι, το Party
παρών (ούσα -όν) anwesend, vorhanden,
 gegenwärtig
πασίγνωστος (-η -ο) allbekannt
πάστα, η Tortenstück
Πάσχα, το Ostern
πατάτα, η Kartoffel
πατέρας, ο Vater
πατρικός (-ή -ό) väterlich
παχύς (-ιά -ύ) dick
πεζοπορία, η Wanderung
πεζός, ο Fußgänger
πεθαίνω sterben
πεθερά, η Schwiegermutter
πεθερικά, τα Schwiegereltern
πεθερός, ο Schwiegervater
πεινάω (-ώ) Hunger haben
πείρα, η Erfahrung
πειράζει es macht was aus, schadet
πειράζω necken
Πειραιάς, ο Piräus
πέλαγος, το offene Meer

πελάτης, ο Kunde
πενηντάρικο, το 50-Euro-Schein
πεντακοσάρικο, το 500-Euro-Schein
περασμένος (-η -ο) vergangen
περιβάλλον, το Umwelt
περιγραφή, η Beschreibung
περιγράφω beschreiben
περίεργος (-η -ο) neugierig, merkwürdig
περιοχή, η Gegend, Gebiet
περίπου ungefähr
περιττός (-ή -ό) unnötig
περιπτεράς, ο Kioskbesitzer
περίπτερο, το Kiosk
περίπτωση, η Fall, Situation, Lage
περνάω (-ώ) vorbeigehen // (Zeit) verbringen
περπατάω (-ώ) spazierengehen
περπάτημα, το Gehen, Laufen, Wandern
πέρ(υ)σι letztes Jahr
περσινός (-ή -ό) vom letzten Jahr
πετάω (-ώ) fliegen // wegwerfen
πέτρινος (-η -ο) steinern
πετσέτα, η Handtuch // Serviette
πέφτω fallen
πηγή, η Quelle
πηδάω (-ώ) springen
πια schon // nicht mehr
πιάνο, το Klavier
πιάνω ergreifen
πιάτο, το Teller
πίεση, η Druck
πιθανότητα, η Wahrscheinlichkeit
πικάντικος (-η -ο) pikant
πιλότος, ο Pilot
πίνακας, ο Bild // Tafel // Schaubild
πινακίδα, η Schild
πινακοθήκη, η Pinakothek
πίνω trinken
πιο mehr
πιπέρι, το Pfeffer
πιρούνι, το Gabel
πιστεύω glauben
πίστη, η Glaube, Vertrauen
πίσω hinten
πιτσαρία, η Pizzaladen
πλαγιά, η (Ab)Hang
πλάγια (στοιχεία), τα schräggeschrieben
πλάγιος (-α -ο) seitlich, schräg // indirekt
πλαίσιο, το Rahmen
(κάνω) πλάκα jemandem einen Streich spielen
πλαστικός (-ή -ό) Plastik-
πλατεία, η Platz
πλάτη, η Rücken
πλάτος, το Breite
πλατύς (-ιά -ύ) breit
πλένομαι sich waschen
πλένω waschen
πληθυντικός, ο Plural (Gramm.)
πληθυσμός, ο Bevölkerung
πληρεξούσιος (-α -ο) (Stell)Vertreter(in),
 Bevollmächtigte(r männlich)
πλήρης (-ης -ες) vollständig, vollzählig,
 voll, ganz, Voll...
πληροφορίες, οι Information, Auskunft
πληροφορική, η Informatik
πληρώνω zahlen
πλησιάζω sich nähern
πλοίο, το Schiff
Πλούτωνας, ο Pluto
πλυντήριο, το Waschmaschine
π.μ. a.m.

231

Vokabular

ποδήλατο, το   Fahrrad
πόδι, το   Fuß
ποιανού (-ής -ού)   wessen
ποίημα, το   Gedicht
ποιος (-α -ο)   wer (Frage)
ποιότητα, η   Qualität
πόλεμος, ο   Krieg
πολεμάω (-ώ)   Krieg führen
πόλη, η   Stadt
πολίτης, ο   Bürger
πολιτική, η   Politik
πολίτικος (-η -ο)   aus Istanbul, Istanbuler
πολιτισμός, ο   Zivilisation, Kultur
πολλοί (-ές -ά)   viele
πολύ   sehr
πολυεθνικός (-ή -ό)   multinational
πολυθρόνα, η   Sessel
πολυκατοικία, η   Hochhaus, Mehrfamilienhaus
πολύς (πολλή, πολύ)   viel
πονάω (-ώ)   Schmerzen haben
πονηρός (ή -ό)   schlau, listig
πονοκέφαλος, ο   Kopfschmerzen
πόνος, ο   Schmerz
ποντίκι, το   Maus
πορεία, η   Marsch, Gang (der Dinge))
πόρτα, η   Tür
πορτατίφ, το   Tischlampe
πορτοκαλάδα, η   Orangensaft
πορτοκάλι, το   Orange
Ποσειδώνας, ο   Poseidon
πόσοι (-ες -α)   wie viele
πόσος (-η -ο)   wie viel
ποσοστό, το   Prozentsatz
ποσοτικός (-ή -ό)   quantitativ
ποτάμι, το   Fluß
πότε   wann (frage)
ποτέ   jemals // niemals
ποτήρι, το   Glas
ποτό, το   Getränk
που   der, das
πού   wo (frage)
πουθενά   irgendwo // nirgends
πουκάμισο, το   Hemd
πουλάω (-ώ)   verkaufen
πουλί, το   Vogel
πουλόβερ, το   Pullover
πούρο, το   Zigarre
πράγμα, το   Ding
πραγματικά   wirklich
πραγματικότητα, η   Realität
πραγματοποιώ   verwirklichen
πράξη, η   Tat, Akt
πράσινος (-η -ο)   grün
πρέπει   man muß, es ist notwendig
πρίγκηπας, ο   Prinz
πριν   bevor
προάστιο, το   Vorort
προβάλλω   werfen, schleudern, planen,
   projizieren
προβλέπω   vorhersehen, voraussagen
πρόβλημα, το   Problem
πρόγραμμα, το   Programm
πρόεδρος, ο   Präsident
προηγούμενος (-η -ο)   vorherig
πρόθεση, η   Präposition (Gramm.)
προϊστάμενος, ο   Vorgesetzter
προκαταρκτικός (-ή -ό)   Vorbereitungs-
πρόκειται (για)   es geht um
πρόκειται να   es wird ...

προλαβαίνω   genug Zeit haben //
   es zeitlich schaffen
πρόοδος, η   Fortschritt
Προπό, το   Fußballtoto
προπόνηση, η   Training
προς   auf (Akkusativ)... zu, (in) Richtung, zu
προσεκτικός (-ή -ό)   vorsichtig
προσέχω   achten
προσθέτω   addieren, hinzufügen
προσκαλώ   einladen
πρόσκληση, η   Einladung
προσπαθώ   versuchen
προσπερνάω (-ώ)   überholen
προστακτική, η   Imperativ (Gramm.)
προστατεύω   schützen
προσφέρω   anbieten
προσωπικό, το   Personal
προσωπικός (-ή -ό)   personal
πρόσωπο, το   Person // Gesicht
προσωρινός (-ή -ό)   vorübergehend, zeitweilig
πρόταση, η   Satz
προτείνω   vorschlagen
προτιμάω (-ώ)   vorziehen
προτίμηση, η   Vorzug
προφητικός (-ή -ό)   prophetisch
προχθές (προχτές)   vorgestern
προχωρημένος (-η -ο)   fortgeschritten
προχωρώ   weitergehen, fortschreiten
πρωθυπουργός, ο   Ministerpräsident
πρωί, το   Morgen
πρωί πρωί   am frühen Morgen
πρωινό, το   Frühstück
πρώτα   erst
πρωτεύουσα, η   Hauptstadt
Πρωτοχρονιά, η   Neujahr
πτυχίο, το   Diplom (Universität)
πυρετός, ο   Fieber
πυροσβέστης, ο   Feuerwehrmann
πυροσβεστική, η   Feuerwehr
π.χ.   z.B.
πωλείται   zu verkaufen
πωλητής, ο   Verkäufer
πως   daß
πώς   wie (Frage) // natürlich
πώς και πώς   ungeduldig

Ρ ρ

ραδιόφωνο, το   Radio
ραλίστας, ο   Rallyfahrer
ραντεβού, το   Verabredung
ρεσεψιόν, η   Rezeption
ρέστα, τα   Wechselgeld
ρετσίνα, η   Retsina
(ηλεκτρικό) ρεύμα, το   elektrische Strom
ρήμα, το   Verb (Gramm.)
ριζικός (-ή -ό)   radikal
ρίχνω   werfen
ρόδα, η   Rad
ρολόι, το   Uhr
ρόλος, ο   Role
ρομαντικός (-ή -ό)   romantisch
ρούχα, τα   Kleidung, Wäsche
ρύζι, το   Reis
ρωτάω (-ώ)   fragen

Σ σ

σαββατοκύριακο, το   Wochenende
σακ(κ)άκι, το   Jacke

σακούλα, η   Tüte
σαλόνι, το   Wohnzimmer
σάλτσα, η   Sauce
σαν   wie
σάντουϊτς, το   Sandwich
σαπούνι, το   Seife
σγουρός (-ή -ό)   kraus
σέβομαι   respektieren
σειρά, η   Serie, Reihe
σε λίγο   bald
σελίδα, η   Seite
σενάριο, το   Drehbuch, Szenarium
σερβιτόρα, η   Kellnerin
σερβιτόρος, ο   Kellner
σηκώνομαι   aufstehen
σηκώνω   hochheben
σήμα, το   Zeichen
σημαίνει   es bedeutet
σημαντικός (-ή -ό)   wichtig
σημασία, η   Bedeutung // Wichtigkeit
(δίνω) σημασία   Acht geben auf
σημείωμα, το   Notiz
σημειώνω   notieren
σημείωση, η   Notiz
σήμερα   heute
σημερινός (-ή -ό)   heutig
σίριαλ, το   TV-Serie
σιγά   langsam // behutsam
σιγουρεύομαι   sicherstellen
σίγουρος (-η -ο)   sicher
σιδερώνω   bügeln
Σικάγο, το   Chicago
Σικελία, η   Sizilien
σινεμά, το   Kino
σιωπηλός (-ή -ό)   still, schweigend, stumm
σκάλα, η   Leiter // Treppe
σκάφος, το   Boot
σκελετός, ο   Skelett, Gerippe
σκέφτομαι (σκέπτομαι)   denken
σκέψη, η   Gedanke
σκηνή, η   Bühne // Szene
σκίτσο, το   Skizze
σκορδαλιά, η   Knoblauchsauce
σκόνη, η   Staub, Puder
σκοτώνω   töten
σκουπίδια, τα   Abfall
σκουπιδιάρικο, το   Müllwagen
σκουπίζω   schrubben, fegen
σκούρος (-α -ο)   dunkel
σκυλί, το   Hund
σκύλος, ο   Hund
σοβαρός (-ή -ό)   ernst
σόκ, το   Schock
σοκολάτα, η   Schokolade
σολίστ, ο   Solist
σουηδικός (-ή -ό)   schwedisch
σούπα, η   Suppe
σουπερμάρκετ, το   Supermarkt
σοφία, η   Weisheit
σπάζω   kaputtmachen
σπάνιος (-α -ο)   selten
σπεσιαλιτέ, η   Spezialität
σπετζοφάι   Bauernwürste mit grünen
   Pfifferlingen in Tomatensauce
σπίρτο, το   Streichholz
σπιτάκι, το   Häuschen
σπορ, το   Sport
σπορ   Sport-, sportlich
σπουδάζω   studieren
σπουδαστής, ο   Student

σπρώχνω schieben
στάδιο, το Stadium
σταθερός (-ή -ό) fest // konstant
στάθμευση, η Parken
σταματάω (-ώ) halten
στάση, η Haltestelle
στατιστικές, οι Statistik
σταυρός, ο Kreuz
σταφίδα, η Rosine
στέκομαι stehen
στέλνω senden
στενός (-ή -ό) eng
στενοχωριέμαι traurig // böse sein
στήλη, η Kolumne, Säule
στην υγειά σας! Auf Ihr Wohl!
στήριξη, η Unterstützung, Stütze
στίβος, ο Rennbahn
στιγμή, η Moment
στιλ, το Stil
στοιχεία, τα Daten, Elemente
στολή, η Uniform
στόμα, το Mund
στομάχι, το Magen
στοπ, το Stopschild
στρατός, ο Armee
στρίβω biegen, abbiegen
στρογγυλός (-ή -ό) rund
στρώνω den Tisch decken // das Bett machen
συγγενής, ο Verwandte
συγγραφέας, ο Schriftsteller, Verfasser
συγκεκριμένος (-η -ο) konkret, präzis, spezifisch
συγκρίνω vergleichen
σύγκριση, η Vergleich
συγκριτικός, ο vergleichend (Gramm.)
συγκρότημα, το Gruppe, Komplex
συγγνώμη Verzeihung
σύγχρονος (-η -ο) modern, zeitgenössisch
συγχωρώ verzeihen
συζήτηση, η Diskussion
συλλαβή, η Silbe
σύλλογος, ο Club, Verein
συμβαίνει geschelen, passieren
συμβουλεύω beraten
συμβουλή, η Rat
συμμαθητής, ο Schulkamerade
συμμαθήτρια, η Schulkameradin
συμμετέχω teilnehmen
συμμορία, η (Räuber)Bande
συμπληρώνω ausfüllen
σύμπτωμα, το Symptom
συμφέρων (-ουσα - ον) vorteilhaft
σύμφωνα με gemäß
συμφωνία, η Übereinstimmung, Vereinbarung, Abkommen // Symphonie
συμφωνικός (-ή -ό) symphonisch
σύμφωνοι einverstanden
συμφωνώ bin einverstanden
συναισθηματικός (-ή -ό) sentimental, gefühlvoll
συναντάω (-ώ) treffen
συνάντηση, η Treffen
συναντιέμαι sich treffen mit
συναρπαστικός (-ή -ό) hinreißend
συναυλία, η Konzert
συνάχι, το Erkältung
σύνδεση, η Verbindung, Anschluss
σύνδεσμος, ο Bindewort (Gramm.)
συνδέω verbinden, kombinieren
συνδυασμός, ο Kombination

συνέδριο, το Kongreß
συνεννόηση, η Abmachung, Verständigung
συνεννοούμαι eine Abmachung treffen
συνέντευξη, η Interview
συνέχεια (συνεχώς) andauernd
στη συνέχεια danach
συνεχίζω fortfahren, weitermachen
συνηθισμένος (-η -ο) geläufig, gewöhnlich
συνήθως meistens
συνθετικός (-ή -ό) synthetisch
σύνθετος (-η -ο) zusammengesetzt, komplex, vielschichtig
συνοδηγός, ο Beifahrer
συνολικά insgesamt
σύνορο, το Grenze
συνταγή, η Rezept
σύντομα bald
σύντομος (-η -ο) kurz
συντονίζω koordinieren, aufeinander
σύντροφος, ο Gefährte, Genosse
συρτάρι, το Schublade
συσκευή, η Gerät
σύστημα, το System
συστήνω vorstellen // empfehlen
συχνός (-ή -ό) oft
συχνότητα, η Häufigkeit, Frequenz
σφουγγαρίζω abwaschen, scheuern
σχεδιάγραμμα, το Zeichnung
σχεδιάζω zeichnen // planen
σχέδιο, το Zeichnung // Plan
(κινούμενο) σχέδιο, το Cartoon, Zeichentrickfilm
σχεδόν fast
σχέση, η Beziehung
σχετικά με in Beziehung zu
σχετικός (-ή -ό) hinsichtlich, bezüglich
σχηματίζω formen
σχολείο, το Schule
σχολή, η Schule, Fakultät
σώμα, το Körper
σωστός (-ή -ό) richtig

Τ τ

ταβερνάκι, το kleine Taverne
ταινία, η Film, Kinofilm
ταίρι, το (Ehe-)partner
ταιριάζω passen
τα καταφέρνω fertig bringen
ταλαιπωρία, η Not, Leiden
ταλέντο, το Talent, Begabung
τάλιρο, το Fünf-Drachmen-Stück
ταμείο, το Kasse // Fonds
ταμίας, ο Kassierer
τάξη, η Klasse, Klassenzimmer
ταξί, το Taxi
ταξιδεύω reisen
ταξίδι, το Reise
ταξιδιώτης, ο Reisende
ταξινομώ ordnen
ταράτσα, η Terrasse
τασάκι, το Aschenbecher
ταύρος, ο Bulle, Stier
ταυτότητα, η Personalausweis // Identität
τα χάνω ich gerate aus der Fassung
ταχυδρομείο, το Post
ταχυδρομώ per Post schicken
τέλεια perfekt (Adv.)
τέλειος (-α -ο) perfekt (Adj.)
τελειώνω beenden

τελείως völlig
τελευταίος (-α -ο) letzter
τελικός (-ή -ό) endlich
τέλος, το Ende
τέν(ν)ις, το Tennis
τέρας, το Monstrum, Ungeheuer
τεράστιος (-α -ο) groß, enorm
τεστ, το Test
τέταρτο, το Viertel
τέτοιος (-α -ο) solch
τετράγωνο, το Quadrat, Viereck // Wohnblock
τετράγωνος (-η -ο) viereckig
τετράδιο, το Heft
τέχνη, η Kunst
τεχνικός, ο Techniker
τζαζ, η Jazz
τζάμι, το Fensterglas
τζιν, το Jeans // Gin
τηγανιτός (-ή -ό) frittiert
τηλεθεατής, ο Fernsehzuschauer(in), Fernseher(in)
τηλεόραση, η Fernsehen
τηλεφώνημα, το Telephonanruf
τηλεφωνητής, ο Telephonist
τηλέφωνο, το Telephon
τηλεφωνώ telephonieren
τιμή, η Preis
τίνος wessen
τίποτε nichts
τίτλος, ο Titel
τμήμα, το Abteilung
τοιχογραφία, η Wandmalerei, Freskomalerei
τολμάω (-ώ) es wagen, sich (ge)trauen
το μόνο das Einzige
τονίζω betonen
τοπικός (-ή -ό) lokal, örtlich
τόπος, ο Lage, Standort, Gelände
τόσο soviel, so sehr
τοστ, το Toast
τότε dann, damals
τουαλέτα, η Toilette
τουλάχιστον wenigstens
τουρίστας, ο Tourist
τουρίστρια, η Touristin
τουριστικός (-ή -ό) touristisch
τραβάω (-ώ) ziehen
τραγουδάω (-ώ) singen
τραγουδιστής, ο Sänger
τραγωδία, η Tragödie
τράπεζα, η Bank
τραπεζάκι, το Tischchen
τραπεζαρία, η Eßzimmer
τραπέζι, το Tisch
τρελός (-ή -ό) verrückt
τρένο, το Zug
τρέξιμο, το Rennen
τρέχω rennen
τρίγωνο, το Dreieck
τριήμερο, το drei Tage
τρόλεϊ, το Trolley-Bus
τρόμος, ο Entsetzen, Terror, Schrecken
τρόπος, ο Art und Weise, Benehmen
τροχαίος (-α -ο) Verkehrs-
τροχαία, η Verkehrspolizei
τροχός, ο Rad
τρύπα, η Loch
τρώω essen
τσάι, το Tee
τσάντα, η Tasche
τσέπη, η Hosentasche

Vokabular

τσιγάρο, το Zigarette
τσιμπάω (-ώ) kneifen, zwicken // knabbern
τύπος, ο Typ // Charakter
τυρί, το Käse
τυροπιτάκι, το Käsegebäck
τυχερός (-ή -ό) Glück haben
τώρα jetzt

Υ υ

υγεία, η Gesundheit
υγιής (-ής -ές) gesund
υγρό, το Flüssigkeit
υδραυλικός, ο Installateur
υλικό, το Material // Zutat
υπάλληλος, ο Angestellter
υπάρχει es gibt
υπάρχω existieren
υπάρχων (-ουσα -ον) existierend, vorhanden
υπερθετικός, ο Superlativ (Gramm.)
υπέροχος (-η -ο) wunderbar
υπερσυντέλικος, ο Plusquamperfekt (Gramm.)
υπερφυσικός (-ή -ό) übernatürlich
υπηρεσία, η Dienst // Behörde
υπνοδωμάτιο, το Schlafzimmer
ύπνος, ο Schlaf
υπογραμμίζω unterstreichen
υπόθεση, η Fall // Annahme
υποθετικός (-ή -ό) konditional // hypothetisch
υπολογίζω schätzen, vermuten
υπόλοιπος (-η -ο) übrig
υπομονή, η Geduld
ύποπτος (-η -ο) verdächtig
υπόσχομαι versprechen
υποτακτική, η Konjunktiv (Gramm.)
υποχρεωμένος (-η -ο) verpflichtet
υποχρεωτικός (-ή -ό) verpflichtend, verbindlich
ύστερα später
υφαντό, το handgewebter Stoff
ύφασμα, το Stoff
ύψος, το Höhe

Φ φ

φαγητό, το Essen
φαίνομαι aussehen
φαινόμενο, το Phänomen
φάκελος, ο Umschlag // Akte
φακός, ο Linse
φανάρι, το Verkehrsampel
φαντάζομαι sich vorstellen
φαντάρος, ο Soldat
φαντασία, η Phantasie
φάντασμα, το Geist, Gespenst
φανταστικός (-ή -ό) imaginär, eingebildet // phantastisch
φαρδύς (-ιά -ύ) breit
φάρμακο, το Medikament
φέρνω bringen
φεστιβάλ, το Festival
φετινός (-ή -ό) diesjährig
(ε)φέτος dieses Jahr
φεύγω fortgehen
φθινοπωρινός (-ή -ό) herbstlich
φθινόπωρο, το Herbst
φιλάω (-ώ) küssen
φιλικός (-ή -ό) freundschaftlich
φιστίκι, το Pistazie

φλιτζάνι, το Tasse
φλούδι, το Schale (Obst)
φόβος, ο Furcht, Angst
φοιτητής, ο Student
φοιτήτρια, η Studentin
φορά, η Mal, Gelegenheit
φοράω (-ώ) anziehen, tragen
φόρος, ο Steuer
φορτηγό, το Lastwagen
φόρτιση, η Ladung // Verwicklung
φούρνος, ο Bäckerei // Backofen
φούστα, η Rock
φράση, η Satz
φρεσκάρω auffrischen
φρέσκος (-ια -ο) frisch
φροντίζω aufpassen auf, sorgen für
φροντιστήριο, το Vorbereitungskurse
φρούτο, το Frucht
φρυγανιά, η Toast, Zwieback
φταίω schuld sein
φτάνει es ist genug
φτάνω ankommen
φτιάχνω machen
φτουράω aus-, durchhalten; reichen (Vorräte usw.)
φτωχός (-ή -ό) arm
φύλακας, ο Wächter
φυλακή, η Gefängnis
φύλο, το Geschlecht
φυσικός (-ή -ό) natürlich
φυσική, η Physik
φυσιογνωμία, η Gesichtszüge, Berühmtheit
φωνάζω schreien // rufen, (herbei)rufen
φωνή, η Stimme
φωνήεν, το Vokal (Gramm.)
φως, το Licht
φωτεινός (-ή -ό) hell
φωτιά, η Feuer
φωτιστικό, το Lampe
φωτογράφος, ο Photograph

Χ χ

χαιρετάω (-ώ) grüßen
χαίρομαι ich freue mich
χαλάω (-ώ) Kaputt machen // Geld wechseln
χαλασμένος (-η -ο) kaputt
χάλια elend
χάλκινος (-η -ο) kupfern
χαμηλός (-ή -ό) niedrig
χαμογελαστός (-ή -ό) lächelnd
χάνω verlieren // verpassen
χάπι, το Pille
χαρά, η Freude
χαρακτηριστικό, το charakteristisch // (Gesichts) Zug, (charakteristisches) Merkmal
χάρη, η Gefallen
χαρίζω schenken
χαρτζιλίκι, το Taschengeld
χαρτιά, τα Papiere // Spielkarten
χαρτοπετσέτα, η Papierserviette
χαρτοφύλακας, ο Brieftasche
χασμουριέμαι gähnen
χατίρι, το Gefallen
χειμερινός (-ή -ο) winterlich
χειμωνιάτικος (-η -ο) winterlich
χειρούργος, ο Chirurg
χέρι, το Hand
χερούλι, το Griff
χημικός, ο Chemiker

χθεσινός (-ή -ό) gestrig
χιλιάδες, οι Tausende
χιόνι, το Schnee
χιούμορ, το Humor
χοντρός (-ή -ό) fett, dick
χορεύω tanzen
χορός, ο Tanz
χρειάζεται es ist nötig
χρειάζομαι brauchen
χρήματα, τα Geld
χρήσιμος (-η -ο) nützlich
χρησιμοποιώ benutzen
χρησμός, ο Orakel
χριστιανή, η Christ (weiblich)
χριστιανός, ο Christ (männlich)
Χριστούγεννα, τα Weihnachten
χρόνια, τα die Jahre
χρονίζω weiterschleppen, sich in die Länge ziehen
χρονικός (-ή -ό) zeitlich
χρόνος, ο Zeit // Jahr
χρυσός, ο Gold
Χρυσός Οδηγός, ο Branchenverzeichnis, Gelben Seiten
χρώμα, το Farbe
χρωστάω (-ώ) schulden
χτένι, το Kamm
χτενίζομαι sich kämmen
χτενίζω kämmen
χτυπάω (-ώ) schlagen // klingeln
χυμός, ο Saft
χώρα, η Land
χωρίζω trennen
χωρίς ohne

Ψ ψ

ψάρι, το Fisch
ψαροταβέρνα, η Fisch-Restaurant
ψάχνω suchen
ψέμα, το Lüge
ψήνω braten
ψιλά, τα Kleingeld
ψιλοκομμένος (-η -ο) klein geschnitten
ψυγείο, το Kühlschrank
ψυχαγωγώ unterhalten
ψυχίατρος, ο Psychiater
ψώνια, τα Einkäufe
ψωνίζω einkaufen

Ω ω

ώμος, ο Schulter
ώρα, η Zeit // Stunde
ωραία schön, gut (Adv.)
ωραίος (-α -ο) schön (Adj.), gutaussehend fine
ωραιότητα, η Schönheit
ώρες αιχμής, οι Hauptverkehrszeiten
ώσπου bis
ωστόσο allerdings
ωτορινολαρυγγολόγος (ωριλά), ο/η Hals-Nasen-Ohren-Arzt

Vocabulario

A α

αβγό, το huevo (el)
αγαπημένος (-η -ο) querido, amado // favorito, preferido
αγαπητός (-ή -ό) querido
αγγελία, η anuncio (el)
αγία, η santa (la)
άγιος, ο santo (el)
άγνωστος, ο desconocido (el)
άγνωστος (-η -ο) desconocido
άγχος, το angustia, ansiedad (la)
αγώνας, ο lucha (la) // competición (la), partido (el)
αγωνία, η angustia (la)
άδεια, η permiso (el), licencia (la)
αδέλφια, τα hermanos (los) (gen.)
Άδης, ο Hades (el)
αδύνατος (-η -ο) delgado, flaco
αεροπορία, η aviación (la)
αθάνατος (-η -ο) inmortal
Αθηνά, η Atenea
αθλητής, ο atleta (el)
αθλητικός (-ή -ό) atlético, deportivo
αθλήτρια, η atleta (la)
αίμα, το sangre (la)
αισθάνομαι sentir(se)
αίσθηση, η sensación (la), sentido (el), impresión (la)
αίτηση, η solicitud, petición (la)
αιτία, η causa, razón (la)
αιτιατική, η acusativo (el)
αιώνας, ο siglo (el)
ακατάλληλος (-η -ο) inadecuado, impropio
ακολουθώ seguir
ακόμα και αν ni aun si
ακόμα και όταν aun cuando
άκρη, η borde, límite, fronterizo (el)
ακριβώς exactamente
ακροαματικότητα, η audiencia (la)
ακροθαλασσιά, η orilla del mar (la)
ακτινογραφία, η radiografía (la)
ακτινολόγος, ο/η radiólogo/a (el/la)
αλάτι, το sal (la)
αλήθεια, η verdad (la)
αλήθεια verdaderamente, de verdad // por cierto
αλλάζω cambiar
αλλεργία, η alergia (la)
αλληλογραφία, η correspondencia (la)
αλλιώς de otro modo, de otra manera, sino
αλλού en otro lugar, en otra parte
άλλωστε además
άλμα, το salto (el)
αμβροσία, η ambrosía (la)
Άμεση Δράση, η Respuesta Inmediata (Policía de)
άμεσος (-η -ο) directo, inmediato
αμνηστία, η amnistia (la)
αμοιβή, η recompensa (la), gratificación (la)
αμφιβολία, η duda (la)
αν si
αν και aunque, si bien
ανά por
αναγκάζομαι obligarse, verse obligado
ανάγκη, η necesidad (la)
ανακαλύπτω descubrir
ανακατεύω mezclar // remover
ανακοινώνω anunciar
ανάκτορο, το palacio (el)

ανάλογα según, conforme
ανάλογος (-η -ο) respectivo, análogo, correspondiente
αναπνευστικός (-ή -ό) respiratorio
αναπνοή, η respiración (la), aliento (el)
αναρωτιέμαι preguntarse
ανασκαφή, η excavación (la)
ανατολή, η este (el) // amanecer (el)
ανατολικός (-ή -ό) del Este, oriental
αναφέρω mencionar, citar // informar
αναφορά, η informe // mencion, referencia (la)
αναφορικός (-ή -ό) relativo (gr.)
ανεβαίνω subir
ανέκδοτο, το chiste (el)
ανεργία, η paro (el)
άνετος (-η -ο) cómodo, confortable
ανήκω pertenecer
ανησυχητικός (-ή -ό) inquietante
ανησυχώ inquietarse, preocuparse
ανθρωπιά, η humano (el)
ανθρώπινος (-η -ο) humano
ανθρωπιστικός (-ή -ό) humanístico/a
άνθρωποι, οι gente (la) (col.)
άνθρωπος, ο hombre (el), persona (la)
ανίψια, τα sobrinos (los) (gen.)
ανιψιά, η sobrina (la)
ανιψιός, ο sobrino (el)
ανόητος (-η -ο) tonto, estúpido
άνοιξη, η primavera (la)
ανοιξιάτικος (-η -ο) primaveral
ανταλλάζω intercambiar
άντε! ¡Venga!
αντέχω aguantar
αντί en lugar de
αντίθετος (-η -ο) contrario, opuesto
αντικαθιστώ reemplazar, sustituir
αντικείμενο, το objeto, artículo (el)
αντίρρηση, η objeción (la)
αντωνυμία, η pronombre (el)
ανώμαλος (-η -ο) irregular, anormal // anómalo
ανώτατος (-η -ο) superior
ανώτερος, ο superior (el)
αξέχαστος (-η -ο) inolvidable
αξία, η valor (el)
αόριστος, ο pretérito indefinido (el) (gr.)
απαγορεύεται estar prohibido, prohibirse
απαγορεύω prohibir
απαντήσεις, οι resultados (los), respuestas (las) (med.)
απαραίτητος (-η -ο) necesario, imprescindible, indispensable
απασχολημένος (-η -ο) ocupado
απασχόληση, η empleo (el)
απέναντι enfrente, frente a
απέχω distar
απλός (-ή -ό) simple
απλώνω tender (ropa)
απογευματινός (-ή -ό) por/de la tarde
απόδειξη, η recibo (el) // prueba (la)
αποθετικό ρήμα verbo deponente (gr.)
αποκλείεται να ser imposible que/de
Απόλλωνας, ο Apolo
απόλυτος (-η -ο) absoluto
απολύτως absolutamente, en absoluto
απομνημονεύματα, τα memorias (las)
αποτέλεσμα, το resultado (el)
αποτελούμαι consistir, ser constituido
αποφασίζω decidir
άποψη, η punto de vista (el), perspectiva (la)

απών (ούσα -όν) ausente
άρα por tanto, así pues
αργά tarde // lentamente
αργία, η día festivo (el), fiesta (la)
αργότερα más tarde, luego
αργυρός (-ή -ό) plateado
αργώ tardar, llegar tarde
Άρης, ο Marte (el)
αριστερός (-ή -ό) izquierdo
αρκετά bastante
αρκετοί (-ές -ά) bastantes, suficientes
αρκετός (-ή -ό) bastante, suficiente
αρνιέμαι (αρνούμαι) negar(se), denegar, rehusar
αρρωσταίνω enfermarse, ponerse enfermo
αρρώστια, η enfermedad (la)
άρρωστος (-η -ο) enfermo
αρσενικός (-ή -ό) masculino
άρση βαρών, η levantamiento de pesas
Άρτεμις, η Artemisa (Diana)
αρχές, οι autoridades (las) // principios (los)
αρχή, η comienzo // principio (el)
αρχοντικό, το mansión (la), palacio (el)
ασημένιος (-α -ο) plateado
ασημικά, τα vajilla de plata (la)
ασθενοφόρο, το ambulancia (la)
άσκηση, η ejercicio (el)
άσος, ο as (el)
ασπιρίνη, η aspirina (la)
αστειεύομαι bromearse
αστυνομία, η policía (la)
αστυνομικός, ο policía (el)
αστυνομικός (-ή -ό) policíaco, policial
αστυνόμος, ο oficial de policía (el)
αστυφύλακας, ο guardia civil
ασφάλεια, η seguridad (la)
ασφαλώς por supuesto, ciertamente
ασχολούμαι ocuparse
άτομο, το individuo (el), persona (la)
ατύχημα, το accidente (el)
άτυχος (-η -ο) desafortunado, desdichado
αύξηση, η aumento, crecimiento (el)
αυριανός (-ή -ό) de manana, futuro/a
αυτί, το oreja (la), oído (el)
αυτός (-ή -ό) él // és(t)e // es(t)e
αφαιρώ sustraer, quitar, restar
αφεντικό, το jefe (el)
αφήνω dejar
αφορά concernir, tener que ver (imp.)
αφρικανικός (-ή -ό) africano
Αφροδίτη, η Afrodita (Venus)

B β

βάζο, το jarrón, florero (el)
βάζω poner, colocar, meter
βαθμολογία, η calificación, puntuación (la)
βαθμός, ο grado (el)
βάθος, το profundidad (la), fondo (el)
βαθύς (-ιά -ύ) profundo
βαλίτσα, η maleta (la)
βαμβακερός (-ή -ό) de algodón
βαμβάκι, το algodón (el)
βαρετός (-ή -ό) aburrido, pesado
βαριέμαι aburrirse, hartarse
βάρος, το peso (el)
βαρύς (-ιά -ύ) pesado (que pesa)
βασικός (-ή -ό) básico, fundamental
βασιλιάς, ο rey (el)
βάφομαι pintarse

Vocabulario

βέβαια (βεβαίως) por supuesto, naturalmente
βελτιώνω mejorar
βενζινάδικο, το gasolinera (la)
βενζίνη, η gasolina (la)
βεράντα, η terraza (la)
βία, η violencia, fuerza (la)
βιάζομαι tener prisa, apresurarse
βιαστικά deprisa, apresuradamente
βιταμίνη, η vitamina (la)
βλάβη, η avería (la)
βλάπτω dañar, perjudicar
βλέμμα, το mirada (la)
βοηθάω (ώ) ayudar
βοήθεια, η ayuda (la) // socorro (el)
βόλεϊ, το voleibol (el)
βόλτα, η paseo (el), vuelta (la)
βόμβα, η bomba (la)
βουνό, το montaña (la), monte (el)
βούτυρο, το mantequilla (la)
βραδινός (-ή -ό) nocturno
βρίσκεται se encuentra, está ubicado/situado
βρίσκω encontrar
βροχή, η lluvia (la)

Γ γ

γαϊδούρι, το burro (el)
γάμος, ο boda (la)
γαμπρός, ο yerno, hijo político (el)
γαρνίρω guarnecer
γελάω (ώ) reír
γεμάτος (-η -ο) lleno
γενέθλια, τα cumpleaños (el)
γενική, η genitivo (el) *(gr.)*
γεννιέμαι nacer
γένος, το género (el) *(gr.)*
γερός (-ή -ό) fuerte, robusto
γεωργία, η agricultura (la)
γη, η tierra (la)
γιαγιά, η abuela (la)
για να para, a fin de
γίνομαι hacerse, convertirse
γιορτάζω celebrar, festejar // celebrar una persona su santo
γιορτή, η fiesta, festividad (la)
(ονομαστική) γιορτή, η onomástica (la), día del santo (el)
γκάιντα, η gaita (la)
γκρινιάζω refunfuñar
γκρουπ, το grupo (el)
γλεντάω (-ώ) divertirse
γλυκό, το dulce (el)
γλυκός (-ιά -ό) dulce
γλώσσα, η lengua (la) // idioma (el), lengua (la)
γνώμη, η opinión (la)
γνωρίζω conocer
γνωστός (-ή -ό) conocido
γόνατο, το rodilla (la)
γράμμα, το carta (la)
γραμμή, η línea (la)
γρήγορος (-η -ο) rápido
γρίπη, η gripe (la)
γυάλα, η pecera (la)
γυαλί, το vidrio, cristal (el)
γυαλιά, τα gafas (las)
γυμνάσιο, το bachillerato (el)
γυναικείος (-α -ο) femenino
γυναικολόγος, ο ginecólogo (el)
γυρισμός, ο retorno, regreso (el)
γύρω alrededor

Δ δ

δαγκώνω morder
δάσος, το bosque (el)
δεκάδες, οι decenas (las)
δεκαετία, η década (la)
Δεκαπενταύγουστος, ο el 15 de agosto
δεκάρικο, το moneda de diez dracmas
δελτίο, το boletín (el)
δελφίνι, το delfín (el)
δέμα, το paquete (el)
δέντρο, το árbol (el)
δεξιός (-ιά -ιό) derecho
δέρμα, το piel (la), cuero (el)
δερμάτινος (-η -ο) de piel, de cuero
δέρνω pegar, golpear
δέχομαι aceptar, admitir // recibir
δηλαδή es decir, o sea
δηλώνω declarar
Δήμητρα, η Deméter (Ceres)
δημιουργικός (-ή -ό) creativo
δημοκρατία, η democracia (la) // república (la)
Δημόσιο, το Administración pública (la)
δημοσιογράφος, ο periodista (el)
δημόσιος (-α -ο) público
δημοτικό, το primaria (la)
δημοτικός (-ή -ό) municipal
διάβασμα, το lectura (la), estudio (el)
διαγώνιος (-α -ο) diagonal
διάδρομος, ο pasillo (el)
δίαιτα, η régimen (el), dieta (la)
διακοπές, οι vacaciones (las)
διακοπή (ρεύματος), η corte (el)
διαλέγω elegir, escoger
διάλειμμα, το descanso, intermedio (el)
διάλεξη, η conferencia (la)
διάρκεια, η duración (la)
διαρκής (-ής -ές) duradero, perenne, continuo
διαρκώς constantemente, continuamente
διαρρήκτης, ο ladrón (el)
διάρρηξη, η robo (el)
Δίας, ο Zeus (Jupiter)
διασκεδαστικός (-ή -ό) ameno, divertido, entretenido
(χρονικό) διάστημα, το trecho, lapso, período (el)
διαφημίσεις, οι anuncios (los)
διαφήμιση, η publicidad, propaganda (la)
διαφορά, η diferencia (la)
διαφορετικός (-ή -ό) diferente
διαφωνώ disentir, discrepar
διεθνής (-ής -ές) internacional
διευθυντής, ο director (el)
διηγούμαι narrar, contar, relatar
διοίκηση, η administración (la)
διοικητικός (-ή -ό) administrativo
Διόνυσος, ο Dioniso (Baco)
διορθώνω corregir
διπλός (-ή -ό) doble
διπλωματικός (-ή -ό) diplomático
δίσκος, ο bandeja (la), disco (el)
δισύλλαβος (-η -ο) bisílabo
δοκιμάζω probar // intentar
δόντι, το diente (el)
δόση, η plazo (el)
δραματικός (-ή -ό) dramático
δράση, η acción (la)
δρόμος, ο (100 μέτρων) carrera de 100 metros (la)
δύναμη, η fuerza (la), poder (el)

δυνατός (-ή -ό) fuerte, robusto // potente, poderoso
δυνατότητα, η posibilidad (la)
δυσκολεύομαι tener dificultad
δυσκολία, η dificultad (la)
δυστυχώς desafortunadamente, desgraciadamente
δωμάτιο, το habitación (la), cuarto (el)
δώρο, το regalo, obsequio (el)

Ε ε

εβδομαδιαίος (-α -ο) semanal
εγγονή, η nieta (la)
εγγόνια, τα nietos (los) *(gen.)*
εγγονός, ο nieto (el)
εγκαίρως (έγκαιρα) a tiempo, con tiempo
έδαφος, το suelo, territorio (el)
έθιμο, το costumbre (la)
εθνικός (-ή -ό) nacional
έθνος, το nación (la)
ειδήσεις, οι noticias (las)
ειδικός, ο especialista (el)
ειδικότητα, η especialidad (la)
είδος, το tipo (el), especie, clase, suerte (la)
εικόνα, η imagen (la) // icono (el)
εικοσάρικο, το billete de veinte euros
εικοσιτετράωρο, το jornada de 24 horas
ειλικρινής (-ής -ές) sincero, franco
είμαι πτώμα estar muerto (de cansancio), estar hecho polvo
εισαγωγικές εξετάσεις examen de ingreso
είσοδος, η entrada (la)
είτε... είτε como... como, si... o si...
εκατοντάδες, οι centenas (las)
εκδήλωση, η expresión (la) // actividad (la), acto (el)
(ε)κατοστάρικο, το billete de cien euros
έκθεση, η exposición, feria (la)
εκκλησία, η iglesia (la)
εκπαίδευση, η educación, enseñanza, instrucción (la)
εκπαιδευτικός (-ή -ό) educativo, de enseñanza
εκπομπή, η emisión (la)
έκπτωση, η descuento (el), rebaja (la)
εκτός από salvo, excepto, menos, fuera de
εκφράζω expresar, manifestar
ελαττώνω disminuir, reducir, aminorar
ελαφρύς (-ιά ύ) ligero, leve
ελέγχω controlar
ελιά, η aceituna (la)
ελπίζω esperar
έμμεσος (-η -ο) indirecto
έμπειρος (-η -ο) experto
εμπόριο, το comercio (el)
έμπορος, ο comerciante (el)
ενδιαφέρομαι interesarse, estar interesado
ενδιαφέρον, το interés
ενδιαφέρων (-ουσα -ον) interesante
ενδοκρινολόγος, ο endocrino, endocrinólogo (el)
ενέργεια, η acción (la) // energía (la) // trámite (el)
ενεργητική (φωνή), η (voz) activa *(gr.)*
ενεστώτας, ο presente (el) *(gr.)*
ενημερώνω informar
ενημέρωση, η puesta al día
ενημερωτικός (-ή -ό) informativo
έννοια, η significado, sentido (el)

εννοώ querer decir
ενοικιάζεται se alquila
ενοχλώ molestar
εντολή, η orden (la), mandato (el)
εντούτοις sin embargo
εντυπωσιακός (-ή -ό) impresionante
εντυπωσιασμός, ο el crear fuertes impresiones, impacto
ενώ mientras // mientras que, al tiempo que
(ε)ξαδέλφη, η prima (la)
ε)ξαδέλφια, τα primos (los)
(ε)ξάδελφος, ο primo (el)
εξαιρετικός (-ή -ό) excepcional, excelente
εξάμηνο, το semestre (el)
εξαρτώμαι depenerse
εξαφανίζομαι desaparecer
εξετάζω examinar, considerar
εξέταση, η examen (el), prueba (la) // revisión (la) (med.)
εξήγηση, η explicación (la)
έξοδα, τα gastos (los)
έξοδος, η salida (la)
εξυπηρετούμαι servirse, atenderse
εξυπηρετώ atender, servir
έξυπνος (-η -ο) inteligente, listo
εξωτερικό, το extranjero (el) (vivir en, ir al, etc.)
εξωτερικός (-ή -ό) exterior, externo
εξωτικός (-ή -ό) exótico
επαγγελματικός (-ή -ό) profesional
επανάληψη, η repetición, reiteración (la) // repaso (el)
επαρχία, η provincia(s) (la-s)
επείγων (-ουσα -ον) urgente
επειδή porque
επιβατικός (-ή -ό) de pasajeros
επιγραφή, η letrero, rótulo, cartel (el)
Επίδαυρος, η Epidauro
επίδομα, το subsidio (el)
επίθετο, το adjetivo (el) (gr.) // apellido (el)
επιθυμία, η deseo (el)
επιθυμώ desear
επικίνδυνος (-η -ο) peligroso
επικοινωνία, η comunicación (la)
επιλέγω elegir, seleccionar
επιμένω insistir, persistir
έπιπλο, το mueble (el)
επίρρημα, το adverbio (el) (gr.)
επισκέπτομαι visitar
επίτηδες adrede, a posta, a propósito
επιτρέπω permitir
επιχείρηση, η negocio (el), empresa // operación (la)
επόμενος (-η -ο) siguiente
επομένως por consiguiente, por tanto
επώνυμο, το apellido (el)
επώνυμος (-η -ο) persona o firma muy conocida
εργάζομαι trabajar
εργαζόμενοι, οι trabajadores, obreros (los)
εργαλείο, το herramienta (la), instrumento (el)
εργασία, η trabajo (el), labor (la)
εργάτης, ο obrero (el)
εργατικός (-ή -ό) trabajador
εργάτρια, η obrera (el)
έργο, το obra de teatro (la) // película (la)
Ερμής, ο Hermes (Mercurio)
Ερυθρός Σταυρός, ο Cruz Roja
έρωτας, ο amor (el)
ερωτευμένος (-η -ο) enamorado
ερωτηματικός (-ή -ό) interrogativo (gr.)
ερωτηματολόγιο, το cuestionario (el)

έσοδο, το ingreso (el)
Εστία, η
έστω και aun que sea
έστω και αν incluso si, aun cuando
εσωτερικός (-ή -ό) interior, interno
εταιρεία, η sociedad, compañía (la)
έτος, το año (el)
έτσι κι αλλιώς de todas formas
ευγενικά amablemente, con cortesía
ευγενικός (-ή -ό) cortés, amable, educado
ευθεία recto (adv.)
ευθύνη, η responsabilidad (la)
ευκαιρία, η oportunidad, ocasión (la)
ευτυχισμένος (-η -ο) feliz
ευτυχώς afortunadamente, por fortuna // menos mal
ευχαριστημένος (-η -ο) contento, complacido
ευχάριστος (-η -ο) agradable, ameno
εφόσον dado que // con tal de (que), siempre que
έχω δίκιο tener razón

Ζ ζ

ζακέτα, η chaqueta (la)
ζάχαρη, η azúcar (el)
ζαχαροπλαστείο, το pastelería, confitería (la)
ζεσταίνομαι tener calor
ζεστασιά, η calor (el)
ζέστη, η calor (el)
ζεστό, το infusión (la), cocimiento (el)
ζεστός (-ή -ό) caliente, cálido
ζευγάρι, το par (el) // pareja (la)
ζηλεύω envidiar, tener celos/envidia
ζητάω (-ώ) pedir // buscar
ζητείται se busca
ζω vivir, estar vivo
ζωή, η vida (la)

Η η

ήδη ya
ηθοποιός, ο actor (el)
ηλεκτρικός, ο tren eléctrico
ηλεκτρικός (-ή -ό) eléctrico
ηλεκτρονικός, ο ingeniero de electrónica
ηλεκτρονικός (-ή -ό) electrónico
ηλικία, η edad (la)
ηλικιωμένος (-η -ο) anciano
(η)μέρα, η día (el)
ημερολόγιο, το diario, calendario (el)
ηρεμία, η tranquilidad, serenidad, calma la
ήρεμος (-η -ο) tranquilo, sereno
ησυχία, η calma, tranquilidad (la)
ήττα, η derrota (la)
Ήφαιστος, ο Hefesto (Vulcano)

Θ θ

θαυμάσιος (-α -ο) maravilloso, espléndido
θεά, η diosa (la)
θέμα, το tema, asunto (el) // raíz (la) (gr.)
θεός, ο dios (el)
θεραπεία, η cura (la), tratamiento (el)
θερμόμετρο, το termómetro (el)
θέση, η sitio, asiento (el) // posición (la)
θηλυκός (-ή -ό) femenino
θητεία, η servicio militar (el)
θόρυβος, ο ruido (el)
θρησκευτικός (-ή -ό) religioso

θυμίζω recordar
θυμός, ο ira, cólera (la), enfado, enojo (el)
θυμωμένος (-η -ο) enfadado, enojado
θυμώνω enfadarse, enojarse
θώρακας, ο tórax (el), coraza (la)

Ι ι

ιατρική, η medicina (la)
ιδέα, η idea (la)
ιδιαίτερα particularmente, peculiarmente
ιδιαίτερος (-η -ο) particular, peculiar
ιδίως sobre todo
ιδιωτικός (-ή -ό) privado, particular
ίδρυμα, το institución, fundación(la)
ιερό, η santuario (el)
ιερός (ή -ό) sagrado, santo
ικανοποιητικός (-η -ό) satisfactorio
ιππόδρομος, ο hipódromo (el)
ίσιος (-α -ο) recto, derecho
ίσος (-η -ο) igual
ισότητα, η igualdad (la)
ιστορία, η historia (la) // relato (el), historia (la)
ιστορικός (-ή -ό) histórico
ισχυρός (-ή -ό) potente, fuerte, poderoso

Κ κ

κάβα, η bodega, cava (la)
καβγάς, ο riña, bronca (la)
κάδρο, το cuadro (el)
καημένος (-η -ο) pobre, infeliz, desdichado
Καθαρά Δευτέρα, η el primer lunes de cuaresma
καθαρίζω limpiar
κάθε cada
κάθε πότε; ¿cada cuándo?
καθένας (καθεμιά, καθένα) cada uno
κάθετος (-η -ο) vertical
καθημερινός (-ή -ό) diario, cotidiano
καθοδήγηση, η orientación, conducción (la)
καθολικός (-ή -ό) católico
καθόλου nada, en absoluto
καθρέφτης, ο espejo (el)
καθυστέρηση, η retraso (el), demora (la)
καιρός για χάσιμο, ο tiempo para perder
κακός (-ή -ό) mal(-o)
καλεσμένος (-η -ο) invitado
καλοκαιρινός (-ή -ό) veraniego, estival
καλός (-ή -ό) bueno
κάλτσα, η calcetín (el), media (la)
καλ(τ)σόν, το leotardos, pantis (los)
καλύπτω cubrir
καλώ llamar // invitar // convocar
(ελεύθερο) κάμπινγκ, το camping (el)
κανα-δυό unos cuantos
κανάλι, το canal (el), cadena (la)
καναπές, ο sofá (el)
(μου/σου κτλ.) κάνει me va, te va
κανέλα, η canela (la)
κανένας/κανείς (καμιά, κανένα) nadie, ningún(-uno)
κανόνας, ο regla, norma (la)
κανονικός (-ή -ό) regular, normal
κάνω μπάνιο bañarse
κάνω παρέα acompañar, hacer compañía
κάνω πλάκα bromear
κάπνισμα, το acción de fumar
καπνιστής, ο fumador (el)
καπνός, ο humo (el)

Vocabulario

(γίνομαι) καπνός me voy pitando
κάποιος (-α -ο) alguien, algún(-uno)
κάποτε antaño, antiguamente, antes
κάπου en alguna parte, en algún lugar
κάπως en cierto modo, más bien
καρδιά, η corazón (el)
καρδιολόγος, ο cardiólogo (el)
καρέκλα, η silla (la)
καριέρα, η carrera (profesional) (la)
καρκίνος, ο cáncer (el)
κάρτα, η postal (la) // tarjeta (la)
κασέλα, η baúl (el)
καστανός (-ή -ό) castaño
κατά contra, según, durante
καταγάλανος (-η -ο) muy azul
κατακίτρινος (-η -ο) muy amarillo, **amarillísimo**
κατακόκκινος (-η -ο muy rojo, **rojísimo**
κατάληξη, η sufijo (el), terminación, desinencia (la) (gr.)
κατάλληλος (-η -ο) adecuado
κατάλογος, ο lista, relación (la) // carta (la)
κατάμαυρος (-η -ο) muy negro,
κατανάλωση, η consumo (el)
καταπίεση, η opresión (la)
καταπληκτικός (-ή -ό) sorprendente, asombroso
καταπράσινος (-η -ο) muy verde
καταραμένος (-η -ο) maldito
κάτασπρος (-η -ο) muy blanco,
blanquίσιμο
κατάσταση, η situación (la)
κατάστημα, το tienda (la), almacén (el)
καταστροφή, η destrozo (el), ruina (la)
καταφέρνω lograr, conseguir
καταχώρηση, η registro (el), inscripción (la)
κατεβαίνω bajar
κατεβαίνω bajar(se)
κατευθείαν directamente, derecho
κατήφορος, ο bajada, cuesta (la)
κατοικία, η residencia, casa (la)
κατοικώ vivir, residir, habitar
καφενείο, το café (el)
κείμενο, το texto (el)
κενό, το vacío, hueco (el)
κεντρικός (-ή -ό) céntrico
κεραυνός, ο rayo (el)
κερδίζω ganar
κέρδος, το ganancia (la), beneficio (el)
κεφάλι, το cabeza (la)
κέφι, το buen humor (el), gana(s) (las) // regocijo, júbilo (el)
κήπος, ο jardín (el)
κινδυνεύω correr peligro, peligrar, arriesgarse
κίνδυνος, ο peligro (el)
κίνηση, η movimiento (el) // tráfico (el)
κιόλας ya
κίονας, ο columna (la)
κλαρίνο, το clarinete (el)
κλασικός (-ή -ό) clásico
κλέβω robar // timar, estafar
κλειδί, το llave (la)
κλείνω cerrar // reservar
κλήση, η multa (la)
κλιματιστικό, το aire acondicionado (el)
κλίνω declinar, conjugar (gr.)
κ.λπ. etc.
κόβω cortar // dejar de hacer algo
κοιλιά, η vientre (el)
κοινότητα, η comunidad (la)

κοινωνία, η sociedad (la)
κοινωνικός/ή λειτουργός, ο/η asistente/a social (el/la)
κοινωνικός (-ή -ό) social // sociable
κολύμβηση, η natación (la)
κολυμπάω (-ώ) nadar
κολόνια, η (agua de) colonia (la)
κομμάτι, το pieza (la), trozo (el)
κόμβος, ο cruce, nudo, empalme (el)
κομμωτήριο, το peluquería (la)
κομμωτής, ο peluquero (el)
κομοδίνο, το mesilla (de noche) (la)
κομπολόι, το rosario de cuentas de uso laico
κονιάκ, το coñac (el)
κοντινός (-ή -ό) cercano, próximo
κοπέλα, η chica // novia (la)
κοπελιά, η chica, muchacha // novia (la)
κόσμημα, το joya (la)
κοσμηματοπωλείο, το joyería (la)
κόσμος, ο mundo (el) // gente (la)
κοστίζω valer, costar
κόστος, το coste, importe (el)
κοστούμι, το traje (el)
κουβέντα, η charla (la), palique (el)
κουβεντιάζω charlar
κουβεντούλα, η cháchara (la)
κουδούνι, το timbre (el)
κουνιάδα, η cuñada (la)
κουνιάδος, ο cuñado (el)
κουράζομαι cansarse, fatigarse
κούραση, η cansancio (el), fatiga (la)
κουρασμένος (-η -ο) cansado, fatigado
κουρείο, το barbería (la)
κουρτίνα, η cortina (la), visillo (el)
κουτάλι, το cuchara (la)
κουταλιά, η cucharada (la)
κουτί, το caja (la)
κουτσός (-ή -ό) cojo
κρατάω (-ώ) sujetar, agarrar // durar
κρατικός (-ή -ό) estatal
κράτος, το estado (el)
κρεμμύδι, το cebolla (la)
κρεοπωλείο, το carnicería (la)
κρίνο, το lirio (el)
κρίση, η crisis (la), valor, juicio (el)
κροκόδειλος, ο cocodrilo (el)
κρυολόγημα, το resfriado, constipado (el)
κρυολογημένος (ή -ο) constipado, resfriado
κρυολογώ constiparse, resfriarse
κρυφός (-ή -ό) oculto, secreto
κρυωμένος (-η -ο) resfriado, constipado
κρυώνω tener frío
κτητικός (-ή -ό) posesivo (gr.)
κτήριο, το edificio (el)
κτλ. etc.
κυβέρνηση, η gobierno (el)
κυβικά (εκατοστά), τα centímetros cúbicos (los)
κύκλος, ο círculo, ciclo (el)
κυκλοφοριακός (-ή -ό) de tráfico
κυκλοφορώ circular
κυνήγι, το caza (la)
κώδικας, ο código (el)
κωμωδία, η comedia (la)

Λ λ

λαγάνα, η pan tradicional de forma plana
λάδι, το aceite (el)

λάθος, το error (el), falta, equivocación (la)
λαϊκός (-ή -ό) popular
λαιμός, ο garganta (la)
λάμπα, η bombilla (la)
λατρεία, η culto (el), veneración, adoración (la)
λατρεύω adorar, venerar
λαχανικά, τα verduras (las)
λέγομαι llamarse
(κοινωνικός/ή) λειτουργός, ο/η asistente/a social (el/la)
λείπω ausentarse, faltar
λεμόνι, το limón (el)
λέξη, η palabra (la)
λεξικό, το diccionario (el)
λεπτό, το minuto (el)
λεπτομέρεια, η detalle (el)
λεπτός (-ή -ό) delgado, flaco
λεφτά, τα dinero (el)
λεωφόρος, η avenida (la)
λήγω caducar, expirar
ληστεία, η asalto, atraco (el)
ληστής, ο asaltante, atracador (el)
λιγάκι (un) poquito
λίγο (un) poco
λίγοι (-ες -α) pocos, unos (cuantos/pocos)
λίγος (-η -ο) poco (adj.)
λικέρ, το licor (el)
λιμάνι, το puerto (el)
λινός (-ή -ό) de lino
λίστα, η lista (la)
λίτρο, το litro (el)
λόγια, τα palabras (las)
λογικός (-ή -ό) razonable, lógico
λογιστής, ο contable (el)
λόγος, ο razón (la), motivo (el)
λογοτεχνία, η literatura (la)
λόγω a causa de, debido a
λοιπόν pues, entonces
λουλούδι, το flor (la)
λύκειο, το grado superior del bachllerato
λύνω solucionar, resolver // desatar
λύρα, η lira (la)
λύση, η solución (la)
λωρίδα, η carril (de carretera) (el)

Μ μ

μαγαζί, το tienda (la)
μάγειρας, ο cocinero (el)
μαγείρισσα, η cocinera (la)
μαγείρεμα, το acción de cocinar
μαγειρεύω cocinar
μαγευτικός (-ή -ό) fascinante, encantador
μαγικός (-η -ό) encantador, mágico
μαγιονέζα, η mayonesa (la)
μαζικός (-ή -ό) masivo
μαθηματικά, τα matemáticas (las)
μαιευτήρας, ο/η tocólogo/a (el/la)
μαϊντανός, ο perejil (el)
μακάρι ¡ojalá!
μακιγιάρομαι maquillarse
μακρύς (-ιά -ύ) largo, alargado
μαλακός (-ή -ό) blando, suave
μαλακώνω ablandar, suavizar
μαλλί, το lana (la)
μαλλιά, τα cabello, pelo (el)
μάλλινος (-η -ο) de lana
μάλλον más bien, mejor dicho // seguramente
μαλώνω reñir, pelearse // regañar

μαμά, η mamá (la)
μανιτάρι, το champiñón (el)
μαντείο, το oráculo (el)
μαντεύω adivinar
μαξιλάρι, το almohada (la), cojín (el)
μάρκα, η marca (la)
μασκαρεύομαι disfrazarse
μάτι, το ojo (el)
ματιά, η ojeada, mirada (la), vistazo (el)
μαυρισμένος (-η -ο) bronceado, moreno
μαχαίρι, το cuchillo (el)
με con // me (forma átona)
μέγεθος, το talla (la) // tamaño (el)
μεθαύριο pasado mañana
μέθοδος, η método (el)
μεθυσμένος (-η -ο) borracho
μελαχρινός (-ή -ό) moreno
μελετάω (-ώ) estudiar
μέλι, το miel (la)
μελιτζάνα, η berenjena (la)
μελιτζανοσαλάτα, η ensalada de berenjenas
μέλλον, το futuro (el)
μέλλοντας, ο futuro imperfecto (gr.)
μελλοντικός (-ή -ό) futuro
μέλλων (-ουσα -ον) futuro
μελό, το sensiblero, cursi (película, obra teatral, etc.)
μέλος, το miembro, vocal (el)
(ε)μένα (prepos. +) mí, conmigo (forma tónica)
μερική απασχόληση, η trabajo a tiempo parcial
μερικοί (-ές -ά) algunos, unos
μέρος, το lugar, sitio (el), parte (la) // parte (la)
μέσα en, dentro
μεσαίος (-α -ο) mediano, (inter)medio
μέση, η cintura (la) // medio, centro (el)
μεσημεριανός (-ή -ό) de mediodía
μέσο, το medio, recurso (el), influencia (la)
Μεσόγειος, η Mediterráneo (el)
μέσος (-η -ο) medio
μετά después, luego
μετανάστης, ο emigrante (el)
μετάξι, το seda (la)
μεταξύ entre
μεταξωτός (-ή -ό) de seda
μεταφορά, η transporte (el)
μετάφραση, η traducción (la)
μεταχειρίζομαι utilizar, usar
μέχρι hasta
μη(ν) no (+ verbo en subjuntivo)
μήκος, το longitud (la), largo (el)
μήνας, ο mes (el)
μήνυμα, το mensaje (el)
μήπως; ¿acaso?
Μητρόπολη, η Catedral (la)
μηχανάκι, το velomotor, ciclomotor (el)
μηχανή, η máquina (la) // moto (la) // cámara (la) // motor (el)
μηχάνημα, το máquina (la), aparato (el)
μηχανικός, ο/η ingeniero, mecánico (el)
Μικρά Ασία, η Asia Menor (la)
μικροβιολόγος, ο/η microbiólogo/a (el/la)
μινωικός (-ή -ό) minoico
μισθός, ο sueldo, salario (el)
μισός (-ή -ό) medio
μισώ odiar
μ.μ. p.m.
μνήμη, η memoria (la)
μοιράζομαι compartir
μοιράζω repartir, distribuir

μόλις apenas // nada más + verbo, en cuanto, apenas
μολυβοθήκη, η lapicero (el)
μολυσμένος (-η -ο) contaminado, poluto
μοναξιά, η soledad (la)
μόνο sólo, solamente
μονοκατοικία, η casa (la)
μονολεκτικός (-ή -ό) de una sola palabra
μόνος (-η -ο) solo
μονός (-ή -ό) individual (habitación) // impar
μόριο, το partícula (la) (gr.) // molécula (la)
μορφή, η forma, figura (la)
μορφώνω educar, instruir, formar
μούσι, το barba (la)
μουσικός (-ή -ό) musical
μπαίνω entrar
μπακαλιάρος, ο bacalao (el)
μπάλα, η pelota (la)
μπαλέτο, το ballet (el)
μπαλκονόπορτα, η puerta de balcón (la)
μπαμπάς, ο papá (el)
μπανιέρα, η bañera (la)
μπάνιο, το baño, (cuarto de) baño (el)
μπάσκετ, το baloncesto (el)
μπαχάρι, το especie (la)
μπλε azul
μπλέκομαι implicarse, involucrarse, meterse, liarse
μπλέκω liar(se), enredar(se), meter(se)
μπλέντερ, το batidora (la)
μπλοκάκι, το pequeño bloc, libreta (la)
μπλούζα, η blusa (el)
μπλουτζίν, το vaqueros, tejanos (los)
μπογιά, η pintura (la)
μπορεί puede, tal vez
μπορντό burdeos (color)
μπότα, η bota (la)
μπουφές, ο bufé (el)
μπουκάλι, το botella (la)
μπουφάν, το cazadora (la)
μπράβο (σου) ¡bravo!, ¡muy bien!
μπράντυ, το brandy (el)
μπροστά delante, por delante
μυθιστόρημα, το novela (la)
μυρίζω oler
μυρωδιά, η olor, aroma (el)
μωρό, το bebé (el)

N ν

να para (que), que, a
να que (+ subjuntivo) // aquí, ahí (tiene)
ναός, ο templo (el)
νάτος (-η -ο) ¡aquí está!, ¡aquí tiene!
Ναυτικό, το Marina (la)
ναυτικός, ο marinero el
νέα, τα noticias, novedades (las)
νέκταρ, το néctar (el)
νέοι, οι jóvenes (los)
νέος (-α -ο) joven, nuevo
νευρολόγος, ο neurólogo (el)
νέφος, το espesa niebla producida por la contaminación
νησί, το isla (la)
νηστήσιμος (-η -ο) de ayuno
νίκη, η victoria (la)
νιώθω sentirse
νόημα, το sentido (el)
νοικοκυρά, η ama de casa (la)
νομίζω creer, considerar

νόμος, ο ley (la)
νοσηλευτής, ο enfermero (el)
νοσηλεύτρια, η enfermera (la)
νοσοκόμα, η enfermera (la)
νοσοκόμος, ο enfermero (el)
νόστιμος (-η -ο) sabroso // mono, salado, saleroso
νούμερο, το número (el)
ντοκυμαντέρ, το documental (el)
ντόπιος (-α -ο) indigen, nativo
ντουλάπα, η armario, ropero (el)
ντουλάπι, το armario (el)
ντους, το ducha (la)
ντροπαλός (-ή -ό) vergonzoso, cortado
ντύνομαι vestirse
ντύνω vestir
νυστάζω tengo sueño
νύφη, η nuera (la)
νυχτερινός (-ή -ό) nocturno
νωρίς temprano, pronto
νωρίτερα antes de (que) // más temprano

Ξ ξ

(ε)ξαδέλφη, η prima (la)
(ε)ξαδέλφια, τα primos (los)
(ε)ξάδελφος, ο primo (el)
ξανά de nuevo
ξανθός (-ή -ό) rubio
ξαπλώνω acostarse, tumbarse, echarse
ξαφνικά de repente
ξεκουράζομαι descansar, reposar
ξεκούραση, η descanso, reposo (el)
ξενόγλωσσος (-η -ο) de lengua extranjera
ξενοδοχείο, το hotel (el)
ξένος (-η -ο) extranjero, forastero (el)
ξενώνας, ο albergue (el)
ξερός (-ή -ό) seco
ξεσκονίζω quitar el polvo
ξεχασμένος (-η -ο) olvidado
ξεχνάω (-ώ) olvidar
ξοδεύω gastar
ξύλο, το madera (la)
ξυπνητήρι, το despertador (el)
ξυρίζομαι afeitarse
ξυρίζω afeitar

O ο

όγκος, ο volumen (el)
οδήγηση, η conducción (la)
οδηγία, η instrucción, directiva (la)
οδηγός, ο conductor, chófer (el)
οδοντίατρος, ο dentista (el)
οθόνη, η pantalla (la)
οικογενειακός (-ή -ό) familiar
οικονομικός (-ή -ό) económico, módico
ολοκάθαρος (-η -ο) limpísimo
ολοκαίνουργιος (-α -ο) novísimo
ολόλευκος (-η -ο) blanquísimo
ολόφρεσκος (-ια -ο) fresquísimo
ολόχρυσος (-η -ο) doradísimo
Ολυμπιακοί Αγώνες, οι Juegos Olímpicos
ολυμπιονίκης, ο/η campeón olímpico
Όλυμπος, ο Olimpo
ομελέτα, η tortilla (la)
ομορφιά, η belleza (la)
όνειρο, το sueño (el)
ονομάζω llamar, nombrar, denominar
όπερα, η ópera (la)

Vocabulario

ο οποίος (η οποία, το οποίο) quien, el/ la/ lo que, (el/ la) cual, que
οποιοσδήποτε (οποιαδήποτε, οποιοδήποτε) quienquiera, cualquier(a)
όποτε siempre que, cuando quiera que
οπωσδήποτε como sea, de cualquier modo, sin falta
όπως-όπως descuidadamente, con descuido, de prisa y corriendo
οργανισμός, ο organismo (el)
όργανο, το instrumento (el) // órgano (el)
οργάνωση, η organización (la)
ορθογώνιος (-α -ο) rectangular
ορθόδοξος (-η -ο) ortodoxo
ορθοπεδικός (ορθοπαιδικός), ο/η ortopédico el/la
όριο, το límite (el)
ορισμός, ο definición (la)
ορχήστρα, η orquesta (la)
όσοι (-ες -α) cuantos
όσος (-η -ο) cuanto (adj.)
ούρα, τα orina (la)
ουρανός, ο cielo (el)
ούτε... ούτε ni... ni..., ni... tampoco...
οφθαλμίατρος, ο oculista, oftalmólogo (el)

Π π

παγκόσμιος (-α -ο) mundial, universal
παγωτό, το helado (el)
(μου/σου κτλ.) πάει me va, te va
παθαίνω padecer, sufrir
παθητική (φωνή), η (voz) pasiva
παθολόγος, ο médico general, médico de cabecera (el)
παιδίατρος, ο pediatra (el)
παιδικός (-ή -ό) infantil
παίζω jugar // actuar
παίρνω tomar, coger
πακέτο, το paquete (el)
Πακιστάν, το Pakistán
παλάμη, η palma (la)
πάλι de nuevo, otra vez
παλιός (-ά -ό) viejo, antiguo
παλτό, το abrigo (el)
Παναγία, η Virgen
πανάκριβος (-η -ο) carísimo
πανάρχαιος (-α -ο) antiquísimo
πανάσχημος (-η -ο) feísimo
πανέμορφος (-η -ο) guapísimo
πανεπιστήμιο, το universidad (la)
πανηγύρι, το feria, fiesta (la)
πάντα siempre
παντελόνι, το pantalón (el)
παντρεύομαι casarse
πάντως de todas maneras/formas, en todo caso
πανύψηλος (-η -ο) altísimo
πάνω sobre, encima, arriba
παπούτσι, το zapato (el)
παππούς, ο abuelo (el)
πάρα requete-
παραγγελία, η pedido, encargo (el), orden (la)
παράγραφος, η párrafo (el)
παράδειγμα, το ejemplo (el)
παραδίνω entregar // impartir
παραδοσιακός (-ή -ό) tradicional
παραθετικά, τα grados de comparación (gr.)
παράθυρο, το ventana (la)
παρακαλώ rogar, pedir por favor

παρακάτω más adelante, más allá
παρακείμενος, ο pretérito perfecto (gr.)
παρακολουθώ seguir, asistir
παραλαβή, η entrega (la)
παραλαμβάνω recoger, recibir
παραλία, η playa (la)
παραλιακός (-ή -ό) litoral, marítimo
παραμένω permanecer
παραμύθι, το cuento (el)
παράξενος (-η -ο) curioso, extraño
παραπάνω más arriba // más, de más
παραπονιέμαι quejarse, protestar
παρατατικός, ο pretérito imperfecto (gr.)
παρέα, η compañía (la), grupo (el) // pandilla (la)
παρελθόν, το pasado (el)
παρένθεση, η paréntesis (el)
Παρθενώνας, ο Partenón (el)
Παρίσι, το París
παρκάρω aparcar
πάρκι(ν)γκ, το aparcamiento (el)
πάρκο, το parque (el)
παρ' όλα αυτά sin embargo
παρόλο που aunque, a pesar de
παρουσιάζω presentar
πάρτι, το guateque (el), fiesta (la)
παρών (ούσα -όν) presente
πασίγνωστος (-η -ο) conocidísimo, celebérrimo
πάστα, η pasta (la), dulce (el)
Πάσχα, το Pascua (la)
πατάτα, η patata (la)
πατέρας, ο padre (el)
πατρικός (-ή -ό) paternal
παχύς (-ιά -ύ) gordo
πεζοπορία, η andadura, caminata (la)
πεζός, ο peatón (el)
πεθαίνω morir(se)
πεθερά, η suegra (la)
πεθερικά, τα suegros (los)
πεθερός, ο suegro (el)
πεινάω (-ώ) tener hambre
πείρα, η experiencia (la)
πειράζει importa (impers.)
πειράζω molestar, fastidiar
Πειραιάς, ο El Pireo
πέλαγος, το alta mar (la)
πελάτης, ο cliente (el)
πενηντάρικο, το billete de cincuenta euros
πεντακοσάρικο, το billete de quinientos euros
περασμένος (-η -ο) pasado
περιβάλλον, το ambiente, contorno (el) // medio ambiente
περιγραφή, η descripción (la)
περιγράφω describir
περίεργος (-η -ο) curioso, extraño
περιοχή, η área, zona (la), distrito (el)
περίπου aproximadamente, más o menos
περιπτεράς, ο quiosquero (el)
περίπτερο, το quiosco (el)
περίπτωση, η caso (el), ocasión (la)
περιττός (-ή -ό) innecesario, prescindible, dispensable
περνάω (-ώ) pasar // transcurrir (tiempo) // cruzar (calle)
περπατάω (-ώ) caminar, andar // pasear
περπάτημα, το andar, caminar (el)
πέρ(υ)σι el año pasado
περσινός (-ή -ό) del año pasado
πετάω (-ώ) volar // tirar, echar, arrojar

πέτρινος (-η -ο) de piedra
πετσέτα, η toalla (la)
πέφτω caer(se), tirarse
πηγή, η fuente (la)
πηδάω (-ώ) saltar // saltarse
πια ya
πιάνο, το piano (el)
πιάνω tocar, coger, agarrar
πιάτο, το plato (el)
πίεση, η presión, tensión (la)
πιθανότητα, η probabilidad (la)
πικάντικος (-η -ο) picante
πιλότος, ο piloto (el)
πίνακας, ο cuadro (el) // pizarra (la) // tablón (el), lista (la)
πινακίδα, η cartel, rótulo (el)
πινακοθήκη, η pinacoteca, galería de arte (la)
πίνω beber
πιο más
πιπέρι, το pimienta (la)
πιρούνι, το tenedor (el)
πιστεύω creer
πίστη, η creencia, fe (la), crédito (el)
πίσω detrás, atrás
πιτσαρία, η pizzería (la)
πλαγιά, η ladera (la)
πλάγια (στοιχεία) (letra) cursiva, letra itálica
πλάγιος (-α -ο) lateral, oblicuo // indirecto
πλαίσιο, το marco (el) // marco (el), moldura (la)
(κάνω) πλάκα divertirse // bromear
πλαστικός (-ή -ό) plástico
πλατεία, η plaza (la)
πλάτη, η espalda (la) // respaldo (el)
πλάτος, το ancho (el), anchura (la)
πλατύς (-ιά -ύ) ancho, amplio, vasto
πλένομαι lavarse
πλένω lavar
πληθυντικός, ο plural (el) (gr.)
πληθυσμός, ο población (la)
πληρεξούσιος (-α -ο) autorizado
πλήρης (-ης -ες) entero, lleno, completo
πληροφορία, η información (la)
πληροφορική, η informática (la)
πληρώνω pagar
πλησιάζω acercar(se), aproximar(se)
πλοίο, το barco, buque (el), nave (la)
Πλούτωνας, ο Pluto
πλυντήριο, το lavadora (la)
π.μ. a.m.
ποδήλατο, το bicicleta (la)
πόδι, το pierna (la) // pata (la)
ποιανού (-ής -ού) ¿de quién?
ποίημα, το poesía (la), poema (el)
ποιος (-α -ο) quién, cuál
ποιότητα, η calidad (la)
πόλεμος, ο guerra (la)
πολεμάω (-ώ) guerrear, hacer la guerra, luchar
πόλη, η ciudad (la)
πολίτης, ο/η ciudadano/a (el/la)
πολιτική, η política (la)
πολίτικος (-η -ο) de origen de Estambul
πολιτισμός, ο cultura, civilización (la)
πολλοί (-ές -ά) muchos
πολύ mucho, muy
πολυεθνικός (-ή -ό) multinacional
πολυθρόνα, η sillón (el), butaca (la)
πολυκατοικία, η casa de vecinos (la)
πολύς (πολλή/πολύ) mucho
πονάω (-ώ) sentir dolor (intrans.)

πονηρός (ή -ό) astuto, pícaro
πονοκέφαλος, ο dolor de cabeza (el), jaqueca (la)
πόνος, ο dolor (el) // pena (la)
ποντίκι, το ratón (el)
πορεία, η curso, proceso, rumbo (el) // marcha (la)
πόρτα, η puerta (la)
πορτατίφ, το lámpara de mesa (la)
πορτοκαλάδα, η zumo de naranja (el), naranjada
πορτοκάλι, το naranja (la)
Ποσειδώνας, ο Poseidón (Neptuno)
πόσοι (-ες -α) ¿cuántos-as?
πόσος (-η -ο) ¿cuánto-a?
ποσοστό, το porcentaje (el)
ποσοτικός (-ή -ό) cuantitativo
ποτάμι, το río (el)
πότε; ¿cuándo?
ποτέ jamás, nunca
ποτήρι, το vaso (el)
ποτό, το bebida (la)
που quien, que
πού ¿dónde?
πουθενά en/a ninguna parte, en/a ningún lugar
πουκάμισο, το camisa (la)
πουλάω (-ώ) vender
πουλί, το pájaro (el)
πουλόβερ, το jersey (el)
πούρο, το cigarro, puro (el)
πράγμα, το cosa (la)
πραγματικά realmente, efectivamente
πραγματικότητα, η realidad (la)
πραγματοποιώ realizar, efectuar
πράξη, η acción (la), acto (el)
πράσινος (-η -ο) verde
πρέπει haber que, tener que, deber (impers.)
πρίγκιπας, ο príncipe (el)
πριν antes (de)
προάστιο, το suburbio, barrio (el)
προβάλλω proyectar, alegar, extender, ofrecer
προβλέπω adivinar, prever, prevenir
πρόβλημα, το problema (el)
πρόγραμμα, το programa (el)
πρόεδρος, ο presidente (el)
προηγούμενος (-η -ο) anterior, previo, precedente
πρόθεση, η preposición (la) (gr.)
προϊστάμενος, ο superior, jefe (el)
προκαταρκτικός (-ή -ό) preliminar
πρόκειται για tratarse de (imp.)
πρόκειται να ir(se) a (imp.)
προλαβαίνω llegar a tiempo // anticipar
πρόοδος, η progreso (el)
Προπό, το quiniela (la)
προπόνηση, η entrenamiento (el)
προς hacia, α
προσεκτικός (-ή -ό) cuidadoso, cauteloso // atento
προσέχω cuidar, tener cuidado // atender // prestar atención
προσθέτω añadir, agregar
προσκαλώ invitar
πρόσκληση, η invitación (la)
προσπαθώ intentar, esforzarse
προσπερνάω (-ώ) adelantar(se)
προστακτική, η imperativo (el) (gr.)
προστατεύω proteger
προσφέρω ofrecer
προσωπικό, το personal (el), plantilla (la)

προσωπικός (-ή -ό) personal
πρόσωπο, το persona (la) // cara (la), rostro (el)
προσωρινός (-ή -ό) provisional, temporal
πρόταση, η oración, proposición (la)
προτείνω proponer, sugerir
προτιμάω (-ώ) preferir
προτίμηση, η preferencia, predilección (la)
προφητικός (-ή -ό) profético
προχθές (προχτές) anteayer
προχωρημένος (-η -ο) avanzado
προχωρώ proceder // avanzar
πρωθυπουργός, ο primer ministro (el)
πρωί, το mañana (la)
πρωινό, το desayuno (el)
πρώτα primero (adv.)
πρωτεύουσα, η capital (la)
Πρωτοχρονιά, η Nochevieja (la)
πτυχίο, το título (universitario)
πυρετός, ο fiebre (la)
πυροσβέστης, ο bombero (el)
πυροσβεστική, η cuerpo de bomberos (el)
π.χ. p. ej.
πωλείται se vende
πωλητής, ο vendedor (el)
πως que
πώς ¿cómo? // ¿cómo nó?
πώς και πώς nover la hora de, estar en ascuas

Ρ ρ

ραδιόφωνο, το radio (la)
ραλίστας, ο ralista, corredor de rally (el)
ραντεβού, το cita (la)
ρεσεψιόν, η recepción (la)
ρέστα, τα vuelta (la)
ρετσίνα, η vino resinado
(ηλεκτρικό) ρεύμα, το corriente eléctrica
ρήμα, το verbo (el) (gr.)
ριζικός (-ή -ό) radical
ρίχνω lanzar, tirar, echar, arrojar
ρόδα, η rueda (la)
ρολόι, το reloj (el)
ρόλος, ο rol, papel (el)
ρομαντικός (-ή -ό) romántico
ρούχα, τα ropa (la)
ρύζι, το arroz (el)
ρωτάω (-ώ) preguntar

Σ σ

σαββατοκύριακο, το fin de semana (el)
σακ(κ)άκι, το chaqueta (la)
σακούλα, η bolsa (la)
σαλόνι, το salón (el)
σάλτσα, η salsa (la)
σαν como
σάντουϊτς, το bocadillo (el)
σαπούνι, το jabón (el)
σγουρός (-ή -ό) rizado, ensortijado
σέβομαι respetar
σειρά, η fila (la) // turno (el) // serie (la)
σε λίγο dentro de poco, dentro de un rato
σελίδα, η página (la)
σενάριο, το guión (el)
σερβιτόρος, ο camarero (el)
σηκώνομαι levantarse
σηκώνω levantar, alzar, elevar
σήμα, το señal (la)

σημαίνει significa (impers.)
σημαντικός (-ή -ό) importante, significativo
σημασία, η significado (el) // significación, importancia, trascedencia (la)
(δίνω) σημασία dar atención
σημείωμα, το nota (la)
σημειώνω apuntar
σημείωση, η nota (la), apunte (el)
σήμερα hoy
σημερινός (-ή -ό) actual, de hoy
σίριαλ, το serial (el)
σιγά lentamente, despacio // suavemente // en voz baja
σιγουρεύομαι asegurarse
σίγουρος (-η -ο) seguro
σιδερώνω planchar
Σικάγο, το Chicago
Σικελία, η Sicilia
σινεμά, το cine (el)
σιωπηλός (-ή -ό) silencioso
σκάλα, η escalera (la)
σκάφος, το nave, embarcación (la)
σκελετός, ο esqueleto (el)
σκέφτομαι (σκέπτομαι) pensar
σκέψη, η pensamiento (el), reflexión (la)
σκηνή, η escenario (el), escena (la) // escena, secuencia (la)
σκίτσο, το dibujo, esbozo (el)
σκόνη, η polvo (el)
σκορδαλιά, η salsa parecida al alioli
σκοτώνω matar
σκουπίδια, τα basura (la)
σκουπιδιάρικο, το camión de basura (el)
σκουπίζω barrer // secar(se), enjugar(se)
σκούρος (-α -ο) oscuro
σκυλί, το perro (el)
σκύλος, ο perro (el)
σοβαρός (-ή -ό) serio, grave
σόκ, το choque (el)
σοκολάτα, η chocolate (el)
σολίστ, ο solista (el)
σουηδικός (-ή -ό) sueco (cosas)
σούπα, η sopa (la)
σουπερμάρκετ, το supermercado (el)
σοφία, η sabiduría, sapiencia (la)
σπάζω romper
σπάνιος (-α -ο) raro
σπεσιαλιτέ, η especialidad (la)
σπετζοφάι comida picante con salchichas tomate y pimientos
σπίρτο, το cerilla (la)
σπιτάκι, το casita (la)
σπορ, το deporte (el)
σπορ deportivo, desenfadado
σπουδάζω estudiar
σπουδαστής, ο estudiante (el)
σπρώχνω empujar
στάδιο, το estadio (el)
σταθερός (-ή -ό) estable, constante, firme
στάθμευση, η estacionamiento, aparcamiento
σταματάω (-ώ) parar(se), detenerse(se)
στάση, η parada (la)
στατιστικές, οι estadísticas (las)
σταυρός, ο cruz (la)
σταφίδα, η uva seca (la)
στέκομαι estar de pie/ parado/derecho, ponerse de pie
στέλνω enviar, mandar
στενός (-ή -ό) estrecho // ajustado

Vocabulario

στενοχωριέμαι apenarse, abrumarse, apesadumbrarse
στήλη, η columna (la)
στην υγειά σας! ¡a su/vuestra salud!
στήριξη, η apoyo, soporte (el)
στίβος, ο pista (la)
στιγμή, η momento (el)
στιλ, το estilo (el)
στοιχεία, τα datos (los) // letras (las)
στολή, η uniforme (el)
στόμα, το boca (la)
στομάχι, το estómago (el)
στοπ, το stop (el)
στρατός, ο ejército (el)
στρίβω girar, doblar // torcer
στρογγυλός (-ή -ό) redondo
στρώνω poner la mesa // hacer la cama
συγγενής, ο pariente (el)
συγγραφέας, ο escritor, autor (el)
συγκεκριμένος (-η -ο) preciso, concreto
συγκρίνω comparar
σύγκριση, η comparación la
συγκριτικός (-ή -ό) comparativo
συγκρότημα, το grupo, conjunto (musical) // conjunto, complejo (el)
συγνώμη (pedir) perdón / permiso
σύγχρονος (-η -ο) contemporáneo, moderno, actual
συγχωρώ perdonar, disculpar
συζήτηση, η conversación, charla (la)
συλλαβή, η sílaba (la)
σύλλογος, ο asociación, sociedad (la), club (el)
συμβαίνει pasa, ocurre, sucede (imp.)
συμβουλεύω aconsejar, asesorar
συμβουλή, η consejo (el)
συμμαθητής, ο compañero de clase (el)
συμμετέχω participar, integrar, formar parte
συμμορία, η clan (el), banda, cuadrilla (la)
συμπληρώνω completar, rellenar
σύμπτωμα, το síntoma (el)
συμφέρων (-ουσα - ον) conveniente
σύμφωνα με de acuerdo con, conforme, según
συμφωνία, η acuerdo, tratado el
συμφωνικός (-ή -ό) sinfónico
σύμφωνοι de acuerdo, conforme
συμφωνώ estar de acuerdo/conforme, ponerse de acuerdo, acordar
συναισθηματικός (-ή -ό) sentimental, emocional
συναντάω (-ώ) encontrar
συνάντηση, η encuentro (el)
συναντιέμαι encontrarse con
συναρπαστικός (-ή -ό) apasionante, fascinante
συναυλία, η concierto (el)
συνάχι, το catarro (el)
σύνδεση, η conexión, unión (la)
σύνδεσμος, ο conjunción, asociación, enlace (la)
συνδέω conectar, juntar, acoplar // asociar
συνδυασμός, ο combinación, conexión (la), acoplamiento (el)
συνέδριο, το congreso (el)
συνεννόηση, η entendimiento, acuerdo, (el)
συνεννοούμαι entenderse, estar de acuerdo
συνέντευξη, η entrevista (la)
συνέχεια (συνεχώς) continuamente, todo el tiempo/rato
συνεχίζω continuar, seguir
συνηθισμένος (-η -ο) habitual, corriente

συνήθως normalmente, habitualmente
συνθετικός (-ή -ό) sintético
σύνθετος (-η -ο) compuesto
συνοδηγός, ο copiloto (el)
συνολικά en total
σύνορο, το frontera (la)
συνταγή, η receta (méd., comida), prescripción (la)
σύντομα pronto, brevemente
σύντομος (-η -ο) breve, corto
συντονίζω sintonizar, coordinar
σύντροφος, ο compañero, camarada (el)
συρτάρι, το cajón (el)
συσκευή, η aparato (el)
σύστημα, το sistema (el)
συστήνω presentar // recomendar
συχνός (-ή -ό) frecuente
συχνότητα, η frecuencia (la)
σφουγγαρίζω fregar
(κινούμενα) σχέδια, τα dibujos animado (los)
σχεδιάγραμμα, το plano, esbozo, esquema (el)
σχεδιάζω dibujar, diseñar // planear, planificar
σχέδιο, το dibujo, diseño (el) // plan (el)
σχεδόν casi
σχέση, η relación (la)
σχετικά με en relación con
σχετικός (-ή -ό) relativo, respectivo
σχηματίζω formar
σχολείο, το escuela (la), colegio (el)
σχολή, η escuela (la)
σώμα, το cuerpo (el)
σωστός (-ή -ό) correcto

Τ τ

ταβερνάκι, το tabernita (la)
ταινία, η película la, film (el)
ταίρι, το pareja (la), compañero (el)
ταιριάζω acoplar, emparejar, hacer juego
τα καταφέρνω lograr, conseguir // salir de un apuro
ταλαιπωρία, η fatiga (la)
ταλέντο, το talento (el)
τάλιρο, το moneda de cinco dracmas
ταμείο, το caja (la) // fondo (el)
ταμίας, ο cajero (el)
ταμπλέτα, η tableta (la)
τάξη, η clase (la), curso (el)
ταξί, το taxi (el)
ταξιδεύω viajar
ταξίδι, το viaje (el)
ταξιδιώτης, ο viajero (el)
ταξινομώ clasificar
ταράτσα, η terraza, azotea (la)
τασάκι, το cenicero (el)
ταύρος, ο toro (el)
ταυτότητα, η identidad (la) // carné de identidad (el)
τα χάνω desconcertarse, desasosegarse
ταχυδρομείο, το correo(s) (el)
ταχυδρομώ enviar/mandar por correo
τέλεια perfecto, perfectamente
τέλειος (-α -ο) perfecto
τελειώνω terminar, acabar, finalizar
τελείως completamente, totalmente
τελευταίος (-α -ο) último, reciente
τελικά finalmente, al final
τελικός (-ή -ό) final
τέλος, το final (el)

τέν(ν)ις, το tenis (el)
τέρας, το monstruo (el)
τεράστιος (-α -ο) enorme
τεστ, το prueba (la), test (el)
τέταρτο, το cuarto (el) (hora, medida)
τέτοιος (-α -ο) tal
τετράγωνο, το cuadrado (el) // manzana (la)
τετράγωνος (-η -ο) cuadrado
τετράδιο, το cuaderno (el)
τέχνη, η arte (el)
τεχνικός (-ή -ό) técnico (el)
τζαζ, η jazz (el)
τζάμι, το cristal (el)
τζιν, το vaqueros, tejanos (los)
τηγανητός (-ή -ό) frito
τηλεθεατής, ο telespectador (el)
τηλεόραση, η televisión (la), televisor (el)
τηλεφώνημα, το llamada (telefónica)
τηλεφωνητής, ο telefonista, operador (el)
τηλεφωνήτρια, η telefonista, operadora (la)
τηλέφωνο, το teléfono (el)
τηλεφωνώ telefonear, llamar (por teléfono)
τιμή, η precio (el)
τίνος de quién
τίποτε nada
τίτλος, ο título (el)
τμήμα, το departamento (el), sección (la) // parte (la)
τοιχογραφία, η fresco (el)
τολμάω (-ώ) atreverse tener valor
το μόνο lo único
τονίζω acentuar // señalar, hacer hincapié, destacar
τοπικός (-ή -ό) local
τόπος, ο lugar (el)
τόσο tan(to)
τοστ, το sandwich (el), tostada (la)
τότε entonces, en aquel entonces
τουαλέτα, η aseo, lavabo (el) // tocador (el)
τουλάχιστον por lo/al menos
τουρίστας, ο turista (el)
τουριστικός (-ή -ό) turístico
τραβάω (-ώ) tirar, arrastrar
τραγουδάω (-ώ) cantar
τραγουδιστής, ο cantante (el)
τραγωδία, η tragedia (la)
τράπεζα, η banco (el)
τραπεζάκι, το mesita (la)
τραπεζαρία, η comedor (el)
τραπέζι, το mesa (la)
τρελός (-ή -ό) loco
τρένο, το tren (el)
τρέξιμο, το carrera (la), acción de correr
τρέχω correr
τρίγωνο, το triángulo (el)
τριήμερο, το período de tres días
τρόλεϊ, το trolebús (el)
τρόμος, ο terror (el)
τρόπος, ο modo (el), manera, forma (la)
τροχαίος (-α -ο) de tráfico
τροχαία, η policía de tráfico (la)
τροχός, ο rueda (la)
τρύπα, η agujero (el)
τρώω comer
τσάι, το té (el)
τσάντα, η bolso (el)
τσέπη, η bolsillo (el)
τσιγάρο, το cigarrillo (el)
τσιμπάω (-ώ) pellizcar, pinchar // picar
τύπος, ο tipo (el)

τυρί, το   queso (el)
τυροπιτάκι, το   empanadita de queso (la)
τυχερός (-ή -ό)   afortunado, el que tiene suerte
τώρα   ahora

Υ υ

υγεία, η   salud (la)
υγιής (-ής -ές)   sano
υγρό, το   líquido (el)
υδραυλικός, ο   fontanero (el)
υλικό, το   material (el) // ingrediente (el)
υπάλληλος, ο   empleado, funcionario (el)
υπάρχει   hay (imp.)
υπάρχω   existir
υπάρχων (-ουσα -ον)   existente, actual
υπερθετικός, ο   superlativo (el) (gr.)
υπέροχος (-η -ο)   excelente, superior
υπερσυντέλικος, ο   pretérito
   pluscuamperfecto (gr.)
υπερφυσικός (-ή -ό)   sobrenatural
υπηρεσία, η   servicio (el)
υπνοδωμάτιο, το   dormitorio (el)
ύπνος, ο   sueño (el)
υπογραμμίζω   subrayar // señalar
υπόθεση, η   asunto, caso (el) // hipótesis,
   suposición (la), supuesto (el)
υποθετικός (-ή -ό)   condicional (gr.) //
   hipotético, supuesto
υπολογίζω   calcular
υπόλοιπος (-η -ο)   restante, sobrante
υπομονή, η   paciencia (la)
ύποπτος (-η -ο)   sospechoso
υπόσχομαι   prometer, comprometerse
υποτακτική, η   subjuntivo (el) (gr.)
υποχρεωμένος (-η -ο)   obligado
υποχρεωτικός (-ή -ό)   obligatorio
ύστερα   después, luego
υφαντό, το   prenda/objeto de lana tejida
   a mano
ύφασμα, το   tela (la), tejido (el)
ύψος, το   altura (la)

Φ φ

φαγητό, το   comida (la)
φαίνομαι   parecer, aparecer
φαινόμενο, το   fenómeno (el)
φάκελος, ο   sobre (el) // expediente (el)
φακός, ο   lente, lentilla (la) // lupa (la) //
   linterna (la)
φανάρι, το   semáforo (el)
φαντάζομαι   imaginarse
φαντάρος, ο   soldado (el)
φαντασία, η   imaginación (la)
φάντασμα, το   fantasma (el)
φανταστικός (-ή -ό)   imaginario // fantastico
φαρδύς (-ιά -ύ)   ancho
φάρμακο, το   medicamento (el), medicina (la)
φέρνω   traer, llevar
φεστιβάλ, το   festival (el)
φετινός (-ή -ό)   de este año
(ε)φέτος   este año
φεύγω   irse, marcharse
φθινοπωρινός (-ή -ό)   otoñal
φθινόπωρο, το   otoño (el)
φιλάω (-ώ)   besar
φιλικός (-ή -ό)   amistoso
φιστίκι, το   pistacho (el) // cacahuete (el)

φλιτζάνι, το   taza (la)
φλούδι, το   corteza, cáscara, piel (la)
φόβος, ο   miedo (el)
φοιτητής, ο   estudiante (el)
φοιτήτρια, η   estudiante (la)
φορά, η   vez (la)
φοράω (-ώ)   vestir, llevar, ponerse
φόρος, ο   impuesto (el)
φορτηγό, το   camión (el)
φόρτιση, η   carga (la)
φούρνος, ο   horno (el) // panadería (la)
φούστα, η   falda (la)
φράση, η   frase, oración (la)
φρεσκάρω   refrescar
φρέσκος (-ια -ο)   fresco
φροντίζω   cuidar
φροντιστήριο, το   academia privada (la)
φρούτο, το   fruta (la), fruto (el)
φρυγανιά, η   tostada (la)
φταίω   tener la culpa
φτάνει   ¡basta! (imp.)
φτάνω   llegar, arribar
φτιάχνω   hacer, preparar, arreglar
φτουράω   dar de si, cundir
φτωχός (-ή -ό)   pobre
φύλακας, ο   guardia, guardián (el)
φυλακή, η   cárcel, prisión (la)
φύλο, το   sexo (el)
φυσικός (-ή -ό)   natural
φυσική, η   física (la)
φυσιογνωμία, η   fisonomía (la)
φωνάζω   gritar, llamar, chillar
φωνή, η   voz (la)
φωνήεν, το   vocal (la)
φως, το   luz (la)
φωτεινός (-ή -ό)   luminoso, claro, brillante
φωτιά, η   fuego (el)
φωτιστικό, το   lámpara (la)
φωτογράφος, ο   fotógrafo (el)

Χ χ

χαιρετάω (-ώ)   saludar
χαίρομαι   alegrarse, estar encantado
χαλάω (-ώ)   estropear, destrozar // cambiar
   (dinero)
χαλασμένος (-η -ο)   averiado, estropeado
χάλια, τα   porquería, birria (la), bodrio (el) //
   (estar) fatal
χάλκινος (-η -ο)   de bronce
Χρυσός Οδηγός, ο   páginas amarillas
χαμηλός (-ή -ό)   bajo
χαμογελαστός (-ή -ό)   sonriente
χάνω   perder
χάπι, το   pastilla, píldora (la)
χαρά, η   alegría (la)
χαρακτηριστικό, το   característico (el)
χάρη, η   favor (el) // gracia (la), encanto (el)
χαρίζω   regalar, obsequiar
χαρτζιλίκι, το   dinerillo, dinero de bolsillo (el)
χαρτί, το   papel (el)
χαρτιά, τα   papeles, documentos (los) //
   cartas (de naipe)
χαρτοπετσέτα, η   servilleta (la)
χαρτοφύλακας, ο   cartera (la)
χασμουριέμαι   bostezar
χατίρι, το   favor (el)
χειμερινός (-ή -ο)   invernal, de inverno
χειμωνιάτικος (-η -ο)   invernal, de invierno
χειρούργος, ο   cirujano (el)

χέρι, το   mano (la)
χερούλι, το   asa (la), mango (el)
χημικός, ο   químico (el)
χθεσινός (-ή -ό)   de ayer
χιλιάδες, οι   miles
χιόνι, το   nieve (la)
χιούμορ, το   humor (el)
χοντρός (-ή -ό)   gordo, grueso
χορεύω   bailar, danzar
χορός, ο   danza (la), baile (el)
χρειάζεται   hacer falta (imp.)
χρειάζομαι   necesitar, hacer falta a algn. algo
χρήματα, τα   dinero (el)
χρήσιμος (-η -ο)   útil
χρησιμοποιώ   utilizar, usar
χρησμός, ο   oráculo (el)
χριστιανός, ο   cristiano
Χριστούγεννα, τα   Navidad (la)
χρόνια, τα   años (los)
χρονίζω   cumplir un año // tardar mucho
χρονικός (-ή -ό)   relativo al tiempo
χρόνος, ο   tiempo // año (el)
χρυσός (ή -ό)   dorado, de oro
Χρυσός Οδηγός, ο   páginas amarillas (las)
χρώμα, το   color (el)
χρωστάω (-ώ)   deber (+sust.)
χτένι, το   peine (el)
χτενίζομαι   peinarse
χτενίζω   peinar
χτυπάω (-ώ)   tocar, golpear // sonar (teléfono)
χυμός, ο   zumo, jugo (el)
χώρα, η   país (el)
χωρίζω   separar // separarse, romper
   (una relación)
χωρίς   sin

Ψ ψ

ψάρι, το   pez, pescado (el)
ψαροταβέρνα, η   taberna de pescado (la)
ψάχνω   buscar
ψέμα, το   mentira (la)
ψήνω   asar, tostar
ψιλά, τα   calderilla (la), (dinero) suelto
ψιλοκομμένος (-η -ο)   picadillo (el), picadito
ψυγείο, το   nevera (la), frigorífico (el)
ψυχαγωγώ   divertir, entretener, distraer, recrear
ψυχίατρος, ο   psiquiatra (el)
ψώνια, τα   compra(s) (la-s)
ψωνίζω   comprar

Ω ω

ώμος, ο   hombro (el)
ώρα, η   hora (la) // tiempo, rato (el)
ωραία   bien
ωραίος (-α -ο)   bonito, hermoso
ωραιότητα, η   belleza, hermosura (la)
ώρες αιχμής, οι   horas punta
ώσπου   hasta que
ωστόσο   sin embargo
ωτορινολαρυγγολόγος (ωριλά), ο
   otorrino(laringólogo) (el)

Vocabolario

A α

αβγό (αυγό), το l'uovo
αγαπημένος (-η -ο) amato, preferito
αγαπητός (-ή -ό) caro
αγγελία, η l'annuncio, l'inserzione
αγία, η la santa
άγιος, ο il santo
άγνωστος (-η -ο) sconosciuto, ignoto
άγχος, το l'ansia, l'angoscia, lo stress
αγώνας, ο la lotta // la gara, la partita
αγωνία, η l'ansia, l'angoscia
άδεια, η il permesso, la licenza
αδέλφια, τα i fratelli
Άδης, ο l'Ade
αδύνατος (-η -ο) magro // debole
αεροπορία, η l'aviazione
αθάνατος (-η -ο) immortale
Αθηνά, η Atena (Minerva)
αθλητής, ο l'atleta
αθλητικός (-ή -ό) atletico, sportivo
αθλήτρια, η l'atleta
αίμα, το il sangue
αισθάνομαι sentire, provare, sentirsi
αίσθηση, η la sensazione // il senso
αίτηση, η la domanda
αιτία, η la causa, la ragione
αιτιατική, η l'accusativo (gr.)
αιώνας, ο il secolo
ακατάλληλος (-η -ο) inadatto
ακολουθώ seguire
ακόμα και αν anche se, persino
ακόμα και όταν anche quando
άκρη, η l'estremità, il bordo
ακριβώς esattamente, proprio
ακροαματικότητα, η (indice d')ascolto (TV)
ακροθαλασσιά, η la riva, la spiaggia
ακτινογραφία, η la radiografia
ακτινολόγος, ο/η il radiologo
αλάτι, το il sale
αλήθεια, η la verità
αλήθεια veramente, davvero // a proposito
αλλάζω cambiare
αλλεργία, η l'allergia
αλληλογραφία, η la corrispondenza
αλλιώς altrimenti
αλλού altrove
άλλωστε d'altronde
άλμα, το il salto
αλουμίνιο, το l'alluminio
αμβροσία, η l'ambrosia
Άμεση Δράση, η il Pronto Intervento
άμεσος (-η -ο) diretto, immediato
αμνηστία, η l'amnistia
αμοιβή, η il compenso, la retribuzione
αμφιβολία, η il dubbio, l'incertezza
αν se
αν και benché, anche se
ανά per, a
αναγκάζομαι essere costretto
ανάγκη, η il bisogno
ανακαλύπτω scoprire
ανακατεύω mescolare, mischiare
ανακοινώνω annunciare
ανάκτορο, το il palazzo
ανάλογα a seconda, in modo adeguato
ανάλογος (-η -ο) corrispondente, analogo
αναπνευστικός (-ή -ό) respiratorio
αναπνοή, η il respiro, la respirazione
αναρωτιέμαι chiedersi

ανασκαφή, η lo scavo
ανατολή, η l'est
ανατολικός (-ή -ό) orientale, dell'est
αναφέρω riferire, menzionare // riportare
αναφορά, η la relazione, il rapporto
αναφορικός (-ή -ό) relativo (gr.)
ανεβαίνω salire
ανέκδοτο, το l'aneddoto, la barzelletta
ανεργία, η la disoccupazione
άνετος (-η -ο) comodo // disinvolto
ανήκω appartenere
ανησυχητικός (-ή -ό) preoccupante
ανησυχώ preoccuparsi, preoccupare
ανθρωπιά, η l'umanità
ανθρώπινος (-η -ο) umano
ανθρωπιστικός (-ή -ό) umanitario
άνθρωποι, οι la gente, le persone
άνθρωπος, ο l'uomo, l'essere umano
ανίψια, τα i nipoti
ανιψιά, η la nipote
ανιψιός, ο il nipote
ανόητος (-η -ο) sciocco, stupido
άνοιξη, η la primavera
ανοιξιάτικος (-η -ο) primaverile
ανταλλάσσω (-ζω) scambiare
άντε! dài ! va'!
αντέχω sopportare, resistere
αντί invece di
αντίθετος (-η -ο) opposto
αντικαθιστώ sostituire, rimpiazzare
αντικείμενο, το l'oggetto
αντίρρηση, η l'obiezione
αντωνυμία, η il pronome (gr.)
ανώμαλος (-η -ο) irregolare, anormale
ανώτατος (-η -ο) massimo, supremo
ανώτερος, ο il superiore
αξέχαστος (-η -ο) indimenticabile
αξία, η il valore
αόριστος, ο il passato remoto (gr.)
απαγορεύεται è vietato, è proibito
απαγορεύω vietare, proibire
απαντήσεις, οι i risultati (med.)
απαραίτητος (-η -ο) indispensabile,
   necessario
απασχολημένος (-η -ο) occupato, impegnato
απασχόληση, η l'impiego, l'occupazione
απέναντι di fronte, dirimpetto
απεργία, η lo sciopero
απέχω distare
απίθανος (-η -ο) incredibile
απλός (-ή -ό) semplice
απλώνω stendere
απογευματινός (-ή -ό) pomeridiano
απόδειξη, η la ricevuta
αποθετικό ρήμα, το il verbo deponente (gr.)
αποκλείεται να è impossibile che,
   è escluso che
Απόλλωνας, ο Apollo
απόλυτος (-η -ο) assoluto
απολύτως assolutamente
απομνημονεύματα, τα le memorie
απορρυπαντικό, το il detersivo
αποτέλεσμα, το il risultato, l' esito
αποτελούμαι consistere
αποφασίζω decidere
άποψη, η il parere, il punto di vista
απών (ούσα -όν) assente
άρα dunque, quindi
αργά tardi // lentamente
αργία, η il giorno festivo, la festa

αργότερα più tardi
αργυρός (-ή -ό) d'argento
αργώ ritardare, fare tardi
Άρης, ο Marte
αριστερός (-η -ο) sinistro, di sinistra
αρκετά abbastanza, sufficientemente
αρκετοί (-ες -ά) svariati, parecchi
αρκετός (-ή- ό) sufficiente, bastante
αρνιέμαι (αρνούμαι) rifiutare // negare
αρρωσταίνω ammalarsi
αρρώστια, η la malattia
άρρωστος (-η -ο) malato
αρσενικός (-ή -ό) maschile
άρση βαρών, η il sollevamento pesi
Άρτεμις, η Artemide (Diana)
αρχές, οι le Autorità // l'inizio
αρχή, η l'inizio // il principio
αρχοντικό, το la casa signorile
ασημένιος (-α -ο) d'argento
ασημικά, τα l'argenteria
ασθενοφόρο, το l'ambulanza
άσκηση, η l'esercizio
άσος, ο l'asso
ασπιρίνη, η l'aspirina
αστειεύομαι scherzare
αστυνομία, η la polizia
αστυνομικός, ο il poliziotto
αστυνομικός (-ή -ό) di polizia, poliziesco
αστυνόμος, ο il commissario di polizia
αστυφύλακας, ο l'agente di polizia
ασφάλεια, η la sicurezza
ασφαλώς certamente, sicuramente
ασχολούμαι occuparsi
άτομο, το la persona, l'individuo
ατύχημα, το l'incidente
άτυχος (-η -ο) sfortunato
αύξηση, η l'aumento
αυριανός (-ή -ό) di domani
αυτί, το l'orecchio
αυτός (-ή -ό) egli, lui // questo
αφαιρώ togliere, sottrarre
αφεντικό, το il capo, il boss
αφήνω lasciare
αφορά riguarda, concerne
αφρικανικός (-ή -ό) africano (di cose)
Αφροδίτη, η Afrodite (Venere)

B β

βάζο, το il vaso
βάζω mettere
βαθμολογία, η la votazione
βαθμός, ο il voto, il grado
βάθος, το la profondità
βαθύς (-ιά -ύ) profondo
βαλίτσα, η la valigia
βαμβακερός (-ή -ό) di cotone
βαμβάκι, το il cotone
βαρετός (-ή -ό) noioso
βαριέμαι annoiarsi
βάρος, το il peso
βαρύς (-ιά- ύ) pesante, forte
βασικός (-ή -ό) basilare, fondamentale
βασιλιάς, ο il re
βάφομαι truccarsi
βέβαια (βεβαίως) sicuramente, certamente
βελτιώνω migliorare
βενζινάδικο, το il distributore di benzina
βενζίνη, η la benzina
βεράντα, η la veranda

βία, η   la violenza, la forza
βιάζομαι   andare di fretta, avere fretta
βιαστικά   di fretta, frettolosamente
βιταμίνη, η   la vitamina
βλάβη, η   il guasto, il danno
βλάπτω   danneggiare
βλέμμα, το   lo sguardo
βοηθάω (-ώ)   aiutare, assistere
βοήθεια, η   l'aiuto
βόλεϊ, το   la pallavolo
βόλτα, η   il giro, la passeggiata
βόμβα, η   la bomba
βουνό, το   la montagna, il monte
βούτυρο, το   il burro
βραδινός (-ή -ό)   serale
βρίσκομαι   trovarsi, essere situato
βρίσκω   trovare
βροχή, η   la pioggia

Γ γ

γαϊδούρι, το   l'asino, il somaro
γάμος, ο   il matrimonio, le nozze
γαμπρός, ο   il genero, il cognato
γαρνίρω   guarnire
γελάω (-ώ)   ridere
γεμάτος (-η -ο)   pieno
γενέθλια, τα   il compleanno
γενική, η   il genitivo (gr.)
γεννιέμαι   nascere
γένος, το   il genere (gr.)
γερός (-ή- ό)   forte
γεωργία, η   l'agricoltura
γη, η   la terra
για να   per, allo scopo di
γιαγιά, η   la nonna
γίνομαι   diventare // succedere, avvenire
γιορτάζω   celebrare, festeggiare
γιορτή, η   il giorno festivo // la festa
(ονομαστική) γιορτή, η   l'onomastico
γκάιντα, η   la zampogna
γκρινιάζω   lagnarsi
γκρουπ, το   il gruppo
γλεντάω (-ώ)   divertirsi, far baldoria
γλυκό, το   il dolce
γλυκός (ιά- ό)   dolce
γλώσσα, η   la lingua
γνώμη, η   l'opinione
γνωρίζω   conoscere, sapere
γνωστός (-ή-ό)   conosciuto, noto
γόνατο, το   il ginocchio
γράμμα, το   la lettera
γραμμή, η   la linea
γρήγορος (-η -ο)   veloce, rapido
γρίπη, η   l'influenza
γυάλα, η   la boccia di vetro
γυαλί, το   il vetro
γυαλιά, τα   gli occhiali
γυμνάσιο, το   la scuola media inferiore
γυναικείος (-α -ο)   femminile, da donna
γυναικολόγος, ο   il ginecologo
γυρισμός, ο   il ritorno
γύρω   intorno, attorno

Δ δ

δαγκώνω   mordere
δάσος, το   il bosco, la foresta
δεκάδες, οι   le decine
δεκαετία, η   il decennio

Δεκαπενταύγουστος, ο   Ferragosto
δεκάρικο, το   la banconota da dieci euro
δελτίο, το   il bollettino
δελφίνι, το   il delfino
δέμα, το   il pacco
δέντρο, το   l' albero
δεξιός (-ιά- ιό)   destro
δέρμα, το   la pelle
δερμάτινος (-η -ο)   di pelle
δέρνω   picchiare
δέχομαι   accettare
δηλαδή   cioè, vale a dire
δηλώνω   dichiarare
Δήμητρα, η   Demetra (Cerere)
δημιουργικός (-ή -ό)   creativo
δημοκρατία, η   la democrazia // la repubblica
Δημόσιο, το   lo stato, il settore pubblico
δημοσιογράφος, ο/η   il/la giornalista
δημόσιος (-α -ο)   pubblico, statale
δημοτικό, το   la scuola elementare
δημοτικός (-ή -ό)   comunale
διάβασμα, το   la lettura, lo studio
διαγώνιος (-α -ο)   diagonale
διάδρομος, ο   il corridoio
δίαιτα, η   la dieta
διακοπή (ρεύματος), η   l'interruzione della corrente
διακοπές, οι   le vacanze
διαλέγω   scegliere
διάλειμμα, το   l'intervallo
διάλεξη, η   la conferenza
διάρκεια, η   la durata
διαρκής (-ής -ές)   continuo
διαρκώς   continuamente
διαρρήκτης, ο   lo scassinatore
διάρρηξη, η   lo scasso, il furto con scasso
Δίας, ο   Zeus (Giove)
διασκεδαστικός (ή -ό)   divertente
(χρονικό) διάστημα, το   il periodo (di tempo)
διαφημίσεις, οι   le pubblicità
διαφήμιση, η   la pubblicità
διαφορά, η   la differenza
διαφορετικός (ή -ό)   differente, diverso
διαφωνώ   dissentire, non essere d'accordo
διεθνής (-ής -ές)   internazionale
διευθυντής, ο   il direttore, il dirigente
διηγούμαι   raccontare, narrare
διοίκηση, η   l'amministrazione
διοικητικός (-ή -ό)   amministrativo
Διόνυσος, ο   Dioniso (Bacco)
διορθώνω   correggere
διπλός (-ή -ό)   doppio
διπλωματικός (-ή -ό)   diplomatico
δίσκος, ο   il disco // il vassoio
δισύλλαβος (-η -ο)   bisillabo
δοκιμάζω   provare // assaggiare
δόντι, το   il dente
δόση, η   la rata
δραματικός (-ή -ό)   drammatico
δράση, η   l'azione
δρόμος, ο (100 μέτρων)   la corsa (100 metri)
δύναμη, η   la forza, il potere
δυνατός (-ή -ό)   forte, potente
δυνατότητα, η   la possibilità
δυσκολεύομαι   avere difficoltà
δυσκολία, η   la difficoltà
δυστυχώς   sfortunatamente, purtroppo
δωμάτιο, το   la stanza, la camera
δώρο, το   il regalo, il dono

Ε ε

εβδομαδιαίος (-α -ο)   settimanale
εγγονή, η   la nipote
εγγόνια, τα   i nipoti
εγγονός, ο   il nipote
εγκαίρως (έγκαιρα)   in tempo
έδαφος, το   il suolo, il terreno
έθιμο, το   il costume, l'usanza
εθνικός (-ή -ό)   nazionale
έθνος, το   la nazione
ειδήσεις, οι   le notizie, il telegiornale
ειδικός, ο   lo specialista, l'esperto
ειδικότητα, η   la specializzazione
είδος, το   il genere, il tipo // l'articolo
εικόνα, η   la pittura, l'immagine // l'icona
εικοσάρικο, το   la banconota da venti euro
εικοσιτετράωρο, το   le ventiquattro ore
ειλικρινής (-ής -ές)   sincero
είμαι πτώμα   essere stanco morto
εισαγωγικός (-ή -ό)   introduttivo
είτε... είτε   o... o, sia... sia
είσοδος, η   l'ingresso, l'entrata
εκατοντάδες, οι   le centinaia
(ε)κατοστάρικο, το   la banconota da 100 euro
εκδήλωση, η   la manifestazione
έκθεση, η   la mostra, l'esposizione // il rapporto
εκκλησία, η   la chiesa
εκπαίδευση, η   l'educazione, l'istruzione
εκπαιδευτικός (-ή -ό)   didattico, d'insegnamento
εκπομπή, η   la trasmissione
έκπτωση, η   lo sconto
εκτός από   tranne, eccetto
εκφράζω   esprimere
ελαττώνω   diminuire, ridurre
ελαφρύς (-ιά -ύ)   leggero
ελέγχω   controllare
ελιά, η   l'olivo // l'oliva
ελπίζω   sperare
έμμεσος (-η -ο)   indiretto
έμπειρος (-η -ο)   esperto
εμπόριο, το   il commercio
έμπορος, ο   il commerciante
ενδιαφέρομαι   essere interessato, interessarsi
ενδιαφέρον, το   l'interesse
ενδιαφέρων (-ουσα -ον)   interessante
ενδοκρινολόγος, ο   l'endocrinologo
ενέργεια, η   l'azione, l'atto // l'energia
ενεργητική (φωνή), η   la voce attiva (gr.)
ενεστώτας, ο   il presente indicativo (gr.)
ενημερώνω   informare, aggiornare
ενημέρωση, η   l'informazione, l'aggiornare
ενημερωτικός (-ή -ό)   informativo
έννοια, η   il significato
ενοικιάζεται   si affitta, in affitto
εννοώ   intendere, voler dire
ενοχλητικός (-ή -ό)   fastidioso, importuno
ενοχλώ   disturbare, dar fastidio
εντολή, η   l'ordine, il commando
εντούτοις   però (catarevusa)
εντυπωσιακός (-ή -ό)   impressionante, sensazionale
εντυπωσιασμός, ο   il far colpo
ενώ   mentre // malgrado
(ε)ξαδέλφη, η   la cugina
(ε)ξαδέλφια, τα   i cugini
(ε)ξάδελφος, ο   il cugino
εξαιρετικός (-ή -ό)   eccellente, eccezionale

Vocabolario

εξάμηνο, το il semestre
εξαρτώμαι dipendere
εξαφανίζομαι sparire
εξετάζω esaminare
εξέταση, η l'esame
εξήγηση, η la spiegazione
έξοδος, η l'uscita
εξυπηρετούμαι essere serviti
εξυπηρετώ servire // essere conveniente, agevolare
έξυπνος (-η -ο) intelligente, sveglio
εξωτερικό, το l'estero
εξωτερικός (-ή -ό) esterno, esteriore // estero
εξωτικός (-ή -ό) esotico
επαγγελματικός (-ή -ό) professionale
επανάληψη, η il ripasso, la ripetizione
επαρχία, η la provincia
επείγων (-ουσα -ον) urgente
επειδή poiché
επιβατικός (-ή -ό) per/di passeggeri
επιγραφή, η l'epigrafe // l'insegna
Επίδαυρος, η Epidauro
επίδομα, το il sussidio, l'indennità
επίθετο, το l'aggettivo (gr.) // il cognome
επιθυμία, η il desiderio, la voglia
επιθυμώ desiderare
επικίνδυνος (-η -ο) pericoloso
επικοινωνία, η la comunicazione
επιλέγω scegliere, selezionare
επιμένω insistere, persistere
έπιπλο, το il mobile
επίρρημα, το l'avverbio (gr.)
επισκέπτομαι visitare
επίτηδες intenzionalmente, apposta
επιτρέπω permettere, lasciare
επιχείρηση, η l'impresa, la ditta
επόμενος (-η -ο) seguente, successivo
επομένως quindi
επώνυμο, το il cognome
επώνυμος (-η -ο) conosciuto, firmato
εργάζομαι lavorare
εργαζόμενοι, οι i lavoratori
εργαλείο, το l'attrezzo
εργασία, η il lavoro, il mestiere / la tesina
εργάτης, ο l'operaio
εργατικός (-ή -ό) laborioso
εργάτρια, η l'operaia
έργο, το l'opera // il film
Ερμής, ο Ermete (Mercurio)
Ερυθρός Σταυρός, ο la Croce Rossa
έρωτας, ο l'amore
ερωτευμένος (-η -ο) innamorato
ερωτηματικός (-ή -ό) interrogativo (gr.)
ερωτηματολόγιο, το il questionario
έσοδο, το il provento
Εστία, η Estia (Vesta)
έστω και sia pure
έστω και αν anche se, persino se
εσωτερικός (-ή -ό) interno, interiore
εταιρεία, η la compagnia, la ditta
έτος, το l'anno
έτσι κι αλλιώς tanto, comunque
ευγενικά gentilmente
ευγενικός (-ή -ό) gentile, cortese
ευθεία diritto
ευθύνη, η la responsabilità
ευκαιρία, η l'occasione, l'opportunità
ευτυχισμένος (-η -ο) felice
ευτυχώς fortunatamente, per fortuna
ευχαριστημένος (-η -ο) contento, soddisfatto

ευχάριστος (-η -ο) piacevole
εφόσον visto che, dato che
έχω δίκιο avere ragione

Z ζ

ζακέτα, η la giacchetta, il cardigan
ζάχαρη, η lo zucchero
ζαχαροπλαστείο, το la pasticceria
ζεσταίνομαι avere/sentire caldo
ζεστασιά, η il calore
ζέστη, η il caldo, il calore
ζεστό, το la bevanda calda
ζεστός (-ή -ό) caldo
ζευγάρι, το la coppia // il paio
ζηλεύω essere geloso, invidiare
ζητάω (-ώ) chiedere // domandare
ζητείται cercasi
ζω vivere, essere in vita
ζωή, η la vita

H η

ήδη già
ηθοποιός, ο l'attore
ηλεκτρικός (-ή -ό) elettrico
ηλεκτρικός, ο la metropolitana
ηλεκτρονικός, ο l'ingegnere elettronico
ηλεκτρονικός (-ή -ό) elettronico
ηλικία, η l'età
ηλικιωμένος (-η -ο) anziano, vecchio
(η)μέρα, η il giorno
ημερολόγιο, το il calendario // il diario
ηρεμία, η la calma, la tranquillità
ήρεμος (-η -ο) calmo, quieto
ησυχία, η la quiete
ήττα, η la sconfitta
΄Ηφαιστος, ο Efesto (Vulcano)

Θ θ

θαυμάσιος (-α -ο) meraviglioso, splendido
θεά, η la dea
θέμα, το il tema, l'argomento
θεός, ο il dio
θεραπεία, η la terapia, la cura
θερμόμετρο, το il termometro
θέση, η il posto // la posizione
θηλυκός (-ιά -ό) femminile
θητεία, η il servizio militare
θόρυβος, ο il rumore
θρησκευτικός (-ή -ό) religioso
θυμίζω ricordare
θυμός, ο la rabbia, l'ira
θυμωμένος (-η -ο) arrabbiato
θυμώνω arrabbiarsi
θώρακας, ο il torace

I ι

ιατρική, η la medicina
ιδέα, η l'idea
ιδιαίτερα specialmente, particolarmente
ιδιαίτερος (-η -ο) speciale, particolare // privato (p.e. lezione)
ιδίως specialmente
ιδιωτικός (-ή -ό) privato
ίδρυμα, το l'istituzione
ιερό, το il santuario
ιερός (ή -ό) sacro

ικανοποιητικός (-ή -ό) soddisfacente
ιππόδρομος, ο l'ippodromo
ίσιος (-α -ο) diritto, piano
ίσος (-η -ο) pari, eguale
ισότητα, η la parità, l'eguaglianza
ιστορία, η la storia
ιστορικός (-ή -ό) storico
ισχυρός (-ή -ό) forte

K κ

κάβα, η l'enoteca
καβγάς, ο il litigio, la lite
κάδρο, το il quadro
καημένος (-η -ο) disgraziato, poveretto
Καθαρά Δευτέρα, η il primo lunedì di Quaresima
καθαρίζω pulire
κάθε ogni
κάθε πότε ogni quanto (interr.)
καθένας (καθεμιά, καθένα) ognuno, ciascuno, chiunque
κάθετος (-η -ο) verticale, perpendicolare
καθημερινός (-ή -ό) quotidiano, giornaliero
καθοδήγηση, η la guida
καθολικός (-ή -ό) cattolico
καθόλου affatto
καθρέφτης, ο lo specchio
καθυστέρηση, η il ritardo
καιρός για χάσιμο, ο tempo da perdere
κακός (-ή -ό) cattivo
καλεσμένος (-η -ο) invitato
καλεσμένος, ο l'invitato, l'ospite
καλοκαιρινός (-ή -ό) estivo
καλός (-ή -ό) buono, bravo
κάλτσα, η la calza
καλ(τ)σόν, το il collant
καλύπτω coprire
καλώ chiamare, invitare
(ελεύθερο) κάμπινγκ, το il campeggio (libero)
κανα-δυό un paio
κανάλι, το il canale
καναπές, ο il divano, il sofà
(μου/σου κτλ.) κάνει mi (ti) va bene
κανέλα, η la cannella
κανένας (καμιά, κανένα) qualche, qualcuno (interr.) // nessuno
κανόνας, ο la regola
κανονικός (-ή -ό) regolare, normale
κάνω μπάνιο fare il bagno
κάνω παρέα fare compagnia // frequentare
κάνω πλάκα scherzare
κάπνισμα, το il fumo
καπνιστής, ο il fumatore
καπνός, ο il fumo
(γίνομαι) καπνός sparire, dileguarsi
κάποιος (-α -ο) qualcuno
κάποτε un tempo, una volta
κάπου da qualche parte, in qualche posto
κάπως un poco, piuttosto
καρδιά, η il cuore
καρδιολόγος, ο il cardiologo
καρέκλα, η la sedia
καριέρα, η la carriera
κάρτα, η la cartolina postale
κασέλα, η la cassapanca
καστανός (-ή -ό) castano
κατά durante // contro, verso
καταγάλανος (-η -ο) (tutto) azzurro

κατακίτρινος (-η -ο) tutto giallo
κατακόκκινος (-η –ο) tutto rosso
κατάληξη, η la desinenza
κατάλληλος (-η -ο) adatto, idoneo
κατάλογος, ο la lista, il menú
κατάμαυρος (-η -ο) tutto nero, nerissimo
κατανάλωση, η il consumo
καταπίεση, η l'oppressione
καταπληκτικός (-ή -ό) fantastico, favoloso
καταπράσινος (-η -ο) verdissimo
καταραμένος (-η -ο) maledetto
κάτασπρος (-η -ο) bianchissimo
κατάσταση, η la situazione
κατάστημα, το il negozio
καταστροφή, η la distruzione, il disastro
καταφέρνω riuscire, riuscirci, farcela
καταχώρηση, η la registrazione, l'inserzione
κατεβαίνω scendere
κατευθείαν direttamente
κατήφορος, ο la discesa, il pendio
κατοικία, η l'abitazione, la residenza
κατοικώ abitare, vivere
καφενείο, το il caffè (il locale)
κείμενο, το il testo, il brano
κενό, το il vuoto // la lacuna
κεντρικός (-ή -ό) centrale
κεραυνός, ο il fulmine
κερδίζω vincere // guadagnare
κέρδος, το il guadagno, il profitto
κεφάλι, το la testa
κέφι, το il buonumore, l'allegria // la voglia
κήπος, ο il giardino
κινδυνεύω essere in pericolo
κίνδυνος, ο il pericolo
κίνηση, η il movimento // il traffico
κιόλας di già
κίονας, ο la colonna
κλαρίνο, το il clarino
κλασικός (-ή -ό) classico
κλέβω rubare
κλειδί, το la chiave
κλείνω chiudere // prenotare
κλήση, η la multa
κλιματιστικό, το il condizionatore
κλίνω declinare, coniugare (gr.)
κ.λπ. ecc.
κόβω tagliare // smettere (di fumo o alcol)
κοιλιά, η la pancia, il ventre
κοινότητα, η la comunità
κοινωνία, η la società
κοινωνικός (-ή -ό) sociale // socievole
κοινωνικός/ή λειτουργός, ο/η l'assistente sociale
κολεγιακό, το la felpa
κολυμπάω (-ώ) nuotare
κολόνια, η l'acqua di colonia
κολύμβηση, η il nuoto
κομμάτι, το il pezzo
κομμωτήριο, το il negozio di parrucchiere
κομμωτής, ο il parrucchiere
κομμώτρια, η la parrucchiera
κομοδίνο, το il comodino
κομπολόι, το la coroncina di grani
κονιάκ, το il cognac
κοντινός (-ή -ό) vicino, prossimo
κοπέλα, η la ragazza
κοπελιά, η la ragazza
κόσμημα, το il gioiello
κοσμηματοπωλείο, το la gioielleria
κόσμος, ο la gente // il mondo

κοστίζω costare
κόστος, το il costo
κοστούμι, το l'abito a giacca (da uomo)
κουβέντα, η la chiacchiera
κουβεντιάζω chiacchierare
κουβεντούλα, η la chiacchierata
κουδούνι, το il campanello
κουνιάδα, η la cognata
κουνιάδος, ο il cognato
κουράζομαι stancarsi
κούραση, η la stanchezza
κουρασμένος (-η -ο) stanco
κουρείο, το il negozio di barbiere
κουρτίνα, η la tenda
κουτάλι, το il cucchiaio
κουταλιά, η la cucchiaiata
κουτί, το la scatola
κουτσός (-ή -ό) zoppo
κρατάω (ώ) tenere, reggere // durare
κρατικός (-ή -ό) statale
κράτος, το lo stato
κρεμμύδι, το la cipolla
κρεοπωλείο, το la macelleria
κρίνο, το il giglio
κρίση, η la crisi
κροκόδειλος, ο il coccodrillo
κρυολόγημα, το il raffreddore, l'infreddatura
κρυολογημένος (ή -ο) raffreddato
κρυολογώ prendere il raffreddore
κρυφός (-ή -ό) segreto, nascosto
κρυωμένος (-η -ο) raffreddato
κρυώνω avere/sentire freddo
κτητικός (-ή -ό) possessivo (gr.)
κτήριο, το l'edificio
κτλ. ecc.
κυβέρνηση, η il governo
κυβικά, τα la cilindrata
κυβικός (-ή -ό) cubico
κύκλος, ο il circolo, il ciclo
κυκλοφοριακός (-ή -ό) del traffico
κυκλοφορώ circolare
κυνήγι, το la caccia
κώδικας, ο il codice
κωμωδία, η la commedia

Λ λ

λαγάνα, η focaccia di pane azimo
λάδι, το l'olio
λάθος, το l'errore, lo sbaglio
λαϊκός (-ή -ό) popolare, del popolo
λαιμός, ο la gola
λάμπα, η la lampada, la lampadina
λατρεία, η il culto, l'adorazione
λατρεύω adorare, venerare
λαχανικά, τα le verdure, gli ortaggi
λέγομαι chiamarsi
(κοινωνικός/ή) λειτουργός, ο/η l'assistente sociale
λείπω mancare, essere assente
λειτουργία, η la funzione, il funzionamento
λεμόνι, το il limone
λέξη, η la parola
λεξικό, το il dizionario
λεπτό, το il minuto
λεπτομέρεια, η il dettaglio
λεπτός (-ή -ό) sottile, magro
λεφτά, τα i soldi
λεωφόρος, η il viale
λήγω finire, scadere

ληστεία, η la rapina
ληστής, ο il rapinatore
λιγάκι un pochino
λίγο poco, un po'
λίγοι (-ες -α) pochi
λίγος (-η -ο) poco (agg.)
λικέρ, το il liquore
λιμάνι, το il porto
λινός (-ή -ό) di lino
λίστα, η la lista
λίτρο, το il litro
λόγια, τα le parole
λογικός (-ή -ό) logico, ragionevole
λογιστής, ο il contabile
λόγος, ο la ragione, la causa
λογοτεχνία, η la letteratura
λόγω a causa di, per via di
λοιπόν quindi, dunque, allora
λουλούδι, το il fiore
λύκειο, το la scuola media secondaria
λύνω risolvere // sciogliere
λύρα, η la lira
λύση, η la soluzione
λωρίδα, η la corsia (di strada)

Μ μ

μαγαζί, το il negozio
μάγειρας, ο il cuoco
μαγείρισσα, η la cuoca
μαγείρεμα, το il cucinare
μαγειρεύω cucinare
μαγευτικός (-ή -ό) incantevole, delizioso
μαγικός (-ή -ό) magico
μαγιονέζα, η la maionese
μαζικός (-ή -ό) di massa, collettivo
μαθηματικά, τα la matematica
μαιευτήρας, ο/η l'ostetrico
μαϊντανός, ο il prezzemolo
μακάρι magari
μακιγιάρομαι truccarsi
μακρύς (-ιά -ύ) lungo
μαλακός (-ή -ό) morbido // mite
μαλακώνω ammorbidire
μαλλί, το la lana
μαλλιά, τα i capelli
μάλλινος (-η -ο) di lana
μάλλον piuttosto // probabilmente
μαλώνω litigare // sgridare, rimproverare
μαμά, η la mamma
μανάβης, ο il fruttivendolo
μανάβικο, το il negozio di frutta e verdura
μανιτάρι, το il fungo
μαντείο, το l'oracolo
μαντεύω indovinare
μαξιλάρι, το il cuscino
μάρκα, η la marca, il marchio di fabbrica
μασκαρεύομαι travestirsi, mascherarsi
μάτι, το l'occhio
ματιά, η lo sguardo
μαυρισμένος (-η -ο) abbronzato
μαχαίρι, το il coltello
με con // mi (pr. dir. accus.)
μέγεθος, το la grandezza // la taglia
μεθαύριο dopodomani
μέθοδος, η il metodo
μεθυσμένος (-η -ο) ubriaco
μελαχρινός (-ή -ό) bruno, moro
μελετάω (-ώ) sudiare, fare uno studio
μέλι, το il miele

μελιτζάνα, η   la melanzana
μελιτζανοσαλάτα, η   la purea di melanzane
μέλλον, το   il futuro, l'avvenire
μέλλοντας, ο   il futuro indicativo (gr.)
μελλοντικός (-ή -ό)   futuro
μέλλων (-ουσα -ον)   futuro
μελό, το   l'opera melodrammatica
μέλος, το   il membro, il socio
(ε)μένα   me (forma tonica)
μερική απασχόληση, η   il part time
μερικοί (-ές -ά)   alcuni
μέρος, το   il posto // la parte
μέσα   in, dentro
μεσαίος (-α -ο)   medio, mediano
μέση, η   la parte centrale // il mezzo
μεσημεριανός (-ή -ό)   di mezzogiorno, pomeridiano
μέσο, το   il mezzo // la raccomandazione
Μεσόγειος, η   il Mediterraneo
μέσος (-η -ο)   medio
μετά   dopo
μετανάστης, ο   l'immigrante, l'emigrante
μετάξι, το   la seta
μεταξύ   tra (fra)
μεταξωτός (-ή -ό)   di seta
μεταφορά, η   il trasporto
μετάφραση, η   la traduzione
μεταχειρίζομαι   usare, adoperare // trattare
μέχρι   fino a
μη(ν)   non
μήκος, το   la lunghezza
μήνας, ο   il mese
μήνυμα, το   il messaggio
μήπως   forse, forse che (solo interr.)
Μητρόπολη, η   la Cattedrale
μηχανάκι, το   il motorino
μηχανή, η   la macchina // il motore // la motocicletta // la macchina fotografica
μηχάνημα, το   il macchinario, la macchina
μηχανικός, ο/η   l'ingegnere
Μικρά Ασία, η   l'Asia Minore
μικροβιολόγος, ο/η   il microbiologo
μινωικός (-ή -ό)   minoico
μ.μ.   p.m.
μισθός, ο   lo stipendio
μισός (-ή -ό)   mezzo
μισώ   odiare
μνήμη, η   la memoria, il ricordo
μοιράζομαι   dividere, dividersi
μοιράζω   distribuire, dividere
μόλις   già, appena, non appena
μολύβι, το   la matita
μολυβοθήκη, η   il portamatite
μολυσμένος (-η -ο)   inquinato, contaminato
μοναξιά, η   la solitudine
μόνο   solo, soltanto
μονοκατοικία, η   la casa unifamiliare, la villetta
μονολεκτικός (-ή -ό)   costituito da una sola parola
μόνος (-η -ο)   solo
μονός (-ή -ό)   singolo // dispari
μόριο, το   la particella
μορφή, η   la forma, la figura
μορφώνω   istruire, educare
μούσι, το   il pizzetto, la barba
μουσικός (-ή -ό)   musicale
μπαίνω   entrare
μπακάλης, ο   il droghiere, il salumiere
μπακαλιάρος, ο   il merluzzo, lo stoccafisso
μπακάλικο, το   la salumeria, la drogheria

μπάλα, η   la palla
μπαλέτο, το   il balletto
μπαλκονόπορτα, η   la portafinestra
μπαμπάς, ο   il papà
μπανιέρα, η   la vasca da bagno
μπάνιο, το   il bagno
μπάσκετ, το   la pallacanestro
μπαχάρι, το   tipo di spezia
μπλε   blu
μπλέκομαι   rimanere coinvolto, immischiarsi
μπλέκω   coinvolgere, immischiare
μπλέντερ, το   il frullatore
μπλοκάκι, το   il blocchetto
μπλούζα, η   la blusa
μπλουτζίν, το   i blue jeans
μπογιά, η   la tinta, il colore
μπορεί   può darsi
μπορντό   bordò
μπότα, η   lo stivale
μπουκάλι, το   la bottiglia
μπουφάν, το   il giubbotto
μπουφές, ο   il buffé
μπράβο (σου κτλ.)   bravo/a , complimenti
μπράντι, το   il brandy
μπροστά   davanti, di fronte
μυθιστόρημα, το   il romanzo
μυρίζω   odorare, annusare
μυρωδιά, η   l'odore, il profumo
μωρό, το   il bambino piccolo

N ν

να   (particella tra due verbi)
να   ecco, qui
ναός, ο   il tempio
νάτος (-η -ο)   eccolo
Ναυτικό, το   la Marina Militare
ναυτικός, ο   il marinaio
Νέα Ζηλανδία, η   la Nuova Zelanda
Νέα Υόρκη, η   New York
νέα, τα   le notizie
νέκταρ, το   il nettare
νέοι, οι   i giovani
νέος (-α -ο)   giovane // nuovo
νευρολόγος, ο   il neurologo
νέφος, το   lo smog, la nube tossica
νησί, το   l'isola
νηστήσιμος (-η -ο)   di magro
νίκη, η   la vittoria
νιώθω   sentire, provare
νόημα, το   il senso, il significato
νοικοκυρά, η   la casalinga
νομίζω   credere, pensare
νόμος, ο   la legge
νοσηλευτής, ο   l'infermiere
νοσηλεύτρια, η   l'infermiera
νοσοκόμα, η   l'infermiera
νοσοκόμος, ο   l'infermiere
νόστιμος (-η -ο)   saporito, gustoso // carino
νούμερο, το   il numero
ντοκυμαντέρ, το   il documentario
ντόπιος (-α -ο)   del luogo, locale
ντουλάπα, η   l'armadio
ντουλάπι, το   l'armadietto
ντους, το   la doccia
ντροπαλός (-ή -ό)   timido, vergognoso
ντύνομαι   vestirsi
ντύνω   vestire
νυστάζω   avere sonno
νύφη, η   la sposa, la nuora, la cognata

νυχτερινός (-ή -ό)   notturno, serale
νωρίς   presto, di buon'ora
νωρίτερα   piú presto

Ξ ξ

(ε)ξαδέλφη, η   la cugina
(ε)ξαδέλφια, τα   i cugini
(ε)ξάδελφος, ο   il cugino
ξανά   di nuovo, ancora una volta
ξανθός (-ή -ό)   biondo
ξαπλώνω   stendersi, coricarsi
ξαφνικά   improvvisamente
ξεκουράζομαι   riposarsi
ξεκούραση, η   il riposo
ξενόγλωσσος (-η -ο)   relativo ad una lingua straniera
ξενοδοχείο, το   l'albergo
ξένος (-η -ο)   lo straniero
ξενώνας, ο   la foresteria, l'ostello
ξερός (-ή -ό)   secco
ξεσκονίζω   spolverare
ξεχασμένος (-η -ο)   dimenticato
ξεχνάω (-ώ)   dimenticare, dimenticarsi
ξοδεύω   spendere
ξύλο, το   il legno
ξυπνητήρι, το   la sveglia
ξυρίζομαι   radersi, rasarsi
ξυρίζω   radere, rasare

O ο

όγκος, ο   il volume
οδήγηση, η   la guida
οδηγία, η   l'istruzione, la direttiva
οδηγός, ο   l'autista, il conducente // la guida
οδηγώ   guidare
οδοντίατρος, ο   il dentista
οδός, η   via, strada
οθόνη, η   lo schermo
οικογένεια, η   la famiglia
οικογενειακός (-ή -ό)   familiare
οικονομικός (-ή -ό)   economico, a buon mercato // economico, finanziario
Ολλανδία, η   l'Olanda
όλοι (-ες -α)   tutti
ολοκάθαρος (-η -ο)   pulitissimo
ολοκαίνουργιος (-α -ο)   nuovo di zecca
ολόλευκος (-η -ο)   bianchissimo
όλος (-η -ο)   tutto, intero
ολόφρεσκος (-ια -ο)   freschissimo
ολόχρυσος (-η -ο)   tutto d'oro
Ολυμπιακοί Αγώνες, οι   i Giochi Olimpici
ολυμπιονίκης, ο/η   il campione olimpico
Όλυμπος, ο   l'Olimpo
ομάδα, η   il gruppo, la squadra
ομελέτα, η   l'omeletta
ομιλία, η   la conferenza, il discorso
ομορφιά, η   la bellezza
όμως   comunque, tuttavia
όνειρο, το   il sogno
ονομάζω   chiamare, dare il nome
ονομαστική, η   il nominativo (gr.)
όπερα, η   l'opera
ο οποίος (η οποία, το οποίο)   il quale
οποιοσδήποτε (οποιαδήποτε, οποιοδήποτε)   qualsiasi, qualunque
όποτε   ogni volta che, in qualsiasi momento
όπου   dove, dovunque, ovunque
όπως   come

οπωσδήποτε senz'altro, assolutamente
όπως-όπως alla bell'e meglio
οργανισμός, ο l'organismo, l'ente, l'organizzazione
όργανο, το lo strumento // l'organo
οργάνωση, η l'organizzazione
όρεξη, η l'appetito // la voglia
ορθογώνιος (-α -ο) rettangolare
ορθόδοξος (-η –ο) ortodosso
ορθοπεδικός (ορθοπαιδικός), ο/η l'ortopedico
οριζόντιος (-α -ο) orizzontale
όριο, το il limite
ορισμένος (-η -ο) certo, alcuno // deteminato
ορίστε ecco // si?, prego?
όροφος, ο il piano
ορχήστρα, η l'orchestra
όσοι (-ες -α) quanti // coloro che
όσος (-η -ο) quanto
όταν quando
ό,τι tutto quello che, qualsiasi cosa
ότι che (cong.)
ουδέτερος (-η -ο) neutro (gr.) // neutrale
ούζο, το l'ouzo (liquore all'anice)
ούρα, τα le urine
ουρανός, ο il cielo
ουσιαστικό, το il sostantivo (gr.)
ούτε né // neanche, neppure
ούτε... ούτε né...né
οφθαλμίατρος, ο/η l'oculista

Π π

παγκόσμιος (-α -ο) mondiale, universale
παγωτό, το il gelato
(μου/σου κτλ.) πάει mi sta bene
παθαίνω soffrire, subire
παθητική (φωνή), η la voce passiva (gr.)
παθολόγος, ο il patologo
παιδίατρος, ο il pediatra
παιδικός (-ή -ό) infantile, per bambino
παίζω giocare // recitare // suonare
παίρνω prendere
πακέτο, το il pacchetto
Πακιστάν, το il Pakistan
παλάμη, η il palmo
πάλι di nuovo, nuovamente
παλιός (-ά -ό) vecchio
παλτό, το il cappotto
Παναγία, η la Madonna
πανάκριβος (-η -ο) costosissimo
πανάρχαιος (-α -ο) molto antico
πανάσχημος (-η -ο) bruttissimo
πανέμορφος (-η -ο) bellissimo
πανεπιστήμιο, το l'università
πανηγύρι, το la sagra, la festa
πάντα sempre
παντελόνι, το (un paio di) pantaloni
παντρεύομαι sposare, sposarsi
πάντως comunque, ad ogni modo
πανύψηλος (-η -ο) altissimo
πάνω su, sopra, di sopra
παπούτσι, το la scarpa
παππούς, ο il nonno
πάρα πολύ moltissimo
παραγγελία, η l'ordine, l'ordinazione
παράγραφος, η il paragrafo
παράδειγμα, το l'esempio
παραδίνω consegnare
παραδοσιακός (-ή -ό) tradizionale

παραθετικά, τα gradi di comparazione (gr.)
παράθυρο, το la finestra
παρακαλώ per favore, prego // pregare
παρακάτω più in giù, più avanti // di seguito
παρακείμενος, ο il passato prossimo (gr.)
παρακολουθώ assistere, seguire
παραλαβή, η la ricezione, la consegna
παραλαμβάνω ricevere
παραλία, η la spiaggia, la costa
παραλιακός (-ή -ό) costiero
παραμένω rimanere, restare
παραμύθι, το la fiaba, la favola
παράξενος (-η -ο) strano, insolito
παραπάνω più su, di sopra // in più, di più
παραπονιέμαι lamentarsi, reclamare
παρατατικός, ο l'imperfetto indicativo (gr.)
παρέα, η la compagnia
παρελθόν, το il passato
παρένθεση, η la parentesi
Παρθενώνας, ο il Partenone
Παρίσι, το Parigi
παρκάρω parcheggiare
πάρκι(ν)γκ, το il parcheggio, il posteggio
πάρκο, το il parco
παρ' όλα αυτά nonostante questo
παρόλο που nonostante
παρουσιάζω presentare
πάρτι, το la festa, il party
παρών (ούσα -όν) presente
πασίγνωστος (-η -ο) conosciutissimo, molto noto
πάστα, η la pasta (dolce)
Πάσχα, το la Pasqua
πατάτα, η la patata
πατέρας, ο il padre
πατρικός (-ή -ό) paterno
παχύς (-ιά -ύ) grasso
πεζοπορία, η la camminata
πεζός, ο il pedone
πεθαίνω morire
πεθερά, η la suocera
πεθερικά, τα i suoceri
πεθερός, ο il suocero
πεινάω (-ώ) avere fame
πείρα, η l'esperienza
πειράζει importa, ha importanza
πειράζω dare noia, dare fastidio
Πειραιάς, ο il Pireo
πέλαγος, το il mare aperto
πελάτης, ο il cliente
πενηντάρικο, το la banconota da cinquanta euro
πεντακοσάρικο, το la banconota da cinquecento euro
περασμένος (-η -ο) passato, scorso
περιβάλλον, το l'ambiente
περιγραφή, η la descrizione
περιγράφω descrivere
περίεργος (-η -ο) curioso
περιοχή, η la zona, la regione
περίπου circa, approssimativamente
περιπτεράς, ο il gestore di chiosco, l'edicolante
περίπτερο, το il chiosco, l'edicola
περίπτωση, η il caso, la situazione
περιττός (-ή -ό) superfluo
περνάω (-ώ) passare // trascorrere
περπατάω (-ώ) camminare
περπάτημα, το il camminare, l'andatura
πέρ(υ)σι l'anno passato/scorso

περσινός (-ή -ό) dell'anno scorso
πετάω (-ώ) volare // gettare via
πέτρινος (-η -ο) di pietra
πετσέτα, η l'asciugamano // il tovagliolo
πέφτω cadere
πηγή, η la fonte, la sorgente
πηδάω (-ώ) saltare
πια ormai // più
πιάνο, το il piano
πιάνω prendere, pigliare
πιάτο, το il piatto
πίεση, η la pressione
πιθανότητα, η la probabilità
πικάντικος (-η -ο) piccante
πιλότος, ο il pilota
πίνακας, ο la pittura // la lavagna // il tabellone, il quadro
πινακίδα, η la targa, l'insegna
πινακοθήκη, η la pinacoteca
πίνω bere
πιο più
πιπέρι, το il pepe
πιρούνι, το la forchetta
πιστεύω credere
πίστη, η la fede
πίσω dietro
πιτσαρία, η la pizzeria
πλαγιά, η il pendio
πλάγια (γράμματα), τα lettere in corsivo
πλάγιος (-α -ο) obliquo // indiretto
πλαίσιο, το la cornice, il quadro
(κάνω) πλάκα scherzare
πλαστικός (-ή -ό) di plastica
πλατεία, η la piazza
πλάτη, η la schiena (anat.)
πλάτος, το l'ampiezza, la larghezza
πλατύς (-ιά -ύ) ampio, largo
πλένομαι lavarsi
πλένω lavare
πληθυντικός, ο plurale (gr.)
πληθυσμός, ο la popolazione
πληρεξούσιος (-α -ο) la delega, la procura
πλήρης (-ης -ες) pieno, completo
πληροφορία, η l'informazione
πληροφορική, η l'informatica
πληρώνω pagare
πλησιάζω avvicinare, avvicinarsi
πλοίο, το la nave
Πλούτωνας, ο Plutone
πλυντήριο, το la lavatrice, la lavabiancheria
π.μ. a.m.
ποδήλατο, το la bicicletta
πόδι, το il piede
ποιανού (-ής -ού) di chi (interr.)
ποίημα, το la poesia, il poema
ποιος (-α -ο) quale, chi (interr.)
ποιότητα, η la qualità
πόλεμος, ο la guerra
πολεμάω (-ώ) fare la guerra, combattere
πόλη, η la città
πολίτης, ο/η il cittadino
πολιτική, η la politica, la tattica // la politica
πολίτικος (-η -ο) di Istambul
πολιτισμός, ο la civiltà
πολλοί (-ές -ά) molti
πολύ molto
πολυεθνικός (-ή -ό) multinazionale
πολυθρόνα, η la poltrona
πολυκατοικία, η il palazzo, il condominio
πολύς (πολλή, πολύ) molto

Vocabolario

πονάω (-ώ) far male // provare dolore
πονηρός (ή -ό) furbo, scaltro, astuto
πονοκέφαλος, ο il mal di testa
πόνος, ο il dolore
ποντίκι, το il topo
πορεία, η il cammino, il corso (degli eventi) // il corteo, la marcia
πόρτα, η la porta
πορτατίφ, το la lampada da tavolo
πορτοκαλάδα, η l'aranciata
πορτοκάλι, το l'arancia
Ποσειδώνας, ο Poseidone (Nettuno)
πόσοι (-ες -α) quanti
πόσος (-η -ο) quanto
ποσοστό, το la percentuale
ποσοτικός (-ή -ό) quantitativo
ποτάμι, το il fiume
πότε quando (interr.)
ποτέ mai
ποτήρι, το il bicchiere
ποτό, το la bevanda, il liquore
που che (pron. rel.)
πού dove (interr.)
πουθενά da qualche parte (interr.) // da nessuna parte
πουκάμισο, το la camicia
πουλάω (-ώ) vendere
πουλί, το l'uccello
πουλόβερ, το il maglione, il pullover
πούρο, το il sigaro
πράγμα, το la cosa
πραγματικά veramente
πραγματικότητα, η la realtà
πραγματοποιώ realizzare
πράξη, η l'azione, l'atto
πράσινος (-η -ο) verde
πρέπει bisogna, è necessario
πρίγκηπας, ο il principe
πριν prima
προάστιο, το il sobborgo
προβάλλω proiettare, mettere in evidenza, spuntare
προβλέπω prevedere
πρόβλημα, το il problema
πρόγραμμα, το il programma
πρόεδρος, ο il presidente
προηγούμενος (-η -ο) precedente
πρόθεση, η la preposizione (gr.)
προϊστάμενος, ο il superiore, il capufficio
προκαταρκτικός (-ή -ό) preliminare
πρόκειται για si tratta di
πρόκειται να essere in procinto di, stare per
προλαβαίνω fare in tempo (a), avere abbastanza tempo
πρόοδος, η il progresso
Προπό, το il Totocalcio
προπόνηση, η l'allenamento
προς verso, a
προσεκτικός (-ή -ό) attento
προσέχω fare attenzione, stare attento
προσθέτω aggiungere
προσκαλώ invitare
πρόσκληση, η l'invito
προσπαθώ tentare, provare, sforzarsi
προσπερνάω (-ώ) superare
προστακτική, η l'imperativo (gr.)
προστατεύω proteggere
προσφέρω offrire
προσωπικό, το il personale

προσωπικός (-ή -ό) personale
πρόσωπο, το la persona // il volto, il viso
προσωρινός (-ή -ό) temporaneo
πρόταση, η la proposizione (gr.), la frase // la proposta
προτείνω proporre
προτιμάω (-ώ) preferire
προτίμηση, η la preferenza
προφητικός (-ή -ό) profetico
προχθές (προχτές) l'altroieri, avantieri
προχωρημένος (-η -ο) avanzato
προχωρώ avanzare, procedere
πρωθυπουργός, ο il primo ministro
πρωί, το il mattino
πρωινό, το la colazione
πρώτα prima, per prima cosa
πρωτεύουσα, η la capitale
Πρωτοχρονιά, η il Capodanno
πτυχίο, το la laurea
πυρετός, ο la febbre
πυροσβέστης, ο il vigile del fuoco, il pompiere
πυροσβεστική, η il corpo dei vigili del fuoco
π.χ. p.e. (per esempio)
πωλείται in vendita, vendesi
πωλητής, ο il venditore, il commesso
πωλήτρια, η la venditrice, la commessa
πως che (cong.), di
πώς come (interr.) // certamente
πώς και πώς con impazienza

Ρ ρ

ραδιόφωνο, το la radio
ραλίστας, ο il rallista
ραντεβού, το l'appuntamento
ρεσεψιόν, η la reception
ρέστα, τα il resto (di soldi)
ρετσίνα, η il vino resinato
(ηλεκτρικό) ρεύμα, το la corrente (elettrica)
ρήμα, το il verbo (gr.)
ριζικός (-ή -ό) radicale
ρίχνω gettare, buttare
ρόδα, η la ruota
ρολόι, το l'orologio
ρόλος, ο il ruolo, la parte
ρομαντικός (-ή -ό) romantico
ρούχα, τα gli abiti, i vestiti
ρύζι, το il riso
ρωτάω (-ώ) chiedere, domandare

Σ σ

σαββατοκύριακο, το il fine settimana
σακάκι, το la giacca
σακούλα, η il sacchetto
σαλόνι, το il salotto, il salone
σάλτσα, η la salsa, il sugo
σαν come
σάντουιτς, το il panino imbottito, il sandwich
σαπούνι, το il sapone
σγουρός (-ή -ό) riccio, ricciuto
σέβομαι rispettare
σειρά, η la fila // la serie
σε λίγο tra poco, in breve tempo
σελίδα, η la pagina
σενάριο, το lo scenario
σερβιτόρα, η la cameriera
σερβιτόρος, ο il cameriere
σηκώνομαι alzarsi // svegliarsi

σηκώνω alzare, sollevare
σήμα, το il segnale
σημαίνει significa
σημαντικός (-ή -ό) importante
σημασία, η il significato // l'importanza
(δίνω) σημασία (dare) importanza
σημείωμα, το la nota, l'appunto // il biglietto
σημειώνω annotare, segnare
σημείωση, η la nota, l'appunto
σήμερα oggi
σημερινός (-ή -ό) di oggi
σίριαλ, το il serial televisivo
σιγά lentamente, piano
σιγουρεύομαι assicurarsi
σίγουρος (-η -ο) sicuro
σιδερώνω stirare
Σικάγο, το Chicago
Σικελία, η la Sicilia
σινεμά, το il cinema
σιωπηλός (-ή -ό) silenzioso
σκάλα, η la scala
σκάφος, το lo scafo, l'imbarcazione
σκελετός, ο lo scheletro // la struttura
σκέφτομαι (σκέπτομαι) pensare
σκέψη, η il pensiero
σκηνή, η la scena, il palcoscenico // la scenata, la scena
σκίτσο, το lo schizzo, la bozza
σκόνη, η la polvere
σκορδαλιά, η l'agliata
σκοτώνω uccidere, ammazzare
σκουπίδια, τα i rifiuti, la spazzatura
σκουπιδιάρικο, το l'autocarro della nettezza urbana
σκουπίζω scopare, spazzare // pulire
σκούρος (-α -ο) scuro
σκυλί, το il cane
σκύλος, ο il cane
σοβαρός (-ή -ό) serio
σόκ, το lo choc
σοκολάτα, η la cioccolata, il cioccolato
σολίστ, ο il solista
σουηδικός (-ή -ό) svedese (di cose)
σούπα, η la zuppa
σουπερμάρκετ, το il supermercato
σοφία, η la saggezza, la sapienza
σπάζω rompere
σπάνιος (-α -ο) raro
σπεσιαλιτέ, η la specialità
σπετζοφάι, το specialità a base di salsicce e peperoni verdi
σπίρτο, το il fiammifero
σπιτάκι, το la casetta
σπορ, το lo sport
σπορ sportivo
σπουδάζω studiare, frequentare una scuola
σπουδαστής, ο lo studente
σπουδάστρια, η la studentessa
σπρώχνω spingere
στάδιο, το lo stadio
σταθερός (-ή -ό) stabile // costante
στάθμευση, η la sosta
σταματάω (-ώ) fermare, fermarsi
στάση, η la fermata
στατιστικές, οι le statistiche
σταυρόλεξο, το il cruciverba
σταυρός, ο la croce
σταφίδα, η l'uva passa
στέκομαι stare, stare in piedi
στέλνω mandare, inviare, spedire

στενός (-ή -ό)   stretto // caro, intimo
στενοχωριέμαι   affliggersi, provar
  dispiacere // preoccuparsi, stare in pena
στήλη, η   la colonna, la rubrica
στην υγειά σας!   alla vostra salute!
στήριξη, η   il sostegno, l'assistenza
στίβος, ο   la pista (sport)
στιγμή, η   il momento, l'attimo
στιλ, το   lo stile
στοιχεία, τα   gli elementi // i dati
στολή, η   l'uniforme
στόμα, το   la bocca
στομάχι, το   lo stomaco
στοπ, το   lo stop
στρατός, ο   l'esercito
στρίβω   girare
στρογγυλός (-ή -ό)   rotondo, tondo
στρώνω   apparecchiare // fare il letto
συγγενής, ο   il parente
συγγραφέας, ο   lo scrittore, l'autore
συγκεκριμένος (-η -ο)   specifico, preciso
συγκρίνω   paragonare, comparare
σύγκριση, η   il confronto
συγκριτικός, ο   il comparativo (gr.)
συγκρότημα, το   il gruppo, il complesso
συγγνώμη   scusa, scusi
σύγχρονος (-η -ο)   contemporaneo, moderno
συγχωρώ   perdonare, scusare
συζήτηση, η   la conversazione,
  la discussione, il dibattito
συλλαβή, η   la sillaba
σύλλογος, ο   l'associazione, il circolo
συμβαίνει   succede, accade
συμβουλεύω   consigliare
συμβουλή, η   il consiglio
συμμαθητής, ο   il compagno di classe
συμμαθήτρια, η   la compagna di classe
συμμετέχω   partecipare, prendere parte
συμμορία, η   la banda
συμπληρώνω   completare
σύμπτωμα, το   il sintomo
συμφέρων (-ουσα - ον)   conveniente
σύμφωνα με   secondo, conformemente a
συμφωνία, η   l'accordo // la sinfonia
συμφωνικός (-ή -ό)   sinfonico
σύμφωνοι   d'accordo
συμφωνώ   essere d'accordo, concordare
συναισθηματικός (-ή -ό)   sentimentale
συναντάω (-ώ)   incontrare
συνάντηση, η   l'incontro
συναντιέμαι   incontrarsi
συναρπαστικός (-ή -ό)   avvincente, eccitante
συναυλία, η   il concerto
συνάχι, το   il raffredore
σύνδεση, η   il collegamento, l'allacciamento
σύνδεσμος, ο   la congiunzione (gr.)
συνδέω   collegare, unire
συνδυασμός, ο   la combinazione
συνέδριο. το   il convegno, il congresso
συνεννόηση, η   l'intesa, l'accordo
συνεννοούμαι   mettersi d'accordo,
  comprendersi
συνέντευξη, η   l'intervista
συνέχεια (συνεχώς)   continuamente,
  di continuo
στη συνέχεια   in seguito, dopo
συνεχίζω   continuare
συνηθισμένος (-η -ο)   usuale, comune //
  abituato, avvezzo
συνήθως   di solito, solitamente

συνθετικός (-ή -ό)   sintetico
σύνθετος (-η -ο)   complesso, composto
συνοδηγός, ο   il navigatore
συνολικά   in totale
σύνορο, το   il confine
συνταγή, η   la ricetta // la prescrizione
σύντομα   presto
σύντομος (-η -ο)   breve
συντονίζω   coordinare
σύντροφος, ο/η   il compagno / la compagna
συρτάρι, το   il cassetto
συσκευή, η   l'apparecchio
σύστημα, το   il sistema
συστήνω   presentare // raccomandare
συχνός (-ή -ό)   frequente
συχνότητα, η   la frequenza
σφουγγαρίζω   pulire/lavare il pavimento
(κινούμενα) σχέδια, τα   i cartoni animati
σχεδιάγραμμα, το   la pianta, il disegno
σχεδιάζω   disegnare // progettare
σχέδιο, το   il disegno // il progetto
σχεδόν   quasi
σχέση, η   il rapporto // la relazione
σχετικά με   in relazione a
σχετικός (-ή -ό)   relativo, attinente
σχηματίζω   formare
σχολείο, το   la scuola
σχολή, η   la scuola, la facoltà
σώμα, το   il corpo
σωστός (-ή -ό)   giusto, corretto

Τ τ

ταβερνάκι, το   la tavernetta
ταινία, η   il film
ταίρι, το   il compagno
ταιριάζω   accoppiare, abbinare
τα καταφέρνω   farcela, riuscirci
ταλαιπωρία, η   la fatica, lo strapazzo
ταλέντο, το   il talento
τάλιρο, το   la bancanota da cinque euro
ταμείο, το   la cassa // il fondo
ταμίας, ο   il cassiere
ταμπλέτα, η   la compressa, la pastiglia
τάξη, η   la classe, l'aula
ταξί, το   il taxi
ταξιδεύω   viaggiare
ταξίδι, το   il viaggio
ταξιδιώτης, ο   il viaggiatore
ταξινομώ   classificare
ταράτσα, η   la terrazza
τασάκι, το   il portacenere
ταύρος, ο   il toro
ταυτότητα, η   l'identità // la carta d'identità
τα χάνω   rimanere confuso, rimanere a
  bocca aperta
ταχυδρομείο, το   la Posta
ταχυδρομώ   imbucare, impostare
τέλειος (-α -ο)   perfetto
τελειώνω   finire, terminare
τελείως   completamente
τελευταίος (-α -ο)   ultimo
τελικά   infine, dopo tutto
τελικός (-ή -ό)   finale
τέλος, το   la fine
τέν(ν)ις, το   il tennis
τέρας, το   il mostro
τεράστιος (-α -ο)   enorme
τεστ, το   il test, il compito in classe, la prova
  d'esame

τέταρτο, το   il quarto
τέτοιος (-α -ο)   tale
τετράγωνο, το   il quadrato // l'isolato
τετράγωνος (-η -ο)   quadrato, quadro
τετράδιο, το   il quaderno
τέχνη, η   l'arte, l'abilità
τεχνικός, ο   il tecnico
τζαζ, η   il jazz
τζάμι, το   il vetro (della finestra)
τζιν, το   la tela jeans
τηγανητός (-ή -ό)   fritto
τηλεθεατής, ο   il telespettatore
τηλεόραση, η   la televisione, il televisore
τηλεφώνημα, το   la telefonata
τηλεφωνητής, ο   il centralinista
τηλέφωνο, το   il telefono
τηλεφωνώ   telefonare
τιμή, η   il prezzo
τίνος   di chi....?
τίποτε   qualcosa (interr.) // niente
τίτλος, ο   il titolo
τμήμα, το   il dipartimento, la sezione
τοιχογραφία, η   l'affresco
τολμάω (-ώ)   osare
το μόνο   l'unica cosa
τονίζω   accentuare, sottolineare
τοπικός (-ή -ό)   locale
το πολύ   al massimo
τόπος, ο   il luogo, il posto
τόσο   tanto, così tanto
τοστ, το   il toast
τότε   allora // in quel tempo
τουαλέτα, η   la toilette
τουλάχιστον   almeno
τουρίστας, ο   il turista
τουριστικός (-ή -ό)   turistico
τραβάω (-ώ)   tirare
τραγουδάω (-ώ)   cantare
τραγουδιστής, ο   il cantante
τραγωδία, η   la tragedia
τράπεζα, η   la banca
τραπεζάκι, το   il tavolino
τραπεζαρία, η   la sala da pranzo
τραπέζι, το   il tavolo
τρελός (-ή -ό)   pazzo, matto
τρένο, το   il treno
τρέξιμο, το   la corsa
τρέχω   correre
τρίγωνο, το   il triangolo
τριήμερο, το   periodo di tre giorni
τρόλεϊ, το   il filobus
τρόμος, ο   il terrore
τρόπος, ο   il modo, la maniera
τροχαίος (-α -ο)   stradale, automobilistico
τροχαία, η   la polizia stradale
τροχός, ο   la ruota
τρύπα, η   il buco
τρώω   mangiare
τσάι, το   il thè
τσάντα, η   la borsa
τσέπη, η   la tasca
τσιγάρο, το   la sigaretta
τσιμπάω (-ώ)   pizzicare // spiluccare
τύπος, ο   il tipo // il carattere
τυρί, το   il formaggio
τυροπιτάκι, το   la tortina al formaggio
τυχερός (-ή -ό)   fortunato, beato
τώρα   ora, adesso

Vocabolario

Υ υ

υγεία, η   la salute
υγιής (-ής -ές)   sano
υγρό, το   il liquido
υδραυλικός, ο   l'idraulico
υλικό, το   il materiale // l'ingrediente
υπάλληλος, ο   l'impiegato
υπάρχει   c'è, esiste
υπάρχω   esistere
υπάρχων (-ουσα -ον)   esistente
υπερθετικός, ο   il superlativo (gr.)
υπέροχος (-η -ο)   meraviglioso, superbo
υπερσυντέλικος, ο   il trapassato prossimo (gr.)
υπερφυσικός (-ή -ό)   sovrannaturale
υπηρεσία, η   servizio // ufficio
υπνοδωμάτιο, το   la camera da letto
ύπνος, ο   il sonno
υπογραμμίζω   sottolineare
υπόθεση, η   il caso // l'ipotesi, la supposizione
υποθετικός (-ή -ό)   condizionale (gr.) // ipotetico
υπολογίζω   stimare, valutare, calcolare
υπόλοιπος (-η -ο)   rimanente
υπομονή, η   la pazienza
ύποπτος (-η -ο)   sospetto
υπόσχομαι   promettere
υποτακτική, η   il congiuntivo (gr.)
υποχρεωμένος (-η -ο)   obbligato, costretto
υποχρεωτικός (-ή -ό)   obbligatorio
ύστερα   dopo, in seguito
υφαντό, το   il tessuto fatto al telaio
ύφασμα, το   il tessuto, la stoffa
ύψος, το   l'altezza

Φ φ

φαγητό, το   il cibo
φαίνομαι   apparire, sembrare
φαινόμενο, το   il fenomeno
φάκελος, ο   la busta // il fascicolo
φακός, ο   la lente
φανάρι, το   il semaforo
φαντάζομαι   immaginare
φάντασμα, το   il fantasma
φαντάρος, ο   il soldato di fanteria
φαντασία, η   la fantasia, l'immaginazione
φανταστικός (-ή -ό)   fantastico, immaginario
φαρδύς (-ιά -ύ)   largo, ampio
φάρμακο, το   la medicina, il farmaco
φέρνω   portare
φεστιβάλ, το   il festival
φετινός (-ή -ό)   di quest'anno
(ε)φέτος   quest'anno
φεύγω   partire, andare via
φθινοπωρινός (-ή -ό)   autunnale
φθινόπωρο, το   l'autunno
φιλάω (-ώ)   baciare
φιλικός (-ή -ό)   amichevole
φιστίκι, το   il pistacchio
φλιτζάνι, το   la tazza
φλούδι, το   la buccia
φοβερός (-ή -ό)   spaventevole, terribile // tremendo, eccezionale
φόβος, ο   la paura
φοιτητής, ο   lo studente universitario
φορά, η   la volta, l'occasione
φοράω (-ώ)   indossare, portare
φόρος, ο   la tassa
φορτηγό, το   il camion

φόρτιση, η   la carica, la tensione
φούρνος, ο   il forno, la panetteria // il forno
φούστα, η   la gonna
φράση, η   la frase
φρεσκάρω   rinfrescare
φρέσκος (-ια -ο)   fresco
φροντίζω   curare, accudire, curarsi
φροντιστήριο, το   l'istituto privato
φρούτο, το   il frutto
φρυγανιά, η   la fetta biscottata
φταίω   avere colpa
φτάνει   bastare, essere sufficiente
φτάνω   arrivare, giungere
φτιάχνω   fare, sistemare // riparare
φτουράω   durare a lungo
φτωχός (-ή -ό)   povero
φύλακας, ο   la guardia, il custode
φυλακή, η   la prigione, il carcere
φύλο, το   il sesso, il genere
φυσικός (-ή -ό)   naturale
φυσική, η   la fisica
φυσιογνωμία, η   la fisionomia, il personaggio
φωνάζω   gridare, urlare // chiamare
φωνή, η   la voce
φωνήεν, το   la vocale (gr.)
φως, το   la luce
φωτεινός (-ή -ό)   luminoso
φωτιά, η   il fuoco
φωτιστικό, το   la lampada, il lampadario
φωτογράφος, ο   il fotografo

Χ χ

χαιρετάω (-ώ)   salutare
χαίρομαι   essere contento, rallegrarsi
χαλάω (-ώ)   rovinare, sciupare // cambiare (di soldi)
χαλασμένος (-η -ο)   guasto, rotto // rovinato, sciupato
χάλια   in uno stato pietoso
χάλκινος (-η -ο)   di bronzo
χαμηλός (-ή -ό)   basso
χαμογελαστός (-ή -ό)   sorridente
χάνω   perdere
χάπι, το   la pillola
χαρά, η   la gioia
χαρακτηριστικό, το   la caratteristica, i lineamenti
χάρη, η   il favore
χαρίζω   regalare, donare
χαρτζιλίκι, το   la paghetta
χαρτί, το   la carta
χαρτιά, τα   le carte (da gioco)
χαρτοπετσέτα, η   il tovagliolo di carta
χαρτοφύλακας, ο   la cartella
χασμουριέμαι   sbadigliare
χατίρι, το   il favore
χειμερινός (-ή -ο)   invernale
χειμωνιάτικος (-η -ο)   invernale
χειρούργος, ο   il chirurgo
χέρι, το   la mano
χερούλι, το   il manico, la maniglia
χημικός, ο   il chimico
χθεσινός (-ή -ό)   di ieri
χιλιάδες, οι   le migliaia
χιόνι, το   la neve
χιούμορ, το   lo humour
χοντρός (-ή -ό)   grasso, grosso
χορεύω   danzare, ballare
χορός, ο   la danza, il ballo

χρειάζεται   è necessario, bisogna, occorre
χρειάζομαι   avere bisogno
χρήματα, τα   i soldi
χρήσιμος (-η -ο)   utile
χρησιμοποιώ   usare, utilizzare
χρησμός, ο   il vaticinio
χριστιανός, ο   il cristiano
Χριστούγεννα, τα   il Natale
χρόνια, τα   gli anni
χρονίζω   impiegare molto tempo
χρονικός (-ή -ό)   di tempo
χρόνος, ο   il tempo // l'anno
χρυσός, ο   l'oro
Χρυσός Οδηγός, ο   le Pagine Gialle
χρώμα, το   il colore
χρωστάω (-ώ)   essere debitore, dovere
χτένι, το   il pettine
χτενίζομαι   pettinarsi
χτενίζω   pettinare
χτυπάω (-ώ)   battere, bussare // suonare
χυμός, ο   il succo di frutta
χώρα, η   il paese
χωρίζω   separare // separarsi
χωρίς   senza

Ψ ψ

ψάρι, το   il pesce
ψαροταβέρνα, η   trattoria dove si mangia pesce
ψάχνω   cercare
ψέμα, το   la bugia
ψήνω   cuocere, arrostire
ψιλά, τα   gli spiccioli
ψιλοκομμένος (-η -ο)   tagliuzzato
ψυγείο, το   il frigorifero
ψυχαγωγώ   divertire, svagare
ψυχίατρος, ο   lo psichiatra
ψώνια, τα   gli acquisti, le spese
ψωνίζω   comprare

Ω ω

ώμος, ο   la spalla
ώρα, η   l'ora // il tempo
ωραία   bene
ωραίος (-α -ο)   bello, di bell'aspetto
ωραιότητα, η   la bellezza
ώρες αιχμής, οι   le ore di punta
ώσπου   finché, fin dove, prima che
ωστόσο   tuttavia, nondimeno
ωτορινολαρυγγολόγος (ωριλά), ο/η   l'otorino(laringoiatra)

Словарь

А α

αβγό, το яйцо с
αγαπημένος(-η -ο) дорогой (-ая -ое)
αγαπητός (-ή -ό) любимый (-ая -ое)
αγγελία, η объявление с, сообщение с
αγία, η святая ж
άγιος, ο святой м
άγνωστος (-η -ο) незнакомый (-ая -ое)
άγχος, το тоска ж, тревога ж
αγώνας, ο борьба ж, состязание с, матч м
αγωνία, η волнение с
άδεια, η разрешение с, отпуск м
αδέλφια, τα братья и сёстры мн.ч.
Άδης, ο Аид, бог подземного царства
αδύνατος (-η -ο) слабый, худой (-ая -ое)
αεροπορία, η авиация ж
αθάνατος (-η -ο) бессмертный (-ая -ое)
Αθηνά, η Афина, богиня мудрости ж
Αθήνα, η Афины
αθλητής, ο спортсмен м
αθλητικός (-ή -ό) атлетический, спортивный (-ая -ое)
αθλήτρια, η спортсменка ж
αίμα, το кровь м
αισθάνομαι ощущать, чувствовать
αίσθηση, η чувство с
αίτηση, η просьба ж, заявление с
αιτία, η причина ж, основание с
αιτιατική, η винительный падеж м
αιώνας, ο век м
ακατάλληλος (-η -ο) неподходящий (-ая -ее)
ακολουθώ следовать, сопровождать
ακόμα και αν и даже если
ακόμα και όταν и даже когда
άκρη, η конец м
ακριβώς как раз, точно
ακροαματικότητα, η восприятие с
ακροθαλασσιά, η побережье с
ακτινογραφία, η рентген м
ακτινολόγος рентгенолог м
αλάτι, το соль ж
αλήθεια, η правда ж
αλήθεια в самом деле
αλλάζω менять
αλλεργία, η аллергия ж
αλληλογραφία, η переписка ж
αλλιώς иначе
αλλού в другом месте
άλλωστε впрочем, к тому же
άλμα, το прыжок м
αλουμίνιο, το алюминий м
αμβροσία, η амброзия ж
Άμεση Δράση, η полиция ж
άμεσος (-η -ο) прямой (-ая -ое)
αμνηστία, η амнистия ж
αμοιβή, η плата ж
αμφιβολία, η сомнение с
αν если
αν και хотя и...
ανά через
αναγκάζομαι быть вынужденым
ανάγκη, η нужда ж
ανακαλύπτω обнаружить
ανακατεύω размешивать
ανακοινώνω сообщать
ανάλογα в соответствии с...
ανάλογος (-η -ο) соответствующий (-ая -ее)
αναπνευστικός (-ή -ό) дыхательный (-ая -ое)
αναπνοή, η дыхание с
αναρωτιέμαι задумываться
ανασκαφή, η раскопки мн.ч.

ανατολή, η восток м
ανατολικός (-ή -ό) восточный (-ая -ое)
αναφέρομαι ссылаться на что-либо
αναφέρω упоминать, докладывать
αναφορικός (-ή -ό) относительный (-ая -ое)
ανεβαίνω подниматься
ανέκδοτο, το анекдот м
ανεργία, η безработица ж
άνετος (-η -ο) удобный (-ая -ое)
ανήκω принадлежать,относиться
ανησυχητικός (-ή -ό) неспокойный (-ая -ое)
ανησυχώ беспокоиться
ανθρωπιά, η человечество с
ανθρώπινος (-η -ο) человеческий (-ая -ое)
ανθρωπιστικός (-ή -ό) гуманистический (-ая -ое)
άνθρωποι, οι люди мн. ч.
άνθρωπος, ο человек м
ανισόπεδος κόμβος, ο узел м
άνισος (-η -ο) неравный (-ая -ое)
ανίψια, τα племянники мн. ч..
ανιψιά, η племянница ж
ανιψιός, ο племянник м
ανόητος (-η -ο) глупый (-ая -ое)
ανοιξιάτικος (-η -ο) летний (-яя -ее)
άνοστος (-η -ο) невкусный (-ая -ое)
ανταλλάσσω (-άζω) обмениваться
άντε ну-ка, давай
αντέχω выдержать
αντί вместо
αντίθετος (-η -ο) противоположный (-ая -ое)
αντικαθιστώ заменять
αντικείμενο, το вещь ж, предмет м, дополнение (грам.)
αντίρρηση, η возражение с
αντίστοιχος (-η -ο) соответственный (-ая -ое)
αντωνυμία, η местоимение с
ανώμαλος (-η -ο) неровный (-ая -ое), неправильный (грам.)
ανώτατος (-η -ο) высший (-ая -ее)
ανώτερος, ο верхний м
αξία, η цена ж, стоимость ж
αόριστος, ο аорист м (грам.)
απαγορεύεται запрещается
απαγορεύω запрещать
απαραίτητος (-η -ο) необходимый (-ая -ое)
απασχολημένος (-η -ο) занятый (-ая -ое)
απασχόληση, η занятость ж
απέναντι напротив
απέχω быть на расстоянии
απίθανος (-η -ο) невероятный (-ая -ое)
απλός (-ή -ό) простой (-ая -ое)
απλώνω протягивать, развешивать
απογευματινός (-ή -ό) дневной (-ая -ое)
απόδειξη, η квитанция ж, доказательство с
αποθετικό ρήμα, το отложительный глагол (грам.)
αποκλείεται να не может быть, чтобы...
Απόλλωνας, ο Аполлон, бог света, музыки и прорицаний
απολύτως абсолютно
απομνημονεύματα, τα воспоминания мн.ч.
απορρυπαντικό, το моющееся средство с
αποτέλεσμα, το итог м, результат м
αποτελούμαι состоять
αποφασίζω решать, выносить решение
άποψη, η мнение с
απών отсутствующий
άρα следовательно, значит
αργά поздно
αργία, η выходной день м
αργότερα позднее
αργυρός (-ή -ό) серебряный (-ая -ое)

αργώ опаздывать
Άρης, ο Арес, бог войны м
αριστερός (-ή -ό) левый (-ая -ое)
αρκετά достаточно, весьма
αρκετοί (-ές -ά) достаточные
αρκετός (-ή -ό) достаточный (-ая -ое)
αρνιέμαι (αρνούμαι) отказываться
αρρωσταίνω заболевать, болеть
αρρώστια, η заболевание с, болезнь ж
άρρωστος (-η -ο) больной (-ая -ое)
αρσενικός (-ή -ό) мужской (-ая -ое)
άρση βαρών, η тяжёлая атлетика ж
Άρτεμις, η Артемида, богиня охоты ж
αρχές, οι власти мн.ч.
αρχή, η начало с
αρχοντικό, το господский дом м
ασημένιος (-ια -ιο) серебряный (-ая -ое)
ασημικά, τα вещи из серебра мн. ч.
ασθενοφόρο, το машина скорой помощи ж
άσκηση, η упражнение с, тренировка ж
άσος, ο туз м,игра в карты
ασπιρίνη, η аспирин м
αστειεύομαι шутить
αστυνομία, η полиция ж
αστυνομικός, ο полицейский м
αστυνομικός (-ή -ό) полицейский (-ая -ое)
αστυνόμος, ο полицейский м
αστυφύλακας, ο полицейский м
ασφάλεια, η безопасность ж, страхование с
ασφαλώς конечно, разумеется
ασχολούμαι заниматься
άτομο, το человек м
ατύχημα, το несчастный случай м
άτυχος (-η -ο) несчастливый (-ая -ое)
αυξάνομαι увеличиваться
αύξηση, η повышение с
αυριανός (-ή -ό) завтрашний (-яя -ее)
αυτί, το ухо с
αυτός (-ή -ό) он, она, оно
αφαιρώ вычитать, отнимать
αφεντικό, το хозяин м, шэф м
αφήνω оставлять
αφορά касается
αφρικανικός (-ή -ό) африканский (-ая -ое)
Αφροδίτη, η Афродита,богиня любви и красоты ж

В β

βάζο, το ваза ж
βάζω класть, ставить
βαθμολογία, η оценка ж
βαθμός, ο оценка ж, градус м
βάθος, το глубина ж
βαθύς (-ιά -ύ) глубокий (-ая -ое)
βαλίτσα, η чемодан м
βαμβακερός (-ή -ό) хлопчатобумажный (-ая -ое)
βαμβάκι, το вата ж, хлопок м
βαρετός (-ή -ό) скучный (-ая -ое)
βαριέμαι лениться, скучать
βάρος, το тяжесть ж, вес м
βαρύς (-ιά -ύ) тяжёлый (-ая -ое)
βασικός (-ή -ό) основной (-ая -ое)
βασιλιάς, ο царь м
βάφομαι краситься
βεβαίως (βέβαια) разумеется, конечно
βελτιώνω улучшать
βενζινάδικο, το заправка бензином ж
βενζίνη, η бензин м
βεράντα, η веранда ж
βία, η насилие с
βιάζομαι торопиться
βιαστικά второпях, поспешно

253

βιντεοκασέτα, η видеокасета ж
βιταμίνη, η витамин м
βλάβη, η повреждение с
βλάπτω портить, вредить
βλέμμα, το взгляд м
βοηθάω (-ώ) помогать
βοήθεια, η помощь ж
βόλεϊ, το волейбол м
βόλτα, η прогулка ж
βόμβα, η бомба ж
βουνό, το гора ж
βούτυρο, το масло с
βραδινός (-ή -ό) вечерний (-яя -ее)
βρίσκομαι находиться
βροχή, η дождь м

Γ γ

γαϊδούρι, το осёл м
γάμος, ο свадьба ж
γαμπρός, ο жених м, зять м
γαρνίρω украшать, гарнировать
γείτονας, ο сосед м
γειτόνισσα, η соседка ж
γελάω (-ώ) смеяться
γεμάτος (-η -ο) полный (-ая -ое)
γενέθλια, τα день рождения м
γενική, η родительный падеж м
γεννιέμαι рождаться
γένος, το род м, происхождение с
γερός (-ή -ό) здоровый (-ая -ое)
γεωργία, η сельское хозяйство с
γη, η земля ж
για να для того, чтобы
γιαγιά, η бабушка ж
για να для того, чтобы
γίνομαι становиться
γιορτάζω праздновать
γιορτή, η праздник м
(ονομαστική) γιορτή, η именины
γκάιντα, η волынка ж
(муз. Инструмент)
γκρινιάζω хныкать, ворчать
γκρουπ, το группа ж
γλεντάω веселиться
γλυκό, το кондитерское изделие с
γλυκός (-ιά -ό) сладкий (-ая -ое)
γλώσσα, η язык м
γνώμη, η мнение с
γνωρίζω знать, знакомить
γνωστός (-ή -ό) известный (-ая -ое)
γόνατο, το колено с
γράμμα, το буква ж, письмо с
γραμμή, η линия ж, строка ж
γρήγορος (-η -ο) быстрый (-ая -ое)
γρίπη, η грипп м
γυάλα, η аквариум м
γυαλί, το стекло с
γυαλιά, τα очки мн.ч.
γυμνάσιο, το гимназия ж
γυναικείος (-α -ο) женский (-ая -ое)
γυναικολόγος, ο гинеколог м
γύρω вокруг

Δ δ

δαγκώνω кусать
δάσος, το лес м
δεκάδες, οι десятки мн. ч.
δεκαετία, η десятилетие
Δεκαπενταύγουστος ο Успение Пресвятой
Богородицы
δεκάρικο, το десятка ж

δελτίο, το бюллетень м
δελφίνι, το дельфин м
δέμα, το посылка ж
δέντρο, το дерево с
δεξιός (-ά -ό) правый (-ая -ое)
δέρμα, το кожа ж
δερμάτινος (-η -ο) кожаный (-ая -ое)
δέρνω бить
δέχομαι соглашаться
δηλαδή а именно, то есть
δηλώνω заявлять
Δήμητρα, η Деметра, богиня земледелия ж
δημιουργικός (-ή -ό) творческий (-ая -ое)
δημοκρατία, η демократия ж
Δημόσιο, το Государство с
δημοσιογράφος, ο/η журналист м
δημόσιος (-α -ο) государственный (-ая -ое)
δημοτικό, το начальная школа ж
δημοτικός (-ή -ό) народный (-ая -ое)
διάβασμα, το чтение с
διαγώνιος (-α -ο) диагональный (-ая -ое)
διάδρομος, ο коридор м
δίαιτα, η диета ж
διακοπές, οι каникулы мн.ч., отпуск м
διακοπή (ρεύματος), η выключение тока с
διαλέγω выбирать, отбирать
διάλειμμα, το перерыв м
διάλεξη, η лекция ж, беседа ж
διάρκεια, η длительность ж, продолжительность ж
διαρκής (-ής -ές) продолжительный (-я -ое)
διαρκώς непрерывно
διαρρήκτης, ο взломщик м
διάρρηξη, η ограбление со взломом с
Δίας, ο Зевс, земной и небесный владыка м
διασκεδαστικός (-ή -ό) весёлый (-ая -ое)
(χρονικό) διάστημα, το промежуток времени м
διαφημίσεις, οι реклама ж
διαφήμιση, η реклама ж
διαφορά, η разница ж
διαφορετικός (-ή -ό) различный (-ая -ое)
διαφωνώ быть несогласным
δίδακτρα, τα плата за обучение ж
διεθνής (-ής -ές) международный (-ая -ое)
διευθυντής, ο директор м
διηγούμαι рассказывать
διοίκηση, η руководство с
διοικητικός (-ή -ό) административный (-ая -ое)
Διόνυσος, ο Дионис, бог вина и веселья м
διορθώνω исправлять
διπλός (-ή -ό) двойной (-ая -ое)
διπλωματικός (-ή -ό) дипломатический (-ая -ое)
δίσκος, ο диск м
δισύλλαβος (-η -ο) состоящий из двух слогов
δοκιμάζω пробовать
δόντι, το зуб м
δόση, η доза ж, взнос м
δραματικός (-ή -ό) трагический (-ая -ое)
δράση, η действие с
δρόμος, ο (100) μέτρων бег на (100) метров м
δύναμη, η сила ж
δυνατός (-ή -ό) сильный (-ая -ое)
δυνατότητα, η возможность ж
δυσκολεύομαι затрудняться
δυσκολία, η трудность ж
δυστυχώς к сожалению
δωμάτιο, το комната ж
δώρο, το подарок м

Ε ε

εβδομαδιαίος (-α -ο) еженедельный (-ая -ое)
εγγονή, η внучка ж
εγγόνια, τα внуки мн.ч.

εγγονός, ο внук м
εγγύηση, η гарантия ж
εγκαίρως (έγκαιρα) вовремя, заранее
έδαφος, το поверхность ж
έθιμο, το обычай м
εθνικός (-ή -ό) национальный (-ая -ое)
έθνος, το нация ж
ειδήσεις, οι новости мн. ч.
ειδικός, ο специалист м
ειδικότητα, η специальность ж
είδος, το род м, товар м
εικόνα, η картина ж
εικοσάρικο, το двадцатка ж
εικοσιτετράωρο, το сутки мн.ч.
ειλικρινής (-ής -ές) откровенный (-ая -ое)
εισαγωγικός (-ή -ό) вступительный
(-ая -ое)
είσοδος, η вход м
είτε... είτε или, ибо
εκατοντάδες, οι сотни
(ε)κατοστάρικο, το сотня ж
εκδήλωση, η массовое выступление с
έκθεση, η выставка ж
εκκλησία, η церковь ж
εκπαίδευση, η воспитание с, образование с
εκπαιδευτικός (-ή -ό) учебный (-ая -ое)
εκπομπή, η передача ж
έκπτωση, η понижение цен с
εκτός από кроме
εκφράζω выражать
ελαττώνω уменьшать
ελαφρύς (-ιά -ύ) лёгкий (-ая -ое)
ελέγχω проверять
ελιά, η маслина ж
ελπίζω надеяться
έμμεσος (-η -ο) косвенный (-ая -ое)
έμπειρος (-η -ο) опытный (-ая -ое)
εμπόριο, το торговля ж
έμπορος, ο торговец м, коммерсант м
ενδιαφέρομαι интересоваться
ενδιαφέρον, το интерес м
ενδιαφέρων (-ουσα -ον) интересный (-ая -ое)
ενδοκρινολόγος, ο врач-эндокринолог м
ενέργεια, η действие с, энергия ж
ενεργητική (φωνή), η действительный залог м
ενεστώτας, ο настоящее время с
ενημερώνω информировать
ενημέρωση, η введение в курс дела
ενημερωτικός (-ή -ό) информированный (-ая -ое)
έννοια, η забота ж, хлопоты мн.ч.
ενοικιάζεται сдаётся внаём
εννοώ понимать, думать
ενοχλώ мешать
εντολή, η поручение с, наказ м
εντούτοις однако, между тем
εντυπωσιακός (-ή -ό) впечатляющий (-ая -ее)
εντυπωσιασμός, ο впечатление с
ενώ хотя, между тем
εξαδέλφη, η двоюродная сестра ж
(ε)ξαδέλφια, τα двоюродные братья мн.ч.
εξάδελφος, ο двоюродный брат м
εξαιρετικός (-ή -ό) необыкновенный (-ая -ое)
εξακολουθώ продолжать
εξάμηνο, το семестр м, полугодие с
εξαρτώμαι зависеть
εξαφανίζομαι скрываться, исчезать
εξετάζω испытывать, рассматривать
εξέταση, η испытание с, экзамен м
εξήγηση, η объяснение с, разъяснение с
έξοδα, τα расход м, трата ж
έξοδος, η выход м
εξυπηρετώ обслуживать, оказывать помощь

εξυπηρετούμαι обслуживать себя
έξυπνος (-η -ο) умный (-ая –ое)
εξωτερικό, το внешний вид м, заграница ж
εξωτερικός (-ή -ό) наружный (-ая -ое)
εξωτικός (-ή -ό) экзотический (-ая -ое)
επαγγελματικός (-ή -ό) профессиональный (-ая -ое)
επανάληψη, η повторение с
επείγων (-ουσα -ον) срочный (-ая -ое)
επιγραφή, η надпись ж
Επίδαυρος, η Эпидавр
επίδομα, το пособие с
επίθετο, το фамилия ж, прилагательное с (грам.)
επιθυμία, η желание с
επιθυμώ желать, хотеть
επικίνδυνος (-η -ο) опасный (-ая -ое)
επικοινωνία, η сообщение с, связь ж
επιλέγω выбирать
επιμένω настаивать
έπιπλο, το мебель ж
επίρρημα, το наречие с (грам.)
επισκέπτομαι посещать
επίτηδες нарочно, специально
επιτρέπω разрешать
επιχείρηση, η предприятие с
επόμενος (-η -ο) следующий (-ая -ее)
επομένως следовательно, итак
επώνυμο, το фамилия ж
επώνυμος (-η -ο) носящий чьё-либо имя
εργάζομαι работать
εργαζόμενοι, οι трудящиеся мн ч
εργαλείο, το инструмент м, орудие с
εργασία, η труд м, работа ж
εργάτης, ο рабочий м
εργατικός (-ή -ό) трудолюбивый (-ая -ое)
εργάτρια, η работница ж
έργο, το труд м, произведение с
Ερμής, ο Гермес,бог торговли и пророчества
Ερυθρός Σταυρός, ο Красный Крест м
έρωτας, ο любовь ж, страсть ж
ερωτευμένος (-η -ο) влюблённый (-ая -ое)
ερωτηματικός (-ή -ό) вопросительный (-ая -ое)
ερωτηματολόγιο, το опросный лист м, анкета ж
έσοδο, το доход м
Εστία, η Гестия, богиня-покровительница семейного покоя
έστω και пусть даже
έστω και αν даже если
εσωτερικός (-ή -ό) внутренний (-яя -ее)
εταιρεία, η общество с, товарищество с
έτος, το год м
έτσι κι αλλιώς так или иначе
ευγενικά вежливо
ευγενικός (-ή -ό) вежливый (-ая -ое)
ευθεία прямо
ευθύνη, η ответственность ж
ευκαιρία, η случай м, оказия ж
ευτυχισμένος (-η -ο) счастливый (-ая -ое)
ευτυχώς к счастью
ευχαριστημένος (-η -ο) довольный (-ая -ое)
ευχάριστος (-η -ο) приятный, радостный (-ая -ое)
εφόσον так как
έχω δίκιο быть правым

Ζ ζ

ζακέτα, η кофта ж, жакет м
ζάχαρη, η сахар м
ζαχαροπλαστείο, το кондитерская ж
ζεσταίνομαι согреваться
ζεστασιά, η тепло с
ζέστη, η тепло с, жара ж
ζεστό, το горячий напиток м

ζεστός (-ή -ό) горячий (-ая -ое)
ζευγάρι, το пара ж, чета ж
ζηλεύω завидовать
ζητάω (-ώ) искать, просить
ζητείται требуется
ζω жить
ζωή, η жизнь ж

Η η

ήδη уже
ηθοποιός, ο актёр м
ηλεκτρικός (-ή -ό) электрический (-ая -ое), метро а Афинах
ηλεκτρικός, ο электричка ж
ηλεκτρονικός, ο специалист по электронике м
ηλεκτρονικός (-ή -ό) электронный (-ая -ое)
ηλικία, η возраст м
ηλικιωμένος (-η -ό) пожилой (-ая -ое)
(η)μέρα, η день м
ημερολόγιο, το календарь м, дневник м
Ήρα, η Гера,охранительница законного брака ж
ήρεμος (-η -ο) спокойный (-ая -ое)
ησυχία, η тишина ж
ήττα, η поражение с
Ήφαιστος, ο Гефест, бог огня и покровитель ремесленников

Θ θ

θαυμάσιος (-α -ο) чудесный (-ая -ое)
θεά, η богиня ж
θέμα, το тема ж, предмет м
θεός, ο бог м
θεραπεία, η лечение с
θερμόμετρο, το термометр м
θέση, η место с, положение с
θηλυκός (-ιά -ό) женский (-ая -ое)
θητεία, η срок службы м
θόρυβος, ο шум м
θρησκευτικός (-ή -ό) религиозный (-ая -ое)
θυμίζω напоминать
θυμός, ο обида ж
θυμωμένος (-η -ο) сердитый (-ая -ое)
θυμώνω обижаться, сердиться
θώρακας, ο грудная клетка ж

Ι ι

ιατρική, η медицина ж
ιδανικός (-ή -ό) идеальный (-ая -ое)
ιδέα, η замысел м
ιδιαίτερα особенно
ιδιαίτερος (-η -ο) особый (-ая -ое)
ίδρυμα, το учреждение с
ιδίως особенно
ιδιωτικός (-ή -ό) частный (-ая -ое)
ιερό, το алтарь м
ιερός (-ή -ό) святой (-ая -е)
ικανοποιητικός (-ή -ό) удовлетворительный (-ая -ое)
ιππόδρομος, ο ипподром м
ίσιος (-ια -ο) прямой (-ая -ое)
ίσος (-η -ο) равный, одинаковый (-ая -ое)
ισότητα, η равенство с
ιστορία, η история ж
ιστορικός (-ή -ό) исторический (-ая -ое)
ισχυρός (-ή -ό) сильный (-ая -ое)

Κ κ

κάβα, η винный склад м
καβγάς, ο скандал м, ссора ж
κάδρο, το рамка ж, кадр м
καημένος (-η -ο) несчастный (-ая -ое)

καθαρίζω убирать
κάθε каждый
κάθε πότε сколько раз
καθένας (καθεμιά, καθένα) каждый (-ая -ое)
κάθετος (-η -ο) перпендикулярный (-ая -ое)
καθημερινός (-ή -ό) ежедневный (-ая -ое)
καθολικός (-ή -ό) католический (-ая -ое)
καθόλου нисколько, ничуть
καθρέφτης, ο зеркало с
καθυστέρηση, η отставание с
καιρός για χάσιμο, ο потерянное время
κακός (-ή -ό) плохой, злой (-ая -ое)
καλεσμένος (-η -ο) приглашённый (-ая -ое)
καλοκαιρινός (-ή -ό) летний (-яя -ее)
καλός (-ή -ό) хороший (-ая -ее)
κάλτσα, η чулок м, носок м
καλ(τ)σόν, το колготки мн.ч.
καλύπτω покрывать, скрывать
καλώ вызывать, приглашать
(ελεύθερο) κάμπινγκ, το кампинг м
κανα-δυό несколько
κανάλι, το канал м
καναπές, ο диван м
(μου/σου κτλ.) κάνει (мне, тебе итд). подходит
κανέλα, η корица м
κανένας/κανείς (καμιά, κανένα) ктонибудь, никто
κανόνας, ο правило с
κανονικός (-ή -ό) нормальный (-ая -ое)
κάνω μπάνιο купаться
κάνω παρέα дружить
κάνω πλάκα шутить
κάπνισμα, το курение с
καπνιστής, ο курильщик м
καπνός, ο дым м
(γίνομαι) καπνός исчезнуть
κάποιος (-α -ο) кто-то
κάποτε когда-то, иногда
κάπου где-то
κάπως как-то
καρδιά, η сердце с
καρδιολόγος, ο кардиолог м
καρέκλα, η стул м
καριέρα, η карьера ж
καρκίνος, ο рак м
κάρτα, η открытка ж
κασέλα, η сундук м
καστανός (-ή -ό) каштановый (-ая -ое)
κατά к, по, против
καταγάλανος (-η -ο) лазурный (-ая -ое)
κατακίτρινος (-η -ο) очень бледный (-ая -ое)
κατακόκκινος (-η -ο) очень красный (-ая -ое)
κατάληξη, η конец м, окончание с (грам)
κατάλληλος (-η -ο) подходящий (-ая -ее)
κατάλογος, ο каталог м
κατάμαυρος (-η -ο) совсем чёрный (-ая -ое)
κατανάλωση, η потребление с
καταπίεση, η притеснение с
καταπληκτικός (-ή -ό) изумительный (-ая -ое)
καταπράσινος (-η -ο) силбно зеленый (-ая -ое)
καταραμένος (-η -ο) проклятый (-ая -ое)
κάταστρος (-η -ο) белоснежный (-ая -ое)
κατάσταση, η положение с
κατάστημα, το магазин м, предприятие с
καταφέρνω добиваться, справляться
καταχώρηση, η запись ж
κατεβαίνω спускаться
κατευθείαν прямо, напрямик
κατήφορος, ο спуск м
κατοικία, η местопребывание с
κατοικώ проживать
καφενείο, το кафе с
κείμενο, το текст м

κενό, το пустота ж, пробел м
κεντρικός (-ή -ό) центральный (-ая -ое)
κεραυνός, ο молния ж
κερδίζω выигрывать
κέρδος, το прибыль ж, выигрыш м
κεφάλι, το голова ж
κέφι, το настроение с
κήπος, ο огород м
κινδυνεύω рисковать
κίνηση, η движение с
κιόλας уже
κίονας, ο колонна ж
κλαρίνο, το кларнет м
κλασικός (-ή -ό) классический (-ая -ое)
κλέβω воровать
κλειδί, το ключ м
κλείνω закрывать
κλήση, η вызов м, повестка ж
κλιματιστικό, το кондиционер м
κλίνω наклонять, склонять, спрягать
κ.λπ. и т.д.
κόβω резать, прекращать
κοιλιά, η живот м
κοινότητα, η община ж, содружество с
κοινωνία, η общество с
κοινωνικός (-ή -ό) общественный (-ая -ое)
κοινωνικός/ή λειτουργός, ο/η общественный работник м
κολλεγιακό, το колледж м
κολόνια, η одеколон м
κολύμβηση, η плавание с
κολυμπάω (-ώ) плавать
κομμάτι, το кусок м, штука ж
κομμωτήριο, το парикмахерская ж
κομμωτής, ο парикмахер м
κομμώτρια, η парикмахер (дамский)
κομοδίνο, το комод м
κομπολόι, το чётки мн.ч.
κονιάκ, το коньяк м
κοντινός (-ή -ό) близкий (-ая -ое)
κοπέλα, η девушка ж
κοπελιά, η девушка ж
κόσμημα, το украшение с
κοσμηματοπωλείο, το ювелирный магазин м
κόσμος, ο народ м, люди мн.ч.
κοστίζω стоить
κόστος, το стоимость ж
κοστούμι, το костюм м
κουβέντα, η беседа ж, разговор м
κουβεντιάζω беседовать
κουβεντούλα, η разговорчик м
κουδούνι, το звонок м
κουνιάδα, η золовка ж, свояченица ж
κουνιάδος, ο шурин м, свояк м
κουράζομαι уставать
κούραση, η усталость ж
κουρασμένος (-η -ο) утомленный (-ая -ое)
κουρείο, το парикмахерская ж (мужская)
κουρτίνα, η занавесь ж
κουτάλι, το ложка ж
κουταλιά, η содержимое ложки с
κουτί, το коробка ж
κουτσός (-ή -ό) хромой (-ая -ое)
κρατάω (-ώ) держать
κρατικός (-ή -ό) государственный (-ая -ое)
κράτος, το государство с
κρεμμύδι, το лук м
κρεοπωλείο, το мясная лавка ж
κρίνο, το лилия ж
κρίση, η суждение с
κροκόδειλος, ο крокодил м
κρυολόγημα, το простуда ж

κρυολογημένος (-η -ο) простуженный (-ая -ое)
κρυολογώ простудиться
κρυφός (-ή -ό) скрытый (-ая -ое)
κρυωμένος (-η -ο) простуженный (-ая -ое)
κρυώνω охлаждать, мёрзнуть
κτητικός (-ή -ό) притяжательный (-ая -ое)
κτήριο, το здание с
κτλ. и.т.д.
κυβέρνηση, η правительство с
κυβικός (-ή -ό) кубический (-ая -ое)
κυβικά, τα кубический сантиметр м
κύκλος, ο круг м, среда ж
κυκλοφοριακός (-ή -ό) круговой (-ая -ое)
κυκλοφορώ ходить по улицам, продаваться
κυνήγι, το охота ж
κώδικας, ο кодекс м
κωμωδία, η комедия ж

Λ λ

λάδι, το постное масло с
λαγάνα, η лепёшка ж
λάθος, το ошибка ж
λαϊκός (-ή -ό) народный (-ая -ое)
λαιμός, ο шея ж
λάμπα, η лампа ж
λατρεία, η любовь ж
λατρεύω обожать
λαχανικά, τα овощи мн.ч.
λέγομαι называться
λείπω отсутствовать
λειτουργία, η работа ж, литургия ж
λεμόνι, το лемон м
λέξη, η слово с
λεξικό, το словарь м
λεπτό, το минута ж
λεπτομέρεια, η подробность ж, деталь ж
λεπτός (-ή -ό) тонкий (-ая -ое)
λεφτά, τα деньги мн.ч.
λεωφόρος, η проспект м
λήγω оканчиваться , истекать
ληστεία, η грабёж м
ληστής, ο грабитель м
λιγάκι немного, чуть-чуть
λίγο мало
λίγοι немногие
λίγος (-η -ο) небольшой (-ая -ое)
λικέρ, το ликер м
λιμάνι, το порт м
λινός (-ή -ό) полотняный (-ая -ое)
λίστα, η список м
λίτρο, το литр м
λόγια, τα слова мн.ч.
λογικός (-ή -ό) логичный (-ая -ое)
λογιστής, ο бухгалтер м
λογίστρια, η бухгалтер ж
λόγος, ο слово с
λογοτεχνία, η литература ж
λόγω в соответствии, ввиду...
λοιπόν итак
λουλούδι, το цветок м
λύκειο, το лицей м
λύνω развязывать, решать
λύρα, η музыкальный инструмент м
λύση, η решение с
λωρίδα, η полоса ж

Μ μ

μαγαζί, το магазин м
μάγειρας, ο повар м
μαγείρισσα, η повариха ж

μαγείρεμα, το приготовление обедов мн.ч.
μαγειρεύω готовить
μαγευτικός (-ή -ό) очаровательный (-ая -ое)
μαγικός (-ή -ό) магический (-ая -ое)
μαγιονέζα, η майонез м
μαζικός (-ή -ό) массовый (-ая -ое)
μαθηματικά, τα математика ж
μαιευτήρας, ο/η аккушер (-ка)
μαϊντανός, ο петрушка ж
μακάρι хотя бы
μακρύς (-ιά -ύ) длинный (-ая -ое)
μαλακός (-ιά -ό) мягкий (-ая -ое)
μαλακώνω смягчать
μαλλί, το волос м
μαλλιά, τα волосы мн.ч.
μάλλινος (-η -ο) шерстяной (-ая -ое)
μάλλον пожалуй
μαλώνω ссориться
μαμά, η мама ж
μανιτάρι, το гриб м
μαντείο, το предсказание с
μαντεύω отгадывать
μαξιλάρι, το подушка ж
μάρκα, η марка ж
μασκαρεύομαι маскироваться
μάτι, το глаз м
ματιά, η взгляд м
μαυρισμένος (-η -ο) почернённый (-ая -ое)
μαχαίρι, το нож м
με вместе с
μέγεθος, το размер м
μεθαύριο послезавтра
μέθοδος, η метод м
μεθυσμένος (-η -ο) пьянный (-ая -ое)
μελαχρινός (-ή -ό) смуглый (-ая -ое)
μελετάω (-ώ) изучать
μέλι, το мёд м
μελιτζάνα, η баклажан м
μελιτζανοσαλάτα, η салат из баклажан м
μέλλον, το будущее с
μέλλοντας, ο будущее время с
μελλοντικός (-ή -ό) будущий (-ая -ее)
μέλλων (-ουσα -ον) будущий (-яя -ее)
μελό, το мелодрама ж
μέλος, το член м
(ε)μένα меня, мне
μερική απασχόληση, η частичная занятость ж
μερικοί (-ές -ά) некоторые
μέρος, το место с
μέσα в
μεσαίος (-α -ο) средний (-яя -ее)
μέση, η поясница ж
μεσημεριανός (-ή -ό) дневной (-ая -ое)
Μεσόγειος, η Средиземное море с
μέσος (-η -ο) средний (-яя -ее)
μέσος όρος, ο в среднем
μετά затем
μετανάστης, ο эмигрант м
μετάξι, το шёлк м
μεταξύ между
μεταξωτός (-ή -ό) шёлковый (-ая -ое)
μεταφορά, η доставка ж
μετάφραση, η перевод м
μεταχειρίζομαι пользоваться
μέχρι до
μη(ν) не
μήκος, το длина ж
μήνας, ο месяц м
μήνυμα, το обращение с
μήπως разве
Μητρόπολη, η Собор м
μηχανάκι, το мотоцикл м

μηχανή, η машина ж, механизм м
μηχάνημα, το устройство с, аппарат м
μηχανικός, ο/η инженер м
Μικρά Ασία, η Малая Азия ж
μικροβιολόγος, ο/η микробиолог м/ж
μινωικός (-ή -ó) минойский (-ая -ое)
μισθός, ο зарплата ж
μισός (-ή -ó) половинный (-ая -ое)
μισώ ненавидеть
μνήμη, η память ж
μοιράζομαι делить между собой
μοιράζω делить
μόλις как только
μολυβοθήκη, η карандашница ж
μολυσμένος (-η -ο) зараженный (-ая -ое)
μοναξιά, η одиночество с
μόνο только
μονοκατοικία, η одноэтажный жилой дом
μονολεκτικός (-ή -ó) состоящий из одного слова
μόνος (-η -ο) один, одна, одно
μονός (-ή -ó) один, одна, одно
μόριο, το частица ж
μορφή, η форма ж, вид м
μορφώνω давать образование
μούσι, το борода ж
μουσικός, ο музыкант м
μπαίνω входить
μπακαλιάρος, ο треска ж
μπάλα, η мяч м
μπαλέτο, το балет м
μπαλκονόπορτα, η дверь балконная ж
μπαμπάς, ο папа м
μπανιέρα, η ванна ж
μπάνιο, το купанье с
μπάσκετ, το баскетбол м
μπαχάρι, το индийский перец м
μπλε голубой
μπλέκομαι запутываться
μπλέκω путать
μπλέντερ, το блендер м
μπλοκάκι, το блокнот м
μπλούζα, η блуза ж
μπλουτζίν, το джинсы мн.ч.
μπογιά, η краска ж
μπορεί возможно
μπορντό бордо
μπότα, η сапог м
μπουκάλι, το бутылка ж
μπουφάν, το буфан м
μπουφές, ο буфет м
μπράβο (σου) молодец !
μπράντι, το брэнди с
μπροστά впереди
μυθιστόρημα, το роман м
μυρίζω нюхать, пахнуть
μυρωδιά, η запах м
μωρό, το ребёнок м

N ν

να вот
να чтобы
ναός, ο храм м
νάτος (-η -ο) вот он (она оно)
Ναυτικό, το Морской флот м
ναυτικός, ο моряк м
Νέα Υόρκη, η Нью-Йорк
νέα, τα новости мн.ч.
νέκταρ, το нектар м
νέοι, οι молодёжь ж
νέος (-α -ο) молодой (-ая -ое)
νευρολόγος, ο/η невропатолог м
νέφος, το облако с, туча ж

νησί, το остров м
νηστήσιμος (-η -ο) постный (-ая -ое)
νίκη, η победа ж
νιώθω чувствовать
νόημα, το смысл м
νοικοκυρά, η домохозяйка ж
νομίζω думать
νόμος, ο закон м
νοσηλευτής, ο фельдшер м
νοσηλεύτρια, η лечащий врач
νοσοκόμα, η медсестра ж
νοσοκόμος, ο медбрат м
νόστιμος (-η -ο) вкусный (-ая -ое)
νούμερο, το номер м
ντοκιμαντέρ, το документальный фильм м
ντόπιος (-α -ο) местный (-ая -ое)
ντουλάπα, η шкаф бельевой м
ντουλάπι, το кухонный шкаф м
ντους, το душ м
ντροπαλός (-ή -ó) стеснительный (-ая -ое)
ντύνομαι одеваться
ντύνω одевать
νυστάζω хотеть спать
νύφη, η невеста ж
νυχτερινός (-ή -ó) ночной (-ая -ое)
νωρίς рано
νωρίτερα раньше

Ξ ξ

(ε)ξαδέλφη, η двоюродная сестра ж
(ε)ξαδέλφια, τα двоюродные братья и сёстры мн.ч.
(ε)ξάδελφος, ο двоюродный брат м
ξανά опять
ξανθός (-ή -ó) светлый (-ая -ое)
ξαπλώνω ложиться
ξαφνικά вдруг
ξεκουράζομαι отдыхать
ξεκούραση, η отдых м
ξενόγλωσσος (-η -ο) говорящий (-ая -ее) на иностранном языке
ξενοδοχείο, το гостиница ж
ξένος (-η -ο) иностранец м
ξενώνας, ο гостиница ж
ξερός (-ή -ó) сухой (-ая -ое)
ξεσκονίζω вытирать пыль
ξεχασμένος (-η -ο) забытый (-ая -ое)
ξεχνάω (-ώ) забывать
ξοδεύω тратить
ξύλο, το палка ж
ξυπνητήρι, το будильник м
ξυρίζομαι бриться
ξυρίζω брить

O ο

όγκος, ο опухоль, объем
οδήγηση, η вождение с
οδηγία, η руководство с
οδηγός, ο водитель м, проводник м
οδηγώ водить, вести
οδοντίατρος, ο зубной врач м
οδός, η улица ж
οθόνη, η экран м
οικογένεια, η семья ж
οικογενειακός (-ή -ó) семейный (-ая -ое)
οικοδέσποινα, η хозяйка дома ж
οικονομικός (-ή -ó) экономичный (-ая -ое)
όλοι (-ες -α) все
ολοκάθαρος (-η -ο) очень чистый (-ая -ое)
ολοκαίνουργιος (-α -ο) совсем новый
ολόλευκος (-η -ο) белоснежный (-ая -ое)
όλος (-η -ο) весь, вся, всё

ολόφρεσκος (-α -ο) очень свежий (-ая -ее)
ολόχρυσος (-η -ο) весь золотой
Ολυμπιακοί Αγώνες, οι Олимпийские игры мн.ч.
ολυμπιονίκης, ο/η Олимпийский чемпион м
Όλυμπος, ο Олимп м
ομάδα, η группа ж, команда ж
ομελέτα, η яичница ж
ομιλία, η разговор м, речь ж
ομορφιά, η красота ж
όμως однако
όνειρο, το сон м
ονομάζω называть
ονομαστική, η именительный падеж м
όπερα, η опера ж
ο οποίος (η οποία, το οποίο) который (-ая -ое)
οποιοσδήποτε (οποιαδήποτε, οποιοδήποτε) кто бы ни, всякий всякая, всякое
όποτε когда
όπου где
όπως как
οπωσδήποτε обязательно
όπως-όπως как-нибудь
οργανισμός, ο организм м
όργανο, το орган м, инструмент м
οργάνωση, η организация ж
όρεξη, η аппетит м
ορθογώνιος (-α -ο) прямоугольный (-ая -ое)
ορθόδοξη, η православная ж
ορθόδοξος, ο православный м
ορθοπεδικός (ορθοπαιδικός), ο/η ортопед м
οριζόντιος (-α -ο) горизонтальный (-ая -ое)
όριο, το предел м
ορισμένος (-η -ο) некоторый (-ая -ое)
ορισμός, ο назначение с, распоряжение с
ορίστε вот, пожалуйста, да
όροφος, ο этаж м
ορχήστρα, η оркестр м
όσοι (-ες -α) столько-сколько
όσος (-η -ο) столько
όταν когда
ό, τι всё что
ότι что
ουδέτερος (-η -ο) нейтральный (-ая -ое)
ούζο, το узо (греческая анисовая водка)
ούρα, τα моча ж
ουρανός, ο небо с
ουσιαστικό, το существительное с
ούτε не, ни
ούτε... ούτε ни....ни
οφθαλμίατρος, ο/η глазной врач м

Π π

παγκόσμιος (-α -ο) всемирный (-ая -ое)
παγωτό, το мороженое с
(μου/σου κτλ.) πάει (мне / тебе итд подходит
παθαίνω терпеть
παθητική (φωνή), η страдательный золог м
παθολόγος, ο/η врач-терапевт м
παιδίατρος, ο/η детский врач м
παιδικός (-ή -ó) детский (-ая -ое)
παίζω играть
παίρνω брать
πακέτο, το пакет м
Πακιστάν, το Пакистан
παλάμη, το ладонь ж
πάλι опять
παλιός (-ά -ó) старый (-ая -ое)
παλτό, το пальто с
Παναγία, η Богоматерь
πανάκριβος (-η -ο) очень дорогой (-ая -ое)
πανάρχαιος (-α -ο) очень древний (-яя -ее)

πανάσχημος (-η -ο) очень некрасивый (-ая -ое)
πανέμορφος (-η -ο) очень красивый (-ая -ое)
πανεπιστήμιο, το университет м
πανηγύρι, το праздник м
πάντα всегда
παντελόνι, το брюки мн.ч.
παντρεύομαι жениться, выходить замуж
πάντως во всяком случае
πανύψηλος (-η -ο) очень высокий (-ая -ое)
πάνω на
παπούτσι, το туфель м
παππούς, ο дедушка м
πάρα без
παραγγελία, η заказ м
παράγραφος, η параграф м, абзац м
παράδειγμα, το пример м, образец м
παραδίνω преподавать
παραδοσιακός (-ή -ό) традиционный (-ая -ое)
παραθετικά, τα степени сравнения мн.ч.
παράθυρο, το окно с
παρακαλώ просить, пожалуйста
παρακάτω ниже, дальше
παρακείμενος, ο перфект м
παρακολουθώ наблюдать, посещать
παραλαβή, η получение с
παραλαμβάνω получать
παραλία, η берег м
παραλιακός (-ή -ό) приморский (-ая -ое)
παραμένω оставаться
παραμύθι, το сказка ж
παράξενος (-η -ο) странный (-ая -ое)
παραπάνω выше
παραπονιέμαι жаловаться
παρατατικός, ο имперфект м
παρατηρητικός (-ή -ό) наблюдательный (-ая -ое)
παρέα, η компания ж, друзья мн.ч.
παρελθόν, το прошлое с
παρένθεση, η скобка ж
Παρθενώνας, ο Парфенон
παρκάρω парковать
πάρκι(ν)γκ, το паркинг м
πάρκο, το парк м
πάροδος, η переулок м
παρ' όλα αυτά кроме всего этого
παρ' όλο που не смотря на то, что
παρουσιάζω представлять
πάρτι, το парти с
παρών (-ούσα -όν) присутствующий (-яя -ее)
πασίγνωστος (-η -ο) общеизвестный (-ая -ое)
πάστα, η пирожное с
Πάσχα, η Пасха ж
πατάτα, η картошка ж
πατέρας, ο отец м
πατρικός (-ή -ό) отцовский
παχύς (-ιά -ύ) толстый (-ая -ое)
πεζοπορία, η ходьба ж
πεζός, ο пешеход м
πεθαίνω умирать
πεθερά, η свекровь ж, тёща ж
πεθερικά, τα родители жены или мужа мн.ч.
πεθερός, ο свёкр м, тесть м
πεινάω (-ώ) хотеть есть
πείρα, η опыт м
πειράζει мешает
πειράζω дразнить, беспокоить
Πειραιάς, ο Пирей
πέλαγος, το море с
πελάτης, ο клиент м
πενηντάρικο, το 50 евро
πεντακοσάρικο, το 500 евро
περασμένος (-η -ο) прошлый (-ая -ое)
περιβάλλον, το среда ж, окружение с

περιγραφή, η описание с
περιγράφω описывать
περίεργος (-η -ο) любопытный (-ая -ое)
περιοχή, η район м
περίπου приблизительно
περιπτεράς, ο продавец киоска м
περίπτερο, το киоск м
περίπτωση, η случай м
περιττός (-ή -ό) лишний (-яя -ее)
περνάω (-ώ) проходить
περπατάω (-ώ) ходить
περπάτημα, το ходьба ж
πέρ(υ)σι в прошлом году
πετάω (-ώ) лететь
πέτρινος (-η -ο)
πετσέτα, η полотенце с
πέφτω падать
πηγή, η источник м
πηδάω (-ώ) прыгать
πια больше
πιάνο, το пианино с
πιάνω ловить
πιάτο, το тарелка ж
πίεση, η давление с
πιθανότητα, η вероятность ж, возможность ж
πικάντικος (-η -ο) возбуждающий аппетит
πιλότος, ο лётчик м
πίνακας, ο доска ж, картина ж
πινακίδα, η табличка ж
πινακοθήκη, η картинная галерея ж
πίνω пить
πιο более
πιπέρι, το перец м
πιρούνι, το вилка ж
πιστεύω верить
πίστη, η вера ж
πίσω за
πιτσαρία, η пицария ж
πλαγιά, η склон м
πλάγια στοιχεία, τα ковычки
πλάγιος (-α -ο) косвенный (-ая -ое)
πλαίσιο, το рамка ж, оправа ж
(κάνω) πλάκα шутить
πλαστικός (-ή -ό) пластический (-ая -ое)
πλατεία, η площадь ж
πλάτη, η спина ж
πλάτος, το ширина ж
πλατύς (-ιά -ύ) широкий (-ая -ое)
πλένομαι мыться
πλένω мыть
πληθυντικός, ο множественное число с
πληθυσμός, ο население с
πληρεξούσιος (-α -ο) уполномоченный
πλήρης (-ης -ες) полный
πληροφορία, η сообщение с, информация ж
πληροφορική, η информация ж
πληρώνω платить
πλησιάζω подходить, приближаться
πλοίο, το судно с
Πλούτωνας, ο Плутон
πλυντήριο, το стиральная машинка ж
ποδήλατο, το велосипед м
πόδι, το нога м
ποιανού (-ής -ού) чей
ποίημα, το стих м
ποιος (ποιά -ποιο) кто
ποιότητα, η качество с
πόλεμος, ο война ж
πολεμάω (-ώ) бороться
πόλη, η город м
πολιτική, η политика ж
πολιτικός (-η -ο) политический (-ая -ое)

πολιτισμός, ο культура ж
πολλοί (-ές -ά) многие
πολύ очень
πολυεθνικός (-ή -ό) многонациональный (-ая -ое)
πολυθρόνα, η кресло с
πολυκατοικία, η многоэтажный жилой дом м
πολύς (πολλή, πολύ) многие
πονάω (-ώ) болеть
πονηρός (-ή -ό) хитрый (-ая -ое)
πονοκέφαλος, ο головная боль ж
πόνος, ο боль ж
ποντίκι, το мышка ж
πορεία, η ход м, движение с
πόρτα, η дверь ж
πορτατίφ, το настольная лампа ж
πορτοκαλάδα, η апельсиновый сок м
πορτοκάλι, το апельсин м
Ποσειδώνας, ο Посейдон, бог моря
πόσοι (-ες -α) сколько
πόσος (-η -ο) сколько
ποσοστό, το процент м
ποσοτικός (-ή -ό) количественный (-ая -ое)
ποτάμι, το река ж
πότε когда
ποτέ никогда
ποτήρι, το стакан м
ποτό, το алкогольный напиток м
που что
πού где
πουθενά нигде
πουκάμισο, το рубашка ж
πουλάω (-ώ) продавать
πουλί, το птичка ж
πουλόβερ, το свитер м
πούρο, το сигарета ж
πράγμα, το вещь ж
πραγματικά на самом деле
πραγματικότητα, η действительность ж
πραγματοποιώ осуществлять
πράξη, η действие с
πράσινος (-η -ο) зеленый (-ая -ое)
πρέπει нужно
πρίγκηπας, ο принц м
πριν до
προάστιο, το пригород м
προβάλλω демонстрировать
προβλέπω предвидеть
πρόβλημα, το проблема ж
πρόγραμμα, το программа ж
προηγούμενος (-η -ο) предыдущий (-ая -ее)
πρόθεση, η намерение с, предлог м (грам.)
προίκα, η приданое с
προϊστάμενος, ο старший м, начальник м
προκαταρκτικός (-ή -ό) предварительный (-ая -ое)
πρόκειται για речь идет о
πρόκειται να предстоит, предвидится
προλαβαίνω успевать
πρόοδος, η успех м
Προπό, το спортивное лотто с
προπόνηση, η тренировка ж
προς по направлению
προσεκτικός (-ή -ό) внимательный (-ая -ое)
προσέχω быть осторожным
προσθέτω прибавлять
προσκαλώ приглашать
πρόσκληση, η приглашение с
προσπαθώ стараться
προσπερνάω (-ώ) обгонять
προστακτική, η повелительное наклонение с
προστατεύω защищать
προσφέρω дарить, предлагать
προσωπικό, το персонал м

προσωπικός (-η -ο) личный (-ая -ое)
πρόσωπο, το лицо с
προσωρινός (-ή -ό) временный (-ая -ое)
πρόταση, η предложение с
προτείνω предлагать
προτιμάω (-ώ) предпочитать
προτίμηση, η предпочтение с
προφητικός (-ή -ό) пророческий (-ая -ое)
προχθές позавчера
προχωρημένος (-η -ο) передовой (-ая -ое)
προχωρώ двигаться вперёд
πρωθυπουργός, ο премьер-министр м
πρωί, το утро с
πρωινό, το завтрак м
πρώτα раньше, прежде всего
πρωτεύουσα, η столица ж
πρωτοχρονιά, η новый год м
πτυχίο, το диплом м
πυρετός, ο температура ж
πυροβολώ стрелять
πυροσβέστης, ο пожарник м
πυροσβεστική, η пожарная ж
π.χ. например
πωλείται продаётся
πωλητής, ο продавец м
πως что
πώς как
πώς και πώς с трудом

Ρ ρ

ραδιόφωνο, το радиоприёмник м
ραλίστας, ο ралист м
ραντεβού, το свидание с
ράφι, το полка ж
ρεπόρτερ, ο репартёр м
ρεσεψιόν, η ресепсион м
ρέστα, τα сдачи мн.ч.
ρετσίνα, η греческое вино с
(ηλεκτρικό) ρεύμα, το электрический ток м
ρήμα, το глагол м
ριζικός (-ή -ό) коренной (-ая -ое)
ρίχνω бросать, швырять
ρολόι, το часы мн.ч.
ρόλος, ο роль ж
ρομαντικός (-ή -ό) романтический
(-ая -ое)
ρούχα, τα вещи мн.ч.
ρύζι, το рис м
Ρωμαίος (-α) римлянин / ка
Ρώμη, η Рим
ρωτάω (-ώ) спрашивать

Σ σ

σαββατοκύριακο, το выходные дни мн.ч.
σακάκι, το пиджак м
σακούλα, η пакет м
σαλόνι, το салон м
σάλτσα, η приправа ж
σαν как
σάντουιτς, το сандвич м
σαπούνι, το мыло с
σγουρός (-ή -ό) кудрявый (-ая -ое)
σέβομαι уважать
σειρά, η очередь ж
σε λίγο скоро
σελίδα, η страница ж
σερβιτόρα, η официантка ж
σερβιτόρος, ο официант м
σηκώνομαι вставать
σηκώνω поднимать
σήμα, το знак м

σημαίνει это значит
σημαντικός (-ή -ό) важный (-ая -ое)
σημασία, η значение с
(δίνω) σημασία придавать значение
σημείωμα, το заметка ж
σημειώνω делать заметки
σημείωση, η заметка ж
σήμερα сегодня
σημερινός (-ή -ό) сегодняшний (-яя -ое)
σίριαλ, το сериал м
σιγά потихоньку
σιγουρεύομαι увериться
σίγουρος (-η -ο) уверенный (-ая -ое)
σίδερο, το железо с
σιδερώνω гладить
Σικάγο, το Чикаго
Σικελία, η Сицилия ж
σινεμά, το кино с
σιωπηλός (-ή -ό) молчаливый (-ая -ое)
σκάλα, η лестница ж
σκάφος, το корабль м
σκελετός, ο скелет м
σκέφτομαι (σκέπτομαι) думать
σκέψη, η мысль ж
σκηνή, η палатка ж, сцена ж
σκίτσο, το эскиз м, очерк м
σκόνη, η пыль ж
σκορδαλιά, η чесночный соус м
σκοτώνω убивать
σκουπίδια, τα мусор м
σκουπιδιάρικο, το мусоуборочная машина ж
σκουπίζω подметать
σκούρος (-α -ο) тёмный (-ая -ое)
σκυλί, το собака ж
σκύλος, ο собака ж
σοβαρός (-ή -ό) серьёзный (-ая -ое)
σοκολάτα, η шоколад м
σολίστας, ο солист м
σουηδικός (-ή -ό) шведский (-ая -ое)
σούπα, η суп м
σούπερ μάρκετ, το супер маркет м
σοφία, η мудрость ж
σπά(ζω разбивать
σπάνιος (-α -ο) редкий (-ая -ое)
σπεσιαλιτέ, η лекарственный препарат м
σπετζοφάι, το спецофай м
σπίρτα, τα спички мн.ч.
σπορ, το спорт м
σπουδάζω учиться
σπουδαστής, ο студент м
σπρώχνω толкать
στάδιο, το стадион м
σταθερός (-ή -ό) устойчивый (-ая -ое)
στάθμευση, η стоянка ж, остановка ж
σταματάω (-ώ) останавливаться
στάση, η остановка ж
στατιστικές, οι статистика ж
σταυρόλεξο, το кроссфорд м
σταυρός, ο крест м
σταφίδα, η изюм м
στέκομαι стоять
στέλνω посылать
στενός (-ή -ό) узкий (-ая -ое)
στενοχωριέμαι тревожиться
στήλη, η столб м, колонна ж
στην υγειά σας! за ваше здоровье
στήριξη, η поддержка ж
στίβος, ο арена ж
στιγμή, η момент м
στιλ, το стиль м
στοιχεία, τα данные мн.ч.
στολή, η форма ж

στόμα, το рот м
στομάχι, το желудок м
στοπ, το остановка ж
στρατόπεδο, το лагерь м
στρατός, ο армия ж
στρίβω поворачивать
στρογγυλός (-ή -ό) круглый (-ая –ое)
στρώνω стелить, накрывать
συγγενής, ο родственник м
συγγραφέας, ο писатель м
συγκεκριμένος (-η -ο) определённый (-ая -ое)
συγκρίνω сравнивать
σύγκριση, η сравнение с
συγκριτικός (-ή -ό) сравнительный (-ая -ое)
συγκρότημα, το ансамбль м, группа ж
συγγνώμη простите, извините
σύγχρονος (-η -ο) современный (-ая -ое)
συγχωρώ извенять
συζήτηση, η обсуждение с
συλλαβή, η слог м
σύλλογος, ο общество с
συμβαίνει бывает
συμβουλεύω советовать
συμβουλή, η совет м
συμμαθητής, ο соученик м
συμμαθήτρια, η соученица ж
συμμετέχω принимать участие
συμπληρώνω добавлять
συμφέρων (-ουσα -ον) выгодный (-ая -е)
σύμφωνα με согласно
συμφωνία, η договор м
συμφωνικός (-ή -ό) симфонический (-ая -ое)
σύμφωνοι ! договорились!
συμφωνώ соглашаться
συναισθηματικός (-ή -ό) эмоциональный (-ая -ое)
συναντάω (-ώ) встречать
συνάντηση, η встреча ж
συναντιέμαι встречаться
συναρπαστικός (-ή -ό) увлекательный (-ая -ое)
συναυλία, η концерт м
συνάχι, το насморк м
σύνδεσμος, ο связывающий элемент м
συνδέω связывать
συνδυασμός, ο соединение с
συνέδριο, το съезд м
συνεννόηση, η взаимопонимание с
συνεννοούμαι договариваться
συνέντευξη, η интервью с
συνέχεια (συνεχώς) продолжение с
στη συνέχεια затем, впоследствии
συνεχίζω продолжать
συνηθισμένος (-η -ο) обычный (-ая -ое)
συνήθως обычно
συνθετικός (-ή -ό) синтетический (-ая -ое)
σύνθετος (-η -ο) сложный (-ая -ое)
συνοδηγός, ο провожатый м
συνολικά в общем
σύνορο, το граница ж
συνταγή, η рецепт м
σύντομα кратко, коротко
σύντομος (-η -ο) непродолжительный (-ая -ое)
συντονίζω согласовывать
συρτάρι, το ящик м
συσκευή, η устройство с
σύστημα, το система ж, строй м
συστήνω представлять, знакомить
συχνός (-ή -ό) частый, постоянный (-ая -ое)
συχνότητα, η повторяемость ж
σφουγγαρίζω вытирать губкой, мыть
σχεδιάγραμμα, το чертёж м, план м
σχεδιάζω чертить, планировать

Словарь

σχέδιο, το план м
(κινούμενο) σχέδιο, το мультфильм м
σχεδόν почти
σχέση, η связь ж, отношение с
σχετικά με относительно чего-либо
σχετικός (-ή -ό) относительный (-ая -ое)
σχηματίζω создавать, образовывать
σχολείο, το школа ж
σχολή, η училище с
σώμα, το тело с
σωστός (-ή -ό) правильный (-ая -ое)

Τ τ

ταβερνάκι, το маленькая таверна ж
ταινία, η фильм м
ταίρι, το пара ж, напарник м
ταιριάζω подбирать пару
τα καταφέρνω выхожу из положения
ταμείο, το касса ж
ταμίας, ο кассир м
ταμπλέτα, η таблетка ж
τάξη, η класс м
ταξί, το такси м
ταξιδεύω путешествовать
ταξίδι, το путешествие с
ταξιδιώτης, ο путешественник м
ταξινομώ классифицировать
ταράτσα, η терраса ж
τασάκι, το пепельница ж
ταύρος, ο бык м
ταυτότητα, η удостоверение личности с
τα χάνω растеряться
ταχυδρομείο, το почта ж
ταχυδρόμος, ο почтальон м
ταχυδρομώ отправлять почтой
τέλεια прекрасно
τέλειος (-α -ο) прекрасный (-ая -ое)
τελειώνω заканчивать
τελείως совершенно
τελευταίος (-α -ο) последний (-яя -ее)
τελικά в конце концов
τελικός (-ή -ό) окончательный (-ая -ое)
τέλος, το конец м
τέν(ν)ις, το теннис м
τέρας, το чудовище с
τεράστιος (-α -ο) огромный (-ая -ое)
τεστ, το тест м,зачёт м
τέταρτο, το четверть ж
τέτοιος (-α -ο) такой (-ая -ое)
τετράγωνο, το квадрат м
τετράγωνος (-η -ο) квадратный (-ая -ое)
τετράδιο, το тетрадь ж
τέχνη, η ремесло с
τεχνικός, ο техник м
τζαζ, η джазовая музыка ж
τζάμι, το оконное стекло с
τζιν, το джин м (водка)
τηγανητός (-ή -ό) жаренный (-ая -ое)
τηλεθεατής, ο телезритель м
τηλεόραση, η телевизор м
τηλεφώνημα, το телефонирование с
τηλεφωνητής, ο телефонист м
τηλεφωνήτρια, η телефонистка ж
τηλέφωνο, το телефон м
τηλεφωνώ звонить
τιμή, η цена ж
τίνος чей
τίποτε ничего
τίτλος, ο звание с
τμήμα, το часть ж, отдел м
τοιχογραφία, η фресковая живопись ж
τολμάω (-ώ) осмелиться

το μόνο единственно что...
τονίζω подчёркивать
τόπος, ο место с
τόσο столько
τοστ, το тост м
τότε тогда
του его, ему
τουαλέτα, η туалет м
τουλάχιστον хотя бы
τουρίστας, ο турист м
τουριστικός (-ή -ό) туристический (-ое)
τραβάω (-ώ) тянуть, вытаскивать
τραγουδάω (-ώ) петь
τραγουδιστής, ο певец м
τραγωδία, η трагедия ж
τράπεζα, η банк м
τραπεζάκι, το столик м
τραπεζαρία, η столовая ж
τραπέζι, το стол м
τρελός (-ή -ό) сумасшедший (-ая -ее)
τρένο, το поезд м
τρέξιμο, το бег м
τρέχω бежать
τρίγωνο, το треугольник м
τριήμερο, το трёхдневка ж
τρόλεϊ, το троллейбус м
τρόμος, ο страх м
τρόπος, ο способ м
τροχαίος (-α -ο) уличный (-ая -ое)
τροχαία, η отдел регулирования уличного движения м
τροχός, ο колесо с, круг м
τρύπα, η дырка ж, отверстие с
τρώω кушать
τσάντα, η сумка ж
τσάι, το чай м
τσέπη, η карман м
τσιγάρο, το сигарета ж
τσιμπάω (-ώ) закусить
τύπος, ο тип м
τυρί, το сыр м
τυροπιτάκι, το пирожки с сыром мн.ч.
τυχερός (-ή -ό) счастливый (-ая -ое)
τώρα сейчас

Υ υ

υγεία, η здоровье с
υγιής (-ής -ές) здоровый (-ая -ое)
υγρό, το жидкость ж
υδραυλικός, ο водопроводчик м
υλικό, το материал м, сырьё с
υπάλληλος, ο/η служащий (-ая)
υπάρχει имеется
υπάρχω существовать
υπάρχων (-ουσα, -ον) существующий (-яя —ее)
υπερθετικός, ο превосходная степень (грам.)
υπέροχος (-η -ο) прекрасный (-ая -ое)
υπερσυντέλικος, ο давно прошедшее время с
υπερφυσικός (-ή -ό) сверхестественный (-ая -ое)
υπηρεσία, η служба ж
υπνοδωμάτιο, το спальня ж
ύπνος, ο сон м
υποβοηθητικός (-ή -ό) вспомогательный (-ая -ое)
υπογραμμίζω подчеркивать
υπόθεση, η предположение с
υποθετικός (-ή -ό) условный (-ая -ое)
υπολογίζω считать, расчитывать
υπόλοιπος (-η -ο) остальной (-ая -ое)
υπομονή, η терпение с
ύποπτος (-η -ο) подозрительный (-ая -ое)
υπόσχομαι обещать
υποτακτική, η зависимое наклонение с

υποχρεωμένος (-η -ο) обязанный (-ая -ое)
υποχρεωτικός (-ή -ό) обязательный (-ая -ое)
ύστερα потом, затем, после
υφαντό, το ткань ж
ύφασμα, το материал м, ткань ж
ύψος, το высота ж

Φ φ

φαγητό, το обед м
φαίνομαι казаться
φαινόμενο, το явление с
φάκελος, ο конверт м, досье с
φακός, ο лупа ж, объектив м
φανάρι, το фонарь м
φαντάζομαι представлять
φαντάρος, ο солдат м
φαντασία, η фантазия ж
φάντασμα, το привидение с
φανταστικός (-ή -ό) фантастический (-ая -ое)
φαρδύς (-ιά -ύ) широкий (-ая -ое)
φάρμακο, το лекарство с
φέρνω приносить
φεστιβάλ, το фестиваль м
φετινός (-ή -ό) этого года, нынешний
(ε)φέτος в этом году
φεύγω уезжать
φθινοπωρινός (-ή -ό) осенний (-яя -ее)
φθινόπωρο, το осень ж
φιλάω (-ώ) целовать
φιλικός (-ή -ό) дружеский (-ая -ое)
φιστίκι, το фисташка ж
φλιτζάνι, το чашка ж
φλούδι, το кожура ж
φοβερός (-ή -ό) страшный (-ая -ое)
φόβος, ο страх м
φοιτητής, ο студент м
φοιτήτρια, η студентка ж
φορά, η раз м
φοράω (-ώ) одевать
φόρος, ο налог м
φορτηγό, το грузовик м
φόρτιση, η нагрузка ж
φούρνος, ο пекарня ж, хлебный магазин м
φούστα, η юбка ж
φράση, η фраза ж
φρεσκάρω освежать
φρέσκος (-ια -ο) свежий (-ая -ее)
φροντίζω заботиться
φροντιστήριο, το подготовительный курсы мн.ч.
φρούτο, το фрукт м
φρυγανιά, η сухарь м
φταίω быть виновным
φτάνει достаточно
φτάνω прибывать
φτιάχνω делать, приводить в порядок
φτουράω залёживаться
φτωχός (-ή -ό) бедный (-ая -ое)
φύλακας, ο сторож м
φυλακή, η тюрьма ж
φύλο, το пол м, род м
φυσική, η физика ж
φυσικός (-ή -ό) естественный (-ая -ое)
φυσιογνωμία, η физиономия ж
φωνάζω звать, кричать
φωνή, η голос м
φωνήεν, το гласная ж
φως, το свет м
φωτεινός (-ή -ό) светлый (-ая -ое)
φωτιά, η огонь м
φωτιστικό, το осветительный прибор м
φωτογράφος, ο фотограф м

Χ χ

χαιρετάω (-ώ) приветствовать
χαίρομαι радоваться
χαλάω (-ώ) ломать, портить
χαλασμένος (-η -ο) испорченный (-ая -ое)
χάλια очень плохо
χάλκινος (-η -ο) медный (-ая -ое)
χαμηλός (-ή -ό) низкий (-ая -ое)
χαμογελαστός (-ή -ό) улыбающийся (-щаяся -щееся)
χάνω терять
χάπι, το таблетка ж
χαρά, η радость ж
χαρακτηριστικό, το характерная черта ж
χάρη, η достоинство с, любезность ж
χαρίζω дарить
χαρτζιλίκι, το карманные деньги мн.ч.
χαρτί, το бумага ж
χαρτιά, τα бумаги мн.ч., карты мн.ч.
χαρτοπετσέτα, η салфетка ж
χαρτοφύλακας, ο портфель м
χασμουριέμαι зевать
χατίρι, το одолжение с
χειμερινός (-ή -ό) зимний (-яя -ее)
χειμωνιάτικος (-η -ο) зимний
χειρούργος, ο/η хирург м
χέρι, το рука ж
χερούλι, το ручка ж
χημικός, ο химик м
χθεσινός (-ή -ό) вчерашний (-яя -ее)
χιλιάδες, οι тысячи мн
χιόνι, το снег м
χιούμορ, το юмор м
χοντρός (-ή -ό) толстый (-ая -ое)
χορεύω танцевать
χορός, ο танец м
χρειάζεται необходимо
χρειάζομαι нуждаться
χρήματα, τα деньги мн.ч.
χρήσιμος (-η -ο) полезный, нужный (-ая -ое)
χρησιμοποιώ пользоваться
χρησμός, ο предсказание с
χριστιανή, η христьянка ж
χριστιανός, ο христьянин м
Χριστούγεννα, τα Рождество с
χρόνια, τα годы мн.ч.
χρονίζω затягиваться
χρονικός (-ή -ό) временной
χρόνος, ο год м
χρυσός (-ή -ό) золотой (-ая -ое)
Χρυσός Οδηγός, ο телефонный каталог м
χρώμα, το цвет м
χρωστάω (-ώ) задолжать, быть обязанным
χτένι, το расческа ж
χτενίζομαι расчесываться
χτενίζω расчесывать
χτυπάω (-ώ) стучать, бить
χυμός, ο сок м
χώρα, η страна ж
χωρίζω разлучать
χωρίς без

Ψ ψ

ψάρι, το рыба ж
ψαροταβέρνα, η рыбный ресторан м
ψάχνω искать
ψέμα, το ложь ж
ψήνω печь
ψιλά, τα мелочь ж

ψιλοκομμένος (-η -ο) мелко нарезанный (-ая -ое)
ψυγείο, το холодильник м
ψυχαγωγώ забавлять
ψυχίατρος, ο психиатр м
ψώνια, τα покупки мн.ч.
ψωνίζω делать покупки

Ω ω

ώμος, ο плечо с
ώρα, η час м, время с
ωραία хорошо, прекрасно
ωραίος (-α -ο) красивый (-ая -ое)
ωραιότητα, η красота ж
ώρες αιχμής, οι часы пик
ώσπου до тех пор пока
ωστόσο однако, все-таки, тем не менее
ωτορινολαρυγγολόγος (ωριλά), ο/η оториноларинголог м

Λύσεις

Λύσεις

Μάθημα 1

3

1. της Μαρίας   2. του φίλου   3. της Ελένης   4. του κυρίου Κανάκη   5. της Μάρως   6. του φοιτητή
7. της κυρίας Μανούσου

5

1. του θεάτρου   2. του νησιού   3. του σχολείου   4. του διαμερίσματος   5. του κουταλιού   6. του χωριού
7. του ρήματος

6

1. του φίλου μου   2. της Τατιάνας   3. του διαβατηρίου   4. της ξαδέλφης   5. του πατέρα
6. του φορέματος   7. του κυρίου Πετρίδη, του δρόμου   8. της κυρίας Τσαλίκογλου   9. του παιδιού

12

1. α   2. β   3. γ   4. β   5. α

Μάθημα 2

1

1. Λ   2. Λ   3. Σ   4. Σ   5. Λ   6. Σ   7. Λ   8. Λ

2

1γ   2ζ   3ε   4α   5η   6β   7δ

3

1. τελειώσαμε   2. περάσαμε   3. γελάσαμε   4. καθίσανε   5. δούλεψε   6. πήρες   7. μπήκαν, είχαν
8. ήξερε   9. έπαιξε   10. πείνασα   11. στείλαμε   12. τηλεφώνησαν, ήθελαν

5

1. πήρε, έδωσε   2. περίμενα, ήρθε   3. ξέραμε, ξέρατε   4. πέρασαν   5. είδες, είδα   6. μπήκα, μπήκαν
7. τηλεφώνησες, τηλεφώνησα   8. ήρθατε, είχαμε   9. άργησαν   10. βγήκατε, καθίσαμε

7

1. ήπιες   2. περιμέναμε   3. καπνίσατε   4. ήρθανε   5. αγόρασε   6. ξύπνησα

8

1. Σ   2. Λ   3. Λ   4. Σ   5. Λ   6. Σ

11

1. μιας   2. ενός   3. ενός   4. μιας   5. ενός   6. ενός   7. ενός   8. μιας

12

1. Σ   2. Λ   3. Λ   4. Λ   5. Σ   6. Λ   7. Σ

Μάθημα 3

2

1. ακούστε, απαντήστε   2. ελάτε   3. πήγαινε   4. κάτσε   5. περιμένετε   6. δείτε, πείτε   7. βγες
8. πάρε

3

1. Πιείτε (Πιέστε)   2. Αγόρασε   3. πείτε (λέτε)   4. φάε   5. ακούσεις (ακούς)   6. Ανοίξτε
7. έρθεις (έρχεσαι)   8. Πηγαίνετε   9. πάρεις (παίρνεις)

11

1. Πόσες   2. Πόσα   3. Πόσοι   4. Πόσες   5. Πόσοι   6. Πόσες   7. Πόσους   8. Πόσα   9. Πόσοι
10. Πόσα   11. Πόσους   12. Πόσους

13

1. α   2. α   3. α   4. β   5. γ

Μάθημα 4

1

1. Σ   2. Λ   3. Σ   4. Λ   5. Λ   6. Σ   7. Λ   8. Σ

7

1. των παιδιών   2. των μαθημάτων   3. των διαβατηρίων   4. των μαθητών   5. των βιβλιοθηκών
6. των χωρών   7. των αδελφών

9

1. Εμένα   2. σένα   3. αυτούς   4. εσένα   5. Εσάς   6. εμένα / Εσένα   7. εσάς / Αυτούς   8. εμάς

10

1. σας   2. της   3. σου   4. τους   5. μας   6. σας   7. της   8. μας

11

1. Η Νίνα.   2. Στο σινεμά.   3. Μια καλή κινέζικη ταινία.   4. Στις οχτώ και τέταρτο.   5. Στην αρχή, όχι.
6. Στις οχτώ.   7. Μπροστά στο ταμείο του σινεμά.

12

Οριζόντια: 1. αριστερό   2. ταλέντο   3. θεάτρων   4. κουρασμένα
Κάθετα: 1. εσάς   2. στρίψε   3. μπράβο   4. φανάρια

Μάθημα 5

1

1. Σ   2. Λ   3. Λ   4. Σ   5. Σ   6. Λ   7. Σ   8. Λ   9. Σ   10. Σ   11. Λ   12. Λ

3

1. Θα της πάρει λουλούδια.   2. Δε θέλω να σου δώσω τη μηχανή μου.
3. Μπορείτε να της ανοίξετε την πόρτα;   4. Τους είπατε πού είναι τα γλυκά;
5. Ποιος σας έγραψε αυτό το γράμμα;   6. Εσείς του πήρατε τα λεφτά;
7. Θα μου αγοράσεις αυτό το CD;   8. Εσύ τους τηλεφώνησες;

8

1. μαλακιά   2. φτωχές   3. γλυκιά   4. φρέσκια   5. ξανθές   6. κακή   7. κακιά   8. θηλυκές

9

1. Όλα τα   2. Όλες οι   3. όλη τη   4. όλους τους   5. όλες τις   6. όλο το   7. όλα τα   8. Όλοι οι

12

1. β   2. γ   3. α   4. β   5. α

Λύσεις

Μάθημα 6

1

1. Ο Παύλος θα με δει την Τρίτη.   2. Τι θα τους πεις;   3. Ο διευθυντής τις θέλει αμέσως.
4. Πότε θέλετε να την πιείτε;   5. Για ποιο πράγμα σας μίλησε;   6. Του διάβασες την ιστορία;
7. Δε σε βλέπω συχνά στο σχολείο.   8. Τους έστειλε τα δώρα;   9. Δε μας είδε στο σινεμά χθες το βράδυ.
10. Μπορεί να το φάει τώρα.   11. Γιατί δεν την πήρες τηλέφωνο σήμερα;   12. Θα μας αγοράσει τα CD;
13. Θα σας δώσουν τα βιβλία;   14. Τον προτιμάει από τον άλλο.
15. Τους είπε να πάρουν τον πατέρα τους από το γραφείο.

3

Οριζόντια: 1. παπούτσια   2. κάλτσες   3. κοστούμια
Κάθετα: 1. πουκάμισα   2. γραβάτες   3. παντόφλες

5

1. γράψετε, γράψω   2. Αγόρασε, αγοράσω   3. ακούσετε, ακούσουμε   4. Άνοιξε, ανοίξω
5. Πηγαίνετε, πάω   6. πιείτε, πιούμε   7. Διάβασε, διαβάσω   8. κλείσετε, κλείσουμε   9. Περίμενε, περιμένω
10. μιλήσετε, μιλήσουμε

6

1. πήγαμε   2. φάγανε   3. δούλεψα   4. ήρθε   5. ξυπνήσετε   6. Ξέχασα   7. πήρε   8. στείλεις
9. παίξαμε   10. Ακούστε   11. πιεις (πίνεις)   12. βάλε

7

1. δικό   2. δική/δικιά   3. δικός   4. δικές   5. δικοί   6. δικός   7. δικά   8. δική/δικιά   9. δικό   10. δικά

8

1. Το βάζο είναι πάνω στο τραπέζι.   2. Χθες τα παιδιά μου πήγαν στο σινεμά.
3. Το πορτοφόλι αυτό είναι του Κώστα.   4. Αυτές οι φράουλες είναι δικές μου.
5. Αυτό το κρασί είναι από μας για σας.   6. Αυτή η τσάντα είναι της κυρίας Σταματάκη.
7. Θα της τηλεφωνήσω αύριο το πρωί.   8. Δε θα της πω τίποτε για τον Κώστα.

9

1. των δωματίων, Συντάγματος   2. της Μαρίας   3. των φοιτητών   4. του τηλεφώνου, του κυρίου Ιωαννίδη
5. των υπαλλήλων   6. των νησιών   7. της Έλλης, του Αντρέα

11

1. α   2. β   3. β   4. α   5. β   6. α

Μάθημα 7

1

1. Λ   2. Σ   3. Σ   4. Λ   5. Σ   6. Σ   7. Λ

3

γνωρίσαμε / σηκώνεται / πάει / πλένεται / ξυρίζεται / ντύνεται / ετοιμάζει / σηκώνεται / πάει / πλένεται / ντύνεται / τρώνε / πίνουν / φεύγει / φεύγει / κοιμούνται / σηκώνονται

4

1. ξένων γλωσσών   2. αυτού του βιβλίου   3. των ξενόγλωσσων μαθητών   4. των ελληνικών νησιών
5. του καινούργιου τηλεφώνου   6. εκείνων των πολυκατοικιών   7. των μεγάλων διαμερισμάτων
8. αυτής της φτωχής αφρικανικής χώρας

266

8

1. Στις έξι.   2. Στο καφέ "Διπλό" στα Εξάρχεια.   3. Το είχε κλειστό.
4. Είναι ψηλή, λεπτή, με μακριά καστανά μαλλιά.   5. Είπε "πόσον καιρό" αντί "πόση ώρα".
6. Σ' ένα τέταρτο.   7. Τη Σοφία.

9

1. σκουπίζει   2. ξυρίζεται   3. ντύνεται   4. πλένεται   5. ετοιμάζει   6. σηκώνεται

Μάθημα 8

2

1. σηκωθούμε   2. πλυθούν(ε)   3. σκεφτείς   4. παντρευτούν(ε)   5. λυπηθώ   6. ετοιμαστείτε   7. θυμηθείς
8. μπλεχτείς   9. ξυριστώ

6

1. ακριβά   2. ωραία   3. γρήγορα   4. διαρκώς   5. βέβαια   6. προσεκτικά   7. ακριβώς   8. άσχημα
9. δεξιά, αριστερά

11

1. β   2. β   3. α   4. γ

Μάθημα 9

1

1. Σ   2. Λ   3. Σ   4. Λ   5. Λ   6. Λ   7. Σ   8. Σ

2

κοιμηθήκαμε / είδαμε / τελείωσε / ακούσαμε / χτύπησε / σηκωθήκαμε / θέλαμε / έπρεπε / πλυθήκαμε /
ντυθήκαμε / ήπιαμε / ήμασταν / βρήκαμε / ήμασταν / βάφτηκα / χτενίστηκα / ξυρίστηκε / φτάσαμε

11

1. Λ   2. Σ   3. Σ   4. Λ   5. Λ   6. Σ   7. Σ

12

Οριζόντια: 1. κατέβει   2. στάση   3. πού   4. ετοιμάστηκες   5. περνάει
Κάθετα: 1. σηκωθήκατε   2. μετρό   3. τραμ   4. ξυρίστηκα

Μάθημα 10

6

1. Νάτος.   2. Νάτη.   3. Νάτοι.   4. Νάτα.   5. Νάτες.   6. Νάτο.

7

1. Λ   2. Λ   3. Σ   4. Λ   5. Σ   6. Λ

10

1. Πόσοι, αρκετοί   2. Πόσο, λίγο   3. Πόσος, πολύς   4. Πόση, πολλή   5. Πόσο, αρκετό   6. Πόσο, Λίγο
7. Πόσον, λίγο

15

1. γ   2. α   3. β   4. β

Λύσεις

Μάθημα 11

1

1. Σ   2. Λ   3. Λ   4. Σ   5. Λ   6. Σ   7. Λ   8. Σ   9. Σ   10. Λ

2

1. πίναμε   2. μιλούσε   3. πήγαιναν, διάβαζαν   4. έπαιζαν   5. ξυπνούσε   6. μαγείρευε   7. δούλευες
8. λέγατε

5

1. Σ   2. Λ   3. Λ   4. Λ   5. Σ   6. Σ   7. Λ   8. Σ

6

1. λέξεις   2. θέσεις   3. διεύθυνση   4. πόλεις   5. συνέντευξη   6. εξετάσεων   7. πρότασης
8. στάσεις   9. ερωτήσεις   10. απαντήσεις   11. τηλεόρασης

11

1. Σ   2. Λ   3. Σ   4. Λ   5. Λ   6. Σ   7. Σ   8. Λ

Μάθημα 12

1

1. Πόσοι φοιτητές ήταν στο πάρτι;   2. Πόση ζάχαρη θέλεις;
3. Πόσα μολύβια χρειάζονται οι μαθήτριες;   4. Πόσος καφές υπάρχει στο βάζο;
5. Πόσα δολάρια αγοράσανε από την / στην τράπεζα;   6. Πόσους Ιταλούς ξέρει ο κύριος Ανδρεάδης;
7. Πόσες μπλούζες έχει η Σοφία;   8. Πόσο αλάτι βάζετε στη σαλάτα;
9. Πόσες γλώσσες μιλάει ο Γιώργος;   10. Πόσο λάδι είχε το μπουκάλι;

3

1. Πόσων   2. Γιατί   3. Πόση   4. Ποιο   5. Τι   6. Πώς   7. Πόσοι   8. Πόσα   9. πού

4

1. Αγοράστε το από την "Πολιτεία"!   2. Διαβάστε τους μια ιστορία!   3. Βάλ' την απέναντι από τον καναπέ!
4. Δώστε μας έναν κατάλογο!   5. Βγάλ' τες στο μπαλκόνι!   6. Δώστε τους ασκήσεις για το σπίτι!
7. Φτιάξ' την τώρα.   8. Γράψτε του ένα γράμμα!

5

1. έρθει   2. χρειαστείτε   3. βλέπαμε   4. σηκώθηκα   5. ζούσαμε   6. σκούπισες, πλύνεις   7. παίζαμε
8. πλυθώ, ντυθώ   9. ξυριστώ   10. έμενα, μιλούσα   11. θυμήθηκες   12. ντύθηκε   13. τρώγατε

6

1. παλιού, σπιτιού   2. καινούργιου, αεροδορομίου, Αθήνας   3. αυτών, υπαλλήλων
4. νέας, καθηγήτριας, ελληνικών   5. μεγάλων, καταστημάτων, μικρών   5. ασκήσεων, δεύτερου
7. πολλών, χωρών, Ευρώπης   8. τριών, υπολογιστών

7

1. ωραία   2. γρήγορη   3. βεβαίως   4. αργά, καθαρά   5. σπάνια   6. εύκολα   7. ακριβώς

8

1. γιορτές   2. τηλεόρασης   3. Κυριακές   4. πόλεις   5. συνεντεύξεων   6. κόρες   7. κυβέρνησης
8. αδελφών   9. νύφες   10. προτάσεων

10

1ε   2η   3ζ   4δ   5μ   6ι   7β   8λ   9α   10γ   11θ   12κ

11

1. αρχαίοι   2. πιστεύουν   3. γάμο   4. ζηλεύει   5. οικογενειακή   6. κυνήγι   7. υπέροχος   8. ουρανό

Μάθημα 13

2

1ζ   2δ   3α   4γ   5ε   6β   7θ   8η

3

1. κοιμόντουσαν   2. χτενιζόταν   3. μιλούσε   4. πλενόταν   5. έπαιζαν   6. προσπαθούσα, μιλούσες
7. περιμέναμε   8. ξυριζόταν   9. μαγείρευε

7

1. Οδηγώντας   2. ακούγοντας, παίζοντας   3. πηγαίνοντας   4. Τρώγοντας   5. βλέποντας   6. Συζητώντας
7. ξέροντας   8. Μπαίνοντας

12

1. γ   2. α   3. β   4. α   5. β

Μάθημα 14

2

1. αυτές οι μέθοδοι   2. στη ζεστή άμμο   3. της άλλης δικηγόρου   4. την τελευταία παράγραφο
5. μεγάλες ηθοποιοί   6. μεγάλη λεωφόρος   7. της γερμανίδας αρχαιολόγου   8. δύσκολη περίοδο
9. κύριες είσοδοι

6

1. Κάποια   2. κάποιους   3. Κάποιος   4. κάποιων   5. κάποιου   6. κάποιας

7

1. τα   2. τον   3. την   4. τες   5. το   6. τους

12

1. Το πρωί.   2. Φθινόπωρο.   3. Ένας στους δέκα.
4. Αισθάνεσαι κουρασμένος, τρέχει η μύτη σου, πονάει ο λαιμός σου.
5. Ζεστό χυμό λεμονιού με μέλι ή ζεστό τσάι με μπράντι.   6. Όχι.   7. Να ξεκουραστεί.
8. Διαβάζοντας ένα καλό βιβλίο ή βλέποντας τηλεόραση.

Μάθημα 15

2

1. Λ   2. Σ   3. Λ   4. Λ   5. Σ   6. Λ   7. Σ   8. Λ

7

1. ακριβότερη   2. καλύτερους   3. περισσότερο   4. περισσότεροι   5. λιγότερα   6. παλιότερο
7. ωραιότερες   8. καλύτερα

8

1. οικονομικότερο / παλιότερο / φτηνότερο   2. ακριβότερο / παλιότερο   3. λιγότερες   4. μεγαλύτερη
5. περισσότερα

12

1. α   2. γ   3. α   4. β

Λύσεις

Μάθημα 16

6

1. Όταν έφτασαν στο αεροδρόμιο, το αεροπλάνο μόλις είχε φύγει.
2. Όταν ήρθε η Ματίλντα στην τάξη, το μάθημα είχε ήδη αρχίσει.
3. Όταν έφτασε στο σινεμά, η ταινία είχε ήδη αρχίσει.
4. Όταν βγήκε στον δρόμο, η βροχή μόλις είχε σταματήσει.
5. Όταν πήγε να φάει, το εστιατόριο είχε ήδη κλείσει.
6. Όταν την πήρα τηλέφωνο, η Πέρσα είχε ήδη κοιμηθεί.
7. Όταν άνοιξαν την τηλεόραση, οι ειδήσεις μόλις είχαν τελειώσει.
8. Όταν πήγα να του μιλήσω, του είχε ήδη μιλήσει η καθηγήτρια.

7

1. ζήτησα, είχε βρει   2. πήρα, είχες γυρίσει   3. Πήγαμε, είχαν ανοίξει   4. είχαμε μιλήσει, φτάσανε
5. είχαν νοικιάσει, έμαθαν, είχαν φύγει

10

1. Σ   2. Σ   3. Λ   4. Σ   5. Λ   6. Λ   7. Λ   8. Σ

Μάθημα 17

1

1. Σ   2. Λ   3. Λ   4. Σ   5. Λ   6. Σ   7. Λ   8. Λ   9. Σ   10. Σ

2

1. στενοχωριόμουν   2. συνεννοείσαι/συνεννοείστε   3. αναρωτιέμαι   4. στενοχωρηθούν
5. παραπονεθούν   6. αρνήθηκε   7. διηγηθεί   8. ασχολείστε   9. βαρεθήκατε
10. αναρωτηθεί, χασμουριούνται

5

1. δάση   2. μέρη   3. κράτη   4. λάθη   5. άγχους   6. μέλη   7. γένη   8. Εθνών

7

1. Ο Κώστας μου είπε ότι έχει/είχε πάει...   2. Του είπαν ότι το καλοκαίρι θα ταξιδέψουν / θα ταξίδευαν...
3. Η Αθηνά ρώτησε την Αμαλία πώς λένε τον αδελφό της.
4. Ο Χρόνης μου ζήτησε να του δανείσω...   5. Η Θάλεια είπε στην κόρη της να μαγειρέψει αυτή σήμερα.

8

1. μόνος του   2. μόνα τους   3. μόνη σου   4. μόνο του   5. μόνους τους   6. μόνες τους   7. μόνος σου
8. μόνο του

11

1. β   2. α   3. γ   4. γ

Μάθημα 18

1

1. Η Ελένη του τα έδωσε.   2. Τους την αγοράζω κάθε μέρα.   3. Τους τα είπατε;   4. Τους τη διάβασες;
5. Θα της τα πάρω.   6. Οι αδελφές μου θα μου τα δώσουν.   7. Θα τους το προσφέρω.
8. Εγώ του την έστειλα.   9. Θα τους την φέρω.   10. Τους τα πήρες;

3

Είμαι / πάρω / πήγαμε / Περάσαμε / νοικιάσαμε / κολυμπούσαμε / Είχαμε / τσιμπούσαμε / μέναμε / γυρίζαμε / πλενόμασταν / ξεκουραζόμασταν / τρώγαμε / πίναμε / κοιμόμασταν / Είμαστε / έρθετε / πάρουμε / πήγατε / Γράψε

5

1. πελάγη   2. οδό   3. των κρατών   4. της Σάμου   5. Επιδαύρου   6. του τέλους   7. τις ηθοποιούς
8. το άγχος   9. τις εξόδους   10. λάθη

6

1. Η Ελένη τον ρώτησε πόσα λεφτά του έδωσαν / του είχαν δώσει τελικά.
2. Οι γονείς τους είπαν ότι τα Χριστούγεννα θα πάνε / θα πήγαιναν στη Βιέννη.
3. Ο Τάκης μάς είπε ότι έχει κοιμηθεί / είχε κοιμηθεί μόνο τρεις ώρες.
4. Ο φίλος της της είπε να μη φύγει εκείνη τη στιγμή και της ζήτησε να μείνει λίγο ακόμα.
5. Τα παιδιά ρώτησαν τη μαμά τους πού θα φάνε / θα έτρωγαν.
6. Ο οδηγός του λεωφορείου είπε στα παιδιά (ζήτησε από τα παιδιά) να μην πετάνε σκουπίδια κάτω.
7. Είπε στην κόρη της να του δώσει να φάει.
8. Οι μαθητές ρώτησαν πόση ώρα θα περιμένουν / θα περίμεναν ακόμα.

7

1. πήγαμε, μείναμε   2. πλυθείς   3. τον   4. λέτε   5. είδα   6. κλαίγοντας   7. περπατούσα, πήρε
8. τους   9. διαβάζαμε, έπιναν   10. πας   11. μιλώντας   12. είχαν

8

1. Ανοίγεις την πόρτα, σε παρακαλώ;   2. Μου δίνετε το τετράδιό σας, σας παρακαλώ;
3. Μας λέτε για το διαμέρισμα, σας παρακαλούμε;   4. Μου γράφεις αυτό το γράμμα, σε παρακαλώ;
5. Της βάζετε λίγο κρασί ακόμα, σας παρακαλώ;   6. Μου βάζεις είκοσι ευρώ βενζίνη, σε παρακαλώ;
7. Του δίνεις το τηλέφωνό σου, σε παρακαλώ;   8. Μας φέρνετε μια μπίρα, σας παρακαλώ;

9

1. αρνηθείς   2. κρύφτηκε   3. είχαμε σηκωθεί   4. ντυνόμουν   5. μπλεχτώ   6. κοιμήθηκαν
7. διηγήθηκε   8. ετοιμάστηκες / έχεις ετοιμαστεί   9. στενοχωρήθηκε   10. βαρεθείς

10

1ζ   2θ   3η   4β   5ε   6ι   7κ   8α   9γ   10δ

11

Οριζόντια: 1. στενοχωριέσαι   2. κοιμόσουν   3. δανείσεις   4. τες
Κάθετα: 1. δώσε   2. εισόδους   3. αρνούμαι   4. χειρότερες

13

1γ   2δ   3ε   4ζ   5β   6α   7η

14

1. τραγωδίες, κωμωδίες   2. ορχήστρες   3. συμμετέχουν   4. αρχαία   5. παρακολουθούν

Μάθημα 19

2

1. θα βγω   2. θα σηκώνεται   3. θα ξεκουραστώ   4. θα δουλεύουν   5. θα πηγαίνουν   6. θα πουλήσετε
7. θα φάμε   8. θα πληρώνω   9. θα ταξιδέψουν   10. θα μένουν

6

1. μεσημεριανός   2. χθεσινό   3. καθημερινής   4. αυριανές   5. πρωινό   6. περσινά, φετινά   7. σημερινή

7

1. έρθει   2. μαθαίνει   3. αλλάξω   4. τρώω   5. φεύγετε   6. σηκωθεί   7. κοιμούνται   8. μπαίνουν
9. καπνίζει   10. πάνε, δούν

11

1. Στον γιατρό.   2. Η καρδιά του είναι λίγο κουρασμένη.   3. Όχι.   4. Να προσέχει πολύ.
5. Να πηγαίνει στο γυμναστήριο ή να κολυμπάει.   6. Να περπατάει μισή ώρα.
7. Πρέπει να κόψει τα βαριά φαγητά, τις μπίρες και τα γλυκά, και να τρώει πολλά φρούτα και σαλάτες.
8. Χωρίς νόημα.   9. Ότι υπάρχουν κι άλλα ωραία πράγματα στη ζωή εκτός από τις μπίρες και το φαγητό.

Μάθημα 20

1

1. Λ   2. Λ   3. Σ   4. Λ   5. Λ   6. Σ   7. Σ   8. Λ   9. Σ   10. Λ

2

1γ   2η   3α   4β   5ζ   6δ   7ε

3

1. πλήρωνες, θα... έκανε   2. Θα... έδινε, ζητούσες   3. βαριόσουν, θα μπορούσαμε   4. έπλεναν, χρειάζονταν
5. μιλούσαμε, θα ταξιδεύαμε   6. Θα... έφερνα, θυμόμουν

6

1. επείγον   2. απόντες   3. ενδιαφέρων   4. επείγοντα   5. συμφέρουσα   6. παρούσα   7. μέλλων
8. ενδιαφέρουσα

9

1. Δεν πρόκειται να έρθει...   2. Απαγορεύεται / Δεν επιτρέπεται να καπνίσουμε...   3. Αποκλείεται να βγει...
4. Απαγορεύεται / Δεν επιτρέπεται να πάρουμε...   5. Δεν πρόκειται να βρέξει.   6. Επιτρέπεται να παίξουμε...
7. Απαγορεύεται / Δεν επιτρέπεται να παρκάρετε...   8. Επιτρέπεται να γράψω... ;

11

1. Χθες πήγαμε στη θάλασσα και κάναμε μπάνιο.   2. Τον ρώτησα, αλλά αυτός δεν απάντησε.
3. Είναι Ιούνιος, όμως ακόμα κάνει κρύο.   4. Θα ετοιμαστώ γρήγορα, και θα φύγω αμέσως.
5. Μιλάει, αλλά δε γράφει ελληνικά.   6. Δουλεύει δώδεκα ώρες την ημέρα, όμως δε θέλει ν' αλλάξει δουλειά.
7. Το διαμέρισμα είναι ακριβό, αλλά έχει ωραία θέα.   8. Ο Ραούλ και ο Χοσέ είναι Ισπανοί.

12

1. Ο Ηλίας ούτε πήρε τηλέφωνο ούτε ήρθε.   2. Θα πάμε ή με το πλοίο ή με το αεροπλάνο.
3. Ούτε τον είδα ούτε τον άκουσα.   4. Δε θέλω ούτε να σου μιλήσω ούτε να σε δω..
5. Θα αγοράσουμε ή το Φίατ ή το Όπελ.   6. Ο Ιάσων είτε θα πάρει τηλέφωνο είτε θα στείλει e-mail.

13

1. β   2. α   3. γ   4. β

Μάθημα 21

2

1δ   2ε   3η   4β   5θ   6α   7ζ   8γ

9

1. ολόλευκο   2. καταγάλανα   3. πανύψηλοι   4. πανάκριβο, ολόχρυσο   5. κατακόκκινος   6. ολόφρεσκο
7. ολοκαίνουργια   8. καταπράσινα

13

1. Σ   2. Λ   3. Σ   4. Λ   5. Λ   6. Σ   7. Σ   8. Λ   9. Λ   10. Λ   11. Σ   12. Σ

Μάθημα 22

1

1. Λ   2. Λ   3. Σ   4. Λ   5. Σ   6. Λ   7. Σ   8. Λ   9. Λ   10. Λ

2

1. μακριές   2. πλατύς   3. μακρύτερο   4. παχιοί   5. φαρδιές   6. φαρδιά   7. βαθιά   8. βαρύτερο   9. ελαφριά

7

1. Του φαίνεται ότι έχει πυρετό.   2. Αυτό που μου δίνετε δεν μου κάνει. Είναι μικρό.
3. Αυτά τα παπούτσια σού πάνε πολύ.   4. Εκατό ευρώ τους φτάνουν. Δε χρειάζονται παραπάνω.
5. Μου φαίνεται ότι δε θα πάρουμε ποτέ πίσω τα λεφτά μας.   6. Το στιλό που μου έδωσες δε μου κάνει.
7. Σας φτάνουν τόσα μακαρόνια, κύριε Παύλο μου;   8. Αυτό το χρώμα δεν της πάει.

10

1. όσοι   2. καθένας   3. όση   4. όσο   5. καθεμιά   6. όσες   7. καθένας   8. καθένα

11

1. όπως   2. σαν   3. σαν   4. όπως   5. σαν   6. όπως   7. όπως   8. σαν

15

1. α   2. γ   3. β   4. γ

Μάθημα 23

2

1. ταχυδρομήθηκε   2. άκουσαν   3. πλήρωσα   4. καθαρίζονται   5. χρησιμοποιείται   6. έδωσε
7. παίζεται   8. ετοιμάσουμε

3

1. Θα δοθούν πολλά χρήματα, για να φτιαχτούν νέοι δρόμοι.
2. Αυτή η εργασία πρέπει να γραφτεί μέχρι αύριο.
3. Η πίσω είσοδος χρησιμοποιείται μόνο από τους μαθητές.
4. Ο λογαριασμός του ΟΤΕ δεν πληρώθηκε ακόμα.
5. Μέχρι τον περασμένο μήνα οι λογαριασμοί πληρώνονταν από την τράπεζα.
6. Το θέμα της ανεργίας συζητήθηκε στην τάξη.
7. Το αυτοκίνητο δεν μπορεί να πλυθεί σήμερα.
8. Το σπίτι (των φίλων μας) πουλήθηκε σε πολύ καλή τιμή.

5

1. ενώ   2. επειδή (γιατί)   3. Ακόμα κ(α)ι αν   4. Αν και   5. αφού   6. αφού / μια που / μια και
7. ακόμα κ(α)ι όταν   8. παρόλο που

6

1. ωστόσο   2. Άρα/Επομένως   3. πάντως   4. έτσι κι αλλιώς   5. Έτσι   6. εντούτοις/ωστόσο
7. πάντως   8. Άρα/Επομένως

Λύσεις

11

1. Την Τρίτη 27 Μαΐου.   2. Γιατί οι κάτοικοι είχαν κλείσει τον δρόμο για δύο ώρες.   3. Τον Πέτρο Πέτρου.
4. Για τις νέες χώρες-μέλη.   5. Κανένα.   6. Στο Μέγαρο Μουσικής στις 29 και 30 Μαΐου.   7. Στο Παρίσι.
8. Θα τραγουδήσει για την Αφρική.   9. Για τον αγώνα κατά του AIDS στη Νότια Αφρική.
10. Συνάντησε τον γιο του Ντιέγκο.   11. Καλοκαιρινός.   12. Το θερμόμετρο θα φτάσει τους τριάντα τρεις βαθμούς.

Μάθημα 24

1

1. θα έδινα   2. φτάσω   3. είχε έρθει   4. Θα έβλεπα   5. έρθουμε   6. κοιμήθηκε   7. έπαιρνα   8. ανοίγουν
9. υπήρχαν   10. να πληρωθούν   11. ξεκουραστώ   12. περπατάει

2

1. φαρδύτερο   2. συμφέρουσα   3. βαθιά   4. μακρύτερη   5. μέλλουσα   6. απούσα   7. ενδιαφέρουσες
8. ελαφρύτερες

4

1. Ο καθηγητής μάς ζήτησε να κάνουμε μια ομιλία με θέμα μια μεγάλη γιορτή στη χώρα μας.
2. Η κυβέρνηση πρέπει να βρει τα χρήματα οπωσδήποτε ώς το τέλος του μήνα.
3. Η αστυνομία παρακολουθεί τους δύο διευθυντές της τράπεζας εδώ και μήνες.
4. Οι φοιτητές θα χρησιμοποιήσουν αυτά τα βιβλία στα καλοκαιρινά μαθήματα.
5. Ο Άλκης έχει βελτιώσει τους βαθμούς του στο σχολείο πολύ εφέτος.
6. Η μητέρα μου ετοίμασε τα φαγητά και τα γλυκά χθες το βράδυ.

5

1. Απαγορεύεται να στρίψεις δεξιά.   2. Πρέπει να κάνετε ησυχία εδώ.
3. Δεν επιτρέπεται να μιλάτε στον οδηγό.   4. Για να ανοίξετε την πόρτα, πρέπει να την τραβήξετε.
5. Αυτή την πόρτα μπορεί να τη χρησιμοποιεί μόνο το προσωπικό (οι άνθρωποι που δουλεύουν εδώ).

7

1. Μιλάει γρήγορα όπως η μάνα του.   2. Η κόρη μου γράφει σαν εμένα.   3. Μιλάει όπως ο αδελφός του.
4. Ο Άρης περπατάει σαν τον παππού του.   5. Σκέφτονται σαν εμάς.   6. Δουλεύουμε πολύ όπως (κι) εσείς.

9

Οριζόντια: 1. βαμβακερό   2. ευχαριστούμε   3. επιτρέπεται   4. επειδή   5. απόντες
Κάθετα: 1. εκπομπή   2. διαφημίσεις   3. πλένεται   4. φτιάχτηκε   5. κοιμήθηκε

11

1ε   2ζ   3θ   4α   5η   6γ   7δ   8β

12

1. νησιώτικα   2. ιδιαίτερα   3. λύρα   4. δυνατότητα   5. επισκέπτης   6. εργαζόμενος   7. πλαγιά
8. συνέχεια

Ακουστική Κατανόηση

Μάθημα 1, Άσκηση 12

1. Ποιανού είναι αυτό το αυτοκίνητο;
2. Συγνώμη, δικά σου είναι αυτά τα γυαλιά;
3. Η μητέρα του άντρα σου είναι πεθερά σου;
4. Η τσάντα είναι της Γιάννας;
5. Πώς λένε τον άντρα της θείας σου;

Μάθημα 2, Άσκηση 12

...Τελικά πήγαμε στο θέατρο. ... Στο θέατρο της οδού Κεφαλληνίας. Είδαμε τον Γλάρο του Τσέχοφ. ... Ναι, η παράσταση ήταν πολύ καλή. ... Όχι, μετά πήγαμε στο σπίτι του Αντώνη για μια μπίρα. ... Εε... εγώ έφυγα από 'κεί κατά τη μιάμιση. Πήρα ένα ταξί κι όταν έφτασα στο σπίτι, είδα πως δεν είχα μαζί μου τα κλειδιά μου. ... Ναι, άσ' τα. Στην αρχή δεν ήξερα τι να κάνω, αλλά μετά...

Μάθημα 3, Άσκηση 13

1. Πρέπει να φύγω τώρα;
2. Πόσες γυναίκες υπάρχουν στην τάξη;
3. Θέλεις πολλές πατάτες;
4. Πες, τι θέλεις να φτιάξω σήμερα;
5. Πού θα βάλουμε τον καναπέ;

Μάθημα 4, Άσκηση 11

Νίνα   Έλα, Αλέξη μου. Η Νίνα είμαι. Τι γίνεται; Όλα καλά;
Αλέξης   Εντάξει, μωρέ. Μια χαρά.
Νίνα   Δε μου λες; Πάμε κανένα σινεμαδάκι απόψε;
Αλέξης   Δεν ξέρω αν έχω κέφι για σινεμά. Είμαι λίγο κουρασμένος.
Νίνα   Ναι, αλλά παίζει μια πολύ καλή κινέζικη ταινία στον "Δαναό".
Αλέξης   Ναι; Μμ... Και τι ώρα αρχίζει;
Νίνα   Οχτώ και τέταρτο.
Αλέξης   Εντάξει τότε. Πάμε.
Νίνα   Ωραία. Θα είμαι μπροστά στο ταμείο του σινεμά στις οχτώ.
Αλέξης   Έγινε. Στις οχτώ λοιπόν, ε; Έλα γεια, τα λέμε.

Μάθημα 5, Άσκηση 12

1. Πότε σου τηλεφώνησε;
2. Πότε είναι τα γενέθλιά σου;
3. Μπορείτε να μου χαλάσετε ένα πενηντάρικο;
4. Πόσες του μήνα έχουμε σήμερα;
5. Του έστειλες μήνυμα;

Μάθημα 7, Άσκηση 8

...Που λες, Αλέκο μου, το ραντεβού με τη Μονίκ ήταν για τις έξι στο καφέ "Διπλό" στα Εξάρχεια. Βλέπω ότι δεν μπορώ να είμαι στο ραντεβού πριν από τις εξίμισι. Ε;... Κάποιο πρόβλημα με τα ταξί... Μάλλον... Την παίρνω στο κινητό, αλλά το είχε κλειστό. Τι να κάνω; Παίρνω στο καφέ και ζητάω μια κοπέλα ψηλή, λεπτή, με μακριά καστανά μαλλιά... Ναι, ευτυχώς τη βρήκαν εύκολα. "Ξέρεις πόσον καιρό είμαι εδώ;" με ρωτάει. Ε;... Ναι, ναι. Ακόμα μπερδεύει το 'πόση ώρα' με το 'πόσον καιρό'. Βάζω τα γέλια. "Δε βλέπω πού είναι το αστείο", μου λέει θυμωμένη. "Θα σου εξηγήσω όταν έρθω", της απαντάω. "Άργησα, γιατί δε βρίσκω ταξί. Περίμενε λιγάκι, σε παρακαλώ. Σ' ένα τέταρτο το πολύ θα είμαι εκεί." "Καλά, θα σε περιμένω", μου λέει. Ε;... Ναι, ναι. Που λες, μόλις κλείνω το κινητό, τι βλέπω; Τη Σοφία στο αυτοκίνητό της να περιμένει στα φανάρια. Τύχη βουνό, ε;

Μάθημα 8, Άσκηση 11

1. Τι ώρα θα σηκωθείς αύριο;
2. Θ' αργήσεις να έρθεις;
3. Θέλεις να ξυριστείς στο μπάνιο;
4. Αυτά είναι τα παπούτσια που θέλεις;

Μάθημα 9, Άσκηση 11

Κυρία Συγνώμη. Θέλω να πάω στο νοσοκομείο Γιώργος Γεννηματάς. Μήπως ξέρετε σε ποια στάση πρέπει να κατέβω;

Κύριος Θα κατεβείτε στην Εθνική Άμυνα. Αυτή η γραμμή όμως δεν πηγαίνει εκεί. Θα κατεβείτε στο Σύνταγμα και από 'κεί θα πάρετε τη γραμμή που πηγαίνει προς Σταυρό.

Κυρία Θα πρέπει να πάρω καινούργιο εισιτήριο;

Κύριος Όχι, θα κρατήσετε αυτό που έχετε. Όταν κατεβείτε από τον συρμό, θα ακολουθήσετε το τόξο που λέει Σταυρός.

Κυρία Σας ευχαριστώ πάρα πολύ. Δεν είμαι απ' την Αθήνα και δεν ξέρω καλά το μετρό.

Κύριος Κανένα πρόβλημα.

Φωνή Επόμενη στάση Συγγρού-Φιξ.

Μάθημα 10, Άσκηση 15

1. Μπορώ να πάρω τον θείο μου τηλέφωνο;
2. Μήπως είδες τις παντόφλες μου;
3. Πόσο αλάτι πρέπει να βάλω;
4. Υπάρχει καθόλου γάλα στο ψυγείο;

Μάθημα 11, Άσκηση 10

"Δεν την αντέχω πια αυτή τη ζέστη. Δεν μπορώ να δουλέψω. Δεν μπορώ να σκεφτώ! Άνοιξε και το άλλο παράθυρο, Ελένη!"

"Μία είναι η λύση αγάπη μου."

"Ποια; Να μπω στο ψυγείο;" "Η λύση Γιώργο μου, είναι ένα κλιματιστικό Φουμίτσου."

Φουμίτσου. Αφήστε τη ζέστη έξω απ' το σπίτι σας. Έξω απ' το γραφείο σας. Φτιάξτε το κλίμα που θέλετε εσείς. Φουμίτσου. Και... πολλές πολλές δόσεις. "Αααα."

Μάθημα 13, Άσκηση 12

1. Τι έκανες χθες όλο το απόγευμα;
2. Πότε τον είδες;
3. Πώς πέρασε η γιαγιά σου τη μέρα της;
4. Της άρεσε το καινούργιο του βιβλίο;
5. Τι έκανε κάθε φορά που βγαίνατε μαζί;

Μάθημα 14, Άσκηση 12

Αγαπητοί μου φίλοι, καλημέρα σας.

Ήρθε το φθινόπωρο κι ο ένας στους δέκα Έλληνες είναι πάλι κρυωμένος. Ποια είναι τα συμπτώματα του κρυολογήματος όμως; Συνήθως αισθάνεσαι κουρασμένος, τρέχει η μύτη σου, πολλές φορές πονάει ο λαιμός σου. Έχεις πονοκέφαλο, πονάει το στομάχι σου ή έχεις και πυρετό ακόμα.

Τι μπορεί να κάνει κανείς λοιπόν;

Μπορείτε να πιείτε ζεστό χυμό λεμονιού με μέλι ή ζεστό τσάι με μπράντι. Να παίρνετε βιταμίνη C. Να πίνετε πολύ νερό. Αυτό που χρειάζεστε πιο πολύ απ' όλα είναι ξεκούραση. Μείνετε λοιπόν στο κρεβάτι, όσον καιρό αισθάνεστε άσχημα. Περάστε την ώρα σας διαβάζοντας ένα καλό βιβλίο ή βλέποντας τηλεόραση και... περαστικά σας!

Μάθημα 15, Άσκηση 12

1. Να της δώσω τον αριθμό του κινητού σου;
2. Θα του δανείσεις τα λεφτά που σου ζήτησε ή όχι;
3. Τελικά ήταν καλύτερο αυτό το κρασί από το άλλο;
4. Καταναλώνει περισσότερη βενζίνη το καινούργιο σου αυτοκίνητο;

Μάθημα 16, Άσκηση 10

Έλα, εγώ είμαι. Τι έγινες; Σε έπαιρνα στο κινητό, αλλά το είχες κλειστό... Τι; Στις εννιά;... Δεν μπορεί. Πήρα σπίτι σου στις εννιά και είκοσι και δεν είχες γυρίσει ακόμα... Δεν το άκουγες; Ρε Φανή, το τηλέφωνο χτυπούσε ένα λεπτό τουλάχιστον... Θέλω να σε πιστέψω, αλλά τα πράγματα μιλάνε από μόνα τους... Τι θέλω να πω; Κάτι δεν πάει καλά, αυτό θέλω να πω. Άλλωστε, δεν είναι η πρώτη φορά. Το έχω ξαναδεί αυτό το σενάριο, κορίτσι μου... Ναι, με σένα. Με ποιαν άλλη;... Φανή, άσε τα "ζηλεύεις" και "κάνεις σα μικρό παιδί". Δεν έχεις καταλάβει ακόμα ότι δε μ' αρέσουν τα ψέματα; Είναι απλό. Θέλεις νά' μαστε μαζί; Αν θέλεις...

Μάθημα 17, Άσκηση 11

1. Τι σε ρώτησε ακριβώς;
2. Δεν ήταν κανένας άλλος μαζί της;
3. Γιατί έφυγες πιο νωρίς απ' το γραφείο χθες;
4. Πώς τα καταφέρνει να είναι πάντα στην ώρα του;

Μάθημα 19, Άσκηση

Γιατρός	Λοιπόν, για να δούμε τι πρέπει να κάνουμε, κύριε Γαλανόπουλε.
κ. Γαλανόπουλος	Τι εννοείτε, γιατρέ;
Γιατρός	Ε... Βλέπω την καρδιά σας λίγο κουρασμένη.
κ. Γαλανόπουλος	Σοβαρά;
Γιατρός	Ναι. Καλά, δεν είναι και το τέλος του κόσμου, αλλά θα πρέπει να προσέξετε πολύ.
κ. Γαλανόπουλος	Δηλαδή τι να κάνω;
Γιατρός	Κοιτάξτε, θα πρέπει από αύριο κιόλας να βάλετε κάποια καινούργια πράγματα στη ζωή σας. Πρέπει τουλάχιστον δύο φορές την εβδομάδα να πηγαίνετε στο γυμναστήριο ή να κολυμπάτε. Πρέπει επίσης να περπατάτε κάθε μέρα μισή ωρίτσα. Όσο για τη δίαιτά σας, πρέπει να κόψετε τα βαριά φαγητά, πρέπει να τρώτε πολλά φρούτα και σαλάτες και βεβαίως πρέπει κόψετε τις μπιρίτσες και τα γλυκά.
κ. Γαλανόπουλος	Καλά, γιατρέ, τι νόημα έχει η ζωή χωρίς όλα αυτά τα ωραία πράγματα;
Γιατρός	Ελάτε, υπάρχουν κι άλλα ωραία πράγματα στη ζωή εκτός απ' τις μπιρίτσες και το φαγητό.

Μάθημα 20, Άσκηση 13

1. Ν' αφήσω το αυτοκίνητο μπροστά στην είσοδο;
2. Τι θα έκανες, αν είχες διακόσιες χιλιάδες ευρώ;
3. Τι προτιμάς; Να πάμε βόλτα ή να πάμε κανένα σινεμά;
4. Αν πηγαίναμε διακοπές στη Σαντορίνη, θα ερχόσασταν μαζί μας;

Μάθημα 21, Άσκηση 13

Κατεβαίνοντας από το λεωφορείο, τους είδα να κάθονται στη στάση. Ο ένας ψηλός, μελαχρινός, περίπου στην ηλικία μου. Ο άλλος μέχρι πέντε χρόνια μεγαλύτερος, κοντύτερος, ξανθοκάστανος. Μαυρισμένοι και οι δύο από τον ήλιο. Τους πρόσεξα, ήταν σα να είχαν έρθει για μένα εκεί. Άλλωστε, δεν κατέβηκε κανένας άλλος από το λεωφορείο. Τους είδα να με κοιτάνε προσεχτικά. Μ' άρεσε που ήταν εκεί, που ήταν αυτοί οι πρώτοι άνθρωποι που συναντούσα στο χωριό. Με αυτή την αίσθηση, ξεκίνησα για το σπίτι της Άννας. Είχα ακριβείς οδηγίες για το πώς θα βρω το σπίτι, δεν είχα καιρό για χάσιμο. Ήθελα να φτάσω όσο γινόταν πιο γρήγορα. Πήρα τον πρώτο δρόμο προς τη θάλασσα, ευθεία μέχρι κάτω στην παραλία και μετά αριστερά. Ήταν τρία πέτρινα διώροφα σπίτια στη σειρά, το σπίτι της Άννας ήταν το μεσαίο. Ήταν τόσο απλό. Δεν μπορούσα να μην το βρω. Άλλωστε το χωριό ήταν πολύ μικρό! Η ώρα ήταν περίπου οχτώ το βράδυ. Ο ήλιος ήταν ήδη ο μισός μέσα στη θάλασσα. Ήταν αυτή η γλυκιά ώρα της ημέρας...

Μάθημα 22, Άσκηση 15

1. Είστε σίγουρη ότι αυτό είναι το μέγεθός μου;
2. Το μπεζ πουκάμισο που έχετε στη βιτρίνα είναι χειμωνιάτικο;
3. Μπορώ να φάω όλα τα μακαρόνια;
4. Πόσο καλά είναι τα ελληνικά του;

Μάθημα 23, Άσκηση 11

Ενημέρωση σε τίτλους
- Οι εισαγωγικές εξετάσεις για τα πανεπιστήμια αρχίζουν την Τρίτη 27 Μαΐου.
- Μεγάλα προβλήματα για τους οδηγούς στην Εθνική Οδό, όταν κάτοικοι της Ελευσίνας έκλεισαν τον δρόμο για δύο ώρες.
- Τον Πέτρο Πέτρου θα συναντήσει αύριο στη Λευκωσία ο γενικός γραμματέας του ΠΑΣΟΚ Τάσος Βούλγαρης.
- Η Ευρωπαϊκή Ένωση ετοιμάζει ένα δεύτερο οικονομικό πακέτο στήριξης για τις νέες χώρες μέλη.
- Σε οχτώ ώρες πουλήθηκαν όλα τα εισιτήρια για την όπερα Αΐντα που θα ανέβει στο Μέγαρο Μουσικής στις 29 και 30 Μαΐου.
- Στο Παρίσι παντρεύεται το Σάββατο ο γνωστός τραγουδιστής της ροκ Μάικλ Στιούαρτ.
- Ο Κάρλος Σαντάνα τραγουδάει για την Αφρική. Όλα τα έσοδα από τις συναυλίες του στη Βόρεια Αμερική θα δοθούν για τον αγώνα κατά του AIDS στη Νότια Αφρική.
- Ο παλιός άσος του ποδοσφαίρου Μαραντόνα συνάντησε για πρώτη φορά τον γιο του Ντιέγκο στη Νάπολη.
- Καλοκαιρινός καιρός προβλέπεται σε ολόκληρη τη χώρα για το σαββατοκύριακο. Το θερμόμετρο θα φτάσει τους 33 βαθμούς.

Από τις Εκδόσεις ΔΕΛΤΟΣ κυκλοφορούν:

Μέθοδος Εκμάθησης Ελληνικών

- ΕΠΙΚΟΙΝΩΝΗΣΤΕ ΕΛΛΗΝΙΚΑ 1 (Αρχάριοι)
  Βιβλίο Σπουδαστή 1
  Βιβλίο Ασκήσεων 1Α
  Βιβλίο Ασκήσεων 1Β
  CD 1 / Κασέτα 1
- ΕΠΙΚΟΙΝΩΝΗΣΤΕ ΕΛΛΗΝΙΚΑ 2 (Μέσοι)
  Βιβλίο Σπουδαστή 2
  Βιβλίο Ασκήσεων 2Α
  Βιβλίο Ασκήσεων 2Β
  CD 2 / Κασέτα 2
- ΕΠΙΚΟΙΝΩΝΗΣΤΕ ΕΛΛΗΝΙΚΑ 3 (Προχωρημένοι)
  Βιβλίο Σπουδαστή 3
  Βιβλίο Ασκήσεων 3
  CD 3 / Κασέτα 3

Ενίσχυση Ακουστικής Κατανόησης

- ΑΚΟΥ ΝΑ ΔΕΙΣ 1 (Επίπεδο 1)
  Βιβλίο Ασκήσεων 1
  CD 1 / Κασέτα 1
- ΑΚΟΥ ΝΑ ΔΕΙΣ 2 (Επίπεδο 2)
  Βιβλίο Ασκήσεων 2
  CD 2 / Κασέτα 2

Μικρές Ιστορίες σε Απλά Ελληνικά

- Ξενοδοχείο Ατλαντίς, παρακαλώ (Επίπεδο 1)
- Ποιος είναι ο Α.Μ.; (Επίπεδο 1)
- Έναν Αύγουστο στις Σπέτσες (Επίπεδο 2)
- Η Νίκη και οι άλλοι (Επίπεδο 2)
- Το μοντέλο που ήξερε πολλά (Επίπεδο 3)
- Περιπέτεια στη Μάνη (Επίπεδο 4)
- Κανάλι 35 (Επίπεδο 4)
- Το μυστικό του κόκκινου σπιτιού (Επίπεδο 5)

Μυθολογία σε Απλά Ελληνικά

- Οι δώδεκα θεοί του Ολύμπου (Επίπεδο 3)
- Μύθοι (Επίπεδο 3)
- Ήρωες (Επίπεδο 3)